网络信息生态链运行机制与优化方略

娄策群 等 著

项目类型：国家社会科学基金重点项目
项目批准号：11AZD114
项目名称：网络信息生态链发展机制与优化管理研究

科学出版社
北 京

内 容 简 介

本书综合运用多学科的理论与方法，从生态学的视角对网络主体之间最基本的链式关系，即网络信息生态链的发展机制和优化管理进行研究，对网络信息生态链的基础理论、发展机制、优化管理等问题进行全面深入的研究，构建内容完整、观点正确且新颖的网络信息生态链理论与应用体系，并丰富和深化相关学科的研究内容，可以从微观上指导网络信息生态链的运行和发展，从宏观上协调网络主体之间的关系，促进整个网络信息生态系统的优化。

本书可供信息管理与信息系统、电子商务、电子政务、企业管理等专业的学生参考，也可供信息化主管部门和信息化建设与应用人员参考。

图书在版编目(CIP)数据

网络信息生态链运行机制与优化方略/娄策群等著. —北京：科学出版社，2019.11

ISBN 978-7-03-063117-6

Ⅰ. ①网… Ⅱ. ①娄… Ⅲ. ①网络信息资源－信息管理－研究 Ⅳ. ①G255.76

中国版本图书馆 CIP 数据核字（2019）第 246408 号

责任编辑：闫　陶／责任校对：高　嵘
责任印制：徐晓晨／封面设计：莫彦峰

科学出版社 出版
北京东黄城根北街 16 号
邮政编码：100717
http://www.sciencep.com

北京凌奇印刷有限责任公司 印刷
科学出版社发行　各地新华书店经销
*

2019年11月第　一　版　开本：787×1092　1/16
2020年 7月第二次印刷　印张：17 3/4
字数：416 000

定价：98.00 元
（如有印装质量问题，我社负责调换）

《网络信息生态链运行机制与优化方略》

编 委 会

娄策群　杨小溪　桂学文　段尧清
毕达宇　杨　瑶　桂晓苗　李青维
江　彦　庞　靓　娄　冬　叶　磊
曾　丽

前 言

随着互联网及其相关支撑技术的飞速发展,如今的互联网是一个信息资源种类繁多的巨大信息库,是人们工作、学习、生活的空间,网络上的各种活动和资源已经构成了一个网络社会。在这个复杂的网络社会系统中存在着一种普遍的生态链形态和社会生态现象,即网络信息生态链。研究网络信息生态链有助于促进网络信息流转,促进网络信息环境和谐,最大限度地满足人类的发展需要。为了考察和研究的方便,人们可以用不同的方法对网络社会中复杂的关系进行简化和抽象。从链的角度和生态学角度来审视网络社会,研究网络信息生态系统已受到多个学科领域的关注。

从目前的应用来看,网络社会系统主要拥有三大功能:一是交流功能,如电子邮件、网络聊天、网络讨论、网络聚会等;二是信息传播功能,如个人主页、个人帖子、信息查询与浏览、新闻定制等;三是商务功能,如电子商场、网络拍卖、网络股票交易、网上保险等。此外,网络还有远程教育、远程医疗、网络民意与市场调查等方面的功能。人们围绕着这些功能的实现,开展各种各样的网络信息活动。

网络社会是在以计算机和互联网为代表的信息技术的推动下产生的新的社会形态,是一个由网络社会资源、网络社会群体和相关社会环境组成并相互作用,以达到动态平衡趋势的巨大复杂系统。在网络这个复杂系统中,由于参与网络活动的个人和组织机构众多,存在着各种各样的网络主体,这些网络主体之间相互联系、相互依存、相互作用,关系错综复杂。为了考察和研究的方便,人们可以用不同的方法对网络社会中复杂的关系进行简化和抽象。链式关系是网络主体之间最基本、最普遍的一种关系形态。例如,在电子商务活动中,生产企业、销售企业、电子商务平台企业、商品购买者之间商品交换关系可概括为电子商务链;在电子政务活动中,不同级别的政府部门之间以及政府部门与公众之间的信息沟通、管理与服务关系可概括为电子政务链;在网络教育活动中,教育资源开发机构、教育平台提供单位、受教育者之间的知识传递和传授关系,可概括为网络教育链。应用链的理念与方法研究网络主体之间的复杂关系,能够使人们对网络社会的研究变得清晰明了。

生态学是研究生物及其群体与环境相互作用过程及规律的科学,其本源是研究生命系统与非生命系统之间的物质循环、能量流动和信息传递的规律与调控机制,其目的是指导人与生物圈的协调发展。生态学在当今自然科学领域和社会科学领域倍受关注,正在升华为一门关于认识论的科学,生态学的理论与方法已渗入经济与社会发展的各个方面,并被应用到社会科学研究的诸多领域。其发展所带来的现代科学思维方式革命,正影响着现代科学的走向。这主要体现在三个方面:第一,生态学为现代科学技术发展提供多维的系统观;第二,生态学提升了现代自然科学对象是人化自然的自觉认识;第三,生态学为现代自然科学和社会人文科学的结合架设了桥梁。

当人们用生态学的基本理论来阐释社会系统时,社会系统就变成了一个社会生态系统。同样，网络社会系统也可以从生态学和社会生态学的视角进行分析。网络活动的实质是信息活动，当人们从生态学角度来审视网络社会时，网络社会就是一个庞大的网络信息生态系统。借鉴生态学及其他相关学科的理论与方法来研究网络信息生态系统，人们可以更深入地认识网络社会的信息生态属性，网络社会的成员更加合理和有效地使用网络及其信息资源，促进网络社会的和谐发展。用生态学的观点来看，网络信息主体之间各式各样的链也都是生态链，即网络信息生态链。从生态学的视角对网络主体之间最基本的链式关系进行研究，不仅可以优化网络信息生态链，而且能够从整体上把握和协调网络主体之间的复杂关系，促进整个网络信息生态系统的优化。因此，对网络信息生态链进行全面深入的研究十分必要。

本书由娄策群设计整体研究思路，拟定大纲和最终统稿，杨小溪、桂学文和段尧清参与了大纲的拟定和部分章节的统稿工作。各章节的具体分工如下：第1章由娄策群、杨小溪撰写；第2章由娄策群、庞靓撰写；第3章由桂学文、杨瑶撰写；第4章由段尧清、桂晓苗撰写；第5章由毕达宇、李青维撰写；第6章由娄策群、江彦撰写；第7章由杨小溪、娄冬撰写；第8章由叶磊、曾丽撰写。

本书的学术价值是为网络信息生态链研究提供理论与方法借鉴，丰富和深化网络信息生态学、信息生态学、信息管理学的研究内容，拓展生态学、社会学、供应链管理的研究领域，促进这些学科的发展。本书的应用价值是为网络信息生态链的优化提供理论指导和经验借鉴，促进网络信息生态链的高效运行和科学发展；为国家和地方政府制定网络生态战略和相关政策提供参考，引导我国网络社会和谐发展。

娄策群
2019年5月1日

目 录

第1章 网络信息生态链基本理论 ··· 1
1.1 网络信息生态链及其上位概念 ··· 1
1.1.1 生态链的概念 ··· 1
1.1.2 信息生态链的概念 ··· 1
1.1.3 网络信息生态链的概念 ··· 2
1.2 网络信息生态链的类型 ··· 5
1.2.1 网络信息服务生态链 ··· 5
1.2.2 电子政务信息生态链 ··· 6
1.2.3 电子商务信息生态链 ··· 8
1.2.4 网络教育信息生态链 ·· 10
1.2.5 网络文化娱乐信息生态链 ·· 12
1.2.6 网络社交信息生态链 ·· 14
1.3 网络信息生态链的结构 ·· 16
1.3.1 网络信息生态链的结构要素及其作用 ·································· 16
1.3.2 网络信息生态链的基础结构及其变化方式 ······························ 20
1.3.3 网络信息生态链的基本结构模型 ······································ 25
参考文献 ··· 31

第2章 网络信息生态链形成机制 ··· 32
2.1 网络信息生态链形成的标志与动力 ···································· 32
2.1.1 网络信息生态链形成的概念 ·· 32
2.1.2 网络信息生态链形成的主要标志 ······································ 32
2.1.3 网络信息生态链形成的动力 ·· 34
2.2 网络信息生态链形成的过程与方式 ···································· 36
2.2.1 网络信息生态链形成的过程 ·· 36
2.2.2 网络信息生态链形成的主要方式 ······································ 41
2.3 网络信息生态链形成的影响因素 ······································ 43
2.3.1 网络信息生态链形成影响因素的理论分析 ······························ 43
2.3.2 网络信息生态链形成影响因素的实证分析 ······························ 48
参考文献 ··· 67

第3章 网络信息生态链演进机制 ··· 69
3.1 网络信息生态链演进的概念与过程 ···································· 69
3.1.1 网络信息生态链演进的概念 ·· 69
3.1.2 网络信息生态链的演进过程 ·· 70

3.2 网络信息生态链演进的方向与模式 74
  3.2.1 网络信息生态链演进的方向 74
  3.2.2 网络信息生态链演进的模式 76
3.3 网络信息生态链演进的影响因素 81
  3.3.1 基于专家调查法的网络信息生态链演进影响因素筛选 81
  3.3.2 网络信息生态链演进影响因素的作用机理分析 83
参考文献 88

第4章 网络信息生态链运行机制 89
4.1 网络信息生态链信息流转机制 90
  4.1.1 网络信息生态链信息流转的方式与模型 90
  4.1.2 网络信息生态链信息流转的动力与效率 92
  4.1.3 网络信息生态链信息流转的影响因素 96
4.2 网络信息生态链竞争合作机制 99
  4.2.1 网络信息生态链竞争合作的范围与对象 99
  4.2.2 网络信息生态链竞争合作的类型与形式 100
  4.2.3 网络信息生态链竞争合作的影响因素 103
4.3 网络信息生态链价值增值机制 107
  4.3.1 网络信息生态链价值的概念与类型 107
  4.3.2 网络信息生态链价值增值的种类与方式 108
  4.3.3 网络信息生态链价值增值的影响因素 112
4.4 网络信息生态链共生互利机制 115
  4.4.1 网络信息生态链共生互利的含义 115
  4.4.2 网络信息生态链共生互利的类型 116
  4.4.3 网络信息生态链共生互利的影响因素 119
4.5 网络信息生态链动态平衡机制 122
  4.5.1 网络信息生态链动态平衡的主要标志 122
  4.5.2 网络信息生态链动态平衡的方式 123
  4.5.3 网络信息生态链动态平衡的影响因素 124
参考文献 127

第5章 网络信息生态链链内优化 128
5.1 网络信息生态链结构优化 128
  5.1.1 网络信息生态链结构优化的内容 128
  5.1.2 网络信息生态链结构优化的原则 130
  5.1.3 网络信息生态链结构优化的程序与方法 131
5.2 网络信息生态链资源共享 136
  5.2.1 网络信息生态链资源共享的主客体 136
  5.2.2 网络信息生态链资源共享的模式 138
  5.2.3 网络信息生态链资源共享的保障措施 141

5.3 网络信息生态链利益协调 ·· 142
    5.3.1 网络信息生态链利益协调的目标 ····································· 142
    5.3.2 网络信息生态链利益协调的原则 ····································· 144
    5.3.3 网络信息生态链利益协调的措施 ····································· 145
5.4 网络信息生态链风险防范 ·· 154
    5.4.1 网络信息生态链风险的表现及原因 ··································· 154
    5.4.2 网络信息生态链风险的防范原则 ····································· 157
    5.4.3 网络信息生态链风险的防范措施 ····································· 159
5.5 网络信息生态链协同进化 ·· 164
    5.5.1 网络信息生态链协同进化的目标选择 ································· 164
    5.5.2 网络信息生态链协同进化的过程控制 ································· 166
    5.5.3 网络信息生态链协同进化的保障措施 ································· 168
参考文献 ··· 170

第6章 网络信息生态链链际优化

6.1 网络信息生态链链际互利合作 ·· 171
    6.1.1 网络信息生态链链际互利合作的含义与意义 ··························· 171
    6.1.2 网络信息生态链链际互利合作的内容与方式 ··························· 173
    6.1.3 网络信息生态链链际互利合作的保障措施 ····························· 178
6.2 网络信息生态链链际合理竞争 ·· 180
    6.2.1 网络信息生态链链际合理竞争的含义与意义 ··························· 180
    6.2.2 网络信息生态链链际合理竞争的内容与方式 ··························· 182
    6.2.3 网络信息生态链链际合理竞争的保障措施 ····························· 187
6.3 网络信息生态链链际优化重组 ·· 189
    6.3.1 网络信息生态链链际优化重组的概念与意义 ··························· 189
    6.3.2 网络信息生态链链际优化重组的内容和方式 ··························· 190
    6.3.3 网络信息生态链链际优化重组的规划管理 ····························· 199
参考文献 ··· 203

第7章 网络信息生态链环境优化

7.1 网络信息生态链信息本体环境优化 ·· 204
    7.1.1 网络信息生态链信息本体环境的构成 ································· 204
    7.1.2 网络信息生态链信息本体环境优化的意义 ····························· 205
    7.1.3 网络信息生态链信息本体环境优化准则 ······························· 207
    7.1.4 网络信息生态链信息本体环境优化策略 ······························· 208
7.2 网络信息生态链信息技术环境优化 ·· 211
    7.2.1 网络信息生态链信息技术环境的构成 ································· 211
    7.2.2 网络信息生态链信息技术环境优化的意义 ····························· 213
    7.2.3 网络信息生态链信息技术环境优化准则 ······························· 215
    7.2.4 网络信息生态链信息技术环境优化措施 ······························· 216

7.3 网络信息生态链信息制度环境优化································219
    7.3.1 网络信息生态链信息制度环境的构成·····························219
    7.3.2 网络信息生态链信息制度环境优化的意义·······················221
    7.3.3 网络信息生态链信息制度环境优化准则···························223
    7.3.4 网络信息生态链信息制度环境优化措施···························224
参考文献···227

第8章 网络信息生态链实证分析···229
8.1 华中师大数字图书馆信息生态链·······································229
    8.1.1 华中师大数字图书馆信息生态链的节点构成与结构模型··········229
    8.1.2 华中师大数字图书馆信息生态链的形成与演进···················231
    8.1.3 华中师大数字图书馆信息生态链的运行情况······················233
    8.1.4 华中师大数字图书馆信息生态链存在的问题及对策···············242
8.2 崇阳县 G2C 电子政务信息生态链·······································245
    8.2.1 崇阳县 G2C 电子政务信息生态链的节点构成及结构模型··········245
    8.2.2 崇阳县 G2C 电子政务信息生态链的形成及演进···················247
    8.2.3 崇阳县 G2C 电子政务信息生态链的运行情况······················249
    8.2.4 崇阳县 G2C 电子政务信息生态链存在的问题与对策···············256
参考文献···258

附录一···260
  电子商务信息生态链形成机理调查问卷(消费者版)·························260
附录二···263
  电子商务信息生态链形成机理调查问卷(商家版)····························263
附录三···266
  网络信息生态链演进影响因素专家调查表·······································266
附录四···267
  网络信息生态链运行影响因素专家调查表·······································267
附录五···269
  华中师范大学数字图书馆信息生态链动态平衡度调查问卷···················269
附录六···271
  崇阳县 G2C 电子政务信息生态链动态平衡度调查问卷························271

第 1 章 网络信息生态链基本理论

网络信息生态链基本理论研究是进行网络信息生态链研究的基础。网络信息生态链基本理论主要包括网络信息生态链的概念、类型和结构。本章主要界定网络信息生态链概念及上位概念、网络信息生态链的主要类型,研究网络信息生态链的结构要素及其相互关系、网络信息生态链的基本结构模型。

1.1 网络信息生态链及其上位概念

1.1.1 生态链的概念

生态链的概念源于生态学中的食物链。食物链一词由英国动物学家埃尔顿(C.S.Eiton)于 1927 年首次提出,后来逐渐演变成生态链的概念。通俗地讲,食物链是各种生物通过一系列吃与被吃的关系,以食物营养关系彼此联系起来的序列。食物链又被称为营养链,一切生物为了维持生命都必须从外界摄取能量和营养,这种以能量和营养的联系而形成的各种生物之间的链条称为食物链[1]。食物链是生态系统中贮存于有机物中的化学能在生态系统中层层传导的过程。可以认为,食物链是指在生态系统中,生物之间通过吃与被吃关系联结起来的索链结构[2]。

实际上,生态系统中的能量流动是借助于食物网来实现的。自然界中的各种生物食取与被食取的关系不是单一的,一种生物同时食取多种食物,同一种食物可以被多种生物食取,互相之间甚至还有互为食物的关系。食物网就是指生态系统中,生物之间通过错综复杂的吃与被吃关系联结起来的网状结构。食物网使生态系统中各种生物之间产生直接或间接关系,是自然界的一种普遍现象,食物链只是人们在研究生态系统中能量流转关系时对食物网的一种简化,而食物网也可以看成是多条食物链之间纵横交错、相互联结的结果。

在生态学中,食物链也被称为生态链,但生态链一词更多的是用于社会活动领域。将生态系统中生物之间吃与被吃的链条借鉴到人类社会中,用于描述不同社会组织和个人之间的链式依存关系,即生态链。相比于食物链,生态链的应用范围更为广泛。一般来说,生态链是指在一定的生态环境(自然生态环境或社会生态环境)中,众多生物或社会组织通过信息传递、能量转换与物质循环形成的环环相扣的链条式依存关系。

1.1.2 信息生态链的概念

对于人类社会而言,由信息本体(即信息本身)、信息技术、信息制度、信息时空等

---

[1] 李金津. 企业生态链理论研究[D]. 长春: 吉林大学, 2011: 29.
[2] 曹凑贵. 生态学概论[M]. 北京: 高等教育出版社, 2002: 174.

信息环境因子组成的信息环境是社会环境的重要组成部分，信息环境对人们生活、学习、工作的影响越来越大。人类社会中的每个人和社会组织都需要信息并参与信息活动，并且不同种类信息人之间的信息活动存在着上下游关系，上游信息人生产或加工的信息是下游信息的原材料或消费品，类似于食物链中食物吃与被吃的关系。按照生态学中食物链与生态链的观点，人类社会中存在着形形色色的信息生态链。可以认为，信息生态链是在信息生态环境中，由不同种类信息人通过信息流转而形成的链式依存关系[1]。

1.1.3 网络信息生态链的概念

根据生态链与信息生态链的概念，可以认为，网络信息生态链是指在网络信息生态环境中，不同类型的信息主体之间通过信息流转所形成的链式依存关系。理解网络信息生态链的概念需要明确以下几点。

1. 网络信息生态链所处的环境是网络信息生态环境

网络本义上是指交错连接的系统，既可以指物理上的、有形的连接，如通信网络，也可以指无形的连接，如人际关系网络[2]。然而随着计算机网络技术的飞速发展，如今人们提到的网络就专指计算机之间的连接，甚至仅仅是指因特网。在本书中，将网络界定为建立在现代计算机技术和通信技术基础上的，运用客户端—服务器技术，以及传输控制协议和 internet 协议，将全球原本独立的计算机网络连为一体，形成资源共享以至于协同工作的体系[3]。网络信息生态系统就是在网络空间或网络社会中运作的特殊信息生态系统，是通过网络实现信息流转、以网络信息流转为基本功能的网络社会信息生态系统。简单来说，在网络信息生态系统中，网络是指互联网。

网络信息生态环境是指对网络信息人的网络信息活动有直接作用和影响的信息因素总和。网络信息生态环境是构成网络信息生态系统的一大要素，是网络信息生态系统的内部环境，是网络信息环境中直接作用和影响网络信息人活动与行为的那一部分环境因素。另外的间接作用和影响网络信息人活动与行为的环境因素则是网络信息生态系统的外部环境。与信息生态环境的组成相对应，网络信息生态环境主要包括网络信息本体、网络信息技术、网络信息时空、网络信息制度。网络信息本体是指在网络信息生态系统中的各类网络信息。网络信息是一切投入互联网的数字信息的总称，由三部分组成：一是通过网络联结起来的各种信息资源，即将原本相互独立的、分布于不同地域的数据库、信息中心、图书馆等，通过信息网络联结在一起，形成的一种新型内容与结构信息，这类网络信息是将原来的印刷型文献信息数字化后上网及将封装型电子出版物上网而形成；二是直接通过网络形式出版发行的信息（网络出版物），目前我国的网络出版物主要是网络版期刊；三是网上交流产生的信息，既包括政府部门、组织团体等正式发布的信息，也包括其他一些在网上非正式发布的信息，这类信息资源只在网上交流，也就是狭义的网络信息，也有人

---

[1] 娄策群，周承聪. 信息生态链：概念、本质和类型[J]. 图书情报工作，2007（9）：29-32.
[2] 张楚. 关于网络法基本问题的阐释[J]. 法律科学，2003（6）：80-87.
[3] 张楚. 网络法学[M]. 北京：高等教育出版社，2003：2.

称此类信息为真正的网络信息。网络信息技术是通信技术与计算机技术相结合的产物,是在网络上使用的各种信息技术的总称,包括信息安全技术、传感器网络、无线网络技术、网络存储与挖掘、网格技术、云计算技术、物联网技术、分布式系统、数据通信技术、人工神经网络、智能计算、智能信息处理、服务计算、数据库与数据挖掘、认知技术、网络拓扑与优化、数字化技术等。网络信息技术对人与社会的发展产生了巨大影响,深刻改变着人与社会生活的各个方面。网络信息时空是指网络信息人的网络信息活动所占用的时间和空间。网络信息活动时间包括网络信息人搜集、处理、传递和利用信息的时间,涉及时间段的分布和长短两个方面;网络信息活动空间包括网络信息人所在地和网络信息人获取信息、处理信息、传递信息和提供信息服务的网络虚拟空间,同样涉及活动空间分布和活动空间大小两个方面。网络信息制度是指被制定出来约束网络信息人行为的规则,包括网络信息政策、网络信息法律、网络信息标准、网络信息伦理等。网络信息政策是由国际组织、国家机关、政党、政治团体为鼓励、限制和规范网络信息生产、传递和消费活动,所规定的行为准则,包括与网络信息有关的发展战略、发展规划、管理办法等。网络信息法规是由国家立法机关批准制定,并由国家执法机关的强制力保证实施的,调节网络信息活动中网络信息人的行为规范的专门法规[①]。网络信息标准是对网络信息技术领域中的重复性事物或概念所做的统一规定,是从事网络信息生产、搜集、处理、积累、储存、检索、传递和消费的一种共同遵守的技术依据。网络信息伦理是指网络信息活动中形成且需要遵循的网络道德、伦理准则、伦理规约,是网络信息人信息活动的现实需要和规律反映,调节着网络信息人在信息交往活动中功利的实现。

2. 网络信息生态链的构成主体是直接参与链上信息流转活动的网络信息人

网络信息人是指通过互联网开展信息活动的个人和组织。网络信息人必须通过互联网进行信息生产、发布、组织、传递、获取或利用信息,或对互联网中信息人的行为和活动进行组织管理,否则,就不能称之为网络信息人。信息人包含网络信息人,这是由于从一般意义上说,任何组织和个人都是信息人,但并非每个信息人都通过网络开展信息活动,只有部分信息人通过网络开展信息活动,但只通过网络开展信息活动的信息人并不存在。按其功能生态位不同,网络信息人也可以分为网络信息生产者、网络信息传递者、网络信息消费者、网络信息监管者。网络信息生产者是指生产新信息并主动或被动地在网络上发布或发送信息的个人和组织,也就是说,网络信息生产者需要具备两个条件,一是生产新信息,二是该信息被自己或他人发布在网络上。因此,一个人或组织是否能成为网络信息生产者,不仅取决于他本人,还取决于其他人。网络信息传递者是指通过网络进行信息传递和传播的个人和组织。网络信息传递者可以只提供网络信息传递渠道与平台而不对信息进行组织和处理,也可以在提供网络信息传递渠道与平台的同时对信息进行组织和处理。网络信息传递者传递的信息可以是纯网络信息,即网络信息生产者仅在网络上发布和交流的信息,也可以是非网络信息,即网络信息传递者将非网络信息转化为网络信息在网络上传递。网络信息消费者是通过网络获取和利用信息的个人和组织。网络信息监管者是对网

---

① 徐立春,黄艳娟. 对我国网络信息政策法规建设的思考[J]. 图书馆学研究,2004(3):2-5.

络信息活动进行监督和管理的个人或组织。

构成网络信息生态链的网络信息人是直接参与链上信息流转活动的网络信息生产者、网络信息传递者和网络信息消费者。网络信息监管者主要对网络信息活动进行监管,并不直接参与网络信息流转活动。

3. 网络信息生态链的基本功能是网络信息流转,衍生功能因链的性质和类型而异

自然生态系统的基本功能是能量流转。能量流转指生态系统中能量输入、传递、转化和丧失的过程。在自然生态系统中,生物与环境,生物与生物间的密切联系,可以通过能量流转来实现。生态系统的能量流转推动着各种物质在生物群落与无机环境间循环,物质循环也必然伴随着能量流动。信息生态系统的基本功能是信息流转,而信息生态链本质上就是一条信息流转链,信息生态链最核心、最本质、最基础的功能就是信息流转。信息流转是信息在不同类型不同层级信息人之间的流动和转化,通过信息拒收、信息摄入、信息筛除、信息受理、信息吸收、信息内化、信息产出、信息反馈、信息流失等基本方式来实现[①]。与信息生态链类似,网络信息生态链本质上也是一条网络信息流转链,信息流转也是网络信息生态链的本质功能和核心功能。网络信息流转包括信息流动和信息转化。其中,信息流动是信息在不同网络信息主体之间的运动。信息转化是信息在网络生产、发布、传递、接受、利用过程中产生的结构、形态、功能、价值、内容等的变化。衍生功能是由其基本功能派生出来的功能。从网络信息生态链的角度来看,其基本功能是信息流转,衍生功能是由信息流转功能派生出来的,但从链的性质和任务,或链的社会职能来看,衍生功能实际上是链的基本功能。网络信息生态链的衍生功能因链的性质和类型而异,如电子商务信息生态链的衍生功能是网上商品交易,网络教育信息生态链的衍生功能是网上教学活动。

4. 网络信息生态链中网络信息人之间是一种链式依存关系

网络信息生态链中网络信息人之间是一种链式依存关系,具体可分为链式关系和依存关系两种。网络信息生态链中的链式关系是不同类型网络信息人之间通过不同的连接方式建立起来的上下连接、环环相扣的关系。链式关系是网络信息生态链中不同类型网络信息人之间最基本的关系,是网络信息生态链的主要标志。可以说,没有不同类型信息人之间的链式关系,就没有网络信息生态链,或者说,只要是网络信息生态链,链中不同类型的网络信息人之间必然存在链式关系。网络信息生态链的依存关系是链中网络信息人相互依赖、共同生存的关系,包括共生关系、互动关系、互惠关系、合作关系、竞争关系等。依存关系也是网络信息生态链中网络信息人之间的基本关系,只要形成了网络信息生态链,链中网络信息人通过相互联系和相互作用就必然会形成不同性质和一定程度的依存关系。依存关系既可以发生在异类网络信息人之间,也可以发生在同类网络信息人之间,当然,不同网络信息人之间的依存关系的性质、程度等有较大的差异。

根据以上分析,可建立如图1-1所示的网络信息生态链概念模型。

---

① 娄策群,许芳. 网络生态平衡与电子政务和谐发展[J]. 电子政务,2005(12):65-69.

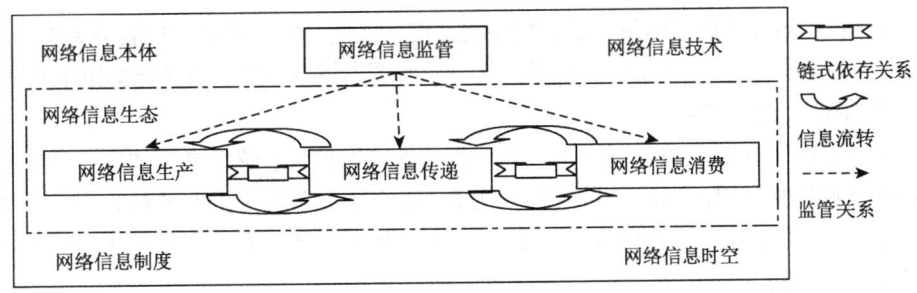

图 1-1 网络信息生态链概念模型

1.2 网络信息生态链的类型

1.2.1 网络信息服务生态链

网络信息服务是指以满足用户的信息需求为目的,以现代通信技术和网络信息技术为手段,对数字信息资源进行收集、组织、存储、综合并提供利用的活动。

1. 网络信息服务生态链的内涵

网络信息服务生态链是在互联网上,由网络信息服务机构及其上下游信息主体围绕数字信息流转和数字信息资源开发利用而形成的链式依存关系。对于网络信息服务生态链这个概念,需要明确以下两点。

网络信息服务生态链的构成主体是网络信息服务机构及其上下游信息主体。网络信息服务机构是对数字信息资源进行收集、组织、存储、并综合利用的机构,是网络信息服务生态链中的关键信息主体,对应于网络信息生态链中的信息传递者。数字图书馆、数字情报所、数字档案馆等是典型的网络信息服务机构。网络信息服务机构的上游信息主体是数字信息资源生产者,可以是直接生产数字信息资源并借助于网络进行传播的生产者(如数字出版社),也可以是将传统载体形式的信息资源转换成数字信息资源并借助于网络进行传播的生产者(如中国知网)。网络信息服务机构的下游信息主体是数字信息资源消费者,即数字信息资源的利用者。

一般来说,网络信息生态链的功能分为基本功能和衍生功能。对于大多数类型的网络信息生态链来说,其基本功能和衍生功能是不同的。网络信息服务生态链的基本功能是数字信息流转,链中所流转的数字信息具有多样性和综合性;网络信息服务生态链的衍生功能是数字信息资源开发利用,即采用数字化技术手段,生产、加工、传递和利用数字信息资源。然而,数字信息资源开发利用和数字信息流转的含义基本相同,因此,可以说网络信息服务生态链的基本功能和衍生功能都是数字信息流转。基本功能与衍生功能重合是网络信息服务生态链与其他类型网络信息生态链的根本区别。

2. 网络信息服务生态链的主要类型

在网络信息服务生态链中,网络信息服务机构大部分是由传统的信息服务机构转型而来,传统信息服务机构包括图书馆、档案馆、情报所、信息咨询机构等。相应地,网络信息服务生态链也可以分为数字图书馆生态链、数字档案馆生态链、网络信息分析服务生态链、网络信息咨询服务生态链[①]。限于篇幅,这里仅阐述数字图书馆生态链和数字档案馆生态链。

1) 数字图书馆生态链

数字图书馆生态链是在互联网上,由数字图书馆及其上下游信息主体围绕数字信息流转和数字资源开发利用而形成的链式依存关系。按照数字图书馆生态链核心主体的类型划分,数字图书馆生态链可以划分为单纯数据库型图书馆信息生态链和传统图书馆数字化型图书馆信息生态链。

单纯数据库型图书馆信息生态链是指核心节点数字图书馆是由网络中单纯数据库构成的一类数字图书馆生态链。例如,由数据库型数字图书馆——"CNKI数字图书馆"为核心节点构成的数字图书馆生态链即为该种类型的数字图书馆生态链。传统图书馆数字化型图书馆信息生态链是指核心节点数字图书馆是由传统图书馆将其信息资源数字化后而形成的一类数字图书馆生态链。由于传统数字图书馆可以划分为高校图书馆、公共图书馆和科学图书馆,按照此种划分方式,可以将此类数字图书馆生态链划分为高校数字图书馆生态链、公共数字图书馆生态链以及科学数字图书馆生态链。其中,高校数字图书馆生态链是由高校图书馆将其拥有的信息资源数字化构建数字图书馆后形成的高校数字图书馆生态链。例如,以武汉大学图书馆构建的数字图书馆为核心节点形成的数字图书馆生态链就是高校数字图书馆生态链。公共数字图书馆生态链是由公共图书馆将其拥有的信息资源数字化构建数字图书馆后形成的公共数字图书馆生态链。例如,以湖北省图书馆构建的数字图书馆为核心节点形成的数字图书馆生态链就是公共数字图书馆生态链。科学数字图书馆生态链是由科学图书馆将其拥有的信息资源数字化构建数字图书馆后形成的科学数字图书馆生态链。例如,以中国科学院国家科学图书馆构建的数字图书馆为核心节点形成数字图书馆生态链就是科学数字图书馆生态链。

2) 数字档案馆生态链

数字档案馆生态链是在互联网上,由数字档案馆及其上下游信息主体围绕数字档案信息流转和数字档案资源开发利用而形成的链式依存关系。数字档案馆使用的是保密网、局域网、公众网的三重设置,并且这三种网络是使用物理隔离的方法使其相对独立,这就使得数字档案馆生态链分为两种情况:基于局域网网络平台的数字档案馆生态链和基于公众网网络平台的数字档案馆生态链。当局域网的网络平台作为数字档案馆生态链的信息传递者时,数字档案馆生态链的信息生产者和信息消费者都是数字档案馆的工作人员,他们利用局域网的网络平台将纸质的档案数字化、管理和利用数字档案信息等。当公众网的网络平台作为数字档案馆生态链的信息传递者时,数字档案馆生态链的信息生产者是数字档案馆的工作人员,信息消费者是需要查询数字档案信息的公众。

1.2.2 电子政务信息生态链

电子政务是指政府以实现组织结构和工作流程优化重组为目的,通过互联网建成的一种精简、高效的政府运作模式。

[①] 叶磊,娄策群,娄冬. 网络信息生态链概念体系构建[J]. 情报科学, 2016 (11): 8-12.

1. 电子政务信息生态链的内涵

电子政务信息生态链是指在互联网上，由不同类型的政务信息主体围绕政务信息流转和政务活动而形成的链式依存关系。对于电子政务生态链这一概念，需要理清以下两点。

首先，电子政务信息生态链的信息主体是不同类型的政务信息主体。从信息主体功能与作用的角度，电子政务信息生态链的政务信息主体可以分为政府部门、电子政务平台运营商和公众三类。政府部门既可以是政务信息的生产者，如上级政府部门主要承担政务信息的生产、发布，也可以是政务信息的传递者和消费者，如下级政府部门在接收上级政府部门下达的政务信息并传递给下属政府部门的同时，其本身也会解读该政务信息并且必要时会采取相应措施。电子政务平台运营商可以是政府部门自身也可以是第三方网络信息技术公司，如果政府部门本身设置的有信息技术部或者有相关信息技术人才，可以考虑自建电子政务平台，如果没有，则可委托其他第三方网络信息技术公司帮忙搭建电子政务平台并提供后期的运行维护等技术支持。电子政务信息生态链中的公众是指有政务信息需求或网上办事需求的社会公民和企业，他们既是电子政务信息的消费者，也是网上办事中流转信息的主要生产者。

其次，电子政务信息生态链的基本功能是网上政务信息流转，衍生功能是网上政务活动。电子政务信息生态链上流转的信息主要是各级政府部门发布的信息或者是政府和公众网上办事产生的信息，例如政府部门发布的各项政策、法规、指示、通知和公告，还有公众提交的网上办事材料信息或者意见反馈信息等，信息种类比较固定。网上政务活动主要包括两个方面，一方面是指通过政府内网，各政府部门之间实现业务流程优化和无纸化网上办公；另一方面是指通过政府门户网站对公众实现网上办事。只有具备电子政务信息流转和电子政务服务功能的网络信息生态链才属于电子政务信息生态链，二者缺一不可。

2. 电子政务信息生态链的主要类型

按照参与信息流转主体的不同，可以将电子政务信息生态链划分为G2G（government to government，政府对政府）电子政务信息生态链、G2C（government to citizen，政府对公众）电子政务信息生态链等。

1）G2G电子政务信息生态链

G2G电子政务信息生态链是不同层级或同层级的政府部门之间进行电子政务信息流转和网上办公而形成的链式依存关系。G2G电子政务信息生态链上不同级别的政府之间、政府各部门之间、政府和公务员之间通过政府内部办公系统和内部网进行管理沟通和信息流转，相互之间既有不同级别的政府组织、政府部门和公务员之间信息的纵向交流，也有同级政府组织、政府部门和公务员之间信息的横向流转。其中，信息的纵向交流形成一种树型结构的电子政务信息生态链，信息的横向交流形成一种线型结构的电子政务信息生态链。

在树型结构的G2G电子政务信息生态链中，一般由中央政府部门制定政策、法规、命令、指示、通知等，并向下传递，中央政府部门是电子政务信息的生产者，也是政务信息的传递者；中间层级的政府部门负责将信息进行细化和分解，并将信息层层下达，其既是政务信息消费者也是传递者；末级政府部门是电子政务信息的接受者，负责接收并执行各项政策、法规、命令、指示和通知，是电子政务信息的消费者。

在线型结构的 G2G 电子政务信息生态链中，各政府部门等级地位平等，不存在主次关系，相互之间相互协作，完成工作任务，实现信息交流。各部门之间根据业务内容和工作需求进行信息共享、协同工作，形成电子政务办公信息生态链。但由于政府部门的工作任务不可能是一成不变的，电子政务信息生态链上节点会不断变动，同时，各节点所承担的功能也会不断变动，有时候是政务信息生产者，有时候是政务信息传递者，有时候又是政务信息消费者，或者是以上三种角色的组合。

2）G2C 电子政务信息生态链

G2C 电子政务信息生态链是政府与企业、公民等社会公众之间进行电子政务信息流转和网上办事而形成的链式依存关系。在 G2C 电子政务生态链中，政府和社会公众之间通过政府门户网站进行信息流转和业务往来。G2C 电子政务信息生态链主要有政府对公民和政府对企业两种模式。

政府对公众的 G2C 电子政务信息生态链中主要有两种信息流转方式。一种方式是政府部门在其门户网站上发布政策、法规、命令、指示、通知等政务信息，公众根据自己的需要有选择地接收和解读。该种方式中的政务信息可以是其自己制定的，也可以是由其上级政府部门传达而来的，所以政府部门既可能是信息生产者和传递者，也可能是信息消费者和传递者，而公众主要是信息消费者。另一种方式是公众按照网上办事流程、通过政府网上办事平台提交相关办事材料信息，政府相关职能部门通过平台获取公众办事信息后，通过政务内网，完成公民社会保障、医疗、就业等个人社会事务的办理。此种方式中政府相关职能部门既是信息消费者也是信息传递者，而公众是信息生产者和传递者。

政府对企业的 G2C 电子政务信息生态链中也主要有两种信息流转方式。一种方式是政府部门在其门户网站上发布采购和招标信息，相关企业接收或解读相关信息后，通过政府的电子采购和招标系统进行投标事宜。该种方式中政府部门是信息生产者和传递者，而企业既是信息消费者也是信息传递者和生产者。另一种方式是企业通过政府的电子税务和电子工商行政管理等系统进行网上企业事务办理。其信息流转方式类似于公民网上办事中的信息流转方式，政府部门在此种方式中充当信息消费者和信息传递者，企业则既是信息生产者也是信息传递者。

1.2.3　电子商务信息生态链

电子商务是借助于互联网进行的商品交易及其配套服务活动。

1. 电子商务信息生态链的内涵

电子商务信息生态链是指互联网上，网上商务信息主体围绕商务信息流转和商品交易及其配套服务而形成的链式依存关系。对于电子商务生态信息链的概念需要明确以下两点。

首先，电子商务信息生态链的信息主体是不同类型的商务信息主体。从主体的作用与功能上可以将电子商务信息生态链中的商务信息主体概括为网上商品供应商、电子商务平台运营商和网络购物消费者三类。网上商品供应商以通过网络销售商品为最终目的，但为了销售商品，必然会产生并在网上发布与商品有关的信息，对应于网络信息生态链中的网络信息生产者。电子商务平台运营商主要是通过沟通商品供求信息，促成网上商品交易，对应于网络信息生态链中的网络信息传递者。网络购物消费者是通过网络获取商品供给信息，在网上下单购买自己所需要的商品，对应于网络信息生态链中的网络信息消费者。但并非所有的电子商务信息生态链中都需要这三类主体，有的电子商务信息生态链可能仅由网上商品供应商和网络购物消费者构成。

其次，电子商务信息生态链的基本功能是网上商务信息流转，衍生功能是网上商品交易及其配套服务。电子商务信息生态链上流转的信息是电子商务活动中所产生的各种数据和信息，包括与产品或服务有关的信息、与电子商务生态主体有关的信息、与产品或服务交易有关的信息等，信息类型丰富多样。网上商品交易涉及网络营销、信息流转、网上订购、货款支付、物流配送、货物验收等环节，网上商品交易包括电子商务平台服务（解决网上商品交易中的信息流问题）、电子商务金融服务（解决网上商品交易中的资金流问题）、电子商务物（客）流服务（解决网上商品交易中的货物流或客户流问题）。仅有商务信息流转功能而不具备商品交易功能的网络信息生态链也属于电子商务信息生态链的范畴。

2. 电子商务信息生态链的主要类型

电子商务信息生态链概念外延广泛，包括多种类型。按照电子商务交易主体结构不同，可以将电子商务信息生态链分为 B2B（business-to-business，企业对企业）电子商务信息生态链、B2C（business-to-consumer，企业对消费者）电子商务信息生态链、C2C（constmer-to-constmer，个人对个人）电子商务信息生态链。

1）B2B 电子商务信息生态链

B2B 电子商务信息生态链是企业间通过电子商务活动而形成的电子商务信息生态链。B2B 电子商务信息生态链主要存在于制造业领域。B2B 电子商务信息生态链又可以分为两种类型：垂直型 B2B 电子商务信息生态链与水平型 B2B 电子商务信息生态链。

垂直型 B2B 电子商务信息生态链是指相关的各类企业基于供应链与价值链连接在一起而形成的一种专业化分工关系，例如从原材料生产商→产品制造商→渠道经销商的电子商务信息流转便构成了一条垂直型 B2B 电子商务信息生态链。在该种类型的链内，各类节点只专注于信息生产与传递活动的某个环节，通过合理化分工协同作业，以契约形式形成紧密的合作关系。

水平型 B2B 电子商务信息生态链是一种面向交易市场，通过将多个行业中近似的交易活动集中到一个网络市场环境下形成的网络信息生态链。在这种类型的链中，企业既可以在某一次电子商务活动中作为销售方而成为网络信息生产者，也可能在下一次电子商务活动中作为采购方而成为网络信息消费者。例如，阿里巴巴 B2B 电子商务信息生态链就是较为典型的平行型 B2B 电子商务信息生态链，企业在链内既可以销售商品也可以对原商品进行采购。

2）B2C 电子商务信息生态链

B2C 电子商务信息生态链是由企业与消费者开展网上商品交易而形成的电子商务信息生态链。由于在 B2C 电子商务信息生态链中消费者通常以分布分散且规模较小的个人为主要群体，因此 B2C 电子商务信息生态链普遍存在于商品零售领域。B2C 电子商务信息生态链按照电子商务平台所有者的不同可分为三种类型：第三方 B2C 电子商务信息生态链、自营型 B2C 电子商务信息生态链、自产自销型 B2C 电子商务信息生态链。

第三方 B2C 电子商务信息生态链是指以第三方电子商务服务商建立的电子商务平台为核心，上游连接电子商务产品供应商，下游连接电子商务产品消费者，商家在平台上与消费者之间进行商品交易活动而形成的链式依存关系。在这种链中，链上第三方电子商务平台独立于商家和客户，整合支付企业、物流商、搜索引擎企业，形成一个性能完善、功能全面的第三方交易平台，承担网络信息传递者的作用；并作为核心节点连接着众多商家和客户，将商家的商品信息呈现、传递给消费者。第三方电子商务平台为商家及消费者提供一个类似于现实中的购物商场一类的交易环境，商家及消费者在不违反第三方电子商务平台运营商制定的相关规定的前提下，在平台上进行信息交流和商品交易。这种类型的电子商务信息生态链在三种类型的链中发展速度最快，最为成熟。

自营型 B2C 电子商务信息生态链是指以电子商务平台运营商构建的电子商务平台为核心节点，直接连接下游众多消费者而形成的一种 B2C 型电子商务信息生态链。在这种链上，电子商务平台运营商首先向商品生产商进行采购，然后按照自己的营销手段将商品信息通过自身构建的平台传递给消费者，可以说，电子商务平台运营商虽然不是商品生产商但却是商品信息生产者和传递者。相比于第三方 B2C 电子商务信息生态链，自营型 B2C 电子商务信息生态链的商品供应商更为固定，其商品种类和数量也较少，下游的信息消费者也更有针对性。

自产自销型 B2C 电子商务信息生态链是指以商品生产商自建的电子商务平台为核心节点，上游连接商品生产商，下游连接产品消费者，商品生产商直接在自建平台上与生产商进行交易而形成的一种链式依存关系。如铁道部火车票网等电子商务平台为核心构成的电子商务信息生态链就属于这一类型的电子商务信息生态链。在这种链中，商品生产商既进行产品的生产，又构建平台进行商品交易和信息传递，兼具网络信息生产者和网络信息传递者功能。商品生产商自建的电子商务平台可以是由商品生产商自己组织相关网络信息技术人员创建，也可以外包给网络技术公司进行平台搭建及平台后期的运行维护。商品生产商自建的电子商务平台主要承担商品信息传递者的功能，由商品生产商自己或者其委托公司将商品信息通过该平台传递给信息消费者。

3）C2C 电子商务信息生态链

C2C 电子商务信息生态链是个人与个人之间开展电子商务活动而形成的一种电子商务信息生态链。C2C 电子商务信息生态链最大特点就是核心节点电子商务平台是由第三方电子商务平台运营商管理和运营。与 B2C 电子商务信息生态链有所不同，C2C 电子商务信息生态链中上游节点均为个人，因此电子商务平台运营商对电子商务信息生产者的监管力度会大幅减弱，从而可能造成上游信息生产者生产的信息质量良莠不齐，而上下游节点的不稳定性也会相对较高，影响到整条链的运行和稳定。

1.2.4　网络教育信息生态链

网络教育是指学生与教师、学生与教育组织之间通过互联网来进行教与学的一种教育形式。

1. 网络教育信息生态链的内涵

网络教育信息生态链是指在互联网上，网络教育信息主体围绕教学信息流转和教学活动而形成的链式依存关系。在理解网络教育信息生态链概念时，需要弄清以下两点。

首先，网络教育信息生态链的信息主体是网络教育信息的提供者、网络教育平台运营商、网络教育信息消费者。网络教育信息的提供者不仅包括教育培训机构、传统的学校，也包括个人，它是网络教育信息的生产者。由网络教育信息提供者有偿或者无偿将自己拥有的网络教育信息通过网络教育平台提供给网络教育信息需求者。网络教育平台运营商主要承担传递网络教育信息的功能，其可以是网络教育信息提供者（如教育培训组织、机构、传统学校），也可以是以盈利为目的的第三方网络技术公司。网络教育信息消费者主要是有各种教育信息需求的学生。

其次，网络教育信息生态链的基本功能是网络教学信息流转，衍生功能是网络教学活动。网络教育信息生态链上流转的信息是由教育组织或个人提供的教学信息，主要是基础知识和各类专业知识，以及与学习考试相关的信息等，其信息内容专业性和针对性较强。网络教学活动主要是教师与学生之间的互动，主要包括在线讲授、疑难解惑以及经验交流等。只有具备网络教育信息流转和网络教育服务功能的网络信息生态链才能称为网络教育信息生态链。

2. 网络教育信息生态链的主要类型

按照链上参与主体类型的不同，可以将网络教育信息生态链划分为 C2C 网络教育信息生态链、B2C 网络教育信息生态链、S/U2C 网络教育信息生态链。

1）C2C 网络教育信息生态链

C2C 网络教育信息生态链是个人与个人之间通过第三方构建的网络教育平台进行教育信息流转而形成的链式依存关系。C2C 网络教育信息生态链类似于 C2C 电子商务信息生态链，只不过前者链上流转的是商品信息和服务，后者链上流转的是知识。例如，网络教育平台服务商，它不直接参与教学过程，仅对教育信息进行审核和把关。主要由"我要教"和"我要学"两大部分构成。进入"我要教"这个部分，就可以成为一名教师，教授学生。进入"我要学"这个部分，就可以成为一名学生，与教师一对一地交流。通过核心平台，连接上游个人网络教育信息生产者和下游个人网络教育信息消费者而形成的链就属于这种类型的网络教育信息生态链。C2C 网络教育信息生态链以第三方构建的网络教育平台为核心节点，连接上游多个教育资源生产者，将其生产的教育资源整合后传递给下游的众多学习者。

2）B2C 网络教育信息生态链

B2C 网络教育信息生态链是教育培训机构与个人之间通过网络教育平台进行教育信息流转而形成的链式依存关系。一般而言，教育培训机构通过教育平台提供给个人的网络教育课程大部分是收费的，只有少部分课程免费提供给个人试听。例如，以英语网络培训课程、考研网络培训课程等为核心平台而构成的链就属于这种类型的网络教育信息生态链。B2C 网络教育信息生态链以教育培训机构为核心节点，教育培训机构既是信息生产者,也可能是信息传递者,其将自己生产的教育信息通过自己构建或委托第三方构建的教育平台传递给众多学习者。

3）S/U2C 网络教育信息生态链

在 S/U2C 中,S 是学校(school)的简称,它包含了小学(primary school)和中学(middle school),U 是大学(university)的简称。S/U2C（学校对个人）网络教育信息生态链是学校与个人之间通过学校自建或第三方构建的网上教育平台进行教育信息流转而形成的链式依存关系。学校通过平台与个人之间的信息流转既有付费服务,也有免费服务。例如,麻省理工学院的网络开放式课程(open course ware,OCW)是非常有名的。2001~2011年,麻省理工学院将教学实践中的 200 多门课程的资料,以网络课件的形式放到网上,供不同国家和地区的人们免费学习。OCW 覆盖了从本科到研究生各种层次的课程,这些课程资料大多数是以多媒体形式呈现出来的。由麻省理工学院、网络开发工程平台和个人构成的网络教育信息生态链就属于这种类型的链。S/U2C 网络教育信息生态链以学校为核心节点,学校既是信息生产者,也可能是信息传递者,它将学校拥有的部分教育信息通过自己构建或委托第三方构建的教育平台传递给众多学习者。

1.2.5 网络文化娱乐信息生态链

网络文化娱乐是指在电脑、手机等终端上,通过互联网来进行各种文化娱乐活动。

1. 网络文化娱乐信息生态链的内涵

网络文化娱乐信息生态链是指在互联网上,网络文化娱乐信息主体围绕文化娱乐信息流转和文化娱乐活动而形成的链式依存关系。在理解网络文化娱乐信息生态链概念时,要理清以下两点。

首先,网络文化娱乐信息生态链的信息主体分为网络文化娱乐信息生产者、网络文化娱乐信息发布平台运营商和网络文化娱乐信息消费者三种类型。网络文化娱乐信息的生产者可以是网络文化娱乐内容制造商,也可以是网络文化娱乐平台运营商。网络文化娱乐信息发布平台运营商主要是了解网络文化娱乐信息消费者的信息需求,并尽可能为其提供所需网络文化娱乐信息,网络文化娱乐信息的发布平台运营商对应于网络文化娱乐信息生态链的信息传递者。网络文化娱乐信息消费者通过网络文化娱乐信息发布平台免费或有偿获取自己所需信息,其可以通过线上消费（如在线观看、收听）和下载（如下载存储后离线观看或收听）两种方式进行文化娱乐信息消费。此外,网络文化娱乐信息消费者还可以在线对网络文化娱乐信息进行评论、意见反馈或交流,此时,它又对应于信息生产者和传递者的角色。

其次,网络文化娱乐信息生态链的基本功能是网上文化娱乐信息流转,衍生功能是网上文化娱乐活动。网络文化娱乐信息生态链上流转的信息是在网上文化娱乐活动中所产生的各种数据和信息,主要包括文化娱乐内容相关信息、文化娱乐信息主体的相关信息、文化娱乐活动有关的信息等,信息类型和数量丰富多样。网上文化娱乐活动主要涉及网络营销、信息流转、网上支付、信息内容消费及反馈等活动。

2. 网络文化娱乐信息生态链的主要类型

按照网络文化娱乐信息所涉及领域的不同，网络文化娱乐信息生态链可以划分为网络游戏生态链、网络音乐生态链、网络影视生态链、网络文学生态链、网络动漫生态链等。

1）网络游戏生态链

网络游戏是指基于 TCP/IP 协议，利用计算机技术和网络技术，允许多人同时参与的游戏项目。网络游戏生态链是指在互联网上，网络游戏制作者、网络游戏发布平台的运营商、网络游戏玩家之间围绕信息流转和文化娱乐活动而形成的链式依存关系。在网络游戏生态链上，网络游戏制作者针游戏玩家的游戏信息需求，设计制作出游戏玩家需要的网络游戏，然后通过自运营的游戏平台或网络游戏运营商运营的游戏平台发布游戏，对应于网络游戏生态链的信息生产者。网络游戏发布平台的运营商以营利为目的，自制或者采用营销手段吸引网络游戏制作者将游戏玩家需要的网络游戏投放到其游戏发布平台，然后提供给网络游戏玩家，主要充当网络游戏生态链传递者的角色。网络游戏玩家，即网络游戏信息消费者，在电脑终端或移动终端登录游戏平台进行网络游戏娱乐活动。

2）网络音乐生态链

网络音乐是指通过互联网、移动通信网等各种有线或者无线方式传播、消费的数字化音乐产品。网络音乐生态链是指在互联网上，网络音乐创作者或制作者、网络音乐发布平台运营商、网络音乐欣赏者之间围绕信息流转和文化娱乐活动而形成的链式依存关系。网络音乐创作者或制作者、网络音乐发布平台运营商、网络音乐欣赏者分别对应于网络音乐生态链的信息生产者、信息传递者、信息消费者。在网络音乐生态链上，网络音乐创作者如网络歌手，网络音乐制作者如音乐公司等将数字化音乐制作完成后，通过音乐公司自运营的或第三方提供的音乐平台将音乐作品发布在网络上，下游网络音乐欣赏者就可以通过网络进行欣赏或下载。

3）网络影视生态链

网络影视是指通过互联网渠道发布的影视作品。网络影视作品包含了在网络平台上播放的电视剧、电影等，但不包括动漫。网络影视生态链是指在互联网上，网络影视制作者、网络影视发布平台的运营商、网络影视观众之间围绕信息流转和文化娱乐而形成的链式依存关系。网络影视制作者、网络影视发布平台的运营商、网络影视观众分别对应于网络影视生态链的信息生产者、信息传递者、信息消费者。在网络影视生态链上，个人影视创作者、电视台、影视制作公司等影视信息生产者将影视作品制作完成后，将影视作品发布在影视平台上，下游影视观众就可以通过电脑、手机、平板等设备收看、评论和交流。此外，由于当前网络影视生态链链内和链间竞争激烈，各种网络影视发布平台的运营商自身也会自制许多影视作品，发布在自身的平台上，供观众收看。

4）网络文学生态链

网络文学是指以互联网为展示平台和传播媒介的，借助超文本链接和多媒体演绎等手段来表现的文学作品、类文学文本及含有一部分文学成分的网络艺术品[①]。网络文学包含

---

① 鲁若曦，曾少武. 网络文学传播方式特点分析[J]. 大众文艺，2011（14）：157-158.

两大类型:一是传统文学通过电子化后形成网络文学;二是直接在网络上发布的网络文学。网络文学生态链是指在互联网上,网络文学作品的制作者或作者、网络文学作品发布平台的运营商、网络文学作品的读者之间围绕信息流转和文化娱乐而形成的链式依存关系。网络文学作品的制作者或作者、网络文学作品发布平台的运营商、网络文学作品的读者分别对应于网络文学生态链的信息生产者、信息传递者、信息消费者。网络文学制作者将传统纸质版文学作品电子化,以及网络文学作品的作者撰写出网络文学作品后,发布在诸如文学城、晋江文学、中文网络文学精粹等网络文学平台上,下游读者就可以登陆平台有偿或无偿阅读各种网络文学作品,还可以对文学作品的内容进行评论或与作者进行交流。

5)网络动漫生态链

网络动漫是指以动画、漫画为表现形式,基于现代网络信息传播技术手段的,包含动漫图书、报刊、电影、电视、音像制品、动漫新品种等在类的多种动漫产品。网络动漫生态链是指在互联网上,网络动漫的创作者或制作者、网络动漫发布平台的运营商、网络动漫的读者或观众之间围绕信息流转和文化娱乐而形成的链式依存关系。网络动漫的创作者或制作者、网络动漫发布平台的运营商、网络动漫的读者或观众分别对应于网络动漫生态链的信息生产者、信息传递者、信息消费者。在网络动漫生态链上,动漫的创作者或动漫制作者将其创作或制作出来的数字化动漫作品,发布在网络动漫平台和网络影视发布平台上,下游读者或观众就可以登陆平台免费或付费阅读或观看各种动漫作品,还可以进行评论交流等活动。

1.2.6 网络社交信息生态链

网络社交也称社交网络服务,是指建立在人际关系基础上的,为用户提供分享、交流等功能的网络服务。

1. 网络社交信息生态链的内涵

网络社交信息生态链是指在互联网上,网络社交信息生产者、网络社交信息发布平台运营商、网络社交信息需求者之间围绕信息流转和网络社交活动而形成的链式依存关系。对于网络社交信息生态链这一概念,必须理清以下两点。

首先,网络社交信息生态链中的信息主体是网络社交信息生产者、网络社交信息发布平台运营商、网络社交信息消费者。网络社交信息的生产者是在网络社交信息发布平台上发布信息的个人、组织或机构,他们在生产网络社交信息的同时一般也有相应的信息需求,期望从其信息接收者处获取交流反馈信息,以此达到信息交流的目的,因此网络社交信息生产者一般兼有网络社交信息生态链信息生产者和消费者的功能。网络社交信息发布平台运营商对应于信息传递者,主要为网络社交信息生态链上下游的信息交流主体提供信息交流平台,这些平台除了有信息流转功能外还能为信息交流主体提供一些衍生出来的社交服务。网络社交信息消费者是网络社交信息的接受者,由于网络社交信息生态链主要是以信息交流为目的,所以网络社交信息消费者可以在有信息传播需求时转变为网络社交信息生产者。

其次,网络社交信息生态链的基本功能是网上社交信息流转,衍生功能是网上社交活动。网络社交信息生态链上流转的信息是在网络社交活动中产生的各种数据和信息，主要包括网上人际交往活动所产生的信息、兴趣爱好交流活动所产生的信息，以及社会热点评论活动所产生的信息等。网络社交信息生态链上信息流转大多都是双向的，也有部分以单向为主。网上社交活动主要包括两个方面：一方面是网络社交信息生态链中的信息主体围绕现实中的人际交往需求通过网络进行沟通；另一方面是网络社交信息生态链中的信息主体围绕共同的兴趣爱好或者关注点进行交流、探讨、学习。

2. 网络社交信息生态链的主要类型

网络社交信息生态链有多种分类方式及类型：按照形成基础不同，可以分为基于现实中人际关系和基于共同兴趣爱好的网络社交信息生态链；按照信息传播方式不同，可以分为一对一和一对多网络社交信息生态链；按照信息传播方向不同，可以分为单向和双向网络社交信息生态链；按照流转信息内容性质的不同，又可分为综合性和专门性网络社交信息生态链。由于篇幅所限，在此仅介绍两种比较常用和典型的网络社交信息生态链：微信信息生态链和微博信息生态链。

1）微信信息生态链

微信是一个为手机、电脑等智能终端提供即时通信服务的应用程序。微信信息生态链是指个人或组织机构以信息交流、共享为目的，利用微信公众号，围绕信息流转和网络社交活动形成的链式依存关系。微信信息生态链的构成要素主要包括信息主体、信息客体以及信息流转过程。

微信信息生态链的信息主体主要有信息生产者、信息传递者和信息消费者三类。微信信息生产者是指以沟通交流或扩大传播效应为目的，产生信息生态链中用于流转的信息的个人和组织，主要包括微信用户和公众号。微信信息传递者是指接受信息生产者提供的信息并对其排序、整理后将其提供给信息消费者的组织机构和个人，主要包括微信公众号和进行信息转发的用户。微信信息消费者是指以获取与好友间的交流信息以及获取感兴趣的公众平台的相关信息为目的，从信息传递者那里获得信息并对其进行吸收内化的个人，主要是微信用户。微信用户有信息生产者、信息传递者和信息消费者三种角色，且在这三种角色间不断地交替转化。微信信息生态链的信息客体是指链中流转的信息。微信信息生态链中流动的信息丰富多样，主要是微信好友间、朋友圈之间、公众号与用户间在交流互动活动中产生的相关信息。微信信息生态链信息流转过程主要包括四个阶段：信息生产发布、信息传递流动、信息吸收转化、信息创造反馈。在微信信息生态链中，信息生产者直接在微信公众号上发布信息，由信息传递者通过信息流动渠道将发布的信息传递给链上其他信息节点主体，下游信息消费者会根据自己的需求将从上游接收的信息进行消化吸收，此外，信息消费者还会对信息进行转化，生产出新的信息，并将产生的信息反向发送给上游信息主体[①]。

2）微博信息生态链

微博是微型博客的简称，是一种基于用户关系通过关注机制分享文本、图片、视频、

---

① 李京蔚，娄策群. 微信信息生态链信息流转研究[J]. 图书馆学研究，2015（18）34-38.

链接等简短实时信息的广播式社交网络平台。微博信息生态链是指网络信息主体利用微博平台，围绕信息流转和网络社交活动而形成的一种链式依存关系。微博信息生态链的构成要素主要包括信息主体、信息客体和信息流转过程。

　　微博信息生态链的信息主体即是微博信息人，主要包括信息生产者、信息传递者和信息消费者。微博信息生态链的信息生产者是指发布微博内容的个人或组织，主要包括微博用户和微博平台运营商。微博信息传递者是指为微博信息提供传播平台的组织机构或个人，主要包括微博平台和进行微博转发的用户，前者是传递微博信息的主要力量。微博信息消费者是指通过关注浏览或收听微博信息的个人。如果微博信息消费者对微博内容进行转发，其角色又转变为信息传递者；如果进行回复、评论等活动，其角色又变为信息生产者。微博信息用户在微博信息生态链中的角色会随着其使用微博平台上的不同功能而转变。微博信息生态链中流转的信息主要是微博用户每时每刻的思想、最新动态及社会热点问题，内容形式多样，包括链接、图片、文字、视频、音频等。微博信息生态链中流转的信息一般有字数限制，且其流转的信息更注重时效性，以实现即时分享为目的。在微博信息生态链中，微博信息的流转主要通过微博用户的关注、转发、回复、评论等行为来实现。微博信息传播的方式可以是一对一，也可以是一对多。微博信息生态链的信息传播途径主要是：微博用户或微博平台运营商实时根据自己的想法或就社会关注点在微博平台上发布微博信息，关注他们的"粉丝"会对自己感兴趣的话题进行回复、转发和评论。

1.3　网络信息生态链的结构

1.3.1　网络信息生态链的结构要素及其作用

　　事物都是由两种或两种以上元素构成的，都存在两种以上结构要素的结构关系。结构的存在是无法否认的客观事实。

1. 网络信息生态链的结构要素

　　结构要素是网络信息生态链结构中的基本构件。网络信息生态链的结构要素包括节点、节点连接、节点组合、节点关系4个方面。

1）节点

　　在计算机网络中，节点一般是指与具有独立功能和独立网络地址、与能够传送或接收数据的网络相连的计算机或其他网络连接设备（如个人计算机、工作站、打印机等）。网络信息生态链的节点是指网络信息生态链中的网络信息主体，即网络信息生态链上存在的个人或组织。

　　根据节点组成形式的不同，网络信息生态链节点可分为个人节点和团体节点。个人节点是以个人名义参与网络信息生态链信息流转活动的网络信息生态主体。团体节点是以社会组织名义参与网络信息生态链信息流转活动的网络信息生态主体，可以是固定的社会组织（如企事业单位、政府机关、网络信息中心等），也可以是临时社会组织（如科研小组、新产品研发小组、突发事件领导小组等）。

　　根据节点功能的不同，网络信息生态链节点可分为网络信息生产者、网络信息传递者、网络信息消费者。网络信息生产者是指进行网络信息创造和生产的个人或组织，是网络信息生态链的起点。网络信息传递者是指通过网络传递和传播信息的个人或组织，是网络信息生态链的中间环节。网络信息消费者是指通过网络信息流转活动接受并利用网络信息的个人或组织，是网络信息生态链的终点。

根据节点信息活动领域的不同，网络信息生态链节点可分为网络商务信息节点、网络政务信息节点、网络教育信息节点、网络社交信息节点、网络娱乐信息节点等。以网络商务信息节点和网络政务信息节点为例，网络商务信息节点是指在互联网上进行商务信息生产、传递或消费的网络信息主体；网络政务信息节点是指在互联网上进行政务信息生产、传递或消费的网络信息主体。当然，同一节点也可能在不同领域进行信息活动，属于不同信息活动领域的节点，如某网络信息消费者，既可加入电子商务信息生态链进行网上购物成为网络商务信息节点，也可以加入电子政务生态连接受政府部门的网上服务成为网络政务信息节点。

按照节点在链中的位置不同，网络信息生态链节点关系可分上下游关系与同位关系。上下游关系是指在网络信息生态链上发挥不同功能，承担不同角色，属于不同类型，相互之间存在联系的节点之间的关系，例如同一条网络信息生态链上网络信息生产者节点和网络信息传递者节点之间的关系就属于上下游关系。同位关系是指在网络信息生态链上发挥相同功能，承担相同角色，属于相同类型的节点之间的关系，例如同一条网络信息生态链上的两个网络信息生产者节点之间的关系就属于同位关系。一般而言，同位关系节点之间的联系没有上下游关系节点之间联系紧密。

2）节点连接方式

网络信息生态链节点连接方式是指网络信息生态链上节点相互联系、相互交互所采用的方式，包括节点之间的连接纽带、沟通途径和信息流转渠道等。

按照连接所采用网络技术性质的不同，网络信息生态链节点连接可划分为有线连接和无线连接。有线连接是指网络信息生态链上节点之间采用有线网技术进行连接和信息交流。例如，链上个人节点之间采用使用有线网卡的电脑联网进行信息交流。无线连接是指网络信息生态链上节点之间采用无线网络技术进行连接和信息交流。例如，链上个人节点之间采用手机联网进行信息交流。

按照连接所采用网络使用范围的不同，网络信息生态链节点连接可划分为公共网络连接和专用网络连接。公共网络连接是指网络信息生态链上节点之间通过网络服务提供商建设并供公共用户使用的通信网络进行连接。例如，链上节点连入 Internet 进行信息交流。专用网络连接是指网络信息生态链上节点之间网络连接使用的是独立 IP 地址空间的网络进行信息交流。例如链上组织型节点之间使用独立 IP 并建立专线进行连接和信息交流。

按照连接正式程度的不同，网络信息生态链节点连接可划分为正式连接和非正式连接。正式连接是指通过一定的法律程序缔结的连接关系。而非正式连接是指未通过法律、规定等正式形式形成的非正式连接关系。

按照连接时间频度的不同，网络信息生态链节点连接可划分为固定连接和临时连接。固定连接是指节点之间连接牢固、持续时间长且稳定的连接，例如企业长期租赁某一网络应用服务供应商的计算机和软件系统进行自己的业务管理。临时连接是指节点之间连接次数较多，但持续时间不长、不稳定，例如网络咨询公司在网络企业有咨询需求时提供的咨询服务，每次咨询时间不长但比较频繁。

3）节点组合形式

网络信息生态链节点组合是指网络信息生态链中节点的类型、数量及其组合、分布状况，包括网络信息生态链节点的纵向组合、横向组合和地域组合。

纵向组合是指网络信息生态链上不同功能节点之间的组合状况。网络信息生态链节点的纵向组合决定了网络信息生态链的长度。纵向组合状况越复杂，意味着不同功能节点数量越多，形成的网络信息生态链就越长。

横向组合是指网络信息生态链上同种功能节点的组合状况。网络信息生态链节点的横向组合决定了网络信息生态链的宽度。横向组合越复杂，意味着同功能的节点数量越多，形成的网络信息生态链就越宽。

地域组合是指网络信息生态链上节点的地域分布状况。网络信息生态链节点的地域组合决定了网络信息生态链的广度。地域组合越复杂，意味着节点的地域分布越广，形成的网络信息生态链广度就越大。

4）节点相互关系

关系是事物间相互作用、相互联系的状态。网络信息生态链节点关系是指网络信息生态链中节点与节点之间相互联系、相互作用的状态。

按照节点之间的地位与作用不同，网络信息生态链节点关系可分为主次关系与平行关系。主次关系是指网络信息生态链上某一或某些节点发挥较为重要的作用，为链上主导性节点或核心节点，而某一或某些节点发挥次要作用，为链上辅助性节点或非核心节点。通常，网络信息生态链上主导性节点会对辅助性节点的功能效率、运作方式、演化发展有较大影响，而辅助性节点对主导性节点影响较小或无影响。平行关系是指网络信息生态链上某些节点发挥同等重要的作用。具有平行关系的节点之间会相互影响，其影响程度大小取决于节点在链上的位置、节点间关系的紧密程度、节点间竞争合作关系等。

按照节点之间关系的密切程度不同，网络信息生态链节点关系可分为紧密关系、半紧密关系和松散关系。节点间相互关系的密切程度主要取决于节点间的信息流转活动是否频繁。节点间的紧密关系是指网络信息生态链各个节点相互依赖程度大，节点间功能上互补，构成的节点间关系较为紧密，节点间信息流转活动频繁。节点间的松散关系是指网络信息生态链各个节点之间相对独立，节点间功能上的替代关系大于互补关系，构成的关系较为松散，节点间信息流转较少。节点间的半紧密关系是指网络信息生态链节点间有一定的依赖关系，功能上存在着一定的互补性，节点间的相互关系处于紧密与松散之间，节点间的信息流转活动较为频繁。

按照节点之间竞合程度不同，网络信息生态链节点关系可分为合作关系、竞争关系和竞合关系。合作关系是指节点之间相互协调和配合。竞争关系是指节点之间相互干扰、相互抑制的关系。竞合关系是指节点之间既合作又竞争的关系，是竞争与协作的统一。在一条网络信息生态链中，上下游关系节点之间以合作关系为主，同位关系节点之间以竞争关系、竞合关系为主。上下游节点之间要完成网络信息生态链信息流转，必须要结成合作关系。而同类节点会利用同一资源，这样就会产生节点之间的竞争。但与其他链状关系不同的是，网络信息生态链中信息具有共享性和再生性，且由于网络环境下网络效应的存在，使得获得并利用信息的节点越多，越能发挥更大的价值，这就导致了竞争节点之间也存在协作，不仅如此，网络的飞速变换也迫使同类节点之间不得不开展合作进行创新。

按照节点之间利益分配模式的不同，网络信息生态链节点关系可分为互利关系、偏利关系等。互利关系是指节点之间通过相互作用而双方获利的关系。不同种类的节点相互作用、相互依赖构成一条网络信息生态链，链上的各类节点都能从中获利。具有互利关系的网络信息生态链往往比较稳定。偏利关系是指节点间相互作用对一方有利，而对另一方既无利也无害的关系。偏利关系虽然也能形成节点之间共栖和共生的状态，但由于其中的某一或某些节点在关系中无法获利，这种偏利关系必然无法长久维持，这些无法获利的节点要么会退出网络信息生态链，要么会开始寻求利益的重新分配，与链上其他节点间形成互利关系。

2. 网络信息生态链结构要素的作用

1）节点与节点连接是网络信息生态链基本的结构要素

节点是构成网络信息生态链的基本要素，也是网络信息生态链形成和存在的基本条件。网络信息生态链形成的基本必要条件之一是链上存在网络信息生产者、网络信息传递者和网络信息消费者这三类节点，这些节点是承载信息流转活动的主体，不同类型的节点完成信息流转的不同功能；反之，如果网络信息生态链上不存在任何节点，那么网络信息生态链也不复存在。同时，节点的数量决定了网络信息生态链的长度和宽度，节点的质量也对网络信息生态链的质量、功效、稳定性和演化发展状况有着重要的影响。

仅有节点还无法构成网络信息生态链，还需要节点之间存在连接。节点连接是构成网络信息生态链链状形态的基本要素，也是网络信息生态链实现信息流转的基本条件。节点连接是节点与节点之间进行信息交流活动的桥梁，通过这种信息交流实现网络信息生态链的信息流转，而这也是网络信息生态链形成的另一基本必要条件。不仅如此，节点间的连接方式是构成网络信息生态链的纽带，是节点连接的关键，连接方式是否合理对整条链的信息流转效率、成本和协调互动能力有重要影响。

2）节点组合和节点关系是网络信息生态链关键的结构要素

节点组合决定网络信息生态链的结构形态。节点的纵向组合、横向组合和地域组合分别决定了网络信息生态链的长度、宽度和广度等结构形态，并且节点的各种组合状况还决定了网络信息生态链结构的合理性，进而对网络信息生态链的性能产生影响。因此，必须实现网络信息生态链节点的科学组合，优化网络信息生态链的结构形态，从而提高网络信息生态链的功能和效率，确保链的稳定和科学发展。

节点关系决定网络信息生态链的结构稳定性。节点间倘若没有关系，是松散无序的，整条链也无法达到稳定有序的状态。网络信息生态链上的节点之间存在多元关系，其中对网络信息生态链结构稳定性有较大影响的是关系的密切程度、竞合程度和利益分配模式。节点之间关系越密切，构成的网络信息生态链越稳定；节点之间合作越紧密，构成的网络信息生态链越稳定；节点之间利益分配越合理，构成的网络信息生态链越稳定；反之，则越不稳定。

1.3.2 网络信息生态链的基础结构及其变化方式

网络信息生态链的基础结构是指网络信息生态链各种结构中最为基本的结构，这种最基础的结构只有三个层级，每个层级上只有一个节点，分别完成网络信息生产、网络信息传递和网络信息消费的功能。

1. 网络信息生态链的基础结构

网络信息生态链的基础结构以一种简单的线状序列呈现，除了终端节点之外，每个节点都有且只有一个后续节点，除了起始节点之外，每个节点也都有且只有一个前端节点，如图1-2所示。

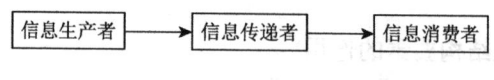

图1-2 网络信息生态链基础结构

链上信息的流动与转化主要发生在相邻的节点之间，且信息流动方向是单一的，由网络信息生产者流向网络信息传递者再流向网络信息消费者，生产者和消费者之间不能直接进行信息交流；链的长度为三，宽度为一，广度由网络信息生产者、传递者和消费者所处区域位置决定；链上三个节点之间以合作和互利共生关系为主。

网络信息生态链基础结构非常简单，不同功能节点完备，能够完成网络信息生态链的信息流转功能；但由于节点数量过少，宽度过窄，网络信息生态链信息流转不够充分，整条链很不稳定，容易断裂。因此，基础性结构通常出现在网络信息生态链萌芽或形成阶段，随后网络信息生态链便会不断地变化发展，不断壮大。

2. 网络信息生态链基础结构的变化方式

网络信息生态链基础结构的变化方式主要有纵向变化、横向变化以及分布变化三种。其中，纵向变化又包括纵向延伸和纵向收缩，横向变化包括单个环节的拓宽和多个环节的拓宽，分布变化包括扩大、缩小和转移。

1) 纵向变化

网络信息生态链基础结构的纵向变化是指网络信息生态链上不同类型节点的数目增加或减少。网络信息生态链上不同类型的节点越多，则链的长度越长；反之，不同类型的节点越少，则链的长度越短。网络信息生态链的长度反映了两个方面的问题：一是链上各节点分工的程度，节点分工越细致的网络信息生态链，需要引进数量较多、功能不同的节点，协作完成任务，则长度越长；二是网络信息生态链上信息流转的周期，链的长度越长，信息流转的周期一般也随之增加，但在有些情况下，通过运用新技术和新手段，可以缩短网络信息生态链的信息流转周期。网络信息生态链的纵向变化主要包括网络信息生态链在纵向维度上的延伸和缩短，其变化的形式也存在差异。

（1）纵向延伸。网络信息生产链纵向上的延伸，可以从信息生产环节向下游信息传递环节延伸,也可以是信息传递环节向上游信息生产环节延伸、向下游信息消费环节延伸,还可以是信息消费环节向上游传递环节延伸。

● 信息生产环节的延伸。网络信息生态链信息生产环节的延伸是指链中信息生产者由一个层级分为多个层级,使网络信息生态链延长,如图1-3所示。

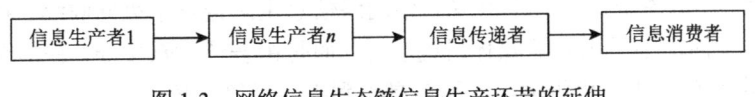

图1-3 网络信息生态链信息生产环节的延伸

信息产品与物质产品不同,可以不断地深入生产和开发,挖掘出新的价值,对信息资源进行加工、分析、研究、改编、综合、重组都可形成新的信息资源,可以提高信息资源的利用率,使信息更加具有价值。信息产品的不断开发就需要网络信息生态链在信息生产环节不断延伸。另外,随着信息技术的不断进步,信息产品生产加工环节分工不断细化,通过网络信息生态链上信息产品生产环节的不断延伸,网络信息消费者就可以获得更准确、更优质的信息。

● 信息传递环节的延伸。网络信息生态链信息传递环节的延伸是指链中信息传递者由一个层级分为多个层级,使网络信息生态链延长,如图1-4所示。

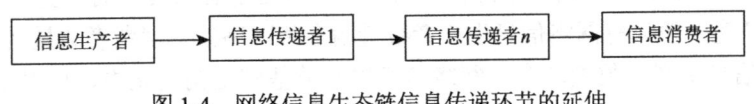

图1-4 网络信息生态链信息传递环节的延伸

网络信息具有便于复制、易于传递和共享的特征,网络信息在链上传递的过程中,可通过多个传递者不断进行传递,在传递环节上进行延伸。网络信息生态链信息传递环节延伸后,各个信息传递节点信息传递工作的专业性变强,有利于提高信息传递工作质量,但有可能降低信息传递速度。

● 信息消费环节的延伸。网络信息生态链信息消费环节的延伸是指链中信息消费者由一个层级分为多个层级,使网络信息生态链延长,如图1-5所示。

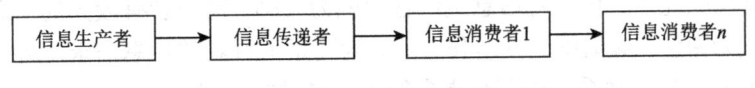

图1-5 网络信息生态链信息消费环节的延伸

网络信息产品的消费是无损耗和可共享的,网络信息消费者可以无成本、无限制地进行消费和转发,因此,不少网络信息消费者在接受和消费信息后,利用网络提供的信息交流工具,将信息流转至下一个网络信息消费者,从而使信息消费环节不断得到延伸。

(2)纵向收缩。网络信息生态链的纵向收缩是指网络信息生态链上信息流转环节的减少,压缩为网络信息生产者直接将生产的信息传递给网络信息消费者,经过压缩后的网络信息生态链,只有网络信息生产者和网络信息消费者,如图1-6所示。

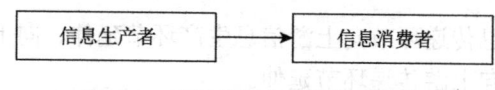

图 1-6　网络信息生态链纵向收缩

借助发达便利的网络信息交流技术，网络信息生产者可以兼具信息生产和信息传递功能，自行进行信息的生产、发布和传递，使网络信息生态链发生纵向收缩。在当今自媒体时代，信息传播活动不再由专业媒体机构主导，而是由普通大众主导。任何个人节点都可以进行信息的生产、共享和传播，实现信息点到点的对等传播。

2）横向变化

网络信息生态链的横向变化是指网络信息生态链中同种类型节点数量的变化。同类节点数量的变化包括数量上的增加或减少，分别对应网络信息生态链在横向维度上的拓宽或压缩。但由于网络信息生态链的基础结构是单链式结构，无法再进行节点的横向压缩，因此，在此仅探讨横向拓宽这种变化形式。网络信息生态链横向拓宽又可分为单个环节上的拓宽和多个环节上的拓宽。

（1）单个环节的拓宽。单个环节的拓宽是指网络信息生态链上某一种类型节点数量的增加。从理论上说，单个环节的拓宽可以是链上任何类型节点数量的增多，但在现实情况下，链上仅有网络信息传递者数量增加，由一个网络信息生产者将信息传递给多个网络信息传递者，多个传递者又将同一信息传递给同一个网络信息消费者的情况并不现实，所以单个环节的拓宽一般只有网络信息生产者数量增多和网络信息消费者数量增多两种情况。

● 网络信息生产者数量增多。网络信息生态链基础结构变化中，可以不断加入新的网络信息生产者，将生产的信息传递给一个网络信息传递者，由传递者将各种信息加工整合后传递给下游的网络信息消费者，如图 1-7 所示。

图 1-7　网络信息生态链中信息生产者数量

在此类结构变化中，传递者信息组织管理能力较强，消费者有较大的信息需求，并且两者之间有较为密切、频繁固定的合作关系，为满足消费者的信息需求，网络信息传递者会不断与更多的生产者联系，以获得更多的信息提供给消费者。

● 网络信息消费者数量增多。网络信息生态链基础结构的变化还可以是网络信息消费者数量的不断增多，如图 1-8 所示。

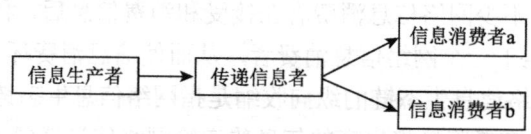

图 1-8　网络信息生态链中信息消费者数量增多

在此类结构变化中,网络信息生产者与网络信息传递者是较为专业的网络信息服务结构,两者之间具有固定、密切的合作关系,网络信息生产者将生产的专业化信息固定地传递给网络信息传递者,由传递者进行专业化地再加工后,传递给下游的网络信息消费者。由于专业性信息服务机构信息生产、传递成本较高,信息价值也很高,因此,网络信息传递者会不断吸纳更多的网络信息消费者,通过有偿的信息服务,获取较高的利益,实现信息价值的最大化利用。

(2)多个环节的拓宽。多个环节的拓宽是指网络信息生态链在基础结构之上,发生了两种或三种类型节点数量同时增加的变化。具体包括以下四种变化情况:

● 网络信息生产者与网络信息传递者数量增多。网络信息生态链基础结构的变化可以是链上网络信息生产者和网络信息传递者数量增加,网络信息消费者数量保持不变,如图1-9所示。

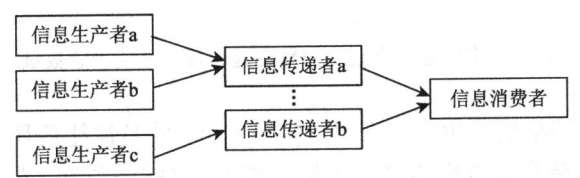

图1-9 网络信息生态链中信息生产者与信息传递者数量增多

在这种结构变化中,网络信息消费者通常为链上核心节点,具有庞大、不断增长的信息需求,单一的网络信息生产者和网络信息传递者并不足以满足网络信息消费者的信息需求。因此,链上的网络信息传递者将网络信息消费者的需求反馈给网络信息生产者之后,网络信息生产者如果没有能力及时准确地满足其所有信息需求,便会主动寻求网络信息生态系统中其他网络信息生产者,与这些网络信息生产者合作,共同生产信息以满足网络信息消费者的信息需求,并使链上网络信息生产者数量增加;而随着网络信息生产者数量不断增加,生产信息量不断增多,当网络信息传递者的信息加工整理能力不足时,网络信息传递者也会主动与系统中其他网络信息传递者合作,来满足网络信息生态链对信息传递的能力需求,并使链上网络信息传递者数量增多。

● 网络信息生产者与网络信息消费者数量增多。网络信息生态链基础结构的变化可以是网络信息生产者和网络信息消费者数量增多,网络信息传递者数量不变,如图1-10所示。

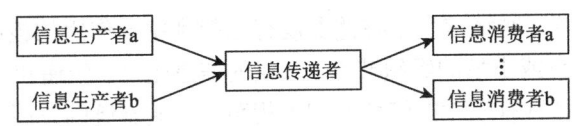

图1-10 网络信息生态链中信息生产者与信息消费者数量增多

在此种变化中,网络信息传递者往往承担着核心节点的角色,节点自身质量高,信息处理能力强,功能完善,单个的网络信息生产者和单个的网络信息消费者并不能满足其对信息加工数量和信息创造价值等的需求,因此,网络信息传递者会不断纳入新的网络信息生产者和网络信息传递者,以匹配自身的信息传递能力,使自身既能够及时准确地处理上游网络信息生产者所提供的各类信息,保证下游众多网络信息消费者在信息内容、服务方式、传递方式等方面的不同需求,又不造成自身资源、能力的浪费,同时还能获取足够的价值。

● 网络信息传递者与网络信息消费者数量增多。网络信息生态链基础结构的变化可以是网络信息传递者与网络信息消费者数量增多,网络信息生产者数量保持不变,如图 1-11 所示。

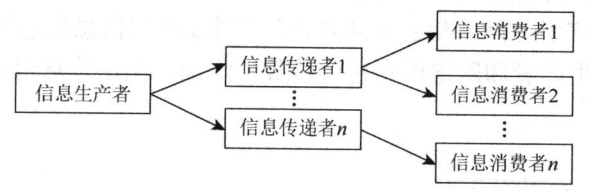

图 1-11 网络信息生态链中信息传递者与信息消费者数量增多

在此种变化中,网络信息生产者为链上核心节点,并且往往是具有较大权威性或较高专业性的政府部门、信息服务机构等,掌握了丰富、权威、专业、准确、高价值的信息资源,网络信息生态系统中的网络信息主体,通过传递高质量信息而获取较高利润,为了获取高质量的权威信息,会以网络信息传递者或网络信息消费者的身份加入网络信息生产链中,使链上网络信息传递者和网络信息消费者数量不断增多。

● 网络信息生产者、网络信息传递者和网络信息消费者数量均增多。网络信息生态链基础结构的变化还可以是网络信息生产者、网络信息传递者和网络信息消费者数量均增多,如图 1-12 所示。

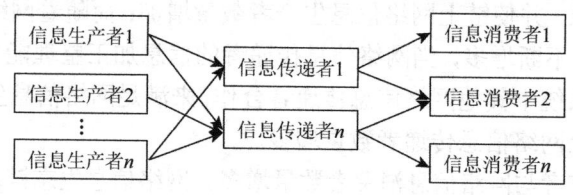

图 1-12 网络信息生态链中信息生产者、传递者与消费者数量均增多

在这类结构变化中,网络信息生态链上没有能起到主导作用的核心节点,链上的各类节点可能均为个人节点或小型的组织节点,节点的信息生产、传递和消费活动通过个人电脑端和移动端传播,且具有较大的随意性和不规范性,随着链的发展,不断加入或退出各类节点,最终形成一种网状结构。

3)分布变化

网络信息生态链分布变化是指网络信息生态链上节点地域分布发生变化,地域上的分布变化可以是扩大、缩小和转移。

(1)扩大。网络信息生态链节点地域分布扩大是指网络信息生态链上节点所在地理位置扩大。节点所在地理位置扩大可以是链上原有一个或多个节点从一个地区移动到另外一个新的地区,也可以是链上新加入不同地区的节点。例如,某一条网络信息生态链上的节点都分布在武汉,其中一个节点从武汉移动到上海,则这条网络信息生态链节点地域分布扩大;或者这条网络信息生态链上新加入一个位于北京的节点,则节点地域分布也扩大。

(2)缩小。网络信息生态链节点地域分布缩小是指网络信息生态链上节点所在地理位置缩小。节点所在地理位置缩小可以是链上原有多个节点由原来的分布在不同地理位置移动到同一地理位置,也可以是链上某一个或多个分布在不同地理位置的节点退出该条网络信息生态链。例如,某一条网络信息生态链上的节点分布在武汉、上海和北京等不同地理位置,其中北京地区的节点全部转移到武汉,则这条网络信息生态链节点地域分布缩小;或者这条网络信息生态链上分布在上海的节点全部退出该条链,则节点地域分布也缩小。

(3)转移。网络信息生态链节点地域分布转移是指网络信息生态链上节点所在地理位置全部发生新的变化。例如,某一条网络信息生态链上的所有节点全部从原来所在的武汉地区转移到上海地区,则该条链节点地域分布发生转移。

1.3.3 网络信息生态链的基本结构模型

网络信息生态链的基本结构是指网络信息生态链上各种节点采用各种不同方式组合而形成的不同类型的基本结构。网络信息生态链上节点构成、节点组合形成和节点相互关系丰富多样,会形成各种不同类型的结构,根据这些结构的特点,可以将网络信息生态链的基本结构模型归纳为 5 种,即线型结构、哑铃型结构、树型结构、星型结构和网状型结构。

1. 线型结构

线型结构是指网络信息生态链中,每个层级只有一个节点而构成的直线链状的结构模型。线型结构较为简单基础,链上每个层级节点数量单一,网络信息生产、传递和消费功能由不同层级上的一个或多个节点承担。线型结构网络信息生态链的长度为不同层级节点数的总和,宽度为 1,广度由各个节点所处地理位置的广泛程度决定。链上节点之间只存在上下游关系,上下游节点之间以合作关系为主。图 1-2~图 1-6 所示的都是线型结构模型。

1) 线型结构的信息流转特点

第一,信息流转的速度。在线型结构中,链上信息是按照节点连接顺序在上下游节点间依次流动,在同一节点内转化。信息流转速度与单个节点的信息处理能力和链的长度有关。单个节点的信息处理能力越强,信息处理速度越快,链上信息流转速度就越快;反之,则信息流转速度越慢。链上节点数量越多,链的长度越长,信息流转所经历的环节就越多,链上信息流转速度就越慢;反之,则信息流转速度越快。

第二,信息流转的质量。网络信息生态链信息流转质量包括信息内容的保真度、信息转化的准确度和信息流动的流失度三个方面。在线型结构的网络信息生态链中,每一个信息流转环节都只有一个节点,在信息依次传递过程中,很容易发生信息内容的失真,且节点质量越低,链的长度越长,链上信息流转内容失真度越高;反之,则信息流转内容失真度越低。单链结构的信息流转也容易造成原信息量的流失,虽然信息流经节点进行转化时,也可能会生产出新的信息，但单个节点所能产生的新信息有限，因此，总的来说，信息流动时信息量会存在一定的流失度，且链的长度越长，流失的信息可能越多。但单链结构中，节点是一对一的连接关系，上游节点的信息处理就是为了满足下游节点的信息需求，因此，信息流转具有较高的针对性，信息转化准确度较高。

第三，信息流转成本。与实体环境相比，互联网环境下，信息流转成本虽不高，但仍需耗费一定的成本。线型结构的网络信息生态链中，链上信息流转成本与链的长度和流转信息质量有关。网络信息生态链的长度越长，节点数量越多，则信息流转分工越细化，相应涉及的人员成本、设备成本、加工成本、管理协调成本等就越高，总信息流转成本也越高；反之，则信息流转成本越低。链上流转信息质量越高，则信息生产、加工、组织成本就越高，信息流转成本也越高；反之，则信息流转成本越低。

2）线型结构的稳定性

在线型结构中，网络信息生态链上每一个层级只有一个节点，没有其他可以替代的节点，信息的流转和结构的稳定依赖于每一个节点的正常运行，若其中某一个节点出现问题，则该环节上信息无法正常转化和顺利传递至下一个节点，整条链上的信息流转也会发生问题或流转终止，严重情况下甚至会导致链发生断裂。因此，线型结构链的稳定性较差，且链上节点质量越差，运行越不稳定，线型结构链的稳定性越差；反之，则链的稳定性越高。线型结构模型中主体的稳定性是整个结构模型存在的基础。

2. 哑铃型结构

哑铃型结构是单链式线型结构在宽度上的一种拓展，该结构中位于中心的单一网络信息传递者与多个位于同一层级的网络信息生产者和网络信息消费者相连，形成一种"两头大，中间小"的结构。哑铃型网络信息生态链的长度为链的层级总数；链的宽度由链上同类节点数量最多的层级决定，即为该层级的节点总数；链的广度由链上所有节点所在地理位置的相同与否决定，即为节点所在不同地理位置总和。链上节点之间既存在同位关系，又存在上下游关系，同位节点间以竞合关系和竞争关系为主，上下游节点间以合作关系为主；网络信息传递者节点与其他的网络信息生产者和网络信息消费者之间存在主次关系，其中网络信息传递者节点为主要核心节点，将多个网络信息生产者生产的信息加工整理后传递给多个网络信息消费者利用。网络信息生态链哑铃型结构模型如图1-13所示。

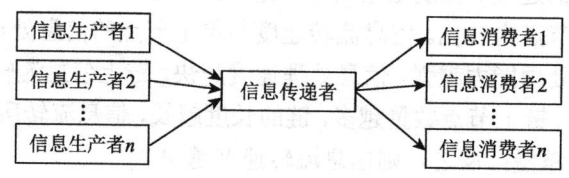

图1-13　网络信息生态链哑铃型结构模型

1）哑铃型结构的信息流转特点

第一，信息流转速度。在哑铃型结构中，同一层级网络信息生产者和网络信息消费者数量众多，即使某一个网络信息生产者或网络信息消费者节点信息处理速度较慢或出现问题，但由于链上同级的可替代节点数量众多，则不会对整条链的信息流转产生影响。但网络信息传递者作为链上唯一的、无可替代的网络信息传递者，需对上游众多网络信息生产者所提供的信息内容进行加工整理，进而传递给下游的多个网络信息消费者，节点内部信息加工整理速度越快，则信息流转速度越快；反之，则信息流转速度越慢。此外，与线型结构类似，哑铃型结构网络信息生态链的信息流转还与链的长度有关，链的长度越长，信息流转速度越慢；反之，则信息流转速度越快。

第二，信息流转质量。在哑铃型网络信息生态链结构中，网络信息传递者是决定信息流转质量的关键因素。网络信息传递者作为核心组织型节点，要将上游网络信息生产者生产的信息进行及时的筛选、剔除、加工和组织，在确保信息内容真实性的基础上，再将处理后的信息传递给网络信息消费者，满足消费者的信息需求，因此，信息内容保真度和信息转化准确度均较高。同时，由于链上有且仅有一个信息传递者节点，因此，信息流动的流失度也较低。总的来说，哑铃型网络信息生态链信息流转质量较高，而且核心节点网络信息传递者质量越高，信息流转质量越高。

第三，信息流转成本。在哑铃型结构中，信息流转成本与链的长度、流转信息质量和网络信息生产者节点数量有关。前两者对哑铃型结构信息流转成本的影响与线型结构信息流转成本影响一致，就不再赘述。网络信息生产者节点数量越多，生产信息的成本和生产出的信息量就越多，相应网络信息传递者所需加工整理的信息也越多，传递者的传递成本也相应增加，从而整个信息流转成本就增加。也就是说，网络信息生产者数量越多，链上信息流转成本就越高；反之，则信息流转成本就越低。

2) 哑铃型结构的稳定性

在哑铃型网络信息生态链中，除了网络信息传递者这一层级节点数量单一以外，其他各层级均有多个网络信息生产者或网络信息消费者，单一网络信息生产者或网络信息消费者出现问题，不会影响到整条链的信息流转；但中心节点网络信息传递者出现问题，由于没有可替代节点，则会影响到链上信息流转，严重情况下会致使链断裂。因此，哑铃型结构的网络信息生态链结构稳定性主要依赖于核心节点网络信息传递者的稳定性，网络信息传递者越稳定，则链的结构越稳定；反之，则链的结构越不稳定。当然，由于网络信息传递者一般为组织型节点，自身稳定性较强，一般不会出现较大问题，因此，相对于线型结构而言，哑铃型结构的网络信息生态链更加稳定。

3. 树型结构

树型结构网络信息生态链像一颗水平倒置的树，其"树根"一般是网络信息生产者。当"树根"为网络信息生产者时，网络信息生产者、网络信息传递者节点可与一个或多个下游节点相连，每个传递者、消费者节点只能与一个上游节点相连。树型结构网络信息生态链的长度、宽度、广度与哑铃型结构网络信息生态链类似；节点也与哑铃型结构类似，存在同位关系、上下游关系、竞合关系、竞争关系和合作关系，但与哑铃型结构不同的是，树型结构网络信息生态链的主要节点即核心节点为网络信息生产者，由生产者将生产的信息传递给多个网络信息传递者，每个传递者进行各种不同的加工整理后再传递给下游与其相连的一个或多个网络信息消费者；网络信息生态链树型结构模型如图1-14所示。

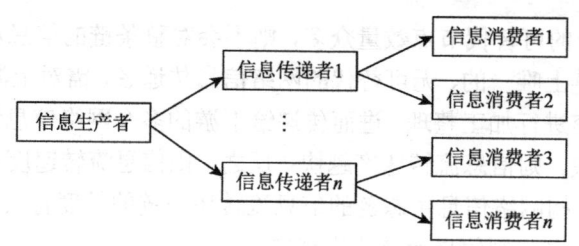

图 1-14　网络信息生态链树型结构

1）树型结构的信息流转特点

第一，信息流转速度。树型结构网络信息生态链改变了线型结构与哑铃型结构只有单一网络信息传递者的现象，有多个网络信息传递者同时分工合作进行信息加工整合和信息传递。因此，与线型结构和哑铃型结构相比，树型结构网络信息生态链信息流转速度更快。而且，链的长度也同样会对树型结构网络信息生态链信息流转速度产生影响，链的长度越长，信息流转速度越慢；反之，则信息流转速度越快。此外，在以网络信息生产者为"树根"的网络信息生态链中，由于只有一个生产者节点，生产者生产信息的速度会极大地影响到整个链的信息流转速度，生产者生产信息速度越快，信息流转速度越快。

第二，信息流转质量。在树型结构网络信息生态链中，由于网络信息传递者数量较多，相互存在竞争，因此，链上传递者为了在竞争中胜出，吸引更多的网络信息消费者，必会确保链上信息流转有较高的保真度和较少的流失量，甚至会通过进一步加工，衍生出更多有价值的信息。此外，树型结构两种结构的信息流转质量也不尽相同。在以网络信息生产者为基础的网络信息生态链中，网络信息生产者数量单一，网络信息消费者数量众多，而在以网络信息消费者为基础的网络信息生态链中，网络信息生产者数量众多，网络信息消费者数量单一，因此，相比前一种结构而言，后一种结构消费者的信息需求必能更好地得到满足，也就是说，后一种结构的信息流转转化度更高。

第三，信息流转成本。两种结构的网络信息生态链信息流转成本各具特色。第一种结构是以网络信息生产者为基础节点，不断向下游延伸，其下游延伸的节点数量越多，则信息流转成本越高；反之，则信息流转成本越低。在第二种结构中，网络信息生产者数量越多，生产的信息越多，不仅生产信息的成本越高，而且给网络信息传递者增加了加工整理的负担，使传递成本也相应增加，从而整个流转成本也不断增多；反之，则信息流转成本越少。此外，流转信息的质量也同样会影响到树型结构信息流转成本，流转信息质量越高，信息流转成本越高；反之，则信息流转成本越低。

2）树型结构的稳定性

树型结构网络信息生态链中，"树根"节点是整条链的核心，且数量单一，对链的稳定性有极大的影响。当"树根"节点出现问题时，链上的信息生产或信息消费就会出现问题，会影响到整条链的稳定性；而其他"枝叶"节点数量众多，单个节点出现问题时，同类可替换节点众多，不会对整条链的稳定性产生影响。因此，树型结构网络信息生态链的稳定性取决于"树根"节点，"树根"节点越稳定，则整条链越稳定；反之，则链越不稳定。

4. 星型结构

星型结构网络信息生态链是具有一个中心节点和多个同类次要节点的结构,在该结构中,有一个主体位于网络信息生态链中心,其他同一类型的主体分布在中心主体周围,依赖中心主体而生存发展。在这种结构中,中心主体承担着网络信息生产与传递的功能,其他分布在周围的主体为网络信息消费者,接受和利用中心主体生产的信息。在星型结构中,只存在两种类型的节点,宽度为网络信息生态链中网络信息消费者的数量总和,广度由链上各个节点所在地理位置的广度决定;链上节点存在同位关系和上下游关系,上下游节点之间同样以合作关系为主,存在同位关系的节点是网络信息消费者节点,由于信息具有可共享性,消费者在使用时不存在竞争,且消费者在使用信息时一般也不需要合作,因此,同类节点间大多不存在任何关系;链上节点间还存在主次关系,其中中心节点为主要节点,消费者节点为次要节点。网络信息生态链星型结构模型如图 1-15 所示。

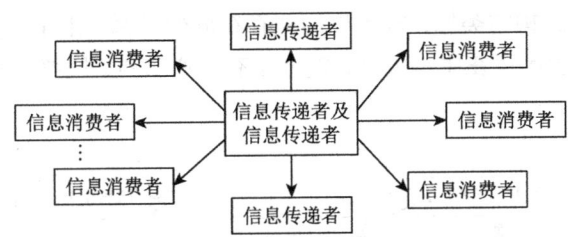

图 1-15　网络信息生态链星型结构模型

1）星型结构的信息流转特点

（1）信息流转速度。星型结构中信息流转路径由中心节点向四周辐射开来,信息流在同一时间可选择向一个固定方向传播,也可同时向多个方向传播,同时,由于缩短了信息流转的环节,无须经过中介节点,因此,信息流转的速度主要取决于核心节点生产与发布信息的速度,以及信息消费者吸收转化信息的速度。核心节点生产与发布信息的速度越快,消费者吸收转化信息的速度越快,则链上信息流转的速度越快;反之,则信息流转速度越慢。同时,由于星型结构是所有节点中信息流转环节最少的结构,因此,星型结构信息流转速度相对其他结构较快。

（2）信息流转质量。在星型结构中,中心节点与网络信息消费者节点直接相连,网络信息消费者无须经过中间环节就能够直接接受中心节点生产、发布的信息,同时,网络信息消费者也可以直接将信息需求反馈给网络信息生产者。因此,星型结构网络信息生态链信息流转内容保真度较高,信息流失量较少,信息转化准确度较高。不仅如此,中心节点对信息流转质量有较大影响,中心节点质量越高,信息流转质量越高;反之,则信息流转质量越低。

（3）信息流转成本。与其他网络信息生态链结构相比,星型结构网络信息生态链长度最短,信息流转环节最少,信息流转成本相对较低,且仅取决于进行信息生产、发布与传递的中心节点，中心节点运行成本越高，网络信息生态链信息流转成本越高，反之，则信息流转成本越低。

2）星型结构的稳定性

在星型结构的网络信息生态链中，每个网络信息消费者与中心节点单独相连，任何一个网络信息消费者出现问题，都不会影响其他节点间的信息流转，但中心节点有且只有一个，且承担着链上信息生产和信息传递的重要功能，一旦中心节点出现问题，则会导致链上信息生产、传递出现问题。因此，星型结构网络信息生态链的稳定性就取决于链上中心节点，中心节点功能越强大、运行越稳定，则链结构稳定性越强；反之，则链结构稳定性较弱。总之，网络信息生产和传递功能合二为一，且该节点数量单一，则结构稳定性就差。

5. 网状型结构

网状型网络信息生态链是指没有中心节点，且链上每个节点至少和一个或多个节点互相联系，而形成一种网络状的网络信息生态链结构。网状型网络信息生态链的长度和宽度与哑铃型结构和树型结构的类似；链上也同样存在同位关系、上下游关系、竞合关系、竞争关系和合作关系，但不存在主次关系，链上没有核心节点。网络信息生态链网状型结构模型如图1-16所示。

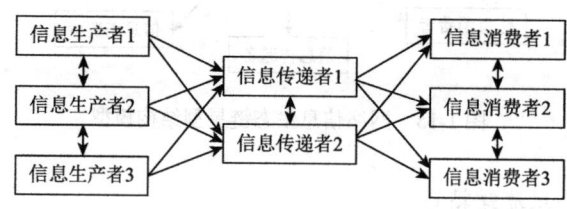

图1-16 网络信息生态链网状结构模型

1）网状结构的信息流转特点

（1）信息流转速度。网状型网络信息生态链中，信息流转通路众多，四通八达，信息流转速度仅和链的长度相关，链的长度越长，则信息流转速度越慢；反之，则信息流转速度越快。

（2）信息流转质量。在网状型结构中，信息流转路径多，在链上没有核心节点主导的情况下，信息流转较随意，针对性不强。链上节点分析、处理与转化信息的能力参差不齐，容易造成信息流转内容失真。多路径信息流转虽然能够保证信息流转量较少，且在流转过程中还能增加许多新信息，但由于链上节点质量问题，同样使得新增信息的质量难以得到保障。因此，总的来说，此种结构网络信息生态链信息流转质量不高，且往往网络信息生态链网状结构越复杂，信息流转质量越低。

（3）信息流转成本。网状型的网络信息生态链节点数量较多，节点间的链路较多。一方面，节点进行信息采集、生产与搜寻的途径增多，链上信息流量较大，对信息处理与分析的成本会有所增加；另一方面，网状型结构较为复杂，管理与维护成本也相对增加。因此，总的来说，链上节点数量越多，尤其是网络信息生产者节点数量越多，链的结构越复杂，信息流转成本越高；反之，则信息流转成本越低。

2）网状结构的稳定性

网状型网络信息生态链信息流转路线众多，且不存在中心节点，任何节点出现问题，都不会影响到整条链的运行，链的稳定性较强。但链上节点数量较多，节点质量良莠不齐，信息流转量大，会增大整条链管理的难度，在一定程度上削弱链的稳定性。总的来说，网状型结构还是具有非常好的稳定性。

参 考 文 献

戴伟辉，戴勇. 2005. 网络游戏生态链研究[J]. 软科学，（1）：11-14.

段尧清，余琪，余秋文. 2013. 网络信息生态链的表现形式、结构模型及其功能[J]. 情报科学，（5）：8-11.

韩刚，覃正. 2007. 信息生态链：一个理论框架[J]. 情报理论与实践，（1）：18-20.

李美娣. 1998. 信息生态系统的剖析[J]. 情报杂志，（4）：3-5.

廖凌飞. 2004. 网络信息生态论[J]. 现代情报，（11）：87-88.

田大伦. 2008. 高级生态学[M]. 北京：科学出版社.

CAPURRO R. 1990. Towards an information ecology[C]//Proceedings of the NORDINFO International seminar "Information and Quality"，Information Quality：Definitions and Dimensions. Taylor Graham，122-139.

ERYOMIN A L. 1998. Information ecology-a viewpoint[J]. International Journal of Environmental Studies，54（3-4）：241-253.

第 2 章　网络信息生态链形成机制

任何一条网络信息生态链都有一个从无到有的形成过程。研究网络信息生态链的形成机制，有利于了解网络信息生态链形成的影响因素，掌握网络信息生态链的形成规律，为新兴网络信息生态链的培育提供理论指导。本章首先对网络信息生态链形成的主要标志进行分析，并探讨其形成的内在动力、形成过程与形成方式，在此基础上，深入分析影响网络信息生态链形成的主要因素，并以电子商务信息生态链为对象，运用结构方程分析方法对网络信息生态链形成的影响因素进行实证分析。

2.1　网络信息生态链形成的标志与动力

2.1.1　网络信息生态链形成的概念

现代汉语词典给"形成"一词作的解释是：通过发展变化而成为具有某种特点的事物，或出现某种情形或局面。简单地说，网络信息生态链形成就是某一具体的网络信息生态链从无到有的过程。具体而言，网络信息生态链形成可以认为是在网络信息生态环境下，不同的个人或组织从无关联到有联系，从无交流到有相互依赖性的网络信息交流，并各司其职扮演网络信息主体角色，达到链式信息流转的一种状态。不同类型网络信息生态链的形成，除发生变化的主体不同之外，其他发展变化基本一致。例如，电子商务信息生态链形成是商家、电子商务平台、消费者从无交流的、独立的组织或个人发展变化成相互进行信息交流的有机整体，并分别扮演信息生产者、信息传递者和信息消费者的角色，使得信息在由这三者构成的链上流转的一种状态；而电子政务信息生态链形成同样是政府机构、政府平台/网站、公众之间关系通过发展变化成为以政府机构为信息生产者、以政府平台/网站为信息传递者、以公众为信息消费者进行网络信息流转的情况。

2.1.2　网络信息生态链形成的主要标志

网络信息生态链明确达到什么程度才算已形成，是网络信息生态链形成机理研究的重要内容。通过以网络信息生态链不同类型节点的数量、节点之间链式关系的紧密程度、能否实现正常的信息流转功能等作为网络信息生态链形成标志的判定依据，我们初步认为有一定数量不同功能的网络信息主体、网络信息生态链之间的关系已具雏形、能实现基本的信息流转功能是网络信息生态链形成的主要标志，且三者之间是循序渐进的关系。下面将对网络信息生态链形成的这三大标志进行详细探讨[①]。

1. 有一定数量不同功能的网络信息主体

网络信息主体是指在网络虚拟环境下，参与网络信息活动的个人、组织或者机构，主

---

① 娄策群，江彦，韩艳芳. 网络信息生态链形成的主要标志与发育过程[J]. 情报理论与实践，2015（6）：1-5.

要包括网络信息生产者、网络信息传递者和网络信息消费者。网络信息生产者是网络信息生态链的起始点,是网络信息产生的源头;网络信息消费者则是网络信息生态链的终点,是网络信息流转的归宿。没有绝对意义上的网络信息生产者、传递者和消费者,随着时间的推移,环境可能变化,各信息主体的角色也可能转换。

不同类型的网络信息主体在网络信息生态链中所占据的生态位不同,其功能也各不相同,即使是同一信息主体在不同的时间以及不同的地点所担任的角色也会发生变化。在网络信息生态链中不同类型的网络信息主体所具有的主要功能各不相同,要实现网络信息生态链的信息流转功能,其首要前提是在网络环境下有网络信息生产者产生信息,有网络信息传递者传递信息,同时存在网络信息的归宿——网络信息消费者。只有当各种功能都有相应的网络信息主体对应完成时,网络信息生态链才可能正常运行。当然,也存在一些特殊的情况,在网络信息生态链形成初期,一些节点除了具备网络信息生产者的功能之外,同时也充当网络信息传递者的角色,负责网络信息的生产和传递,例如,某些电子商务公司在网上营运初期,由于规模较小,通过自建网站来进行网上营运,这时它不仅仅是网络产品信息的生产者,而且担任了信息传递者的角色。这种情况下虽然不存在独立的网络信息传递者,但是网络信息生产者兼备了信息传递的功能,对于网络信息生态链的形成不会形成障碍。

网络信息生态链的形成不仅需要有网络信息生产者、传递者、消费者这三类基本的信息主体,而且要保证各类型的信息主体应该具有一定的数量。某类型节点只有一个,而其他类型的节点有一定数量的网络信息生态链也是存在的,比如哑铃型的网络信息生态链中网络信息传递者的数量可能只有一个,而网络信息生产者和网络信息消费者的数量可能较多,这种情况多见于电子商务信息生态链,大量电子商务信息生产者和信息消费者通过某一电子商务平台实现信息流转。如果只有一种类型的节点且该类型节点数量规模较大,或者存在多种类型的节点但各类节点都只有一个,这两种无法同时满足类型、数量要求的节点分布情况都不能说形成了一条完整的网络信息生态链。

2. 网络信息主体之间的关系已具雏形

网络信息主体之间的关系主要是指网络信息主体之间的链式依存关系。链式依存关系是维持网络信息生态链的纽带,是节点之间相互依存、共同发展的集中表现和基本保证,链式依存关系的建立也是网络信息生态链形成的重要标志。事实上,相互依存关系是各类链中的基本关系。美国学者 Michael 认为供应链的构成中除了链中必不可少的主体成员外,还包括各主体间由于商品、服务及信息在各主体间的流动或流转而产生的相互依存关系。供应链的产生和运行离不开主体间的这种可持续的相互依赖关系[①]。如果进行信息交流的网络信息主体之间没有建立基本的依存关系,就是一盘散沙,不能成为网络信息生态链。

网络信息主体之间的链式依存关系是一种由多种关系相互交织、相互结合而成的多元复合关系,包括共生关系、互惠关系、合作关系、竞争关系等。共生关系是指信息主体在一定的信息生态环境下,形成相互联系、相互作用的信息共生体,至少对其中一方有利的

---

① Michael W. Supply chain modeling: A case study of relationship attributes[D]. Indiana: Purdue University, 2007: 1-3.

共同生存关系。互惠关系是指信息主体在实现自身利益的同时,也能为信息生态链中的其他节点带来利益的一种互利关系。合作关系是指信息主体之间以共同利益为基础,以资源共享和优势互补为前提,在信息流转的某些环节或某些方面共同投入、共享资源、共享利益、共担风险的关系。竞争关系是指具有某种共同需要的信息主体在一定环境条件下,为了达到各自的既定目标,按照一定的规则,采用相应的手段,在一定的时空范围内进行角逐和较量的关系。网络信息生态链形成时,上述4种关系不可能都十分完善,但网络信息主体之间至少应具备一定的共生关系、互惠关系和合作关系。具体而言,网络信息生态链中的信息主体应相互联系、相互作用,上下游节点产生间歇式的共生关系;网络信息主体应在追求自身利益的同时适当考虑其他信息主体的利益,利益分配不能过于偏畸;网络信息主体应在相关信息技术设施、信息资源等方面进行适量的共建与共享,实现合作共进。否则,即使网络信息之间存在信息流转,也不能算是网络信息生态链已形成。

3. 能实现基本的信息流转功能

网络信息生态链从本质上来说就是一条网络信息流转链。网络信息生态链中信息的流动转换是通过信息拒收、信息摄入、信息筛除、信息受理、信息吸收、信息内化、信息产出、信息反馈、信息流失等方式得以实现的,信息流转功能的实现是网络信息生态链形成的意义所在,是网络信息生态链上各信息主体满足自身信息交流需求的根本途径。无法实现信息流转功能将造成信息主体间的信息交流障碍,网络信息生态链形成的意义也荡然无存,最终导致网络信息生态链无法形成。

可见,能够实现基本的信息流转功能是网络信息生态链形成的又一重要标志。也就是说,具有初级链式依存关系的网络信息主体之间应能够顺利地进行信息交流,在每个节点都能进行相应的信息转换,当然,对信息的深度加工不一定能实现,信息流转的效率不一定很高。图书情报领域学者认为,信息可以直接使用,可以通过检索获取,也可以直接采集,还可以进行深层次的加工后再提供使用[1]。对于刚形成的网络信息生态链,网络信息主体的信息转换能力有限,他们多直接使用信息或简单加工后使用信息,很少实现信息筛除、信息内化、信息反馈等深层次加工。网络信息流转效率包括流转速度与流转质量,流转的成本及收获效果等。网络信息生态链刚形成时,各级主体之间的信息交流需求只是一定范围内相互匹配,但各节点的具体需求并不明确,网络信息传递过程中存在很大程度的试探性与不确定性,针对性较差,因而信息流转速度和质量较差,流转成本相对较高。

2.1.3 网络信息生态链形成的动力

网络信息生态链形成的动力来自多个方面,具有不同层次[2]。网络信息生态链的根本动力是网络信息生态链形成动力系统中最深层次的源动力,是决定网络信息生态链是否需要形成的决定性因素。网络信息生态链形成的根本动力是信息主体的网络信息交流需求。

---

[1] 洪丽. 论图书馆对零次信息的加工升级和开发利用[J]. 情报科学, 2005 (11): 1677-1680, 1728.
[2] 娄策群, 韩艳芳, 张俊英. 网络信息生态链形成机理研究[J]. 图书馆学研究, 2015 (17): 2-6, 40.

1. 信息主体的利益诉求激发信息交流需求的产生

利益诉求是指人们对利益的追求和要求。信息主体的利益诉求是多方面的，既包括物质利益诉求，也就是获取一定的人力、物力和财力的诉求，也包括精神利益诉求，如自身素质的提高以及影响力、号召力的扩大等。

利益诉求及其实现离不开信息交流。社会分工的细化导致不同的信息人拥有不同的信息资源优势以及信息功能特长，囿于信息的不对称以及信息能力的欠缺，合作成为社会分工的必然结果。考虑到效率以及经济成本，寻求协同合作是一个明智的选择，各信息主体各取所需，各献所有，扬其所长，充分利用周围的可利用资源来实现自我价值，获取自身利益，这就促使各信息主体产生信息交流需求，希望通过信息交流来获取自己所需的信息。信息社会中，每个人和每个社会组织都需要信息并进行信息活动[1]，信息交流普遍存在。在现实社会中，处于不同职位、拥有不同信息资源以及利益诉求不同的信息主体对于不同的信息具有不同程度的需求，需要通过不同的信息交流方式得以满足。

在信息生态系统中，信息生产者为了实现自身价值、获取自身利益而生产信息并将信息传播出去，希望通过信息产品和服务直接获得利益，或通过信息传播带动物质商品销售和服务而实现利益诉求。信息传递者为了获取一定的利益而承担中间者的身份，为信息的传递提供中间传导力量，需要在了解上下游信息主体的信息需求的基础上，明确各信息主体的利益所在，从而通过推拉并举的方式促成信息交流的实现，进而实现自己对于经济利益的追求以及扩大影响力和号召力的需求。信息消费者需要通过提升自身素质、优化自身知识结构来实现自身价值，获取更大的利益，从而产生一定的信息需求，并希望能够通过信息交流满足其信息需求。例如，美国学者 Javalgi 等在其所构建的电子商务生态系统模型中，认为消费者需求是电子商务企业发展的主要动力，同时指出进行低成本生产与满足消费者需求是互联网中电子商务企业得以长期生存和发展的重要因素[2]。

2. 网络信息交流的优势导致网络信息交流需求的增加

信息交流渠道和方式多样，不同的交流渠道和方式在信息交流范围、信息传递速度、信息交流的针对性、信息交流的反馈性能、信息交流的便利性方面有较大的差异。信息主体对信息交流范围广、速度快、针对性强、反馈性能好、使用方便的信息交流渠道和方式需求更加迫切。传统常见的信息交流方式包括口头信息交流方式和文献信息交流方式，二者各具优点，但其优势均不及网络信息交流方式。口头信息交流方式虽然信息针对性强、交流双方互动反馈性能好、信息传递速度较快，但信息交流范围有限、交流过程中信息容易失真；文献信息交流方式虽然信息交流范围较广、交流过程中信息不易失真，但所交流的信息针对性不强、交流双方互动反馈性能差、信息传递速度较慢。计算机的普及及网络信息技术的不断进步，使网络信息交流渠道应运而生且迅速发展。web3.0 时代的到来，

---

[1] 娄策群，等. 信息生态系统理论及其应用[M]. 北京：中国社会科学出版社，2014：37.
[2] JAVALGI R G, et al. The dynamics of global ecommerce on organizational ecology perspective[J]. Internet Research, 2005（4）：12-1.

更是加强了信息交流的准确性与便捷性,如应用偏好信息处理与个性化的引擎技术,将用户的行为特征以及搜索习惯进行整理和挖掘,便可帮助用户快速、准确地搜索到符合自己需求的信息内容[①]。网络信息交流这种现代信息交流渠道融合了正式信息交流与非正式信息交流,实现了大众传播与人际传播的协同传播方式,可实现可控、可信的多向动态自由交流[②]。从经济人的观点来看,人都在追求自身利益的最大化。网络信息交流可较好地满足信息主体对信息交流渠道和方式高性能的要求,越来越多的信息主体希望通过互联网来进行信息交流,从而实现利益的最大化。信息生产者希望通过网络信息交流实现大范围、高速度、有针对性的信息传播,信息消费者希望通过网络信息交流及时方便地获得针对性强、质量高的信息,信息传递者也希望通过网络快捷地了解信息生产者的信息生产情况和信息消费者的信息需求,提高信息传递效率。可见,网络信息交流方式交互信息的快速性、准确性、灵活性等优势使其受到不同信息主体的青睐,越来越多的信息主体借助该方式进行交流,网络信息交流的需求因此增加。

3. 网络信息交流需求的增加引动网络信息生态链的形成

随着信息主体对网络信息交流需求的强化,信息主体纷纷"触网",通过多种方式与其他相匹配的网络信息主体进行信息交流,并希望建立较为正式的信息交流关系,从而为网络信息生态链的形成提供了动力。起初,在网络信息交流需求的驱使下,少数信息主体主动寻求可以满足自身信息交流需求的其他信息主体,信息主体之间开始建立简单的合作关系,开展信息交流的网络信息主体之间开始进行产生信息、发布信息、接收信息,有望形成简单的网络信息流转链。随着网络信息交流需求的强化,越来越多的网络信息主体有加入网络信息交流链的愿望,并纷纷加入已有一定基础的网络信息交流链中。多种网络信息主体参与网络信息交流,一方面会使得网络信息交流链中信息生产者、传递者、消费者这三种基本信息主体的类型完备,另一方面各类型的网络信息主体也会达到一定数量。当网络信息交流链中有一定数量不同类型的网络信息主体时,网络信息主体之间由多种关系相互交织、相互结合而成的多元复合关系逐渐形成,网络信息主体之间基本上能通过信息拒收、信息摄入、信息筛除、信息受理、信息吸收、信息内化、信息产出、信息反馈、信息流失等方式实现信息流转功能。这样,网络信息生态链就会正式形成。

2.2 网络信息生态链形成的过程与方式

2.2.1 网络信息生态链形成的过程

网络信息生态链的形成一般要经历简单网络信息流转链的形成、网络信息流转链的扩展延伸、链式依存关系的建立、信息流转功能的完备4个阶段[③],如图2-1所示。

---

① 马振萍,杨姗媛. 基于Web3.0的网络信息交流模式[J]. 情报资料工作,2011(1):61-64.
② 严励. 网络传播学概论[M]. 郑州:郑州大学出版社,2007.
③ 娄策群,江彦,韩艳芳. 网络信息生态链形成的主要标志与发育过程[J]. 情报理论与实践,2015(6):1-5.

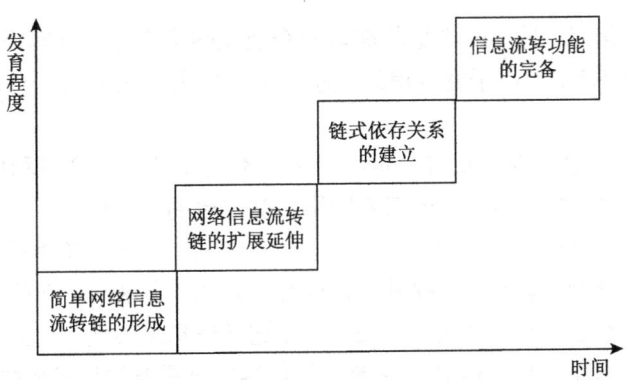

图 2-1 网络信息生态链的形成过程

1. 简单网络信息流转链的形成

简单网络信息流转链是指少数网络信息主体进行简单的信息交流和转化活动而形成的信息流转链。如果将网络信息生态链的形成比作婴儿的诞生，那么，简单网络信息流转链的形成就像胚胎的形成。简单网络信息流转链是网络信息生态链的雏形，犹如生命个体形成中的胚胎阶段，是生命诞生前的最初状态。简单网络信息流转链的形成是网络信息生态链形成的基础。

简单网络信息流转链的形成具有一定的随机性，并非是网络信息主体间完全有意识的行为。网络信息主体意识到与网络中其他节点建立链接关系对于自身发展的重要性，但只有极少数节点采取行动主动寻求可以满足自身信息交流需求的节点。具体到某一条网络信息生态链，其信息主体尚处于不确定状态，任何一个满足信息主体信息需求的节点都可能成为链上的一个节点。在简单网络信息流转链中，大多数的网络信息主体处于只有合作构建链接关系的意识阶段，并对未来的发展有一些简单的规划，还没有采取实际的与上下游节点构建合作关系的行动。因此，节点之间的基本关系仅限于一个简单的试合作关系，网络信息主体间不存在相对稳定的链式依存关系。简单网络信息流转链的信息流转功能较弱。各主体主要是以生产信息、发布信息、传递、接收或拒收信息等行为为主，而信息筛选、信息内化、信息反馈等信息行为较少。另外，在节点之间流转的信息多以各信息主体表达自身需求的信息为主，而不是真正的能够满足各节点利益和需求的信息。

简单信息流转链的形成通常有以下三种情况。

（1）某些信息生产者为达到一定的目的而通过网络发布或推送某类信息，这类信息正好符合某些信息用户的需求，这些具有供求信息匹配关系的网络信息主体便组成简单信息流转链。例如，在 B2C 电子商务信息生态链中，商家为了更多的销售自己的产品、获得更大的利润，在某个网络平台上发布产品信息。如果这些产品刚好符合某些买家的需求，作为消费者的买家则会通过该网络平台利用其产品信息来了解产品，从而作出产品购买决策。这一过程实现了商品信息在不同信息主体间的流转。

（2）某些信息消费者为了获得某方面的信息而主动与信息生产者或信息传递者联系以获取相关信息，从而组成简单网络信息流转链。例如，某一企业出于对某种原材料的需求，在网络上发布需求信息,另一能满足其需求的企业在网络上搜寻到其需求信息,与之联系并达成交易,这条 B2B 型电子商务信息生态链的形成就是由网络信息消费者的需求所拉动形成的。

(3) 某些信息传递者为了获得一定的经济利益而将信息生产者和信息消费者联系起来,形成简单网络信息生态链。例如随着网络社交平台的广泛应用,越来越多的用户应用微博平台并希望能通过微博了解到自己关注的名人动态。因此很多明星或名人都开通了自己的微博账号并频繁的更新动态,提升自己的被关注度。当这些更新的信息通过网络传递到其粉丝那里,这条信息流转链也就形成了。在这条信息流转链中,信息生产者为了提高自身被关注度频繁刷新信息,信息消费者为了获得自己需要的信息而去搜集特定的信息,从而导致了这些信息从信息生产者到信息传递者再到信息消费者的流动。

2. 信息流转链的扩展延伸

简单信息流转链形成并具备一定的信息流转功能,但毕竟规模较小、结构松散,易瘫痪,不能适应大数据环境下的网络信息流转,也无法满足网络时代信息用户对网络信息流转的需求。因此,简单的信息流转链形成之后便会进入信息流转链的扩展延伸阶段。

1) 简单信息流转链的横向扩展

简单信息流转链的横向扩展是指链中同一节点的网络信息主体数量增多和链中网络信息主体整体规模的扩大。简单信息流转链的横向扩展不仅从链中网络信息主体的数量和规模上改变了链的结构特征,增加了信息流转链的规模效应,而且能提高信息流转链的稳定性。例如,某类信息流转链中各类信息主体的数量均很少,上游信息主体提供的信息较单一,下游信息主体的需求得不到满足,或上游信息主体提供的信息得不到充分利用。而且一旦受到外界环境的影响,信息生产者不能再生产这类信息,或信息消费者不再利用这类信息,简单信息流转链就会瘫痪或断裂。经过横向扩展后的信息流转链中信息生产者的数量增大,当受到外界环境影响的时候,如果部分信息主体不能生产该类信息,处于同一节点的其他信息生产者可以继续完成该类信息的生产,那么这类信息流转链中的信息流转则可照常进行。

简单信息流转链的横向扩展通常有以下三种情况。

第一种情况是部分链外信息主体受链中同类信息主体的影响而主动加入某信息流转链,或者是链中部分信息主体拉拢链外同类主体加入信息流转链。例如,在网络教育信息生态链中,部分高校会通过网络平台发布某一学科课程的网络教学视频,并对视频内容的共享设置一定的权限,用户需支付一定的费用才可享用视频内容。这一举措为学生的自主学习提供了便利,部分享用到该网络资源的学生获得了很大的收益,他们将该学习路径推荐给其他同学。如此一来作为信息消费者的学生数量和规模也越来越大。在这类网络教育信息生态链中,信息生产者和信息消费者的数量都有所增加,信息生态链完成了横向扩展。

第二种情况是信息流转链中的上游信息主体主动拉动下游信息主体加入信息流转链,使得下游信息主体的数量增加,规模扩大。例如,在微信信息流转链中,作为信息生产者的信息人为了更方便及时地与好友交流,了解好友动态,会主动邀请大量好友加入微信朋友圈。一旦好友加入微信朋友圈，该信息生产者下游的信息消费者数量便会增加。

第三种情况是作为网络信息传递者的中游信息主体主动拉动上、下游信息主体加入信息流转链，使上、下游信息主体扩展。作为中坚力量的网络信息传递者，通过促进网络信息生产者与网络信息消费者之间的信息交流来谋取自身利益。为了进一步满足自身的利益需求，网络信息传递者利用自身信息传播能力优势来拉动网络信息消费者的消费需求，同时推动网络信息生产者的生产需求。对消费者提供的免费额外服务也越来越多，如支付宝的交易金额代保管服务、免费物流服务等。阿里巴巴这些举措进一步拉动了网络信息消费者的购物需求，同时也推动了更多商家利用淘宝平台发布商品信息。其作为中间传递者不仅可以从中获取经济利益，也可以扩大其影响力，以谋取更大的利益。在这类信息流转链中，由于处于链中中游的信息主体淘宝平台的主动拉动作用，作为信息生产者的商家和作为信息消费者的买家数量和规模都得到很大的扩展。

2) 简单信息流转链的纵向延伸

简单信息流转链的纵向延伸是指链中各信息主体的功能生态位分化，从而增加信息流转链中的信息主体的层级，使信息流转链的长度增加。信息功能生态位是指信息人在信息环境中所充当的角色及其所承担的社会功能，反映的是信息人在信息社会中的角色定位和信息人之间的职权定位[①]。功能生态位分化即在信息流转链中同一信息人承担的信息角色单一，每个信息人承担的信息转化功能较少，信息流转过程要经过的信息人的数量增多，信息流转链则会变长。信息流转链中信息人的分工越明细，角色越单一，在信息流转过程中出现差错的概率就越小，越能保障信息流转的质量。因此，简单信息流转链的纵向延伸可在一定程度上提高信息流转的质量。

简单信息流转链的纵向延伸包括两种情况。

一种情况是链中信息生产者的信息功能生态位分化导致信息流转链的延伸。简单信息流转链中信息生产者信息功能生态位分化是信息生产者所承担的信息流转功能的分解并将部分功能转移给其他网络信息主体，从而延长网络信息生态链。例如，在电子商务发展初期很多生产型企业都是通过建立门户网站来展示、销售自己的产品。在这条电子商务网络信息生态链中，企业兼有商品信息生产者和传递者的功能。而随着企业规模的不断扩大，产品销售业务的激增，企业专门成立电子商务子公司，该子公司主要负责企业产品的网络销售，在电子商务信息流转链中主要充当信息传递者的角色，该电子商务信息生态链得到延伸。

另一种情况是信息传递者的功能生态位分化导致信息流转链的延伸。信息传递者的功能生态位分化是指将信息传递者的信息传递工作按工作环节进一步细分，原来由一节点承担的信息传递工作分成多个环节，由不同的信息传递者来承担。例如，在数字档案信息生态链中档案馆作为档案信息传递者必须对纸质档案进行数字化处理及对形成的数字档案进行管理。由于大部分数字档案馆还处在初级建设阶段，纸质档案仍占绝大多数，档案数字化工作量很大，档案馆会将部分档案数字化工作外包给相关公司，再将数字化后的档案

---

① 娄策群，等. 信息生态系统理论及其应用[M]. 北京：中国社会科学出版社，2014：72-73.

进行分类编目及提供利用。在这一数字档案馆信息流转链中，相关公司承担了档案馆作为档案信息传递者的部分功能，使得数字档案馆信息流转链得以延伸。

3. 链式依存关系的建立

网络信息流转链的扩展延伸拓展了网络信息流转链的宽度和长度，网络信息主体数量大大增加，网络信息流转链的结构较为复杂，链中的网络信息主体开始重视链式依存关系的建立。链式依存关系是指网络信息主体间所形成的链式结构关系及相互依存关系。

链式结构关系是指不同节点的信息主体间随着信息的流动和转化而形成的一种上、下游的链条结构关系。链式结构关系是在网络信息主体入链过程中自然形成的，随着简单信息流转的形成，上、下游网络信息主体之间就具有链式结构关系，但在简单信息流转链形成初期各信息主体间尚处于试合作状态，链式结构关系不够明确、不够稳定，属于弱链式结构关系。随着信息流转链的扩展延伸和信息流转活动的增加，网络信息主体之间的链式结构关系逐渐明确、日益稳定，弱链式结构关系不断向强链式结构关系转变。

相互依存关系包括共生关系、互惠关系、合作关系、竞争关系等。这些关系靠入链的网络信息主体共同建立，建立途径有自动建立、协商建立、强制建立三种。

自动建立相互依存关系是指随着网络信息流转链的形成，链中各信息主体之间自然建立的相互依存关系，如共生关系和竞争关系。这种类型的相互依存关系在不同类型的信息流转链中都是客观存在的，一般不会随着信息主体的改变而变化，也不会随着信息流转链的演进变化而改变。虽然不同信息人在信息流转链中角色不一样，作用各异，但他们对信息流转链的存续和运转都有较大的影响，缺少了其中一类信息主体信息流转链就无法形成。因此，信息流转链中不同信息主体之间始终存在一种共同生存、协同进化的相互依存关系。"弱肉强食，适者生存"是自然界中的生存规律，在信息流转链中也同样适用。同一类信息主体中功能生态位相同或相近的不同信息人之间自然存在一种竞争关系。这种竞争关系在信息流转链中是普遍存在的，主要体现在同类信息主体之间，在信息流转链发展到一定阶段表现更明显。

协商建立相互依存关系是指网络信息流转链中的信息主体通过商讨、协调而建立相互依存关系。包括两种情况：一种是指某类信息意识和信息能力较强的信息主体为了更好地保障信息流转链的运行，更好地维护各类信息主体的利益而和其他信息主体协商建立的关系。例如在电子商务信息流转链中，作为信息传递者的电子商务平台为了充分发挥自身的作用、促进交易产生，主动与信息生产者和信息消费者建立关系，促进与买家和卖家的互动和联系，不断寻求与他们合作的机会，与买家和卖家间主动建立起互动关系和合作关系。另一种是指当外界环境给信息流转链的正常运转带来威胁或者给信息主体的利益带来损害时，信息主体为了避免这一危害而协商建立的关系，如合作关系和互惠关系。

强制建立相互依存关系是指信息流转链中或链外的某些信息主体强制链中某些信息主体建立某种相互依存关系。在网络信息流转链形成过程中，作为信息流转链中关键节点的信息主体或链外的行业主管部门为了自身利益或整链利益的最大化，利用其资源优势或号召力，通过制定相关政策、制度，促使链中部分信息主体建立相互依存关系，如互惠关系、合作关系等。

4. 信息流转功能的完备

随着信息链中节点数量增多和规模扩大，网络信息主体间链式依存关系的建立，信息流转功能的完备成了简单网络信息流转链发育的重点。网络信息流转功能的完备是指其信息流转方式增加和信息流转效率提高而达到网络信息生态链形成第三个标志的要求，即能实现基本的信息流转功能，并非指网络信息生态链信息流转功能的完善。

网络信息流转链功能的完备主要体现为信息流转方式的增加、信息流转效率的提高。简单网络信息流转链主要是以生产信息、发布信息、信息传递、信息接收等信息流动方式为主，而信息筛选、信息组织、信息处理、信息内化等信息转化方式较少。在网络信息流转链的信息流转功能完备阶段，既要增加信息流动渠道和途径，改善信息流动功能，更应加强信息转化活动，增加信息转化功能。信息流转效率的提高主要体现在信息流转速度的加快、信息流转质量的提高及信息流转成本的降低三个方面。

网络信息流转链信息流转功能的完备主要是通过两种途径实现的：一是随着网络信息流转链扩展延伸和链式依存关系建立而自然实现；二是链中网络信息主体有意识地促成实现。网络信息流转链扩展延伸和链式依存关系的建立是信息流转功能进一步完备的前提，它从客观上为信息流转功能的完备提供了可能。一旦信息流转链通过扩展延伸形成了一定规模，为了在更长更宽的网络信息流转链中使信息得以正常流转，原有信息流转方式会随之得到优化，新的信息流转方式也可能自然产生；随着信息主体功能生态位的分化和优化，信息主体间的链式依存关系的建立，链中各信息主体能较好进行分工协作，信息流转效率会得以提高。然而，仅仅靠网络信息流转链中信息主体的自发行为还难以达到网络信息流转链功能完备的要求，还需要信息主体的自觉行为来促成网络信息流转链中信息流转功能的完备。为了满足自身的信息需求、获得最大化的效益，信息主体会主动采取一些措施来增加信息流转方式和提高信息流转效率。开放的网络环境使得网络信息呈爆炸式增长，在大数据的网络环境下信息消费者的信息需求量也越来越大，同时对信息的选择也越来越精准，对信息质量的要求越来越高。信息生产者为了进一步的满足信息消费者的需求，会通过改善信息生产设备、增加信息传播方式、挖掘信息用户的信息需求来增加信息流转的方式和提高信息流转的效率。信息传递者会通过改进信息交流平台，增加信息采集、组织和共享方式，从而提高信息传递速度，保证信息传递质量，降低信息传递成本，更好地为信息生产者和信息消费者服务。信息消费者会增加和改进信息筛选、处理与利用方式，从而提高信息获取和利用效率。

2.2.2 网络信息生态链形成的主要方式

网络信息生态链的形成方式是指网络信息主体在具备根本动力和基本条件的基础上，在内外部力量的共同作用下而形成网络信息生态链的途径和渠道[①]。网络信息生态链形成方式按照其作用力实施主体的不同分为自组织形成、他组织形成两类。

---

① 娄策群，韩艳芳，张俊英. 网络信息生态链形成机理研究[J]. 图书馆学研究，2015（17）：2-6, 40.

1. 自组织形成

网络信息生态链的自组织形成是指在网络信息主体的利益诉求与信息需求的驱动下自发地相互联系、链接而形成网络信息生态链。这种形成方式的动力来源于网络信息生态链内部的信息主体，是网络信息主体的自发行为，受外部因素的干预不多。

网络信息生产者利益驱动形成网络信息生态链。在这个信息泛滥的时代，作为网络信息产生源头的网络信息生产者，若要使所生产信息产品能为信息消费者所利用就必须通过传递功能来实现信息产品在生产者、传递者和消费者之间的流转。尤其是在所生产信息不为其他组织机构或个人所不知的情况下，供给信息很难被发现与利用，拉动适当的网络信息传递者和网络信息消费者形成网络信息生态链是实现其价值和获得利益的根本途径。具体而言，网络信息生产者为了实现自身利益，需使所生产信息为消费者所利用，所以会寻找并拉动网络信息传递者来为其传递信息，进而拉动对此信息有需求的网络信息消费者加入该链，最终在三者之间形成链式依存关系而成为网络信息生态链。例如，在网络游戏生态链中，网游开发团队为了体现自身研发能力并获取相应的知名度与经济利益而生产网络游戏，而新研发的游戏若要实现其价值则需要借助一定的网络游戏运营平台传播，因而游戏开发者需要着重突显该游戏的价值所在，拉动网络游戏运营商为其传递该游戏，进而获取到一定数量的网游用户，最终形成初步的网络游戏信息生态链。

网络信息消费者需求拉动形成网络信息生态链。网络信息生态链最终都是为了满足链上信息消费者的信息需求，网络信息消费者的需求是整个链条得以实现信息流动与转换的落脚点。网络信息消费者因自身职业、兴趣爱好以及提升自我价值的需要，对某方面的信息具有特定的需求，为了使其得到满足，网络信息消费者将拉动网络信息传递者进行相关信息的推送，或者直接寻求相应的信息生产者提供信息，这样就促成了由网络信息消费者需求拉动而形成网络信息生态链。例如，一些企业出于对生产原材料的需求，推动相关网络平台为其发布需求信息，而能够满足其需求的原材料供应商在网络平台上搜寻到原材料需求信息，当各类型的信息主体开始为自身利益而不断沟通实现基本的信息流转功能时，由网络信息消费者需求拉动的电子商务生态链就基本形成。

网络信息传递者推拉并举形成网络信息生态链。作为中坚力量的网络信息传递者，通过促进网络信息生产者与网络信息消费者之间的信息交流来谋取自身利益。为了满足利益诉求，网络信息传递者通常利用其信息传播能力优势，在了解网络信息消费者需求并拉动其需求实现的同时，寻找符合需求的网络信息生产者并推动其提供信息，从而构建三者之间基本的链式关系。例如，阿里巴巴网站作为一个电子商务第三方平台，是一个为中小型企业提供了产品销售与购买的贸易平台，若要实现自身存在的价值，急于要拉动中小型企业透过互联网寻找潜在的贸易伙伴，一方面拉动中小型制造商发布自身的产品信息，另一方面推动其他企业信息在平台上寻求自身信息需求的满足，通过在线沟通交流获取信息，最终达到双方利益的满足。当有一定数量的中小型企业参与到该平台的信息获取与发布活动中，并实现了贸易信息在中小型企业之间的流转时，以阿里巴巴第三方电子商务平台为核心的 B2B 电子商务生态链就形成了。

2. 他组织形成

他组织形成是指外部力量促使网络信息生态主体形成网络信息生态链。外部力量主要是来自网络信息生态链形成所依赖的外部环境,其促成网络信息生态链的方式有强制性和引导性两种。

外部力量强制性促成网络信息生态链。即由于外部力量的驱使,强制性地将某些个体或者组织拉入某条网络信息生态链而形成链式依存关系。这里所说的强制性外部力量主要来源于政府,包括政府部门内在的体制构成以及由政府部门颁布的具有一定强制性作用的政策法规。例如,G2G 电子政务信息生态链的信息主体由各级政府组成,政务涉及各级各地政府以及不同政府部门。由于政府各职能部门之间的层级划分是固定的,因而在该类网络信息生态链的构建中,各类信息主体参与到网络信息生态链中并非是出于自我选择,而是政府既定层级关系在电子政务信息生态系统中的显示。在既定的政府职能部门层级的控制下,不同的电子政务信息生态主体只能加入特定的信息生态链中。

外部力量引导性促成网络信息生态链。即在外部力量引导下构建的网络信息生态链,其力量来源主要是政府以及第三方机构。一方面是政府政策促成。政府站在国家的角度思考问题,有其特定的政治目的、经济目的。政府出于支持行业发展,同时配合国家政治、经济、文化等领域的发展,可以通过出台相关的引导性政策来鼓励某些企业或者个人加入某条特定的网络信息生态链,而作为网络信息生态主体的企业或者个人拥有自主权来确定是否确实要加入该链中。另一方面是第三方机构促成。在我国第三方多指一些行业协会如消费者协会、质量协会、电子商务协会、互联网协会等。例如,在电子商务领域中,电子商务协会对于电子商务信息生态链的形成具有重要影响。电子商务协会在了解该行业各企业以及参与者的发展现状的前提下,为促进电子商务行业短板领域的发展,可以利用鼓励支持的方式拉动某些电子商务企业或者个人构成具有特定功能的电子商务信息生态链。

2.3 网络信息生态链形成的影响因素

2.3.1 网络信息生态链形成影响因素的理论分析

1. 网络信息生态链形成的基本条件

基本条件是达到某个状态或得到某种结果所必须满足的最根本的事物。网络信息生态链形成的基本条件是决定网络信息生态链是否能够形成的决定性因素。具有形成网络信息生态链的动力,不一定就能形成网络信息生态链。网络信息主体通过网络进行信息交流,必须进行合作伙伴的选择,只有那些与自身利益诉求吻合、信息供求匹配、技术水平相当、运行规则认同的信息生态主体才会被作为自己的合作伙伴确定下来,从而形成网络信息生态链。因此,网络信息主体之间的利益诉求吻合、信息供求匹配、技术水平相当、运行规则认同是网络信息生态链形成的基本条件[①]。

---

① 娄策群,韩艳芳,张俊英. 网络信息生态链形成机理研究[J]. 图书馆学研究,2015(17): 2-6, 40.

1）网络信息主体的利益诉求吻合

利益诉求吻合作为网络信息生态链形成的一个基本条件，要求加入网络信息生态链的信息生态主体间的利益诉求相互协调、信息生态主体间利益诉求的实现能够相互促成。加入网络信息生态链的信息生态主体不仅能够实现自身的利益诉求，而且有助于其他信息生态主体利益诉求的实现，至少不能与其他信息生态主体的利益诉求相冲突。当然，利益诉求吻合并非要求网络信息生态链中各信息生态主体的利益诉求的类型完全一致。

如前所述，信息生态主体的利益诉求激发了信息交流需求的产生，使信息生态主体有加入网络信息生态链进行信息流转的欲望。但是，某些网络信息主体如果找不到利益诉求吻合的上下游网络信息主体，网络信息生态链就不会形成。构建网络信息生态链的过程事实上就是一个协调网络信息生态链上各信息生态主体基本利益关系的过程。处于不同信息生态位上的信息生态主体其社会职能、资源优势等方面存在很大差异，利益诉求不完全一致。网络信息生态系统中的信息人都是相对独立且拥有自主性的有限理性经济人，把能够获取自身的基本利益作为合作的前提，只有当网络信息生态系统中各信息生态主体的基本利益都能够得到一定程度的满足时，各信息生态主体才会有意愿并寻求与其他相关的上下游节点进行联结，构建基本的链式关系，进行信息流转活动，使自身利益得以实现。例如，一条完整的 B2C 电子商务信息生态链由商家、电子商务平台与消费者构成，商家希望通过电子商务平台发布产品及服务信息，使消费者知晓并消费信息，最终满足自身的经济利益诉求，作为网络信息传递者的电子商务平台既有对于经济利益的需求，也有提高自身知名度获取潜在利益的诉求，而作为网络信息消费者的平台用户需要获取衣食住行等方面的信息进而满足自己的生活、工作等各方面的诉求，只有当电子商务平台能够为商家带来客源和经济效益，并为消费者带来能够满足工作生活所需信息或物质商品时，商家和消费者才可能参与到该电子商务信息生态链的构建中。同样，电子商务平台只有能够从商家与用户处获取经济利益并提高知名度，才可能成为电子商务信息生态链的关键节点。一旦作为关键节点的电子商务平台的经济利益诉求与精神利益诉求无法被满足时，该平台将拒绝加入网络信息生态链的构建中，电子商务信息生态链也就无法形成。

2）网络信息主体的信息供求匹配

信息供求匹配指信息供给方提供的信息与信息需求方需要的信息在信息内容、信息表现形式、信息质量方面比较匹配，信息供求匹配是网络信息生态链形成的重要前提。在网络信息生态系统中，只有当网络信息主体之间供给和需求的信息特别是信息内容范围达到一定程度的相互匹配时，网络信息生态链才有可能形成。供求信息内容范围无交集的网络信息主体不可能构成网络信息生态链。

具有网络信息交流需求的网络信息主体，由于其在网络环境中处于不同职位、拥有不同信息资源以及不同的利益诉求，他们所供给、传递和需要的信息内容范围有较大的差异，不可能也没必要与所有其他的网络信息主体进行信息交流，如政府部门主要发布政务信息，电子商务平台主要传递商品信息，政府部门不可能向电子商务平台提供商品信息，两者之间的信息供求明显不匹配。只有当信息生产者所提供的、信息传递者所传递的、信息消费者所需要的信息内容在一定范围相互匹配时，信息生产者才有可能将相关信息传递出去，信息传递者才有可能发挥正常的信息传递功能，信息消费者才有可能获得所需要的信息,信息才有可能在上下游节点之间流转。网络信息主体是由于存在信息交流需求才寻求上下游节点之间合作的,其固有的特定信息交流需求在一定程度上是不变的,如果找不到满足其信息交流需求的上下游网络信息主体,那么网络信息生态链就不会形成。例如,网络信息生态链按功能不同可划分为电子商务信息生态链、电子政务信息生态链、网络出版信息生态链、网络教育信息生态链等。其中,电子商务信息生态链主要传递商品信息,而电子政务信息生态链则主要传递政务信息,要实时掌握第一手政务信息的信息生态主体则不会参与到电子商务信息生态链中,以传递商务信息为己任的电子商务平台也不可能融入电子政务生态链中。

3) 网络信息主体的技术水平相当

网络信息生态链的形成离不开网络信息技术的支撑。网络信息生态链中各网络信息主体之间通过生产信息、发布信息、传递信息、获取信息、吸收内化信息等信息流转活动需要借助于一定的软硬件设备、网络平台来进行。网络环境的特殊性使网络信息生态链的形成必须以网络信息技术为依托。网络信息主体的"技术水平相当"包括技术设施水平相当和技术应用水平相当两个方面。

要形成网络信息生态链,网络信息主体的技术设施水平要相当。技术设施水平相当指软硬件技术设施的先进程度相当并具有兼容性。上下游网络信息主体的软硬件技术设施先进性相差太远或不兼容就会影响信息流转效率,甚至无法实现信息流转,因此,软硬件技术设施先进性相差太远或不兼容的网络信息主体不太可能组成网络信息生态链。例如,某些大型网络游戏需要依附于一定的电脑硬件配置才能顺畅的运转,从而实现网络游戏文化在游戏开发商与游戏用户之间的流动,自身电脑配置无法达到游戏所需最低配置的游戏用户就无法顺利安装并使用该游戏,此游戏所包含的游戏文化也就无法到达游戏用户这一节点,那么该游戏用户就不可能加入该网络游戏信息生态链。如果某游戏开发商开发的游戏所要求的软硬件配置绝大部分游戏用户都不能达到,那么该游戏信息生态链就无法形成。

要形成网络信息生态链,网络信息主体的技术应用水平要相当。技术应用水平相当是指各节点的网络信息主体对于各类软硬件设施的熟悉程度和应用水平相当。即使是上下游节点之间的网络信息技术软硬件水平都完全一致,但处于网络环境中的各网络信息主体在自身素质方面各有差异,对于各类软硬件信息技术设施的熟悉程度也因人而异。如果网络信息主体的应用水平不能匹配其软硬件技术设施水平,那么这对于网络信息生态链的构建也将产生阻碍作用。例如,一条完整的电子政务信息生态链应该包括政府部门、电子政务平台、公众三种网络信息主体,如果电子政务平台所用的技术过于高端,操作过于复杂,没有经过专业训练的政府部门工作人员和公众的信息技术应用能力有限甚至不会操作,无法通过该电子政务平台传播和获取政务信息,这样的电子政务平台也只能够被束之高阁,无法形成电子政务信息生态链。

4) 网络信息主体的运行规则认同

运行规则认同是指网络环境中欲构建上下游关系的网络信息主体之间要形成一定的链式关系必须建立在承认对方的规章制度以及运行规则的基础之上。这里的规则认同既包括对已有规则的认同,也包括双方之间通过协商达成共识并签订相关协议。网络信息主体的运行规则涉及用户服务协议、业务处理流程、利益分配方案、资金管理制度以及其他方面的管理制度等。

网络信息生态链的构建需要网络信息主体认同已有规则。处于网络环境中的信息生态主体因为要实现一定的信息交流、获取一定的利益而与其他存在于网络中的组织或者个人构建链接关系,本身就制定了一定的规章制度,按照一定的规则在网络中生存和发展。如果网络信息主体之间不能够认同对方已存在的运行规则,就无法按照对方已存在的运行处理程序进行相应的信息流转,那么网络信息生态链的形成也将止步于此。网络信息交互平台作为较为成熟的第三方平台以信息传递者的身份存在于网络之中,其运行规则具有一定的稳定性,如果网络信息主体想要在信息交互平台上发布信息或者获取信息,就必须遵循该平台的运行规则。例如,要形成网络游戏信息生态链,网络游戏开发者制定了一定的游戏规则和用户服务协议,当游戏玩家想要体验这款游戏,加入网络游戏信息生态链中时,必须同意该游戏的用户服务协议,才可无阻碍地进入到游戏中去,从而构建网络游戏信息生态链。反之,一旦用户不同意该游戏的用户服务协议,不认同游戏运行规则,那么网络游戏信息生态链就不会构成。又如,一些网站信息的获取资格仅限于已注册并登录的会员,如果网络信息主体不按照该网站的规则进行操作,这些网络信息主体将无法顺利获取相应信息,也就无法构建网络信息生态链。

网络信息生态链的构建需要网络信息主体共同制定新的规则。网络信息生态链的构建涉及不同网络信息主体的合作,将会出现新的问题,如双方合作所产生的经济利益分配问题以及资金管理问题等等,要求网络信息主体双方通过协商最终达成共识,并以书面协议的形式记录下来,使网络信息主体之间的合作有章可循,有据可依。

2. 影响网络信息生态链形成的其他因素

1)核心节点的功能与素质

网络信息生态链的节点可以分为核心节点和非核心节点。网络信息生态链核心节点指通常在网络信息生态链信息流转中起桥梁或枢纽作用的节点,它对其他节点的行为有引导作用,如电子商务平台作为电子商务信息生态链的信息传递者便是核心节点。核心节点的功能好坏与素质高低决定了网络信息生态链是否能够形成,只有当核心节点的基本功能良好、素质达到一定高度时,网络信息生态链才能形成。

核心节点功能主要包括信息的摄入、组织、存储、传递等,这是完成整条网络信息生态链信息流转的基础。与其他节点相比,核心节点的功能要求更多,只有实现了这些基本功能才能和其他节点进行信息交流,促进网络信息生态链的形成。若核心节点基本功能存在缺陷,如无法保障信息存储的安全性,将造成信息的泄露、丢失,引起其他节点的"不满",不愿加入该条链中,以致网络信息生态链无法形成。而信息摄入未筛选过滤致信息量过大、信息组织不利致信息查询困难、信息交流不及时同样也会引起其他节点的"反感",不利于网络信息生态链的形成。核心节点素质主要指核心节点的口碑、信誉、知名度等情况。众所周知,较好的口碑、较高的信誉与知名度对其他利益相关者来说具有很强的吸引力。当核心节点的口碑好、信誉与知名度高时,一方面能说明与核心节点已建立信息交流的其他节点对它的认可,另一方面这将促成更多的节点与其建立信息交流关系,进而促进网络信息生态链的形成。而口碑不好、信誉和知名度低下的核心节点则会令与其试交流节点放弃交流机会，还会令潜在的交流对象敬而远之，没有其他节点的加入，网络信息生态链显然无法形成。可见，核心节点功能与素质对网络信息生态链形成有较大的影响。

2）非核心节点的数量与素质

网络信息生态链非核心节点指网络信息生态链核心节点上游或下游的节点，它们同样是信息流转的主体，通常位于网络信息生态链核心节点两端。只有功能完善、素质良好的核心节点，但缺少一定数量的非核心节点，网络信息生态链无法形成。非核心节点的数量与素质对网络信息生态链的形成有重要影响，非核心节点具有良好的素质且达到一定的数量才能促进网络信息生态链的形成。

一方面，非核心节点数量不够就难以保证这类节点的功能正常发挥，从而无法保证与其他节点进行较稳定的信息交流，导致网络信息生态链无法形成。另一方面，非核心节点数量较少，影响其他节点的入链意愿，导致网络信息生态链无法形成。例如电子商务信息生态链中作为信息生产者的商家数量太少时，商家提供的商品种类也少，消费者因商品无法满足自身需求而不愿加入该链，使得消费者的数量也少，致使电子商务信息生态链无法形成。因此，只有非核心节点达到一定数量，才能持续稳定地进行信息流转，进而推动网络信息生态链的形成。非核心节点的素质包括其口碑、知名度等，较差的口碑、较低的知名度会给与之进行信息交流的节点带来很大的风险，素质较差的节点往往不被选择成为信息交流对象，即被拒绝加入网络信息生态链，网络信息生态链的形成受阻。即使口碑差、知名度低的节点加入链中，这些节点也会因影响其他节点的加入对网络信息生态链形成造成不利，如信息消费者更愿意选择具有良好口碑、能保障信息质量的信息生产者，而口碑差、知名度低的信息生产者不会吸引信息消费者，反而会使消费者数量更少，不利于网络信息生态链的形成。可见，网络信息生态链非核心节点的素质与数量在网络信息生态链的形成中有较大影响。

3）国家政策

国家政策具体包括国家产业政策、国家财政政策等。国家政策支持对行业的发展起引导和扶持作用。同样，网络信息生态链的形成也受国家政策这一外部环境因素的影响。

节点从传统的信息交流模式到网络信息交流模式的变化过程中，往往存在由于资金、技术等方面的问题阻碍其发展变化的情况，从而影响网络信息生态链的形成。解决这些问题最有力的方法便是国家政策支持。国家政策能为网络信息生态链的形成提供良好的外部支持环境，如资金、技术保障等。我们知道，很多风险投资企业都是紧随国家产业政策动向开展投资的，国家重点发展的产业往往也备受风投青睐，从而拥有充足的发展资金。而国家的财政政策则直接提供资金支持，带动网络信息生态链的形成。再者，受国家政策支持的行业，更易凝聚行业参与者，就网络信息生态链而言，更易促进众多网络信息生产者、传递者、消费者的加入，推动网络信息生态链的形成。例如，国家大力支持发展农村电子商务，并提供资金支持，极大地调动了农民加入电子商务信息生态链的积极性，促进了农村电子商务信息生态链的形成。国家政策不支持或明确违背国家政策要求的行业或企业，一方面国家不会给予任何财政支持，另一方面国家甚至会进行适当限制，这显然不利于网络信息生态链的形成。可见，国家政策也是网络信息生态链形成的影响因素之一。

2.3.2 网络信息生态链形成影响因素的实证分析

在对网络信息生态链形成的影响因素进行系统归纳与理论分析的基础上，我们以电子商务信息生态链为研究对象，通过建立能够反应电子商务信息生态链基本条件因素和其他因素的量表，运用结构方程分析方法对调查数据进行深入分析，以验证网络信息生态链形成影响因素理论分析的合理性。

1. 网络信息生态链形成影响因素概念模型构建

1）网络信息生态链形成影响因素的概念模型

网络信息生态链的形成，首先要有网络信息主体的入链需求，即前面所述的网络信息生态链形成动力；其次要有网络信息主体的入链动机，即网络信息主体愿意加入（入链意愿）并较长时间留在某一网络信息生态链中（忠诚度）；再次，要有网络信息主体的入链行为，即网络信息主体加入并较长时间留在某一网络信息生态链中。当网络信息主体的入链行为发生后，网络信息生态链就会形成，也就是说，一定数量的网络信息主体加入了并较长时间留在某一网络信息生态链中，表明该条网络信息生态链业已形成。依据心理学原理，需要引起动机，动机支配行为。据此，我们认为，验证相关因素对网络信息生态链形成的影响只需要验证这些影响因素对网络信息主体入链动机的影响即可。

通过对大量研究文献的梳理，我们发现网络信息主体的价值感知和可用性感知与其入链动机具有显著的正相关关系。价值感知是指网络信息主体对入链带来的需求满足、利益吻合、体验满意等对其自身带来益处、带来价值增值情况的感知。网络信息主体的价值感知情况对决定是否入链及长久留链有重要影响，如果用户价值感知大，则入链意愿强，忠诚度高。可用性感知是指网络信息主体对网络平台是否能用、技术水平是否相当、信息安全能否保障及入链能否更好地发挥其功能等情况的感知。网络信息主体可用性感知越强，则入链意愿越强，忠诚度越高。

因此，我们提出网络信息主体价值感知因素和可用性感知因素，认为这是影响网络信息生态链形成的间接因素，具有不可直接观测性，作为影响因素结构模型中的潜在变量。价值感知和可用性感知因素均能通过直接观测变量体现。借鉴已有相关研究基础及结合以上提出的网络信息生态链形成的基本条件因素和其他因素，我们将利益诉求吻合、信息供求匹配、信息技术相当、运行规则认同、核心节点功能与素质、非核心节点素质与数量、国家政策支持七个因素设置为直接观测变量，并对各观测变量因素与潜在变量因素间的关系、潜在变量因素与入链动机的关系进行分析，构建出网络信息生态链形成影响因素的概念模型，如图2-2所示。

2）研究假设

在借鉴相关理论已有研究成果的基础上，我们对网络信息生态链形成影响因素进行系统归纳，并对各影响因素进行了详细阐述和理论分析，为避免重复，这里仅列出各影响因素的研究假设，不再对研究假设的设立根据和来源依据进行说明。具体研究假设如表2-1所示。

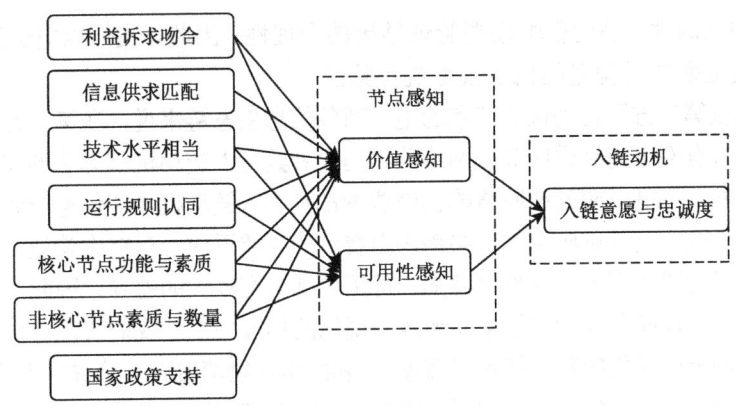

图 2-2 网络信息生态链形成影响因素的概念模型

表 2-1 网络信息生态链形成影响因素模型研究假设

编号	研究假设
H1	利益诉求吻合正向影响消费者入链意愿与忠诚度
H1-1	利益诉求吻合正向影响价值感知
H1-2	利益诉求吻合正向影响可用性感知
H2	信息供求匹配正向影响消费者入链意愿与忠诚度
H2-1	信息供求匹配正向影响价值感知
H3	技术水平相当正向影响消费者入链意愿与忠诚度
H3-1	技术水平相当正向影响消费者价值感知
H3-2	技术水平相当正向影响可用性感知
H4	运行规则认同正向影响消费者入链意愿与忠诚度
H4-1	运行规则认同正向影响价值感知
H4-2	运行规则认同正向影响可用性感知
H5	核心节点素质与功能正向影响消费者入链意愿与忠诚度
H5-1	核心节点素质与功能正向影响价值感知
H5-2	核心节点素质与功能正向影响网站可用性感知
H6	非核心节点素质与数量正向影响消费者入链意愿与忠诚度
H6-1	非核心节点素质与数量正向影响价值感知
H6-2	非核心节点素质与数量正向影响网站可用性
H7	国家政策支持正向影响消费者入链意愿与忠诚度
H7-1	国家政策支持正向影响价值感知
H8	价值感知正向影响消费者入链意愿与忠诚度
H9	可用性感知正向影响消费者入链意愿与忠诚度

2. 调研方法

1）调研对象的选取

如果不限定网络信息生态链的类型来对网络信息主体进行调查,会因缺乏针对性而影响调查数据的准确性，进而影响模型验证结果的合理性。因此，我们以电子商务信息生态链为例进行实证研究对构建的概念模型进行验证。

对于一条以第三方平台为核心节点的电子商务信息生态链来说，在第三方平台经营商将平台上线后，只有网上商品供应商或网络购物消费者具有入链动机都无法形成电子商务信息生态链，只有网上商品供应商或网络购物消费者都具有入链动机才能使电子商务信息生态链顺利形成。由于网上商品供应商或网络购物消费者的利益诉求、对链中其他类型信息主体和链内外环境因子的要求不同，其价值感知和可用性感知有较大的差异，因此，为了能够客观全面、清晰准确地反映各项影响因素与形成表现间的相互关系，我们决定分别以电子商务信息生态链中的网上商品供应商（简称"商家"）和网络购物消费者（简称"消费者"）为两类受调查群体，根据理论分析提出各项影响因素，并对商家与消费者分别制定具有针对性的调查问卷，运用两份样本数据分别对构建的概念模型进行验证，并最终得出研究结论。

2）数据采集

在数据采集之前，我们邀请电子商务、信息生态学、信息管理学等领域的专家和课题组主要成员对各影响因素、主体感知及形成表现的问项进行了充分讨论，并预先在小范围内进行了初步调研。通过被调研对象填写问卷后的感受，再对问题的描述及措辞进行进一步的修改和调整。最后，对修改后的调查问卷进行发放。本书的调查问卷通过网络与实地相结合的方式进行发放。首先，我们将设计好的调查问卷通过电脑、手机等方式进行发布，被调查用户可以通过登录网站或访问问卷微信账号等途径进行问卷填写，这种方式能够避免实地调查导致的地域数据过于集中，使被调查群体的性别、年龄、职业等各方面分布较为平均。其次，我们通过发放纸质问卷对预先拟定的受调查群体进行问卷发放。本次问卷发放在数量上并无预先设定，根据结构方程分析方法的需要，问卷数量需达到 200 份，但是考虑到无效样本以及多因子分析的情况，初步计划针对商家群体和消费者群体分别发放 350、400 份问卷。

3. 问卷设计

1）消费者问卷设计

经过多方考虑，我们采用 Likert 五点问项，且所有的问题都采用正向的问法。在已有研究的基础上，我们制定了针对消费者的电子商务信息生态链形成机制调查问卷，具体问项及描述如表 2-2 所示。

表 2-2 针对消费者的电子商务信息生态链形成影响因素调查问卷设计

指标	问题描述
利益诉求满足	通过平台能够购买到消费者所需要的商品或服务
	平台可以提高消费者的购物技能和信息技术利用水平
	平台可以给消费者带来精神享受
信息供求匹配	商家及平台发布的信息能满足消费者的需求
	商家和平台提供的信息内容准确、详细、更新及时
	商家和平台提供的信息形式多样，包括文字信息、图片信息、视频信息、音频信息等

续表

指标	问题描述
技术水平相当	平台提供多种网络技术，可供不同技术水平的消费者选用
	消费者能够通过已有的硬件设备（电脑、笔记本、手机等）顺畅地浏览平台页面，使用平台的各项功能
	消费者能够通过已有的软件设备（浏览器、视频及音频播放软件、支付控件等）顺畅地浏览平台页面，使用平台的各项功能
运行规则认同	平台针对消费者和商家的相关制度（包括会员管理制度、服务制度、售后保障制度等）能被消费者认可
	消费者对商家和平台提出的相关要求能被商家或平台认可
	商家针对消费者和平台的相关规定能被消费者认可
核心节点功能及素质	平台在消费者群体中有极好的信誉及口碑，具有极高的知名度
	平台信息组织合理，检索途径多样
	平台提供多种即时和延时交流工具，例如QQ、E-mail
	平台能够提供先进多样的订购和支付方式，并能够保证个人信息安全
非核心节点素质及数量	平台内的商家在消费者中有很好的信誉及口碑，具有极高的知名度
	有相当多的消费者从平台购买商品或获取相关信息
	有相当多商家在平台上开展电子商务
国家政策支持	平台是国家（或地方）政府规定使用或倡导使用的
	平台得到国家（或地方）财政支持
	平台由政府机构协办
价值感知	我认为本人可以通过该平台获得多方面的利益
	我认为本人可以通过该平台获得极大的利益
	我认为通过该平台购物所投入的所有成本（包括金钱、精力、情感、信任等）都是值得的
可用性感知	我认为使用该平台不存在语言文字障碍
	我认为使用该平台不存在技术障碍
	我认为该平台为我提供的各类功能使用起来十分便捷
入链意愿与忠诚度	我愿意通过该平台购买商品
	我愿意加强对该平台各项功能的应用
	以后购物我还会选择该平台
	我会积极主动向他人推荐该平台

2）商家问卷设计

我们以和消费者问卷同样的方式制定了针对商家群体的电子商务信息生态链形成影响因素调查问卷，如表2-3所示。

表 2-3 针对商家的电子商务信息生态链形成影响因素调查问卷设计

指标	问题描述
利益诉求满足	平台能销售本企业商品或服务
	平台能帮助企业树立品牌形象、扩大企业影响
	平台能改善经营管理、提升企业竞争力
信息供求匹配	平台提供的信息能满足我的需求
	平台提供的信息内容准确、详细、更新及时
	平台提供的信息形式多样，包括文字信息、图片信息、视频信息、音频信息等
技术水平相当	平台提供多种网络技术，可供不同技术水平的商家选用
	商家能够通过已有的硬件设备（电脑、笔记本、手机等）顺畅地浏览平台页面，使用平台的各项功能
	商家能够通过已有的软件设备（浏览器、视频及音频播放软件、支付控件等）顺畅地浏览平台页面，使用平台的各项功能
运行规则认同	平台针对消费者和商家的相关制度（包括会员管理制度、服务制度、售后保障制度等）能被商家认可
	商家针对消费者和平台的相关规定能被消费者和平台认可
	消费者对商家和平台的相关要求能被商家认可
核心节点功能及素质	平台在商家群体中有极好的信誉及口碑，具有极高的知名度
	平台信息组织合理，检索途径多样
	平台提供多种即时和延时交流工具，例如QQ、E-mail
	平台能够提供先进多样的订购和支付方式，并能够保证个人信息安全
非核心节点素质及数量	平台内的商家在消费者中有很好的信誉及口碑，具有极高的知名度
	有相当多的消费者从平台购买商品或获取相关信息
	有相当多商家在平台上开展电子商务
国家政策支持	平台是国家（或地方）政府规定使用或倡导使用的
	平台得到国家（或地方）财政支持
	平台由政府机构协办
价值感知	我认为本公司可以通过该平台获得多方面的利益
	我认为本公司可以通过该平台获得极大的利益
	我认为本公司通过该平台开展电子商务所投入的所有成本（包括人力、物力、财力）都是值得的
可用性感知	我认为通过该平台开展电子商务不存在语言文字障碍
	我认为通过该平台开展电子商务不存在技术障碍
	我认为该平台为商家提供的各类功能使用起来十分便捷
入链意愿与忠诚度	我愿意通过该平台开展电子商务
	我愿意长期利用该平台
	我愿意加强对该平台各项功能的应用
	我愿意积极主动向其他商家推荐该平台

4. 消费者数据分析

1) 消费者群体样本数据的统计特征

本次研究通过网络与实地相结合的方式发放问卷,发放问卷 400 份,实际收回 373 份,我们将回收到的 373 份问卷进行了筛查,其中有 18 份问卷存在答题遗漏、答案选项过于单一等不符合要求的问题,我们将这 18 份问卷剔除后,得到 355 份有效问卷,有效率达到 95.2%。从此次受调查消费者群体的性别比例来看,其中男性占 47.32%,女性占 52.68%,如表 2-4 所示。

表 2-4 被调查消费者的性别比例

性别	数量	百分比/%
男性	168	47.32
女性	187	52.68
合计	355	100

注:小计数字的和可能不等于总计数字,是因为有些数据进行过舍入修约。

由于本次调查问卷的发放是通过网络与实地相结合的方式,在网络上发放问卷预先对人群的年龄及受教育情况并无具体设定,在实地发放问卷时则主要通过对同学、朋友、亲属等渠道进行调查,本科及研究生学历群体所占比例较多。被调查消费者的年龄、受教育情况以及职业背景分布情况如表 2-5~表 2-7 所示。

表 2-5 被调查消费者的年龄分布

年龄	数量	百分比/%
18 岁以下	12	3.38
18-30 岁	246	69.30
31-45 岁	67	18.87
46-60 岁	27	7.61
60 岁以上	3	0.85
合计	355	100

注:小计数字的和可能不等于总计数字,是因为有些数据进行过舍入修约。

表 2-6 被调查消费者的受教育情况

受教育程度	数量	百分比/%
高中及以下	22	6.20
大专学历	36	10.14
本科学历	155	43.67
研究生学历	142	40.00
合计	355	100

注:小计数字的和可能不等于总计数字,是因为有些数据进行过舍入修约。

被调查消费者的职业背景分布如表 2-7 所示。

表 2-7 被调查消费者群体的职业分布

职业	数量	百分比/%
学生	142	40.00
教学科研人员	42	11.83
专业技术人员	37	10.42
政府公务人员	17	4.79
企事业单位职员	82	23.10
退休人员	9	2.54
其他	26	7.32
合计	355	100

注：小计数字的和可能不等于总计数字，是因为有些数据进行过舍入修约。

从表 2-7 中数据可以看出，被调查者学生人数最多，为 148 人，占总比例的 41.00%。教学科研人员、专业技术人员人数分别为 42 人和 37 人，各占总比例的 11.63%和 10.25%。政府公务人员 17 人，占 4.71%。企事业单位人员 9 人，占 2.49%，其他人员 26 人，占总比例的 7.20%。

被调查消费者半年内进行网上购物的次数如表 2-8 所示。

表 2-8 被调查消费者半年内网购次数

电子商务次数	数量	百分比/%
5 次以内	58	16.33
6-10 次	70	19.72
11 次-20 次	75	21.13
20 次以上	152	42.82
合计	355	100

注：小计数字的和可能不等于总计数字，是因为有些数据进行过舍入修约。

从表 2-8 中可以看出，半年内少于 5 次电子商务活动的人数为 58 人，占总体的 16.33%，6 至 10 次为 70 人，占 19.72%，11 次至 20 次为 75 人，占 21.13%，20 次以上的人数最多，为 152 人，占总数的 42.82%。由此可以看出，该研究的受调查消费者在半年内进行网购活动较为频繁，对问卷中的相关问项应较为熟悉，对问题理解程度较好，因此所得数据具有一定的可信度。

2）消费者样本数据的信度分析

信度结果能够反映出调查数据的一致性程度。目前大多数学者均通过计算 Cronbach α 系数来反映样本数据的内部一致性（internal consistency），Cronbach α 系数越大，则样本数据的内部一致性就越高，样本数据的信度就越高。1998 年，Hair 等提出当 Cronbach α 系数值大于

0.7 时,则表明数据的信度较好[①]。如果计量尺度中的项目数小于6个时,Cronbach α 系数大于 0.60,数据也可接受,低于 0.35 为低信度,0.5 为最低可接受的信度水平[②]。

本研究的样本数据通过运用 SPSS 21 软件对样本数据进行了信度计算,各项因素、消费者感知以及形成标志的 Cronbach α 值分别如表 2-9~表 2-11 所示。

表 2-9 各项影响因素的 Cronbach α 值

影响因素	因素数量	Cronbach α 系数
利益诉求吻合	3	0.770
信息供求匹配	3	0.798
技术水平相当	3	0.863
运行规则认同	3	0.813
平台功能良好	4	0.821
端点形象及数量	3	0.799
国家政策支持	3	0.859

表 2-10 消费者感知的 Cronbach α 系数值

感知项	包含因素	Cronbach α 系数
价值感知	3	0.843
可用性感知	3	0.796

表 2-11 形成标志的 Cronbach α 系数值

入链动机	包含因素	Cronbach α 系数
入链意愿与忠诚度	4	0.838

3)消费者群体样本数据的效度分析

在进行效度检验之前首先需要进行 KMO 值和 Bartlett 球形检验。通常认为 KMO 大于 0.7 表示变量间联系较为紧密,适合因子分析。Bartlett 球形检验中如果 P 值小于显著性水平 α,则认为各个变量的相关系数矩阵不太可能是单位矩阵,原有变量适合做因子分析。本研究消费者群体样本数据的 KMO 值及 Bartlett 球形检验结果如表 2-12 所示。

表 2-12 消费者样本数据的 KMO 和 Bartlett 检验

KMO 和 Bartlett 的检验		
取样足够度的 Kaiser-Meyer-Olkin 度量		0.849
Bartlett 的球形度检验	近似卡方	5439.249
	df	496
	Sig.	0.000

[①] HAIR J F J, ROLPH E R L, et al. Black. Multivariate Data Analysis. Upper Saddle River, New York: Prentice Hall, 1998.
[②] CUIEFORD J P. Fundamental Statistics in Psychology and Education. New York: McGraw-Hill, 1965.

从表 2-12 中可以看出，KMO 值为 0.849，远远大于给定的 0.7，说明样本数据非常适合做因子分析。Bartlett 球形检验近似卡方值为 5 439.249，自由度为 496，检验结果显著。我们通过运用验证性因子分析的方法对样本数据的效度进行检验，各项指标的组合信度值均超过 0.6 的标准范围，各项指标的平均变异抽取量也均超过 0.5 的标准范围。

4）基于消费者感知的结构模型拟合程度分析

本研究设计的结构模型包含 10 个变量，其中利益诉求吻合、信息供求匹配、技术水平相对、运行规则认同、核心节点功能及素质、非核心节点数量及素质、国家政策支持为外因潜变量，消费者价值感知、消费者网站可用性感知、消费者入链意愿及忠诚度为内因潜变量。

通过将数据导入 AMOS 软件，运用极大似然法对模型的各项参数进行估计，所得模型适配度统计如表 2-13 所示。

表 2-13 基于消费者感知的电子商务信息生态链结构模型的初步拟合度指标

统计检验值	适配值或临界值	参数估计值
卡方统计值 χ^2		1093.142
自由度		451
卡方统计值与自由度比值 χ^2/df	≤3	2.424
近似均方根误差（RMSEA）	<.05 适配良好，<.08 适配合理	0.063
拟合优度指数（GFI）	>0.090	0.812
调整后的拟合优度指数（AGFI）	>0.090	0.780
规范拟合指数（NFI）	>0.090	0.806
比较拟合指数（CFI）	>0.090	0.875
增量拟合指数（IFI）	>0.090	0.876
TLI	>0.050	0.863
PGFI	>0.050	0.694
PNFI	>0.050	0.733
PCFI	>0.050	0.796

从表 2-13 中可见卡方统计值为 1093.142，自由度 df 值为 451，卡方统计值与自由度比值为 2.424，卡方值越小表明模型的协方差矩阵与观测数据的匹配度越高。通常认为卡方统计值与自由度比值小于 3 较为合理。此外，GFI 值为 0.812，AGFI 为 0.780，NFI 为 0.806，CFI 为 0.875，IFI 为 0.876，上述几项指标的标准值均应达到 0.090，虽然初步拟合结果显示各项指标数值均未能够满足模型适配所需达到的标准值，然而各项数值与标准值的差距较小，通过对模型适度修正就能够达到理想模型。TLI 值为 0.863，PGFI 值为 0.694，PNFI 值为 0.733，PCFI 值为 0.796，上述几项指标结果均达到了模型所需的标准要求。

在对模型修正指标数值的观察中发现存在一些指标间的共变关系，如果对指标间的共变关系进行修正，能够极大提升模型的整体适配度。SEM 基本上是一种验证性的方法，通常必须有理论或经验法则支持,由理论来引导,在理论引导的前提下才能构建假设模型图。即使是模型的修正,也必须依据相关理论而来,它特别强调理论的合理性。而在本研究中可以发现,所罗列的影响因素间的确存在相互影响的关系,某一项指标的变化完全有可能与相应指标发生公变关系。此外,一些误差及残差变量间的公变也具有可信的理论依据,因此我们对构建的结构模型进行了修正,修正后的结构模型如图 2-3 所示。

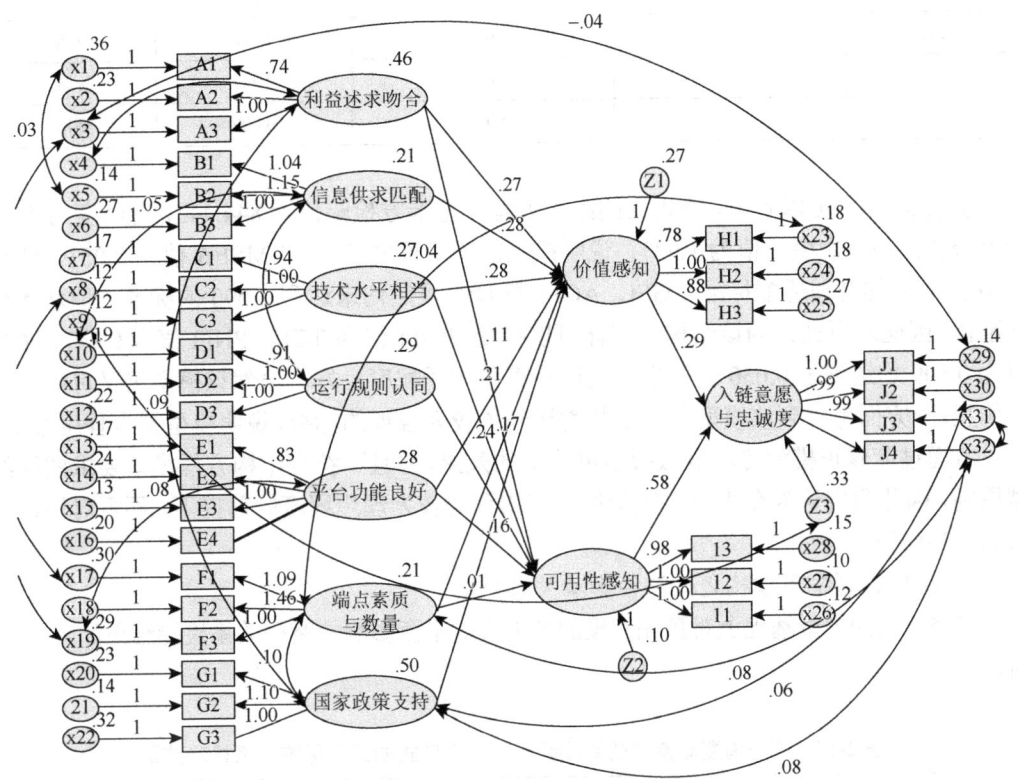

图 2-3　修正后的基于消费者感知的电子商务信息生态链形成影响因素结构方程模型

经过修正后的最终结构模型拟合度检验结果如表 2-14 所示。

表 2-14　修正后的结构模型的各项拟合度指标

统计检验值	适配值或临界值	参数估计值	检测结果
卡方统计值 χ^2		844.443	
自由度		436	
卡方值与自由度的比值 χ^2/df	≤3	1.937	标准
近似均方根误差(RMSEA)	<0.05 适配良好, <0.08 适配合理	0.051	标准
拟合优度指数(GFI)	>0.090	0.863	可接受
调整后的拟合优度指数(AGFI)	>0.090	0.834	可接受

续表

统计检验值	适配值或临界值	参数估计值	检测结果
规范拟合指数（NFI）	>0.090	0.850	可接受
比较拟合指数（CFI）	>0.090	0.921	标准
增量拟合指数（IFI）	>0.090	0.922	标准
TLI	>0.050	0.910	标准
PGFI	>0.050	0.712	标准
PNFI	>0.050	0.747	标准
PCFI	>0.050	0.809	标准

从表 3-14 中可以看出，修正后的结构方程模型卡方检验值为 844.443，自由度为 436，卡方统计值与自由度比值为 1.937，说明模型的适配程度良好。RMSEA 值为 0.051，达到了小于 0.08 的合理适配标准。GFI、AGFI 与 NFI 虽然均未达到 0.090 的标准，但均接近标准值，因此本研究认为该结构也同样可以接受。PGFI 值为 0.712，PNFI 值为 0.747，PCFI 值为 0.809 均达到了 0.050 的标准，说明模型整体适配度良好。虽然该模型仍又可能进一步修正，一方面考虑到该模型各项参数均达到了较为合理的标准，说明模型拟合程度较好，另一方面过度修正模型可能导致拟合度降低的效果，并且不符合结构方程模型要求的简约型原则，因此我们认为在当前各项指标数值均到达较为理想程度的前提下，不再对该模型做进一步修正。

5）结构模型中各建构之间路径影响关系分析

在修正后的模型基础上对预先假设的各因素对平衡影响的路径关系检验结果如表 2-15 所示。

表 2-15　基于消费者感知的影响因素对表现形式的路径影响关系检验结果

假设路径关系	Estimate	S.E.	C.R.	P	Label
价值感知<---利益诉求吻合	0.268	0.057	4.716	***	par_24
价值感知<---信息供求匹配	0.283	0.080	3.518	***	par_49
价值感知<---技术水平相当	0.279	0.069	4.065	***	par_48
价值感知<---运行规则认同	0.025	0.079	0.313	0.754	par_52
价值感知<---核心节点功能与素质	0.213	0.068	3.152	0.002	par_23
价值感知<---端点素质及数量	0.239	0.087	2.762	0.006	par_31
价值感知<---国家政策支持	0.160	0.055	2.926	0.003	par_50
可用性感知<---利益诉求吻合	0.108	0.034	3.158	0.002	par_27
可用性感知<---技术水平相当	0.170	0.044	3.893	***	par_47
可用性感知<---运行规则认同	0.188	0.044	4.237	***	par_28
可用性感知<---核心节点功能与素质	0.161	0.043	3.700	***	par_29

续表

假设路径关系	Estimate	S.E.	C.R.	P	Label
可用性感知<---端点素质及数量	0.011	0.048	0.232	0.817	par_51
入链意愿与忠诚度<---价值感知	0.291	0.063	4.599	***	par_25
入链意愿与忠诚度<---可用性感知	0.584	0.113	5.146	***	par_26

注：P值小于0.05为影响显著，***表示P<0.001

从表2-15中各假设路径的检验结果来看，先前的大部分研究假设基本得到了证实，具体的相关假设的验证结果如表2-16所示。

表2-16 基于消费者感知的电子商务信息生态链形成影响因素假设验证结果

编号	假设	验证结果
H1	利益诉求吻合正向影响消费者入链意愿与忠诚度	接受原假设
H1-1	利益诉求吻合正向影响价值感知	接受原假设
H1-2	利益诉求吻合正向影响可用性感知	接受原假设
H2	信息供求匹配正向影响消费者入链意愿与忠诚度	接受原假设
H2-1	信息供求匹配正向影响价值感知	接受原假设
H3	技术水平相当正向影响消费者入链意愿与忠诚度	接受原假设
H3-1	技术水平相当正向影响消费者价值感知	接受原假设
H3-2	技术水平相当正向影响可用性感知	接受原假设
H4	运行规则认同正向影响消费者入链意愿与忠诚度	接受原假设
H4-1	运行规则认同正向影响价值感知	拒绝假设
H4-2	运行规则认同正向影响可用性感知	接受原假设
H5	核心节点素质与功能正向影响消费者入链意愿与忠诚度	接受原假设
H5-1	核心节点素质与功能正向影响价值感知	接受原假设
H5-2	核心节点素质与功能正向影响网站可用性感知	接受原假设
H6	端点节点素质与数量正向影响消费者入链意愿与忠诚度	接受原假设
H6-1	端点节点素质与数量正向影响价值感知	接受原假设
H6-2	端点节点素质与数量正向影响网站可用性	拒绝原假设
H7	国家政策支持正向影响消费者入链意愿与忠诚度	接受原假设
H7-1	国家政策支持正向影响价值感知	接受原假设
H8	价值感知正向影响消费者入链意愿与忠诚度	接受原假设
H9	可用性感知正向影响消费者入链意愿与忠诚度	接受原假设

5. 商家数据分析

1）商家样本数据的统计特征

在对商家群体进行调研时我们同样采取网络与实地相结合的方式,对商家群体预期拟发放 350 份问卷，实际收回 291 份，剔除 23 份无效问卷，得到 268 份有效问卷，有效率达到 92.1%，受调查商家企业基本信息如表 2-17～表 2-20 所示。

表 2-17　被调查商家的成立时间分布

成立时间	数量	百分比/%
2 年以内	116	43.28
3-5 年	47	17.54
6-10 年	61	22.76
10 年以上	44	16.42
合计	268	100

注：小计数字的和可能不等于总计数字，是因为有些数字进行过舍入修约。

表 2-18　被调查商家所有制性质

所有制性质	数量	百分比/%
国有企业	28	10.45
民营企业	72	26.87
三资企业	15	5.60
个体经营	141	52.61
其他	12	4.48
合计	268	100

注：小计数字的和可能不等于总计数字，是因为有些数字进行过舍入修约。

表 2-19　被调查商家生产经营性质

经营性质	数量	百分比/%
生产型	78	29.10
销售型	86	32.09
服务型	104	38.81
合计	268	100

注：小计数字的和可能不等于总计数字，是因为有些数字进行过舍入修约。

表 2-20　被调查商家的员工规模

员工规模	数量	百分比/%
50 人以内	194	73.39
50-100 人	33	12.31
100-200 人	20	7.46
200-500 人	9	3.36
500 人以上	12	4.48
合计	268	100

注：小计数字的和可能不等于总计数字，是因为有些数字进行过舍入修约。

受调查商家企业开展电子商务的时间年限如表 2-21 所示。

表 2-21 受调查商家开展电子商务的时间

开展电子商务年限	数量	百分比/%
2 年以内	93	34.70
3-5 年	106	39.55
6-10 年	52	19.40
10 年以上	17	6.34
合计	268	100

注：小计数字的和可能不等于总计数字，是因为有些数字进行过舍入修约。

从表 2-21 中可以看出，开展电子商务时间为 2 年以内的商家企业为 93 家，占总比 34.70%，开展电子商务 3~5 年商家企业数量为 106 家，占 39.55%，开展电子商务年限为 6-10 年商家企业为 52 家，10 年以上商家企业 17 家，分别占总比的 19.04% 和 6.34%。

2）商家样本数据的信度分析

信度结果能够反映出调查数据的一致性程度。目前大多数学者均通过计算 Cronbach α 系数来反映样本数据的内部一致性（internal consistency），Cronbach α 系数越大，则样本数据的内部一致性就越高，样本数据的信度就越高。

本研究的样本数据通过运用 SPSS 21 软件对样本数据进行了信度计算，各项因素、消费者感知以及形成标志的 Cronbach α 值分别如表 2-22~表 2-24 所示。

表 2-22 各项影响因素的 Cronbach α 值

影响因素	因素数量	Cronbach α 系数
利益诉求吻合	3	0.721
信息供求匹配	3	0.813
技术水平相当	3	0.824
运行规则认同	3	0.764
平台功能良好	4	0.791
非核心节点形象及数量	3	0.735
国家政策支持	3	0.872

表 2-23 消费者感知的 Cronbach α 系数值

感知项	包含因素	Cronbach α 系数
价值感知	3	0.780
可用性感知	3	0.808

表 2-24　形成标志的 Cronbach α 系数值

入链动机	包含因素	Cronbach α 系数
入链意愿与忠诚度	4	0.818

3）商家样本数据的效度分析

受调查商家群体样本数据的 KMO 值及 Bartlett 球形检验结果如表 2-25 所示。

表 2-25　消费者样本数据的 KMO 和 Bartlett 检验

KMO 和 Bartlett 的检验		
取样足够度的 Kaiser-Meyer-Olkin 度量。		0.849
Bartlett 的球形度检验	近似卡方	3363.153
	df	231
	Sig.	0

商家群体样本因子分析结果显示，KMO 值为 0.849，近似卡方值为 3363.153，自由度 231，分析结果显著，在此基础上我们同样对商家群体的样本数据的效度进行了检验，检验结果显示的组合信度与平均变异抽取量也均达到了标准水平。

4）基于商家感知的结构模型拟合程度分析

我们将商家调查样本数据导入 AMOS 软件后，运营极大似然法对模型的各项参数进行拟合，初步拟合结果如表 2-26 所示。

表 2-26　基于商家感知的电子商务信息生态链结构模型的初步拟合度指标

统计检验值	适配值或临界值	参数估计值
卡方统计值 χ^2		1402.890
自由度		451
卡方统计值与自由度比值 χ^2/df	≤3	3.111
近似均方根误差（RMSEA）	<.05 适配良好，<.08 适配合理	0.077
拟合优度指数（GFI）	>0.090	0.769
调整后的拟合优度指数（AGFI）	>0.090	0.730
规范拟合指数（NFI）	>0.090	0.762
比较拟合指数（CFI）	>0.090	0.824
增量拟合指数（IFI）	>0.090	0.825
TLI	>0.050	0.806
PGFI	>0.050	0.657
PNFI	>0.050	0.693
PCFI	>0.050	0.749

初步拟合结果显示，卡方统计值为 1402.890，自由度为 451，卡方统计值与自由度比值为 3.111，非常接近小于 3 的标准水平。近似均方根误差（RMSEA）为 0.077，该值也处于小于 0.08 的合理标准以内，其中 GFI（0.769），AGFI（0.730），NFI（0.762），CFI（0.824）及 IFI（0.825）均十分接近 0.09 的标准水平，同时 TLI，PGFI，PNFI，PCFL 的各项数值均达到标准水平，初步拟合结果表明虽然模型整体的适配度未达到标准水平，但适配效果整体仍较为满意，经过修正后可以达到标准要求。在相关理论支撑和实践指导下，我们对模型进行修正，修正后的模型如图 2-4 所示。

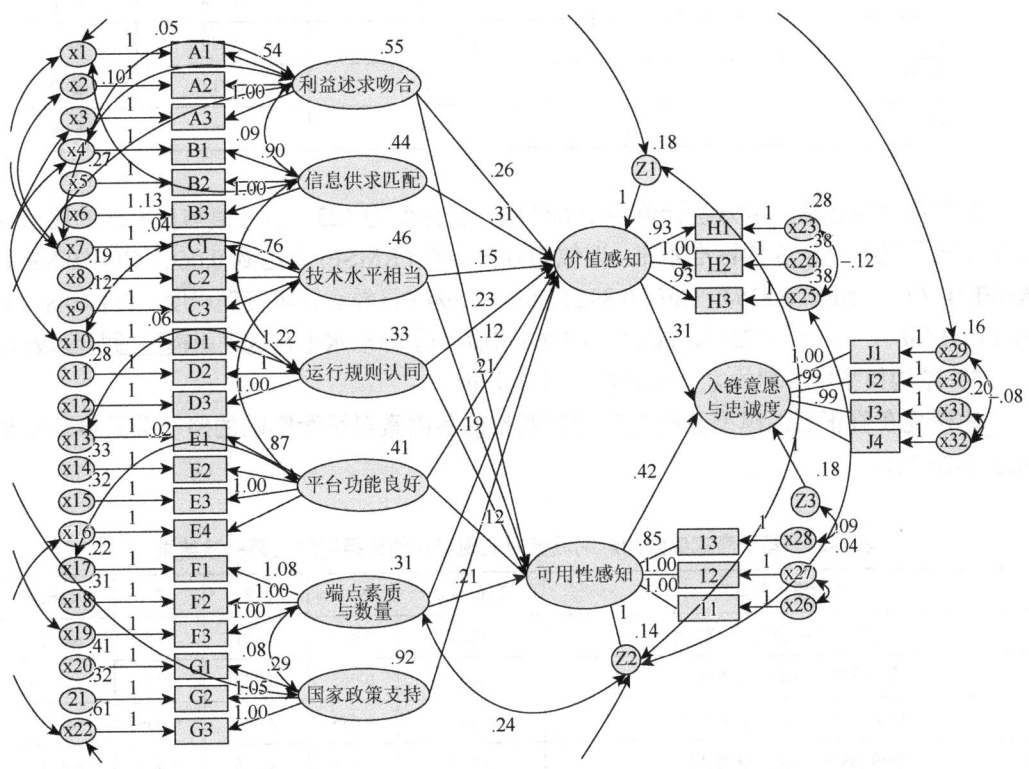

图 2-4　修正后的基于商家感知的电子商务信息生态链形成影响因素结构方程模型

经过修正后的最终结构模型拟合优度检验结果如表 2-27 所示。

表 2-27　修正后的结构模型的各项拟合度指标

统计检验值	适配值或临界值	参数估计值	检测结果
卡方统计值 χ^2		1068.787	
自由度		423	
卡方值与自由度的比值 χ^2/df	≤3	2.527	标准
近似均方根误差（RMSEA）	<0.05 适配良好，<0.08 适配合理	0.066	标准

续表

统计检验值	适配值或临界值	参数估计值	检测结果
拟合优度指数（GFI）	>0.090	0.836	可接受
调整后的拟合优度指数（AGFI）	>0.090	0.795	可接受
规范拟合指数（NFI）	>0.090	0.835	可接受
比较拟合指数（CFI）	>0.090	0.892	可接受
增量拟合指数（IFI）	>0.090	0.894	可接受
TLI	>0.050	0.874	标准
PGFI	>0.050	0.670	标准
PNFI	>0.050	0.712	标准
PCFI	>0.050	0.761	标准

模型经过修正后，卡方统计值为1068.787，自由度为423，卡方值与自由度的比值为2.527，已经达到小于3的标准水平。近似均方根误差（RMSEA）达到0.066。GFI（0.836），AGFI（0.795），NFI（0.835），CFI（0.892），IFI（0.894）已经达到可接受程度，TLI（0.874），PGFI（0.688），PNFI（0.721），PCFI（0.776）均达到了标准水平，这表明模型适配度较好。

5）结构模型中各建构之间路径影响关系分析

本研究在修正后的模型基础上对预先假设的各因素对平衡影响的路径关系检验结果如表2-28所示。

表2-28 基于商家感知的影响因素对表现形式的路径影响关系检验结果

假设路径关系	Estimate	S.E.	C.R.	P	Label
价值感知<---利益诉求吻合	0.258	0.054	4.801	***	par_25
价值感知<---信息供求匹配	0.307	0.065	4.727	***	par_26
价值感知<---技术水平相当	0.147	0.055	2.644	0.008	par_24
价值感知<---运行规则认同	0.231	0.071	3.256	0.001	par_34
价值感知<---核心节点功能与素质	0.212	0.061	3.464	***	par_23
价值感知<---端点素质及数量	0.189	0.061	3.108	0.002	par_30
价值感知<---国家政策支持	0.101	0.034	2.961	0.003	par_32
可用性感知<---利益诉求吻合	0.125	0.032	3.873	***	par_29
可用性感知<---技术水平相当	0.154	0.037	4.143	***	par_33
可用性感知<---运行规则认同	0.116	0.037	3.106	0.002	par_35
可用性感知<---核心节点功能与素质	0.119	0.043	2.736	0.006	par_31
可用性感知<---端点素质及数量	0.205	0.362	0.566	0.571	par_60
入链意愿与忠诚度<---价值感知	0.305	0.054	5.690	***	par_27
入链意愿与忠诚度<---可用性感知	0.423	0.061	6.920	***	par_28

注：其中P值小于0.05为影响显著，***表示P<0.001。

从表 2-28 中各假设路径的检验结果来看，先前的研究假设均得到了证实，具体的相关假设的验证结果如表 2-29 所示。

表 2-29 基于商家感知的电子商务信息生态链形成影响因素假设验证结果

编号	假设	验证结果
H1	利益诉求吻合正向影响商家入链意愿与忠诚度	接受原假设
H1-1	利益诉求吻合正向影响价值感知	接受原假设
H1-2	利益诉求吻合正向影响可用性感知	接受原假设
H2	信息供求匹配正向影响商家入链意愿与忠诚度	接受原假设
H2-1	信息供求匹配正向影响价值感知	接受原假设
H3	技术水平相当正向影响商家入链意愿与忠诚度	接受原假设
H3-1	技术水平相当正向影响商家价值感知	接受原假设
H3-2	技术水平相当正向影响可用性感知	接受原假设
H4	运行规则认同正向影响商家入链意愿与忠诚度	接受原假设
H4-1	运行规则认同正向影响价值感知	接受原假设
H4-2	运行规则认同正向影响可用性感知	接受原假设
H5	核心节点素质与功能正向影响商家入链意愿与忠诚度	接受原假设
H5-1	核心节点素质与功能正向影响价值感知	接受原假设
H5-2	核心节点素质与功能正向影响网站可用性感知	接受原假设
H6	非核心节点素质与数量正向影响商家入链意愿与忠诚度	接受原假设
H6-1	非核心节点素质与数量正向影响价值感知	接受原假设
H6-2	非核心节点素质与数量正向影响网站可用性	拒绝原假设
H7	国家政策支持正向影响商家入链意愿与忠诚度	接受原假设
H7-1	国家政策支持正向影响价值感知	接受原假设
H8	价值感知正向影响商家入链意愿与忠诚度	接受原假设
H9	可用性感知正向影响商家入链意愿与忠诚度	接受原假设

6. 研究结论

我们分别对电子商务信息生态链中上游信息生产者（商家）和下游信息消费者（网购消费者）进行调查，并将获得的调查数据分别对构建的结构方程模型进行拟合，得出了两类群体各自的研究结论，将两类群体各自的统计分析结果进行对比，得出以下结论。

（1）利益诉求吻合对商家及消费者价值感知的影响。分析结果显示，消费者感知利益诉求吻合程度与商家感知利益诉求吻合程度对感知价值的影响路径分别为 0.268 和 0.258，影响程度均为正向显著影响，这表明利益诉求吻合是商家与消费者价值感知的重要影响因素。商家与消费者认为自身的利益诉求与能够得到满足，则其感知到的价值类型也就越丰富，价值量也就越大。

（2）信息供求匹配对商家及消费者价值感知的影响。通过对消费者及商家两类群体各自的调查数据进行统计分析，结果表明信息供求匹配对两类群体的价值感知均产生正向显著影响。此外，消费者群体调查的样本数据分析结果显示信息供求匹配程度对消费者价值感知的影响路径系数为 0.283，对商家价值感知的影响路径系数为 0.307，这表明与消费者相比，商家更注重信息需求吻合程度，表明商家的信息需求得到满足能够更好地帮助商家开展电子商务，获取更多的经济利益、社会利益、素质利益等多方面利益。

（3）技术水平相当对商家及消费者价值感知的影响。分析结果显示，技术水平相当程度对消费者和商家的价值感知影响路径系数分别为 0.279 和 0.147，影响效果均为正向显著影响。这表明消费者和商家均认为与电子商务平台保持同等技术水平更有助于增强感知价值，获得更多利益。

（4）运行规则认同对商家及消费者价值感知的影响。对消费者调查数据统计分析结果表明，运行规则认同对消费者价值感知影响路径系数为 0.025，影响效果不显著。对商家调查数据统计分析结果表明，运行规则认同对商家价值感知影响路径系数为 0.231，影响效果为正向显著影响。我们认为出现这一结果是因为约束商家及消费者的制度规定的内容有所不同。电子商务平台与商家对消费者的制度约束的主要目的是防止消费者出现不正当信息行为，同时制度要求的标准也较低，因此消费者认同此类信息制度难以对可获得的利益价值产生明显影响。而电子商务平台与消费者对商家提出的制度约束以及相关要求目的是确保商家信誉、商品及服务质量等，而商家对此类制度及要求的认可度越高，表明商家提供的商品及服务质量也就越高，进而促进商品销量、树立信誉，因此对商家的价值感知能够产生显著影响。

（5）核心节点功能与素质对商家及消费者价值感知的影响。消费者调查数据分析结果显示，核心节点功能与素质对消费者的价值感知影响路径系数为 0.231，影响结果为正向显著影响。商家调查数据分析结果表明核心节点功能与素质对商家价值感知影响路径系数为 0.212，影响结果为正向显著影响。从两项分析结果可以看出，电子商务平台功能及素质对消费者和商家价值感知的影响较为一致。

（6）非核心节点素质及数量对商家及消费者价值感知的影响。消费者调查数据分析结果显示，非核心节点素质及数量对消费者价值感知影响路径系数为 0.239，P 值为 0.006，小于 0.05，影响结果为正向显著影响。商家调查数据分析显示非核心节点素质及数量对商家价值感知的影响路径系数为 0.189，P 值为 0.002，影响结果同样为正向显著影响。从两个分析结果来看，与商家相比，消费者认为商家的形象、信誉以及数量与其感知价值的关系更为紧密。

（7）国家政策支持对商家及消费者价值感知的影响。消费者群体调查数据显示国家政策支持这一影响因素对价值感知的影响路径系数为 0.160，P 值为 0.003，影响结果为正向显著影响。商家群体调查数据显示国家政策支持对商家价值感知的影响路径系数为 0.101，P 值为 0.003，影响结果同为正向显著影响。良好的国家政策环境支持能够提升商家与消费者对电子商务平台的信任度，因此商家与消费者在选择电子商务平台时，会更倾向于选择获得国家政策支持的电子商务网站。

（8）利益诉求吻合对可用性感知的影响。消费者调查数据分析显示利益诉求吻合对可用性感知的影响路径系数为 0.108，P 值为 0.002，影响效果为正向显著影响。商家调查数据分析结果显示利益诉求吻合对可用性感知的影响路径系数为 0.125，P 值小于 0.001，影响结果为正向显著影响。由此可以看出商家与消费者认为利益诉求吻合程度越高，电子商务平台功能的可用性就越高。

（9）技术水平相当对可用性感知的影响。分析结果显示消费者与商家调查数据中技术水平相当对可用性感知的影响路径系数分别为 0.170，0.154，P 值均小于 0.001，影响结果均为正向显著影响，可以认为商家与消费者的技术水平和电子商务平台的技术水平越接近，对平台可用性的感知越高。

（10）运行规则认同对可用性感知的影响。消费者调查数据分析结果表明运行规则认同对可用性感知的影响路径系数分别为 0.188，P 值小于 0.001，影响效果为正向显著影响。商家调查数据显示运行规则认同对可用性感知影响路径系数为 0.116，P 值为 0.002，影响效果为正向显著影响。由此可以看出商家与消费者对电子商务信息生态链中各方制度的认同度越高，对电子商务平台可用性就越强。

（11）核心节点功能与素质对可用性感知的影响。消费者调查数据分析结果显示，核心节点功能与素质对可用性感知的影响路径系数为 0.161，P 值小于 0.001，影响效果为正向显著影响。商家调查数据分析结果显示，核心节点功能与素质对可用性感知影响路径系数为 0.119，P 值为 0.006，影响效果为正向显著影响。商家与消费者均认为电子商务平台功能越强，素质越高，则对网站的可用性感知越好。

（12）非核心节点素质及数量对可用性感知的影响。消费者调查数据统计分析结果显示，端点节点素质及数量对可用性感知的影响路径系数为 0.011，P 值为 0.817，大于限定的小于 0.001 的标准，影响效果不显著，而商家调查数据显示端点节点素质及数量对可用性感知的影响路径系数为 0.205，P 值为 0.517，同样大于 0.001，影响效果也不显著。由此可以看出，商家与消费者均认为用户素质及数量对电子商务平台本身的可用性感知并不存在显著影响。

（13）价值感知对入链意愿与忠诚度的影响。消费者价值感知对其入链意愿与忠诚度的影响路径系数为 0.291，P 值小于 0.001，影响效果为正向显著影响，商家价值感知对入链意愿与忠诚度的影响路径系数为 0.305，P 值小于 0.001，同样呈现正向显著影响。由此可以看出商家与消费者感知到的价值量越大，价值类型越丰富，其加入该条电子商务信息生态链的意愿也就越为强烈，忠诚度也就越高。

（14）可用性感知对入链意愿与忠诚度的影响。消费者可用性感知对入链意愿与忠诚度的影响路径系数为 0.584，P 值小于 0.001，影响效果为正向显著影响，商家可用性感知对入链意愿与忠诚度的影响路径系数为 0.423，P 值同样小于 0.001，影响效果同为正向显著影响。由此可以看出，商家与消费者均认为电子商务平台的可用性越强，则通过该条电子商务信息生态链获取信息和购物的意愿也就越为强烈，同时其忠诚度也就越高。此外，与价值感知因素相比，网站可用性对消费者和商家入链意愿与忠诚度的影响更强。

参 考 文 献

霍明奎，张向先，靖继鹏. 2014. 网络信息生态链的形成机理[J]. 情报科学，2014（12）：3-7.

栾春玉, 霍明奎, 卢才. 2014. 网络信息生态链组成要素及相互关系[J]. 情报科学, (11): 30-35.
马捷, 孙梦瑶, 尹爽, 等. 2012. 微博信息生态链构成要素与形成机理[J]. 图书情报工作, (18): 73-77+81.
王晰巍, 张文晓, 郭宇. 2015. 微博信息生态链的形成机理及仿真研究——以新浪微博低碳技术话题为例[J]. 情报理论与实践, 2015 (6): 23-27.
许孝君, 王宇婷, 张海涛. 2015. 商务网络信息生态链的形成机理研究[J]. 情报杂志, (12): 159-164.
张慧玲. 2014. 网络信息生态链研究进展与展望[J]. 情报探索, (7): 9-12.
张向先, 刘宏宇, 胡一. 2014. 社交网络信息生态链的形成机理及影响因素实证研究[J]. 图书情报工作, (16): 36-41.
张旭. 2011. 网络信息生态链形成机理及管理策略研究[D]. 长春: 吉林大学.
HUBERMAN B A. 2003. The Laws of the Web: Pattern in the Ecology of Information [M]. Cambridge: The MIT Press.

第 3 章　网络信息生态链演进机制

网络信息生态链为了生存和发展，在适应外部环境的同时不断地发生着变化。理清网络信息生态链演进的基本规律既能为引导和培育网络信息生态链的健康发展提供理论参考，还能为以促进网络信息生态链演进为目标的网络信息环境优化提供策略依据。本章主要探讨网络信息生态链演进的概念与过程、网络信息生态链演进方向及演进模式，运用专家调查法凝练出影响网络信息生态链演进的关键因素并对其作用机理进行分析。

3.1　网络信息生态链演进的概念与过程

3.1.1　网络信息生态链演进的概念

1. 演进及其相关概念的辨析

现代汉语中，"演进"本意是指逐渐地进化，其含义可引申为演变发展。在"演进"一词中，"演"字有不断变化之意，"进"有向前或向上移动、发展之意。因此，"演进"通常代表着事物由简单到复杂的变化，带有在演变中进化、进步的意思[①]。可见，对演进概念的理解要注重两个方面：一是演进是事物由低级向高级的发展变化，强调事物的进化和发展；二是事物演进不是一个静止不变的过程，而是一个动态变化的过程。

与演进一词相关的词语有演化、演替等。演化有演变之意，其在生物学中应用较广，是指生物物种为了适应时空的嬗变，而在形态和行为上与远祖有所差异的现象。与演进明显带有进步含义不同，演化一词意义比较中性，没有进步退步之分。演替一词也主要用于生物学，是指在一定区域内，随着时间的变化，生物群落由一种类型转变为另一种类型的生态过程。演替强调变化的结果，是一些物种对另一些物种的替代。

2. 网络信息生态链演进概念的界定

在现有的研究成果中，严格意义上研究网络信息生态链演进的论著极少，也尚未有学者对网络信息生态链演进一词的概念进行明确的界定，只有少数学者对网络信息生态链的形成和演化进行了研究，而这些研究的角度和范围与网络信息生态链演进存在一定的差别。

根据前述对演进概念的界定，结合网络信息生态链的特点，可以认为，网络信息生态链演进是指网络信息生态链不断适应外部信息环境变化，优化自身结构与功能，从而实现高层次链式平衡的发展过程。网络信息生态链演进的概念可以从以下几个方面进行理解：

第一，网络信息生态链演进是由低层次平衡向高层次平衡发展的过程。网络信息生态链演进前与演进后均是一种平衡状态，只是演进后所达到的平衡较演进前的层次更高。网

---

① 周斌. 供应链企业间诚信关系的演进研究[D]. 镇江：江苏大学，2010：9.

络信息生态链在较大作用力的驱动下实现高层次平衡，细微的变化虽然可能打破整链原来的平衡，但还不足以推动整链高层次平衡的实现。网络信息生态链实现高层次平衡并不要求链中的所有要素都要发生大幅度变化，网络信息生态链的规模、技术、功能等其中的某一项发生突破性变化时，就有可能促使整链实现高层次平衡。

第二，网络信息生态链演进主要是网络信息主体适应外部信息环境变化的结果。在网络信息生态链中，网络信息主体是由人或组织构成的，具有有目的、有计划、积极主动认识世界和改造世界的能力，能够对外部信息环境变化作出适应性反应并能掌控链上其他要素以及链的演进。首先，网络信息主体能够根据周围的环境以及自身掌握的资源状况决定自身的结构、功能及性能；其次，网络信息主体能够结合自身的状况以及在链上的角色、地位决定自身与周围同类主体及不同类主体之间的关系；再次，网络信息主体能够根据环境的变化以及自身的结构、功能、性能等状况自主地选择演进方向和演进模式。

第三，网络信息生态链演进是从多个方面对自身的结构与功能进行优化的过程。网络信息生态链一般通过扩充其节点的数量或者增加链上节点的类型，使其长度或宽度发生变化，从而优化网络信息生态链的结构，使网络信息生态链得到发展。更新或升级网络信息生态链所使用的技术基础设施，包括计算机硬件、网络通信设备及相关硬件设施等，或者改进网络信息生态链中所使用的软件系统，会使网络信息生态链信息流转效率提高，从而使网络信息生态链功能更强大。

第四，网络信息生态链演进是递进式的。网络信息生态链演进不会在一次演进完成达到较高层次平衡后停止，而是在新平衡的基础上继续演进以达到更高层次平衡。网络信息生态链的生命周期包括形成期、成长期、成熟期、衰退期。网络信息生态链从形成期到成熟期会发生多次演进，且每次演进都是在前一状态的基础上发生的。网络信息生态链形成后会通过不断演进达到成熟。

3.1.2 网络信息生态链的演进过程

国内有关"网络信息生态链演进过程"的研究一般从生命周期理论的角度分阶段分析，目前尚无详细论述演进具体过程的研究成果。在当今互联网络快速发展的环境下，网络信息生态链会不断发生演进。网络信息生态链的演进是一个由演进动力的孕育产生到关键因素的率先进化，再到其他因素的协同发展，最终实现高级平衡的循序渐进的过程，如图3-1所示[①]。

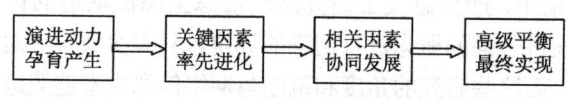

图3-1 网络信息生态链演进过程图

1. 网络信息生态链演进动力的孕育产生

网络信息生态链的演进动力是指促使网络信息生态链由低层次平衡向高层次平衡进化的力量，是决定网络信息生态链是否演进的关键因素。如果没有动力，网络信息生态链

---

① 娄策群，曾丽，庞靓. 网络信息生态链演进过程研究[J]. 情报理论与实践，2015（6）：10-13.

就不可能发生演进。网络信息生态链演进动力的孕育产生主要有两条路径：一是由于网络信息生态链外部信息环境的变化而激发链中信息主体产生网络信息生态链演进动机，从而形成网络信息生态链演进动力；二是链中信息主体利益诉求发生变化或难以满足导致网络信息生态链演进动力的形成。

网络信息生态链外部信息环境的变化可概括为网络信息交流需求变化、网络信息结构变化、网络信息技术更新、网络信息制度创新和网络信息生态链链间关系变化五类。不同的外部信息环境变化会诱发网络信息生态链产生不同类型的演进动力。网络信息交流需求、网络信息结构、网络信息技术、网络信息制度以及网络信息生态链链间关系作为网络信息生态链发生的重要要素，它们的变化往往会推动网络信息生态链到达新的平衡。而这些变化一般在整个社会或个人多变的利益诉求之下孕育产生的，它们相互联系、相互作用，如链中网络信息主体利益诉求的增强促进网络信息交流需求的增加，信息交流需求的变化必然影响链中所流转的信息的内容和数量。同样地，信息技术、信息制度、链际竞争与合作关系的变化都可能受利益诉求的影响，更高的利益诉求要求更先进的技术、更完善的制度，链间竞争或合作关系的变化一般也在利益驱动下孕育产生。当然，部分演进动力的产生可能主要并不是受利益诉求的影响，而是受其他因素作用，如网络信息制度的建立大多由政府机关制定颁发，它们多以维护整个网络文明环境、创建良好的网络发展环境为目标。

当网络信息生态链中信息主体从网络信息流转中获得的利益与其利益诉求相差甚大，大多数信息主体的利益诉求远远不能满足时，链内信息主体可能产生通过链的演进来扩大链的规模、提升链的功能、实现其利益诉求的动力。当网络信息生态链中信息主体的利益诉求发生变化，如所期望的利益类型转变或所期望的利益量大大增加时，链内信息主体也可能产生通过链的演进来实现其利益诉求变化的动力。

2. 网络信息生态链关键因素的率先进化

外部信息环境的变化无法直接引起网络信息生态链的演进，只有网络信息生态链内部关键因素率先进化，进而带动其他因素的协同发展，才能最终实现网络信息生态链的演进。网络信息生态链的关键因素是指在网络信息生态链的演进中具有较大影响力，对其他相关因素的变化起支撑性、触发性作用的因素。关键因素可以是网络信息生态链中的关键信息主体，也可以是网络信息生态链中的关键环境因子。网络信息生态链演进的关键因素的类型与数量因链的类型不同、因链所处的时期不同而有所不同，信息生产者、信息传递者都可能是关键信息主体，而信息本体因子、信息技术因子、信息体制因子在特定条件下也可能成为关键环境因子。网络信息生态链关键因素的构成如图3-2所示。

1）关键信息主体率先进化

网络信息生态链中关键信息主体率先进化主要表现在以下两个方面：

一是关键信息主体率先扩大网络服务对象。网络信息生态链中的关键信息主体扩大网络服务对象，可以增加网络信息生态链的宽度，扩大网络信息生态链的规模。当网络信息交流需求迅速增加或关键信息主体希望扩大影响、增加收益时，网络信息生态链的关键信息主体会通过加强宣传推广、提高服务质量、取消相关限制、降低消费成本等方式发展上游信息主体或下游信息主体，或同时发展上、下游信息主体，扩大网络信息服务对象的数

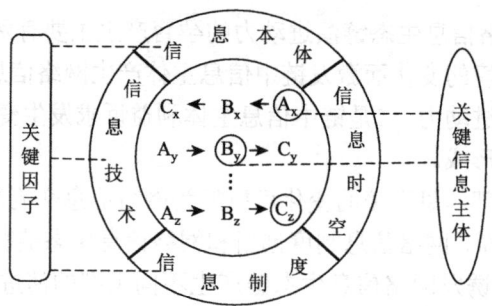

图 3-2　网络信息生态链关键因素的构成

量和范围，从而实现网络信息生态链关键信息主体的服务对象率先扩大。例如，在生产企业直接通过自建门户网站与用户进行网络交易的电子商务信息生态链中，作为关键信息主体的生产企业希望使该生态链在扩大用户规模、增加自身收益的基础上达到新的平衡，往往会综合运用多种方式率先扩大用户规模，进而逐步实现该电子商务信息生态链的演进。

二是关键信息生态主体率先提升信息流转功能。不同的网络信息生态链有不同的功能，电子商务信息生态链的功能是实现跨时间与空间的网上交易，同时扩大交易量、降低交易成本；电子政务信息生态链的功能是实现无纸化办公、政务信息的公开以及政务信息的快速传播等[①]。在各种类型的网络信息生态链中，关键信息主体信息流转功能的多少与强弱都决定着该网络信息生态链的性质和信息流转效率。关键信息主体信息流转功能的提升可以是功能的拓展，即在原有功能的基础上，增加新的功能；也可以是现有功能的强化，即不增加新功能，只对现有功能进行强化。例如，作为某电子商务信息生态链关键主体的电子商务平台服务商，原来只通过平台提供商务信息交流服务，平台不具备商品交易功能，随着网上商品交易需求的扩大和对商务信息交流服务需求的提高，该平台服务商在强化商务信息服务功能的同时，增加平台的在线订购和在线支付功能，从而实现关键信息主体信息流转功能的率先提升。

2）关键环境因子率先进化

关键环境因子率先进化有以下三种情况。

一是作为关键环境因子的信息本体率先进化。网络信息生态链实质上是信息流转链，链中流转的信息内容决定了网络信息生态链的性质，流转的信息数量和形式决定着网络信息生态链中信息主体和信息技术的水平，因此，信息本体是网络信息生态链中的关键环境因子。当网络信息环境中的信息出现数量剧增、类型复杂的现状或趋势时，网络信息生态链中传递的信息类型和数量会大大增加，信息本体因子就率先发生了进化。

二是作为关键环境因子的信息技术率先进化。网络信息生态链建立在网络信息技术的基础上，信息技术水平直接影响网络信息生态链信息流转功能的强弱和信息流转效率的高低，因此，信息技术也是网络信息生态链的关键环境因子。当高新信息技术投入应用，网络信息技术全面升级时，网络信息生态链中信息主体必须采用相应的高新信息技术，与整个网络的技术水平相匹配。这时，网络信息生态链中的信息技术因子就会率先发生进化。

---

① 张向先，等. 网络信息生态链效能的分析与评价[J]. 图书情报工作，2013（15）：44-49.

信息技术率先进化可以是整条链的信息技术率先更新,也可以是关键信息主体的信息技术率先更新。

三是作为关键环境因子的信息制度率先进化。信息制度对网络信息生态链的信息流转有引导和规范作用,有些网络信息制度的建立和执行会对网络信息生态链的转型、生存和发展产生巨大影响,因此,在某些情况下,信息制度也是网络信息生态链的关键环境因子。当一项重要且与原有制度差别较大的网络信息制度建立并强制执行时,网络信息生态链必须进行链内制度创新,链中的信息制度因子率先发生进化。

3. 网络信息生态链相关因素的协同发展

网络信息生态链的演进不是关键因素的孤立演进,而是与其他相关因素协同进行的,网络信息生态链的演进需要关键因素作为主导,关键信息主体和关键环境因子的率先进化只是部分主体或主体的部分要素发生变化,但要维持网络信息生态链演进过程中的整体平衡还需要相关因素的协同发展。

1) 非关键因素与关键因素的协同发展

相对于关键因素而言,非关键因素对网络信息生态链演进过程的影响较小,在演进的过程中主要是伴随关键因素的变化而变化的。网络信息生态链的关键因素在进化过程中,离不开其他非关键因素的支持,同时,关键因素进化过程中也能推动非关键因素提升,只有非关键因素与关键因素的协同发展,互相辅佐,才能形成网络信息生态链的高层次平衡。

(1) 关键因素促进非关键因素的协同发展。网络信息生态链的演进往往是由起决定性作用的关键因素作为先导带领整链演进,某些关键因素在率先进化的过程中,也会为非关键因素的进化提供帮助,促进其他相关因素共同提升。如在数字图书馆信息生态链中,随着数字图书馆技术日益成熟,信息技术作为关键因素率先进化后,图书馆可以利用其技术优势,通过网上远程教育等多种方式对用户进行常用数据库检索的培训,帮助用户提高信息检索技能,促进用户素质的提高。

(2) 非关键因素支持关键因素的协同发展。非关键因素支持关键因素的协同发展是关键因素率先进化后,非关键因素为了保障和推进关键因素的正常进化而与关键因素协同发展。在支持关键因素进化的同时,非关键因素也得到了进化。例如,在网络信息生态链中,信息资源的内容不断丰富,数量不断增长,信息消费者从网络信息生态链中获取信息的需求及对信息的认知程度逐渐提高,信息本体作为关键因素率先进化,但网络信息生态链中大量异构信息的流转离不开先进信息技术和高素质信息主体的支持,网络信息生态链必须进行信息技术更新,提高信息主体的信息流转能力。同样,如果不能改进信息制度,网络信息生态链中的信息得不到有效的监管,也难以提供优质的信息服务,因此,网络信息生态链也应进行信息制度创新。这样,为了支持信息本体的率先进化,信息技术、信息主体素质、信息制度就与信息本体协同发展。

2) 非关键因素之间的协同发展

网络信息生态链在演进的过程中,关键因素率先进化,势必对网络信息生态链的其他要素造成影响,从而产生矛盾,为了保持网络信息生态链和谐稳定的发展,除了非关键要素配合关键要素协同发展外,非关键要素之间也要进行协同。在关键要素率先进化之后,非关键要素必须根据网络信息生态链演进的要求进行改造,但由于不同因素的特点所致,若非关键因素与关键因素的进化目标一致,非关键因素就能够积极主动地适应这种改造;若非关键因素与关键因素的进化目标相悖,非关键因素则表现得消极被动,因此,非关键因素之间也必须互相协调来改变这种局面,达到协同发展的效果。如网络视频信息生态链中,由于版权问题,国家制定了一系列数字音像制品的版权保护政策,信息制度作为关键因素率先进化,对于信息生产者是有利的,可以保护自身的知识产权。但是,数字音像制品版权保护政策对于信息消费者来说不一定是有利的,因为信息消费者需要付费才能观看数字音像节目,某些信息消费者的需求得不到充分满足。因此,网络信息消费者对被版权保护而不能观看的网络视频仍有较大需求,许多非法的视频网站仍以提供免费视频获取点击量来牟利。一方面信作为信息传递者的视频网站要合法购买视频播出版权,丰富自身信息资源内容,适应信息制度的进化,满足信息消费者的信息需求,另一方面信息监管者也应利用信息技术加大对视频版权的保护力度。只有加强信息资源本体和信息技术这些非关键因素的相互作用,才能使网络视频信息生态链健康稳定的发展。

4. 网络信息生态链高级平衡的最终实现

高级平衡的最终实现是指网络信息生态链在某一或某些方面有了明显改进后重新形成了结构合理、功能良好、相对稳定的高层次平衡[①]。网络信息生态链平衡的基本表现是链中信息主体种类齐全,不同类型信息主体的数量比例恰当;信息本体、信息技术、信息制度、信息时空各自内部和相互之间相互协调;信息主体与信息本体、信息技术、信息制度、信息时空相互适应;信息流转速度快、质量高、成本低;网络信息生态链达到相对稳定状态,即网络信息主体之间、网络信息生态环境因子之间、网络信息主体与网络信息生态环境因子之间的相互协调达到稳定状态,网络信息生态链不会轻易受外部环境或内部因子的阻碍和干扰,且自身能对环境的变化和因子的干扰进行调控。

3.2 网络信息生态链演进的方向与模式

3.2.1 网络信息生态链演进的方向

网络信息生态链的演进方向是指网络信息生态链在演进过程中的主要变化以及达到高层次平衡时所要实现的主要目标。网络信息生态链演进主要有以下四个方向:网络信息生态链规模扩大、网络信息生态链功能完善、网络信息生态链技术升级、网络信息生态链整链转型。

1. 网络信息生态链规模扩大

以规模扩大为主导的演进是指网络信息生态链大幅度地增加信息主体的数量,扩大链的规模,主体分布由某一区域扩展到全国甚至国际范围,信息主体之间、信息主体与信息

---

① 娄策群,等.信息生态系统理论及其应用研究[M].北京:中国社会科学出版社,2014:149-151.

环境因子之间仍然达到了相互匹配和协调,信息流转仍然功能良好甚至有所提升,整链相对稳定。

网络信息生态链节点数量大幅度增加主要是增加链上同类节点的数量。在网络信息生态链发展初期,链的规模不大,同类节点数量一般不会太多,而随着网络信息生态链的发展,加入到这条网络信息生态链的信息主体会越来越多,从而使同类节点数量大幅度增加。节点数量纵向扩展是增加网络信息生态链上不同类型节点的数量。在网络信息生态链发展的初期,节点类型也不多,通常只有两到三类节点,随着网络信息生态链的逐渐发展,网络信息生态链节点类型逐渐增加。在这个过程中,节点的功能角色逐渐明晰、分工逐渐细化,节点类型越来越多,各类节点逐渐做到各司其职,维持网络信息生态链的良好运行。例如,在电子商务信息生态链形成之初,链上往往只有网上商品供应商和网络购物消费者两类节点;随着新的电子商务平台的创立,部分自建门户网站开展电子商务的企业转为利用第三方电子商务平台开展电子商务,电子商务信息生态链节点类型也增加为三种:即网上商品供应商、电子商务平台服务商和网络购物消费者。

2. 网络信息生态链功能完善

以功能完善为主导的演进是指网络信息生态链增加了新的功能或虽未增加新功能但原有功能大大加强,而信息主体之间、信息主体与信息环境因子之间仍然能够相互匹配和协调,信息流转效率未降低甚至有所提升,整链相对稳定。

按功能的性质不同,网络信息生态链的功能包括基本功能和衍生功能。基本功能是各类网络信息生态链都具有的、体现网络信息生态链本质的功能,即网络信息生态链的信息流转功能。衍生功能是在网络信息生态链基本功能上派生出来的、体现不同类型信息生态链社会职责的功能,如电子商务信息生态链的商品交易功能。按功能出现的时间不同,网络信息生态链的功能包括原有功能和新增功能。网络信息生态链新功能的增加既包括基本功能的增加,如在只有信息传递和信息组织功能的网络信息生态链中增加信息分析功能;也包括衍生功能的增加,如在只有商务信息交流功能的电子商务信息生态链中增加在线商品交易功能。网络信息生态链原有功能的强化是对原有基本功能和衍生功能的强化,如在网络信息生态链已有检索功能的基础上增加检索途径或提高检索的准确性,在已有网上办事功能的电子政务信息生态链中,提高其网上办事功能的可操作性和办事速度。

在网络信息生态链形成和发展阶段,其功能完善主导的演进应以新功能增加为主;在网络信息生态链的成熟阶段,其功能完善主导的演进应以现有功能强化为主。

3. 网络信息生态链技术升级

以技术升级为主导的演进是指网络信息生态链进行了全面的信息技术升级,信息主体和其他环境因子都能与高级的信息技术相适应和协调,信息流转功效明显提升,网络信息生态链能稳定运行。

网络信息生态链的信息流转离不开现代信息技术的支撑。为了适应网络信息技术环境的变化和提高信息流转效率,网络信息生态链需要不断进行技术的改造和更新,实现信息技术升级。以技术升级为主导的网络信息生态链演进有以下两种情况:一是网络信息生态链在原技术层次非常低的情形下进行技术升级;二是网络信息生态环境中技术的更新换代迫使网络信息生态链进行技术升级。网络信息生态链的信息技术层次低必然会影响到信息设施和设备质量与性能,进而导致网络信息主体的信息技术应用水平和网络信息流转效率低。网络信息生态链原本较低层次的技术在得到升级后,其网络信息主体应用信息设备设施的能力会增强,链的信息流转效率会明显提高。网络信息生态环境中信息技术的更新换代对网络信息生态链技术升级的影响力更大。随着科学技术发展,网络信息技术更新换代加快,若网络信息生态链升级跟不上网络信息生态环境的技术更新步伐,就难以借助于网络基础设施来完成链内信息流转。

4. 网络信息生态链整链转型

以整链转型为主导的演进是指网络信息生态链的性质和职能发生重大变化(具体体现在衍生功能转变和所流转的信息内容转变两个方面)后,链内信息主体与信息环境因子能够相互协调,信息流转功能正常发挥,信息流转效率较高,整链相对稳定。

网络信息生态链整链转型后,其衍生功能和信息本体发生了重大的变化,但其信息流转的基本功能变化不大,信息主体和其他环境因子可能有一定的变化,重要的是网络信息生态链的基本功能、信息主体和其他环境因子要适应衍生功能和信息本体的变化。网络信息生态链整链转型包括同类转型和异类转型。同类转型是指转型前和转型后的网络信息生态链都属于同一种类型,如B2C电子商务信息生态链转变为C2C电子商务信息生态链。异类转型是指由一类网络信息生态链转变为另一类网络信息生态链,如社交网络信息生态链可能转变成以电子商务为主的信息生态链,或社交网络信息生态链转型成为网络文化娱乐信息生态链。网络信息生态链异类转型后,链中网络信息主体可能发生较大的变化。

3.2.2 网络信息生态链演进的模式

网络信息生态链演进模式是对网络信息生态链演进的高度总结,是对网络信息生态链演进路径、演进方式和演进速度等的概括和提炼。网络信息生态链演进模式可归纳总结为四种,即渐进式演进模式、间歇式演进模式、波浪式演进模式和突变式演进模式[①]。

1. 渐进式演进模式

渐进式演进是指网络信息生态链始终呈现出一直向前的连续发展。网络信息生态链渐进式演进会呈现出以下几个方面的特点:第一,网络信息生态链会一直向前发展,通过一系列较小的量变逐渐实现网络信息生态链的质变,网络信息生态链中的信息主体及其所处的网络信息生态环境都处于较为和谐稳定的状态;第二,渐进式演进是一种理想的演进模式,在演进中,网络信息生态链发展过程顺利,没有遇到大的困难和阻力,演进规律性强,演进过程和结果易于预测;第三,渐进式演进会逐渐缓慢地促进网络信息生态链变得更加成熟和稳定,使链上网络信息主体的实力变强,素质提高;第四,渐进式演进并不意味着整个演进的变化很小,而是随着时间推移,通过日积月累的变化带来显著的进步和较大的

---

① 杨瑶,方圣,宋文绩. 网络信息生态链演进模式[J]. 情报理论与实践,2015(6):6-9,28.

变革[①]。根据渐进式演进模式中网络信息生态链演进速度变化的不同，该模式又可以划分为四种不同的类型：直线式演进模式、指数曲线式演进模式、反正切曲线式演进模式以及逻辑曲线式演进模式。

(1) 直线型演进模式。直线型演进是指网络信息生态链以匀速向前发展。直线型演进模式是一种理想化的演进模式，在网络信息生态链实际演进过程中很难实现，这是由于在网络信息生态链演进过程中，不可避免会遇到一些问题和阻力或者发展机遇，很难保持一个绝对稳定的演进速度。

(2) 指数曲线型演进模式。指数曲线型演进是指网络信息生态链以不断加快的速度向前发展。在这种演进模式中，网络信息生态链可能在一开始就具备了发展所需的各种条件和强劲的发展动力，且随着网络信息生态链不断发展，各种条件更加完备，动力更为强劲，环境更加优化，不断积累发展经验，且没有遇到问题和阻力，因此，链的发展速度不断加快，发展过程非常顺畅。指数曲线式演进模式也是一种比较理想化的演进模式。事物的发展变化是纷繁复杂、比较曲折的，发展过程中很难不遇到阻力，难以维持加度发展。在大多数情况下，网络信息生态链以指数曲线型演进模式发展一段时间后，会遇到一定的阻力，从而转变为下面所提到的逻辑曲线型演进模式中的第一种模式。

(3) 反正切曲线型演进模式。反正切曲线型演进是指网络信息生态链以不断减慢的速度向前发展。在这种演进模式中，网络信息生态链在整个发展过程中，会不断地遇到一些小问题和小阻力，这些问题和阻力不足以致使网络信息生态链发展暂停或发展倒退，但会使网络信息生态链的发展速度越来越慢。反正切曲线型演进模式虽不如直线型演进模式和指数曲线型演进模式的演进过程顺畅，但整链也仍然是不断向前发展，只是发展速度会逐渐放缓。以中小企业电子商务网站为核心节点的电子商务信息生态链为例，中小企业筹备建立电子商务网站，形成电子商务信息生态链，经过初期快速的发展后，往往会遇到网站后续资金投入不足、网站竞争力水平不高、网站技术水平较低且更新缓慢、下游节点数量增长缓慢等问题，致使整条电子商务信息生态链发展速度不断变缓，形成反正切曲线式演进模式。

(4) 逻辑曲线型演进模式。逻辑曲线型演进模式较为复杂，整个过程会呈现出两种变化：一是网络信息生态链在渐进式演进中先以不断加快的速度向前发展，一段时间后发展速度逐渐放缓；二是网络信息生态链在演进中先以逐渐放缓的速度向前发展，一段时间后逐渐加快。前一种变化方式中，网络信息生态链在演进初期，资源充沛，具备良好的发展条件和环境，不存在或只存在较小的阻力，发展十分顺畅；但随着演进的逐渐进行，网络信息生态链上逐渐积累了一些问题和矛盾，遇到了瓶颈，致使生态链的发展速度逐渐放缓。后一种发展方式与前一种方式正好相反，在链演进的初期，遇到一些问题和阻力，如：资源不够充足，发展环境较差等，链演进的速度较慢；随着链的不断发展，克服了前期的问题和阻力，积累了发展经验，为后期演进打下了牢固的基础，致使后阶段的发展十分顺畅，发展速度不断变快。

这4种不同类型的渐进式演进模式如图3-3所示。

---

① 张涛. 行业演进模式及其战略策略研究[J]. 科技进步与对策，2005（9）：68-69.

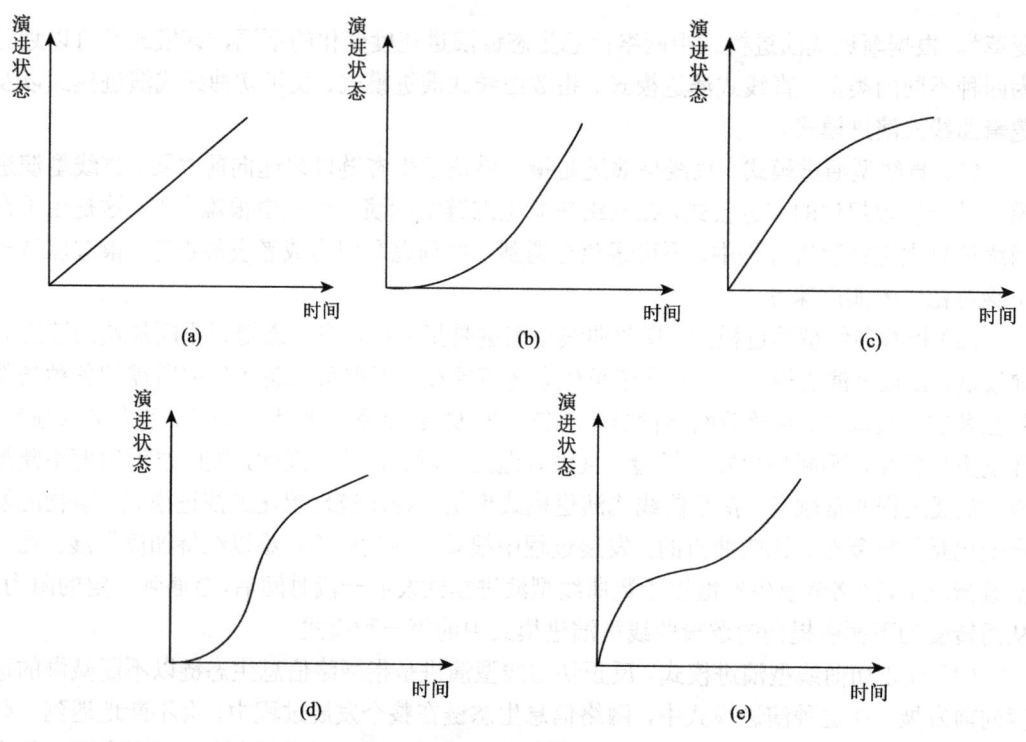

图 3-3 网络信息生态链渐进式演进模式
(a) 为直线式演进模式图，(b) 为指数曲线式演进模式图，(c) 为反正切曲线式演进模式图，
(d)、(e) 为逻辑曲线式演进模式图

在网络信息生态链较为成熟的发展阶段或是在网络信息生态链处于顺畅的扩张阶段，网络信息生态链演进的阻力较小，发展较为顺利，通常会以渐进式模式演进；而在渐进式演进模式的几种类型中，又以逻辑曲线型演进模式居多，反正切曲线式演进模式居中，直线式演进模式和指数曲线型演进模式作为比较理想化的演进模式，比较少见。

2. 间歇式演进模式

间歇式演进是指网络信息生态链在向前发展过程中，出现一段时间的发展停滞，随后又继续发展。间歇式演进曲线如图 3-4 所示。

间歇式演进模式具有几个特点：第一，网络信息生态链初始演进较为顺利，呈现出渐变式发展趋势，随后由于链内外的某些突发原因，发展出现停滞，一段时间后又恢复到原有的向前发展态势；第二，间歇式演进模式虽然存在一定的发展停滞期，但整个发展过程较为顺利，网络信息生态链和链上主体目标较为明确，演进虽不具有规律性，但结果也在可预测的范围内；第三，演进期间发展停滞期的长短会受到网络信息生态链的类型特点、诱发原因、链内主体的处理方式等因素的影响；第四，由于发展过程中有停滞，网络信息生态链演进耗时较长；第五，发展停滞期的存在虽然会在一段时间内暂缓网络信息生态链和链上信息主体的发展，但网络信息生态链最终仍会发生较大的变化，达到成熟稳定的状态。

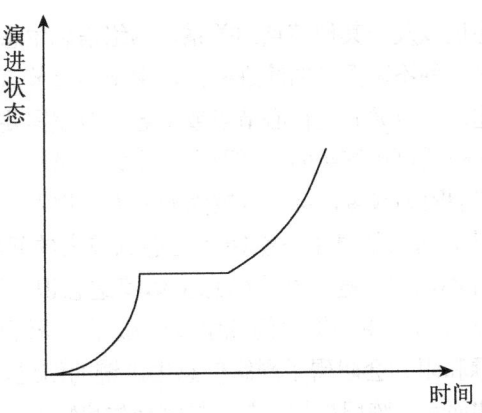

图 3-4　网络信息生态链间歇式演进模式

在这种模式中，网络信息生态链出现发展停滞的原因包括：网络信息生态链的重要资源流转出现暂时性的断裂，如资金链断裂、物资流出现滞留等；网络信息生态链中核心节点或主导性节点遇到一些问题，暂停了自身的发展，进行自我内部调整；网络信息生态环境发生变化，致使网络信息生态链暂时停止发展等。

在网络信息生态链较为顺畅的扩展阶段或网络信息生态链问题、阻力较小的整合阶段，网络信息生态链受到一些因素的影响，链的发展出现暂时停滞状态，会呈现出间歇式演进模式。

3. 波浪式演进模式

波浪式演进是指网络信息生态链在演进过程中会出现暂时性的倒退现象，迂回曲折地向前演进。波浪式演进曲线如图 3-5 所示。

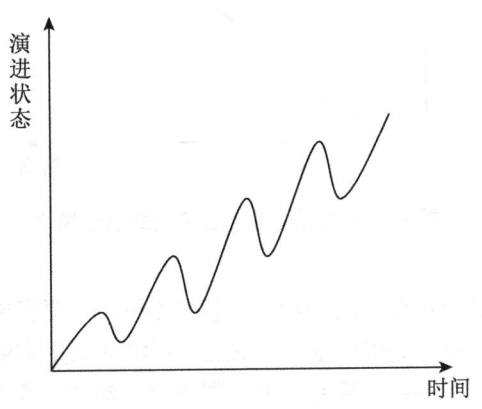

图 3-5　网络信息生态链波浪式演进模式

网络信息生态链的波浪式演进具有几个方面的特点：第一，网络信息生态链虽然在总体上仍是呈现出向前的发展趋势，但发展过程中遇到较大阻力，链的演进会出现暂时性的倒退，一旦网络信息生态链针对出现的问题采取相应的调整措施，如整链调整了演进方向和演进方式，节点调整了自身生态位以及与其他节点的关系，网络信息生态链就会继续向前进发展；第二，波浪式演进模式是一种不断探索的演进模式，由于链上节点和整条网络信息生态链经常会遇到较大阻力和问题，节点尤其是核心节点或主导性节点需要不断地根据阻力和问题调整自身的发展目标，但又缺乏可借鉴经验，需要自己摸索；第三，波浪式演进模式演进周期较长，整个过程中需克服的阻力较多，会造成较大的人力、物力、财力资源浪费。

在波浪式演进模式中，网络信息生态链往往会遇到较大的问题或阻力，如网络信息生态链演进经验不足，目标不明确，链上网络信息主体演进意识不强烈，核心节点或主导性节点的协调能力不强，网络信息生态链之间竞争过于激烈，资源保障不充分，网络环境发生较大改变等，这些问题和阻力会阻碍了网络信息生态链的演进，使演进过程迂回曲折[①]。

就一般事物发展规律而言，陈旧事物通常会抑制新生事物的成长，发展并非一帆风顺，网络信息生态链也不例外，因此，大多数网络信息生态链在演进时，或者在网络信息生态链演进的大多数时期，尤其是在障碍因素较多、发展阻力较多的情况下，演进会以波浪式模式进行。

4. 突变式演进模式

突变式演进是指网络信息生态链在演进过程中的某一段较短的时间内取得重大进步，实现了跳跃式的发展，而其他时间内的演进较为平稳。网络信息生态突变式演进模式如图 3-6 所示。

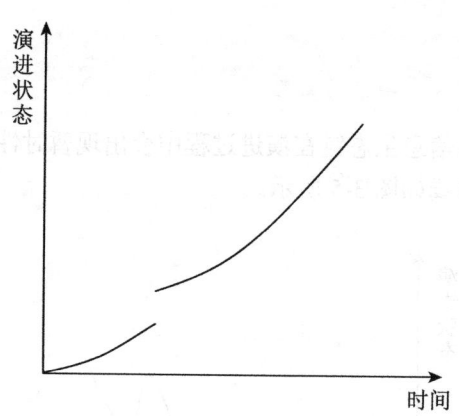

图 3-6　网络信息生态链突变式演进模式

突变式演进模式的特点：第一，网络信息生态链的某一要素或多个要素在某一较短时间内发生突变，变化速度快，变化幅度大；第二，网络信息生态链的突变一般在某种条件下被触发，演进过程规律性不强，具有一定的偶然性，演变结果难以预测；第三，突变式演进耗时较短，有利于加快网络信息生态链的演进速度；第四，突变式演进对网络信息生态链及链上的信息主体的应变能力、协调能力和创新能力有较高的要求。

导致网络信息生态链发生突变式演进的原因有以下几个方面。

---

① 娄策群，等. 信息生态系统进化初探[J]. 图书情报工作，2009，53（18）：26-29.

一是由于网络信息生态链内部某一主导因素发生了突然的变化。这种主导要素对网络信息生态链内部其他要素的影响非常大,从而促使整个网络信息生态链在短时间内发生突变演进。例如,网络信息生态链中核心节点合并了另一关键节点,这时该核心节点就会对自身的结构、业务、功能等方面进行重组和整合,使得该节点内部结构发生较大变化,业务和功能得到了极大的扩展和延伸,进而使得整条链的结构、规模以及功能也会随之发生较大变化,完成突变式演进。

二是由于网络信息生态链内部存在较大的问题,如信息堵塞、信息失真、信息扭曲、信息放大等,当这些问题积累到一定程度,网络信息主体无法承受或无法破解的时候,网络信息生态链会通过寻求突变来解决这些问题,并演进到一个新的稳定平衡状态。例如,当网络信息生态链中核心节点渐渐衰弱,无法及时高效地处理信息时,某一逐渐强大的主干节点可能在问题积压到无法处理的某一时刻,取代这一核心节点,将这一核心节点驱逐出网络信息生态链或使其由核心节点变为主干节点或辅助节点,让整条链上的信息流转重新变得高效、快速和通畅。

三是由于网络信息生态链外界环境发生突然变化,网络信息生态链为了适应外界环境,就必须在短时间内发生演进,以便能够继续生存和发展。例如,网络信息技术发生重大性研究突破和创新会使得原有技术迅速落伍而需要被淘汰,整条网络信息生态链为了适应技术的变革,不得不在较短的时间内快速换上最新的网络信息技术,抛弃原有的过时技术,从而发生突变式演进。

3.3 网络信息生态链演进的影响因素

3.3.1 基于专家调查法的网络信息生态链演进影响因素筛选

网络信息生态链由低层次平衡向高层次平衡的演进受到多种因素的影响。为了能够系统、科学与合理的提炼与分析网络信息生态链演进的影响因素,课题组在经过充分讨论和征求专家意见的基础上,制定了网络信息生态链演进影响因素的专家调查表(见表3-1),就链内因素、链间因素、信息环境因素对网络信息生态链演进动力、演进方向、演进模式的影响征询专家的意见。

表 3-1 网络信息生态链演进影响因素调查表

影响因素		演进维度	演进动力 (演进的意愿,对达到演进预期目标的渴望程度)	演进方向 (链规模扩大、功能完善、技术升级、整链转型等)	演进模式 (渐进式、间歇式、波浪式、突变式演进)
链内因素	链的性质与任务(链的社会职能、所流转的信息类型和数量)				
	链的结构(链的节点素质,节点连接与组合方式,节点的竞合、利益关系)				
	节点的态度与能力(核心节点对链演进的认同度,核心节点主导整链演进的能力、链的创新能力、合作能力等)				

续表

影响因素 \ 演进维度		演进动力（演进的意愿，对达到演进预期目标的渴望程度）	演进方向（链规模扩大、功能完善、技术升级、整链转型等）	演进模式（渐进式、间歇式、波浪式、突变式演进）
链间因素	链的宏观构成（区域内网络信息生态链的类型及数量）			
	链间竞争关系（区域内网络信息生态链间的竞争程度）			
	链间合作关系（区域内网络信息生态链间的合作程度）			
网络环境因素	网络信息主体的需求变化（网络信息主体对网络信息交流范围、速度与质量等需求的变化）			
	网络信息本体结构的变化（网络信息构成、数量及增长速度、质量、形式）			
	网络信息技术更新（信息设施、硬件设备、软件系统等方面的更新）			
	网络信息制度更新（网络信息政策、法规、标准等的更新）			

课题组选择了从事信息资源管理、信息生态、电子商务、电子政务等相关领域研究的 18 位专家，请他们填写调查问卷。问卷采取打分的形式来判定所列出各项影响因素对网络信息生态链在演进动力、演进方向、演进模式等方面影响的程度：4 表示影响很大；3 表示影响较大；2 表示影响一般；1 表示影响较小；0 表示无影响。通过对各项影响因素统计结果进行加权平均，最终得出实际分数。各项影响因素的具体得分如表 3-2 所示。

表 3-2　网络信息生态链演进影响因素专家调查结果

影响因素\演进维度	链内因素			链间因素			网络环境因素			
	链性质与任务	链的结构	节点态度与能力	链的宏观构成	链的竞争关系	链间合作关系	网络信息主体需求	网络信息本体	网络信息技术	网络信息制度
演进动力	2.9	3.0	3.2	2.6	3.0	2.6	3.5	2.5	2.5	2.8
演进方向	2.7	2.8	3.0	2.6	3.2	2.8	3.6	2.9	3.0	3.0
演进模式	2.4	3.2	3.1	1.6	2.3	2.7	2.5	2.3	2.3	2.7

通过专家调查法所得到的各项影响因素得分超过 2.6 分（即三分之二的专家认为此因素重要）即为影响网络信息生态链演进的关键因素。由表 3-2 可以看出，网络信息生态链链内因素中，链的性质与任务、链的结构、节点的态度与能力对链的演进动力、演进方向、演进模式均产生了较为显著的影响，是网络信息生态链演进最主要的影响因素。链间关系因素则主要对网络信息生态链演进动力与演进方向产生较大影响。网络环境因素中的各类因素则主要对链的演进方向产生较大影响。我们在专家调查结果的基础上，对每一项影响因素均作了深入细致的研究，最终得出了网络信息生态链演进影响因素的理论模型，如图 3-7 所示。

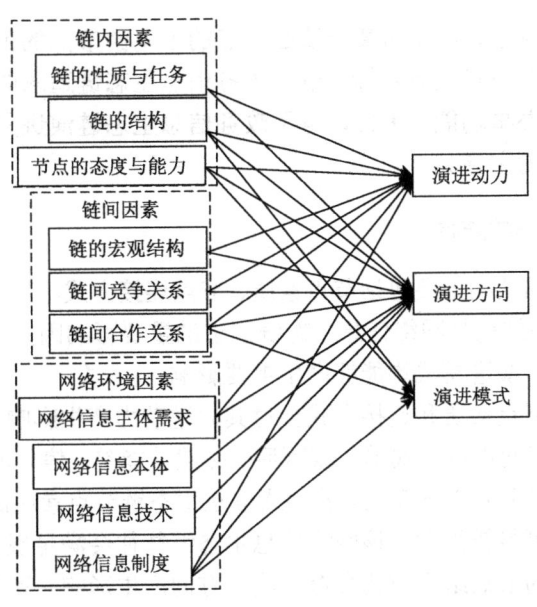

图 3-7　网络信息生态链演进影响因素理论模型

3.3.2　网络信息生态链演进影响因素的作用机理分析

1. 网络信息生态链的性质与职能

网络信息生态链性质与职能不同对演进的动力与演进方向有较大的影响。

不同性质和职能的网络信息生态链，其节点的利益诉求不同，演进的动力也不同。例如，电子商务信息生态链中节点的利益诉求主要是经济利益诉求，并且各级各类节点的经济利益诉求都比较强烈。当链中节点的经济利益诉求不能满足时，电子商务信息生态链会产生促使链演进以满足其节点经济利益诉求的动机和行为。可见，电子商务信息生态链演进动力的主要来源是链内节点的经济利益诉求，且演进动力较大。对于电子政务信息生态链而言，其节点的利益诉求主要是提升链内节点的素质及形象，不同节点对素质和形象利益的诉求有较大差异。当链中节点的素质和形象利益诉求不能满足时，电子政务信息生态链会产生促使链演进而满足节点素质和形象利益诉求的动机和行为。可见，电子政务信息生态链演进动力的主要来源是链内节点的素质和形象利益诉求，且演进动力相对较小。

不同性质和职能的网络信息生态链，信息流转的目的不同，所流转信息的类型和数量不同，演进的方向也有差异。例如，电子商务信息生态链中流转的信息是与商品交易活动密切相关的商务信息，其目的是通过商务信息的流转，消除商务活动主体间的信息不对称，促进电子商务交易的形成，从而实现信息主体自身的经济利益诉求。只有通过增加网上商品供应商和网络购物消费者的数量，才有可能获得更多的经济利益，因此，扩大链的规模是其演进的主要方向。电子政务信息生态链中流转的信息是与政府管理和服务密切相关的政务信息，其主要目的是通过链内信息流转实现政府部门间的业务协同，降低业务成本，提高政府办事效率，进而提升政府的形象及公众对政府的满意度。

在电子政务信息生态链中，能成为某一核心节点的上下游节点的范围和数量基本上是固定的，扩大链的规模不是其主要目标，电子政务信息生态链追求的主要目标是增强政务信息流转功能和网上办事功能，因此，电子政务信息生态链演进方向不以扩大规模为主导，而是以强化功能为主导。

2. 网络信息生态链的结构

网络信息生态链的结构主要包括节点素质、节点连接方式、节点组合方式、节点关系等。网络信息生态链的结构是网络信息生态链演进的重要影响因素，它对网络信息生态链演进动力、演进方向、演进模式均能够产生重要影响。

网络信息生态链节点素质和连接方式会对其演进动力产生影响。如果网络信息生态链中高素质节点少、节点间连接方式单一或落后，必然功能差，信息流转效率低，该链就有通过优化其结构来提升其功能的动力。若网络信息生态链节点素质高、节点间连接方式多样且先进，其功能就可能较强大，该网络信息生态链往往会满足现状，演进动力不足。

网络信息生态链的节点组合方式会对其演进方向产生影响。节点数量较少、宽度较窄的网络信息生态链可能会以增加节点数量、扩大链的规模为主要演进方向。节点数量较多、宽度较宽的网络信息生态链在信息流转效率较低时，一般不会通过缩小链的宽度而是选择增强链的功能来提高信息流转效率，该链会朝着功能完善的方向演进。

网络信息生态链结构的合理程度会对其演进模式产生影响。节点素质较高、组合方式合理、节点关系密切且相互合作较多的网络信息生态链，在演进过程中能相互协同，顺利且快速实现演进目标，按照渐进式模式进行演进。节点素质较低、组合方式不太合理、节点关系疏远且相互合作很少的网络信息生态链，演进过程中可能出现资源浪费、协调困难等现象，会导致波浪式演进或间歇式演进。

3. 网络信息生态链节点的态度与能力

节点的态度与能力主要包括核心节点的态度、核心的掌控能力以及节点间的协作能力。节点的态度与能力对网络信息生态链的演进动力、演进方向和演进模式都有较大影响。

核心节点态度即节点率先发展、积极引导以达到高层次平衡的态度。核心节点是网络信息生态链上最重要的部分，它通常掌握着整条网络信息生态链的生存和发展的关键。具备积极态度的核心节点，为了更高的利益诉求，会主动寻求发展、进化的机会，从而增强网络信息生态链演进动力。核心节点主动的发展、进化，一般是在合理的规划下开展的，因此这样的演进通常具有一定的规律性，可能呈现渐进式的模式。相反，核心节点的态度消极可能使链的演进阻力增大，网络信息生态链会呈现波浪式或间歇式的演进。

核心节点掌控能力即节点的引导力与控制力。在演进中起实质操作性作用的是核心节点能力，具有引导力与控制力的核心节点能充分调动可利用的资源，有效组织上下游节点协同演进，使得整条网络信息生态链沿着渐进式的模式演进。在网络信息交流需求、网络信息生态环境或链间关系发生变化时，引导力与控制力强的核心节点能适时地调整网络信息生态链的演进方向。

节点间的协作能力指节点具有与其他节点进行资源、技术等方面协作的能力。节点间的协作能力包括同类型节点间的协作能力和不同类型节点间协作的能力，它们均是网络信息生态链演进的影响因素。当同类型节点间的协作能力较强时，实现高层次平衡的阻力小。网络信息生态链中的每一类节点都具有一定的数量，同类节点中只有单个或少量发生演进可能不足以推动整条链的演化发展，或者能促进整条链的演进但阻力大，这时就需要同类型节点间具备相互协作的能力，大量同类节点间通过资源共享、技术协助等共同推进网络信息生态链的演进。其次，不同类型节点间的协作能力较强更易实现高层次平衡。网络信息生态链基本由信息生产者、信息传递者和信息消费者组成，某一类节点发展，缺乏其他类节点的协助，整链很难达到高级平衡。

4. 网络信息生态链的宏观结构

网络信息生态链的宏观结构是指一定区域范围网络信息生态链的类型和数量，对网络信息生态链演进的动力和方向有较大影响。

网络信息生态链的宏观结构会对网络信息生态链演进动力产生较大影响。某一区域内网络信息生态链的类型与数量不仅对同类网络信息生态链间竞争强度以及异类网络信息生态链间合作强度有着重要的影响，同时为网络信息生态链的演进方向提供了重要的引导作用。网络信息生态链的演进应尽可能与同一区域内的其他网络信息生态链在资源、功能等方面互补，从而促进同一区域内网络信息生态链的协同发展。当区域内同类型网络信息生态链数量较多时，则链与链之间的竞争关系较为强烈，会激发网络信息生态链演进动力；而当区域内同类型网络信息生态链数量较少时，网络信息生态链占据的信息资源会较为丰富，网络信息生态链则缺乏演进的动力。

网络信息生态链的宏观结构会对网络信息生态链演进方向产生较大影响。当区域内网络信息生态链类型较全，但各类链数量较少时，网络信息生态链则会朝着扩大规模的方向演进；当区域内网络信息生态链类型较全，且各类链数量较多时，网络信息生态链则会朝着功能完善的方向演进；当区域内网络信息生态链类型不全，但同类链数量较多时，网络信息生态链则会朝着整链转型的方向演进。

5. 网络信息生态链链间竞合关系

网络信息生态链链间竞合包括两条及两条以上网络信息生态链之间竞争关系和合作关系。这两种关系的变化会对网络信息生态链的演进动力和演进方向产生较大的影响。

网络信息生态链之间的竞争加剧会激发网络信息生态链的演进动力，且链际竞争越激烈，网络信息生态链的演进动力越强。竞争是一个优胜劣汰的过程，演进有利于获得竞争优势。网络信息生态链要想在竞争中不被淘汰，都希望通过由低层次平衡向高层次平衡的演进来获得必要的资源，优化其结构，完善其功能，从而获得竞争优化，提高竞争力。网络信息生态链演进动力与链际竞争的激烈程度成正比，链际竞争不太激烈时，网络信息生态链的演进动力不足，随着链际竞争的加剧，迫于竞争压力，网络信息生态链的演进动力会越来越强烈。

网络信息生态链之间竞争的对象与方式会影响网络信息生态链的演进方向。网络信息生态链之间竞争的对象可以是网络信息主体、网络信息人才、资金等，不同资源的争夺方式有较大的差异。若网络信息生态链之间是争取更多的网络信息主体加入本链，具有竞争关系的网络信息生态链都会以规模扩大为演进方向，对于优势明显的网络信息生态链来说，可能仅仅以扩大规模为演进方向，而对于处于劣势地位的网络信息生态链而言，要以增加新功能或强化现有功能来吸引网络信息主体入链稳住链中的信息主体不让其流失，还应朝着功能完善的方向演进。

当网络信息生态链之间为合作关系加强时，由于参与合作的网络信息生态链之间可以实现资源共享，协同完成信息流转工作，各链的信息流转效率都较高，会导致网络信息生态链演进的动力不足。当然，为了实现网络信息生态链间的协同发展，参与合作的网络信息生态链必须达到功能吻合、技术兼容，以便提高链间合作度，部分链也会产生演进动力，选择有利于合作的演进方向。例如，网络信息技术总是处于不断发展的过程中，网络信息生态链开发与利用的网络信息技术可能有较大的差异，具有长期和紧密合作关系的网络信息生态链为了达到技术兼容需要其中一方进行技术改造和更新，将会导致某一网络信息生态链朝着技术升级的方向的演进。

网络信息生态链之间多方面紧密合作有利于演进的顺利进行，网络信息生态链能实现渐进式演进。若链际合作较松散、不稳定，网络信息生态链则会出现间歇式演进或波浪式演进。

6. 网络信息交流需求

信息主体对网络信息交流需求的大小直接决定着加入网络信息生态链的信息主体的数量。网络信息交流需求的增加或减少都可能影响网络信息生态链的演进动力和演进方向。

网络信息交流需求增加主要表现为信息生产者希望通过网络信息交流实现大范围、高速度、有针对性的信息传播；信息消费者希望通过网络信息交流及时方便地获得针对性强、质量高的信息；信息传递者希望通过网络快捷地了解信息生产者的信息生产情况和信息消费者的信息需求，提高信息传递效率。网络信息交流需求增加意味着将有更多的信息生产者、信息传递者和信息消费者愿意借助网络信息交流的优势来传播、获取信息，有更多的信息主体加入到网络信息生态链中。一些网络信息生态链可能会产生扩大网络信息生态链规模为主导而实现高层次平衡的演进动力，并沿着扩大网络信息生态链规模，即扩大链的长度或宽度的方向演进。

网络信息交流需求减少主要表现为信息生产者不愿意通过网络渠道进行信息传播；信息消费者不愿意通过网络渠道获取信息；信息传递者不愿意通过网络渠道与信息生产者和信息消费者进行信息交流。网络信息交流需求的减少意味着网络信息主体会流失，网络信息生态链会产生通过演进来防止网络信息主体流失的动力。网络信息交流需求的减少往往与网络信息交流功能不能满足网络信息主体的信息流转要求相关，网络信息生态链要防止因网络信息交流需求减少而造成的网络信息主体流失，就必须增加网络信息生态链的功能，提高信息流转质量和速度，使网络信息生态链朝着功能完善的方向演进。

7. 网络信息本体

网络信息本体是网络信息生态链中流转的内容，是网络信息生态链形成与演进的前提，没有网络信息需要流转，也就不必要有网络信息生态链的存在，更谈不上网络信息生态链的演进。网络信息本体的结构及变化会对网络信息生态链演进方向产生较大影响。

网络信息内容复杂化、网络信息数量增大、网络信息形式多样化必然会影响网络信息生态链中的信息流转数量与流转方式。当网络信息本体结构发生变化时，网络信息生态链只有增强其信息流转功能，才能实现内容复杂、数量庞大、形式多样的网络信息的有效流转。可见，网络信息内容的复杂化、网络信息数量的增大、网络信息表现形式的多样化可能使一些网络信息生态链产生以完善功能为主导的方向演进。当网络信息生态中某些类型网络信息本体大量增加时，原来流转其他信息的网络信息生态链可能转变信息流转内容，主要进行类网络信息本体的流转，该网络信息生态链会朝着链转型的方向演进。

8. 网络信息技术

网络信息技术包括信息设施、设备等硬件，也包括系统软件、应用软件等软件，它们是网络信息生态链进行信息流转的工具，网络信息生态链所采用的信息技术受整个网络信息技术的制约和影响，因此，网络信息技术更新升级会对网络信息生态链演进方向产生较大影响。

随着科学技术的发展，现代信息技术处于不断发展变化中，高新信息技术不断问世并获得应用。在网络信息生态链中采用高新信息技术，网络信息生态链的信息流转功能会更强、信息流转效率会更高。若整个信息网络中采用了高新信息技术，网络信息生态链却无动于衷，则会因技术不兼容而影响信息流转的安全性，甚至无法进行信息流转，这将会使一些信息技术落后的网络信息生态链朝着以信息技术升级为主导的方向演进。

9. 网络信息制度

网络信息制度包括网络信息政策、法律、标准、伦理等方面。网络信息制度通常由有关部门制定，其实施一般具有强制性，对网络信息生态链的信息流转活动、信息技术使用、信息主体行为以及链间关系等进行引导和约束，也直接影响网络信息生态链链内制度的建设和执行。因此，网络信息制度的创新对网络信息生态链演进动力、演进方向和演进模式都有较大的影响。

网络信息制度既是网络信息生态链演进的外部动力，也能激发网络信息生态链演进的内在动力。有的网络信息制度要求或鼓励网络信息生态链进一步发展壮大，直接成为网络信息生态链演进的外在动力。有些网络信息制度使网络信息生态链看到了发展前景和发展机遇，能激发网络信息生态链中信息主体产生演进动力。

网络信息制度能规定或引导网络信息生态链的演进方向。政府可根据当地社会经济发展需要，在相关网络信息发展战略中直接规定某些网络信息生态链的演进方向；也可以通过政策确定鼓励或限制发展的网络信息活动领域和方式，引导网络信息生态链根据自身的实际情况，正确地选择其演进方向。

网络信息制度能为网络信息生态链的演进提供支持和保障，影响网络信息生态链的演进模式。若政府为网络信息生态链的演进出台优惠政策，并为网络信息生态链演进提供人力、物力和财力支持，相关网络信息法律对网络信息主体行为进行了限定，且在网络信息宏观制度的指导下完善了网络信息生态链内部制度，则演进过程中资源有保障、链中信息主体行为规范且协调性强，能按照计划的路径、方式和速度演进，网络信息生态链的演进呈渐进式。

参 考 文 献

邓恬湉.2014. 基于演化博弈论的网络信息生态链演化机制研究[D]. 华中师范大学硕士学位论文.
李北伟，董微微，富金鑫.2012. 基于演化博弈理论的网络信息生态链研究[J]. 图书情报工作，(22)：102-106.
李北伟，董微微.2013. 基于演化博弈理论的网络信息生态链演化机理研究[J]. 情报理论与实践，(3)：15-19.
肖静，李北伟.2014. 基于演化博弈论的网络信息生态链演化过程研究[J]. 情报理论与实践，(3)：36-40.
徐越，肖静，李北伟.2015. 网络信息生态链演化过程仿真研究[J]. 情报科学，(9)：121-125.
杨瑶.2013. 网络信息生态链演进机理与发展策略研究[D]. 华中师范大学博士学位论文.
LI B，FU J. 2013. Research on Simulation of the Networks Information Ecological Chain Evolutionary Process in Complex Network Perspective[C]. Beijing，IEEE，182-185.
SHIM S，LEE B. 2006. Evolution of portals and stability of information ecology on the web[C] // Proceedings of the 8th international conference on Electronic commerce: The new e-commerce: innovations for conquering current barriers, obstacles and limitations to conducting successful business on the internet. ACM，584-588.

第4章 网络信息生态链运行机制

网络信息生态链形成后，除了有时需要进化外，大部分时间都是在正常运行。研究网络信息生态链运行机制，能指导网络信息生态链的有效运行。网络信息生态链的运行主要通过链内节点之间的合作竞争，进行信息流转，进而实现价值增值和共生互利，并达到网络信息生态链的动态平衡。本章主要探讨网络信息生态链运行中的信息流转机制、合作竞争机制、价值增值机制、共生互利机制和动态平衡机制。对于每一运行机制，均是在阐述其基本理论（如流转机制的方式与模型、动力与效率，竞争合作的范围与类型、主要形式，价值的概念与类型以及价值增值的种类与方式，共生互利的含义与类型，动态平衡的主要标志与方式）的基础上，通过专家调查法确定各机制中重要的影响因素，并对重要影响因素的作用机理进行分析。为了能够更加系统、科学与合理的提炼与分析网络信息生态链各运行机制中的影响因素，我们通过专家访谈以及课题组成员的反复讨论，设计了网络信息生态链运行影响因素调查表（表4-1），邀请从事信息资源管理、信息生态、电子商务、电子政务等相关领域研究的18位专家填写调查表。让专家采取打分的形式来判定所列出各项影响因素对网络信息生态链各运行机制影响的重要程度：4表示影响很大，3表示影响较大，2表示影响一般，1表示影响较小，0表示无影响。通过对各项影响因素统计结果进行平均，得出最终分数。我们认为通过专家调查法所得到的各项影响因素得分超过2.6分（即三分之二的专家认为此因素重要）即为重要的影响因素，然后对各运行机制的重要影响因素的作用机理进行具体分析。

表4-1 网络信息生态链运行影响因素调查表

影响因素	链运行的维度	信息流转（信息流转的动力与效率）	合作竞争（节点竞合的类型、形式与程度）	价值增值（价值增值类型、方式与大小）	共生互利（节点获利结构、互利公平性）	动态平衡（要素协调度、功能完善度、相对稳定度）
链内因素	链的性质与任务（链的社会职能、所流转的信息类型和数量）					
	链的结构（链的节点素质，节点连接与组合方式，节点的平等、竞合、利益关系）					
	链内组织管理（链内管理机构与管理制度）					
链际因素	链的宏观构成（区域内网络信息生态链的类型及数量）					
	链际竞合关系（区域内网络信息生态链际合作、竞争的状况）					
	链际组织管理（区域内网络信息生态链际管理机构与管理制度）					

续表

影响因素	链运行的维度	信息流转（信息流转的动与效率）	合作竞争（节点竞合的类型、形式与程度）	价值增值（价值增值类型、方式与大小）	共生互利（节点获利结构、互利公平性）	动态平衡（要素协调度、功能完善度、相对稳定度）
网络环境因素	网络信息主体（网络用户类型、数量及网络信息交流需求）					
	网络信息本体（网络信息构成、数量及增长速度、质量、形式）					
	网络信息技术（网络技术和基础设施的先进性，发展更新情况）					
	网络信息人才（网络信息人才的结构、数量和素质）					
	网络信息宏观管理（网络管理机构与政策、法规、伦理）					

4.1 网络信息生态链信息流转机制

4.1.1 网络信息生态链信息流转的方式与模型

1. 网络信息生态链信息流转的方式

网络信息生态链信息流转主要包括信息流动和信息转化两类方式[①]。信息在网络信息生态链中不同信息主体种之间流动，并在网络信息生态链的某些节点上进行转化[②]。

1) 信息流动方式

网络信息生态链上信息流动是指信息在不同网络信息主体及其相应网络设施之间的运动，包括网络设施间的信息流动以及信息主体与网络设施间信息流动。

（1）网络设备之间的信息流动。它是指网络设备、终端或网络平台间的信息流动。网络设施间信息流动需要有完备的网络通信设备、网络传输介质和网络通信软件方能实现。借助于当前功能强大的各种网络软、硬件，网络设施间的信息流动可以在极短的时间内完成。

（2）信息主体与网络设施间信息流动。它是指网络信息生态链中信息主体与网络平台、终端等物质载体间的信息流动，是人与机器之间的信息交互。信息主体与网络设备之间的信息流动需要借助于各种输入设备和输出设备，如键盘、鼠标、显示器、打印机等来完成。此类信息流动由于受到人工输入和计算机输出速度的限制，流动速度往往没有网络设备间信息流动速度快。

2) 信息转化方式

信息转化是指网络信息生态链中信息内容或形式的转换与变化，有自动转化、人工转化两种方式。

[①] 娄策群，杨瑶，桂晓敏. 网络信息生态链运行机制研究：信息流转机制[J]. 情报科学，2014（6）：10-14，19.
[②] 娄策群，周承聪. 信息生态链：概念、本质和类型[J]. 图书情报工作，2007（9）：29-32.

（1）自动转化。自动转化方式是通过网络信息生态链中的计算机系统来完成信息转化。具体方式有信息载体转化、信息形式转化、信息汇集、信息过滤、信息处理、信息排序、信息整合、信息存储等。

（2）人工转化。人工转化方式是通过网络信息生态链上网络信息主体的人脑对信息进行加工处理来完成信息转化。具体方式有信息搜集、信息筛选、信息摄取、信息鉴别、信息生产、信息加工、信息发布、信息吸收、信息反馈等。

2. 网络信息生态链信息流转的模型

网络信息生态链中参与信息流转的有网络信息主体、网络信息处理系统和网络传输介质。网络信息主体包括网络信息生产者、网络信息传递者和网络信息消费者；网络信息处理系统包括网络终端和网络平台。如果用信息生产者 1、2、3……表示参与信息流转的多个信息生产者，用信息消费者 a、b、c……表示参与信息流转的多个信息消费者，用终端 1、2、3……表示信息生产者 1、2、3……对应的信息生产终端，用终端 a、b、c……表示信息消费者 1、2、3……对应的信息消费终端；用粗线条方框表示网络设备，细线条方框表示网络信息主体；用箭头表示信息的流动，其中虚线代表信息主体与网络设备之间的信息流动，实线代表网络设备之间的信息流动；阴影框内的信息活动表示与其相对应网络信息主体或网络设备所进行的信息转化活动。设网络信息生态链中只有一级信息传递者及相应的网络平台，则网络信息生态链信息流转基本模型如图 4-1 所示。

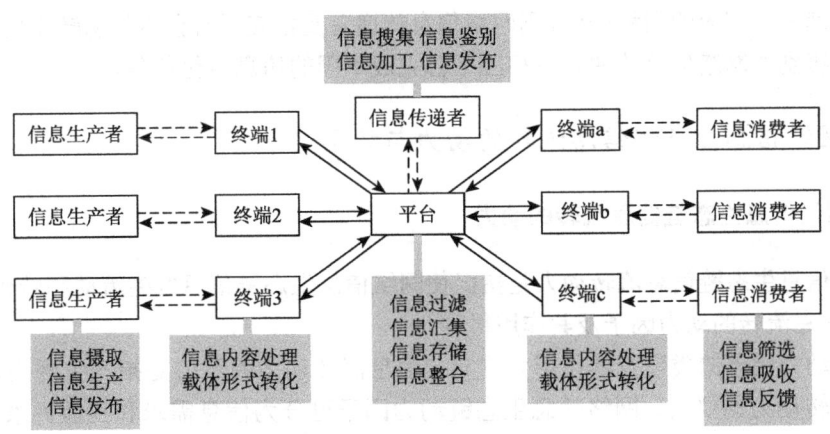

图 4-1　网络信息生态链信息流转基本模型

网络信息生态链各类信息主体及其网络信息处理系统所要完成的信息流转活动如下。

网络信息生产者通过多种途径从外界摄取信息，结合自身所拥有的信息，进行信息生产，将生产出来的信息传递到网络信息生产终端进行发布。网络信息生产者也不断接收网络信息生产终端传递回来的反馈信息。

网络信息生产终端不断与网络信息生产者和网络平台进行信息交互，并对信息内容和形式进行转化。一方面，网络信息生产终端根据自身和网络平台对信息载体、形式、格式等方面的要求，将接收到的网络信息生产者所生产的信息进行相应的转化，并将转化后的信息传递到网络平台。另一方面，网络信息生产终端接收网络平台的反馈信息并将其传递给生产者。此外，网络信息生产终端还会对所接收的信息内容进行汇总、运算、分析、编排等处理。

网络平台要不断与网络终端以及网络信息传递者进行信息交互。一方面，网络平台将其接收到的各类信息汇集在一起，结合自身的需求进行信息过滤，剔除无用信息，并将这些离散、多元、异构的信息整合起来，建立信息之间的联系，且将过滤、整合后的信息按照一定格式和顺序存储起来，以便反复地利用。另一方面，网络平台将其处理后的信息传递给网络信息传递者，由网络信息传递者对信息做进一步的人工转化，并把各种合适的信息传递给网络信息生产终端和网络信息消费终端。

网络信息传递者不断地搜集网络信息生态链以外的各种有用信息，并接收网络平台传递过来的信息，对这些信息进行鉴别，去除虚假无用的信息；对真实有用的信息进行编辑、组织、综合等加工处理；将加工处理后的信息传递到网络平台中进行发布。

网络信息消费终端要与网络平台和网络信息消费者进行信息交互，并对信息内容和形式进行转化。网络信息消费终端要对来自网络平台的信息内容进行过滤、排序等处理以及载体形式转化，对来自网络信息消费者的需求信息和反馈信息进行载体形式转化。

网络信息消费者接收网络消费终端传递过来的信息，根据自身的需求对信息进行筛选以后，消化吸收信息，并将吸收信息的结果以及自身新的信息需求等通过网络信息消费终端反馈给网络信息传递者或网络信息生产者[①]。事实上，一些网络信息生态链中可能有多级信息传递者及相应的网络平台，则网络信息传递者及相应平台会将信息转化任务进行分解，不同级别的网络信息传递者及相应平台完成不同的信息转化任务。

4.1.2 网络信息生态链信息流转的动力与效率

1. 网络信息生态链信息流转的动力

网络信息生态链信息流转动力是指促使网络信息生态链信息发生流动和转化的力量。

1) 信息流转的动力因子及其作用机理

（1）动力因子的类型及其作用力方向。信息流转动力因子就是指产生网络信息生态链信息流转动力的要素。网络信息生态链动力因子可分为信息需求和利益诉求两类。信息需求是指网络信息生态链上各类网络信息主体对某种或某几种信息的需要。网络信息生态链信息流转的目的之一就是为了满足网络信息主体的信息需求。信息需求是信息流转的拉动力，拉动信息正向、反向的流转。例如，网络信息消费者具有某方面信息需求，就会拉动网络信息生产者生产这方面的信息，拉动网络信息传递者传递这类信息给网络信息消费者，从而拉动信息流转。人们的利益诉求形成人们的动机，成为驱动人们活动的动因。网络信息主体加入网络信息生态链都出自于对利益的诉求。网络信息主体追求

---

① 曹振飞. 网络社会生态系统中信息流动的模型研究[J]. 技术与创新管理，2010，31（6）：684-688.

的利益包括物质利益和精神文化利益。利益诉求是信息流转的推动力。例如,网络信息生产者出于对物质利益的诉求会进行信息的生产,并推动信息流转至网络信息消费者,通过网络信息消费者对信息的购买来获得物质利益。

(2) 不同主体的动力结构。网络信息生态链的动力来自于链内和链外的不同主体。网络信息生态链链内主体包括网络信息生产者、网络信息传递者、网络信息消费者,链外主体包括政府部门及相关社会组织。不同主体的动力结构不同,动力因子的作用大小也存在区别。

网络信息消费者的信息需求是信息流转动力因子,而网络信息消费者的利益诉求是非信息流转动力因子。网络信息消费者的利益诉求虽然不直接对信息流转产生拉动作用,但通过作用于信息需求而间接作用于链上的信息流转。网络信息消费者的利益诉求引发其产生各种信息需求,所产生的信息需求就会对信息流转产生拉动作用。

网络信息传递者的利益诉求和信息需求均为信息流转动力因子。网络信息传递者生存和发展的主要目的就是为了获得利益,其利益是通过获取网络信息生产者生产的信息并传递给网络信息消费者,以及获取网络信息消费者的信息需求并反馈给网络信息生产者获得的,因此,网络信息传递者的利益诉求就会激发其产生对网络信息生产者供给信息和网络信息消费者需求信息的需求。可见,网络信息传递者的利益诉求是推动信息流转的主动力,利益诉求决定了网络信息传递者信息需求的对象和内容,网络信息传递者的信息需求是拉动信息流转的辅动力。

网络信息生产者的利益诉求和信息需求也均为信息流转动力因子。网络信息生产者生存和发展的目的也是为了获得利益。网络信息生产者主要通过生产出网络信息消费者需要的信息来获得利益,因此网络信息生产者的利益诉求就会激发其产生对网络信息消费者和网络信息传递者反馈信息的需求。可见,网络信息生产者的利益诉求是推动信息流转的主要动力,其对网络信息消费者和网络信息传递者反馈信息需求为拉动信息流转的辅动力。

政府部门及相关社会组织的利益诉求也是网络信息生态链信息流转的动力因子。政府部门及相关社会组织需要对包括网络信息生态链在内的网络虚拟社会和现实社会进行监督、管理,并通过制定政策、制度或采取措施推动虚拟社会和现实社会向前发展,其所追求的利益主要是社会利益和政治利益。例如,政府部门及相关社会组织的某些利益诉求恰好为网络信息生态链中的信息主体提供了获利的机会,也就给网络信息生态链信息流转带来了动力。

2) 信息流转的动力来源及其传导机理

网络信息生态链信息流转的动力来源是指信息流转初始动力的来源,动力传导是指初始动力引发或激发其他节点产生动力的过程。由于在不同主体的动力结构中,主动力起主导作用,因此,这里仅对主动力来源及其传导机理进行分析。根据主动力的不同来源和传导机理不同,可将其分为网络信息消费者拉动型、网络信息传递者推拉型、网络信息生产者推动型、政府及相关社会组织促进型4类。

(1) 网络信息消费者拉动型。在网络信息消费者拉动型中,初始动力源于网络信息消费者的信息需求。由于网络信息消费者的信息需求一旦由网络信息生产者或网络信息传递者予以满足,那么网络信息生产者和网络信息传递者就能获得相应的利益,因此,网络信息消费者的信息需求传导至网络信息传递者时，会激发网络信息传递者的利益诉求；由于网络信息传递者只是起到信息传递作用，仅靠其自身无法满足网络信息消费者的信息需求，因此网络信息传递者会将动力继续传导给网络信息生产者，激发网络信息生产者的利益诉求，促使其进行相应信息的生产以满足网络信息消费者的信息需求。网络信息消费者的信息需求也可以直接传导至网络信息生产者，激发网络信息生产者的利益诉求。在这种类型中，网络信息消费者的信息需求在前方拉动网络信息生产者生产信息和网络信息传递者传递信息。网络信息消费者拉动型动力来源及其传导机理如图4-2所示（图中，粗方框代表动力来源，箭头代表动力传导方向）。

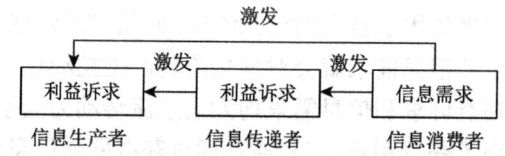

图4-2　网络信息消费者拉动型动力来源及其传导机理

（2）网络信息传递者推拉型。在网络信息传递者推拉型中，初始动力源于网络信息传递者的利益诉求。网络信息传递者的利益诉求使其设想通过传递某些社会需求量大、网络信息主体生产经营效益较好的信息来获取利益，并将其设想告知网络信息生产者，激发网络信息生产者的利益诉求并推动其进行信息生产。同时，网络信息传递者也会将其设想告知网络信息消费者，引发网络信息消费者的信息需求并拉动其进行信息消费。网络信息传递者推拉型动力来源及其传导机理如图4-3所示。

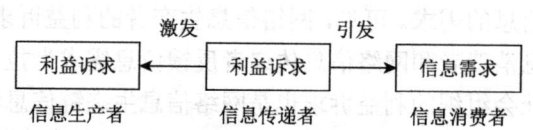

图4-3　网络信息传递者推拉型动力来源及其传导机理

（3）网络信息生产者推动型。在网络信息生产者推动型中，初始动力源于网络信息生产者的利益诉求。网络信息生产者的利益诉求会促使其生产某些信息，并将这些信息向网络信息传递者和网络信息消费者宣传推广，从而激发网络信息传递者传递通过这些信息而获利的诉求，引发网络信息消费者对这些信息的需求。此外，网络信息传递者也会将这些信息向网络信息消费者推广，引发网络信息消费者的信息需求。网络信息生产者推动型动力来源及其传导机理如图4-4所示。

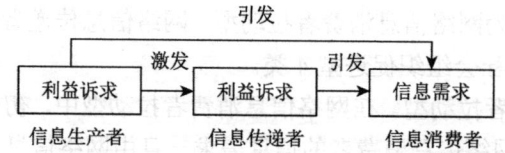

图4-4　网络信息生产者推动型动力来源及其传导机理

（4）政府部门及相关社会组织促进型。在政府部门及相关社会组织促进型中，初始动力源于政府部门及相关社会组织的利益诉求。政府部门及相关社会组织的利益诉求会使网络信息生产者和网络信息传递者发现商机，通过生产或传递相关信息获得利益，从而激发网络信息生产者和网络信息传递者的利益诉求；也会使网络信息消费者能够利用相关信息而获得利益，从而引发网络信息消费者的信息需求。政府部门及相关社会组织促进型动力来源及其传导机理如图4-5所示。

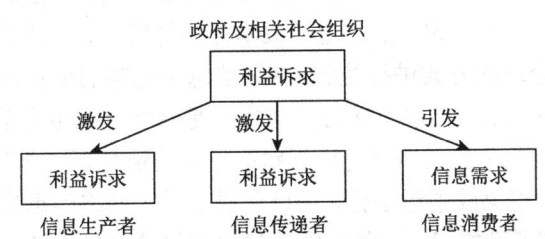

图4-5 政府部门及相关社会组织促进型动力来源及其传导机理

2. 网络信息生态链信息流转的效率

网络信息生态链信息流转效率表现为信息流转的速度、质量及成本[①]。

1）信息流转速度

信息流转速度是指信息在网络信息生态链上流动、转化的速度，包括信息在传输通道中传输的速度以及信息被网络信息主体接收、处理后转发的速度。由于在网络正常的情况下，网络信息生态链中两个主体之间信息传输速度很快、耗时可以忽略不计。因此，网络信息主体接收、处理信息后转发的平均速度就代表了网络信息生态链的信息流转速度。信息具有很强的时效性，若传递和利用不及时，其使用价值就会大打折扣，甚至成为阻塞信息流转通道的垃圾信息，影响网络信息生态链功能的实现。网络信息生态链信息流转效率高主要表现在两个方面：①上下游节点之间的信息流转渠道畅通无阻，即信息的传递与反馈渠道畅通，可以快速、完整地传递信息。信息在流动过程中的时滞短，无信息流动渠道堵塞和中断现象；②信息主体能够对获得的信息做出快速反应并迅速处理，网络信息生态链中不存在因人为原因或程序烦琐导致的信息处理滞后，亦不会因技术水平较低导致的信息处理速度慢和信息滞后。

2）信息流转质量

信息流转质量是信息在网络信息生态链上流转的优劣程度。信息流转质量可以通过信息流向的针对性、信息转化的准确性、信息内容的保真性等指标来衡量。信息流向的针对性是指网络信息生态链中信息是否流向了需要该信息的网络信息主体。信息转化的准确性要求网络信息主体能够正确、客观理解信息内容，并能够对信息内容、形式进行合适的加工、处理。信息内容的保真性是指网络信息生态链上信息流转过程中，信息在语法、语义、语用三个层面上失真较小或不失真，而信息失真是网络信息生态链中主体在一系列信息活

---

① 娄策群，等. 信息生态链优化准则探析[J]. 情报科学，2010（10）：1441-1445.

动中因处理不当或维护不力而使原本在一定程度或时间范围内可获得质量保证的信息出现了错误[①]。网络信息生态链信息流转质量高表现为：①信息流向针对性强；②信息转化准确率高；③信息失真和流失量小。

3）信息流转成本

信息流转成本是指信息在网络信息生态链上的流转过程中所耗费的成本，具体包括网络信息技术设备投入成本、信息采集和搜寻成本、人力资源投入成本、网络信息生态链运行与管理成本等。在效果不变的情况下，信息流转的成本越低，信息流转获得的收益就越大。但对于网络信息生态链来说，信息流转成本并非越低越好。因此，网络信息生态链上信息流转成本应采用合理的方式进行控制。网络信息生态链的信息流转成本低主要表现在两个方面：①必要成本较低，信息流转必要成本低是网络信息生态链成本控制的重点，在保证网络信息生态链的信息流转顺畅、运行状态稳定的情况下，合理控制必要成本，使之发挥最大的效用；②可避免成本最小化，可避免成本是在网络信息生态链的信息流转过程中不必要或可以规避的资源投入。一条功能良好的网络信息生态链应能最大限度地减少甚至消除可避免成本，或尽可能将尚未削除的可避免成本转化为效益。

4.1.3 网络信息生态链信息流转的影响因素

1. 网络信息生态链信息流转主要影响因素的确定

综合专家调查结果，网络信息生态链信息流转各影响因素的得分如表4-2所示。

表4-2 网信息生态链信息流转影响因素专家调查结果

运行机制	链内因素			链际因素			网络环境因素				
	链的性质与任务	链的结构	链内组织管理	链的宏观构成	链际竞合关系	链际组织管理	网络信息主体	网络信息本体	网络信息技术	网络信息人才	网络信息宏观管理
信息流转	3.0	3.8	3.0	1.5	1.9	2.1	2.5	2.7	2.8	2.0	2.7

由表4-2可知，在影响网络信息生态链信息流转的三类因素中，链内因素中链的性质与任务、链的结构以及链内组织管理因素均对网络信息生态链信息流转产生重要影响。网络环境因素中的网络信息本体、网络信息技术、网络信息制度对网络信息生态链信息流转也有较大影响。如前文所述，各类影响因素主要是从网络信息生态链的信息流转动力及信息流转效率两个方面来考虑的，我们在专家调查结果的基础上对各类影响因素的具体作用对象进行了更细致的分析，认为链内因素中链的性质与任务、链的结构、链内组织管理对网络信息生态链流转动力与效率均产生重要影响，网络环境因素中的网络信息本体、网络信息技术、网络信息宏观管理对网络信息生态链信息流转效率产生较大影响。网络信息生态链信息流转影响因素理论模型如图4-6所示。

---

① 王晶，等. 供应链信息管理[M]. 北京：科学出版社，2010：87.

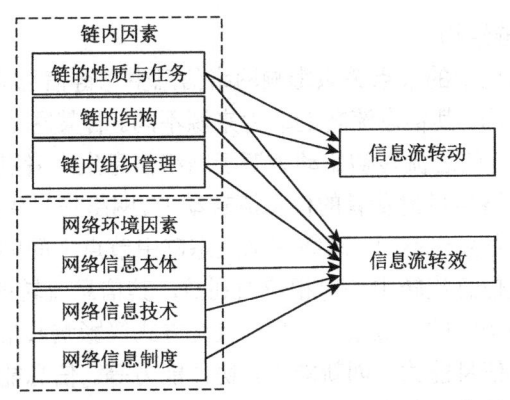

图 4-6 网络信息生态链信息流转影响因素理论模型

2. 网络信息生态链信息流转主要影响因素的作用机理

1）链的性质与任务

网络信息生态链的性质与任务不同，信息流转的动力也会不同。不同性质的网络信息生态链，链内信息主体的利益诉求存在差异，信息需求类型也会不同。例如在数字图书馆信息生态链中流转的学术研究报告、专著书籍、文献资料等信息目的是为高校教师、科研人员、学生以及广大读者等提供专业的知识服务，用户的信息需求具有较强的专业性与知识性，因而其利益诉求也主要以素质利益为主；因此数字图书馆信息生态链的信息流转动力也会以满足用户知识需求及素质提升为核心。而对于电子商务信息生态链而言，链内流转与商务活动有着密切关联的信息，其主要任务是促进商务活动的顺利开展，满足信息消费主体对商务活动相关的信息需求，从而满足其经济利益，因此电子商务信息生态链信息流转动力主要以满足消费者商务信息需求及经济利益诉求为核心。

此外，网络信息生态链上流转信息的类型影响信息流转的速度与质量，进而影响信息流转效率。从网络信息内容角度划分，可以将网络信息分为政治性文件、学术研究报告、经济活动信息、历史文献资料、文学艺术信息、生活服务信息以及娱乐性信息等[1]。政治性文件、学术研究报告、历史文献资料通常以较为正式严肃的形态存在，如电子政府出版物、电子文摘、数字图书、电子期刊等，其生产过程严格且时间较长，一旦生产出来，其信息内容会比较系统、成熟，具有较高的价值，因此这类信息在链上流转时，流转速度较慢，成本较高，但流转过程中不易出现失真或受损，流转质量较高。经济活动信息、文学艺术信息、生活服务信息以及娱乐性信息是网络大众日常需要的信息，非常强调新颖及时，流转速度较快，但对信息的形式、内容没有过高的要求，因此这类信息往往内容不够成熟，流转过程中极易被修改从而使信息失真或受损，流转质量不高。社会热点信息也是一段时间内网络信息主体所关注的焦点，这类信息在网络信息生态链上流转时，其速度远远高于其他信息的流转速度。不同类型的信息在不同类型的网络信息生态链上流转的速度各不相同。与网络信息生态链相关性较大的信息在该条链上流转速度较快，与网络信息生态链相关性不大的信息在该条链上流转速度较慢或因无人关注而不流转。

---

[1] 张晓娟. 网络信息资源：概念、类型及特点[J]. 图书情报工作，1999（2）：10-12.

2）网络信息生态链结构

网络信息生态链结构中的节点关系影响网络信息生态链信息流转动力。网络信息生态链中节点的主次关系不同，其信息流转的动力来源不同。若某网络信息生态链中以信息生产者为关键节点，则该链信息流转初始动力源于网络信息生产者利益诉求的较多，进而激发网络信息传递者和网络信息消费者的信息流转动力。网络信息生态链中节点的利益关系不同，其信息流转的动力大小不同。网络信息生态链中节点之间的利益分配公平，利益协调程度高，节点都能从信息流转中获得相应的利益，其信息流转的动力了较大。

网络信息生态链结构中的节点素质、节点组合方式等影响其信息流转效率。网络信息生态链的节点素质包括信息能力，创新能力，协作能力等。信息能力越强，越能及时、准确、有针对性的获取各种信息并真实、可靠、客观地处理信息，从而提高信息质量、控制信息流向。创新能力越强，越能结合自身已有的知识结构创造出新的信息流转方式方法，从而提高信息流转的速度和质量，降低信息流转成本。协作能力越强，节点之间的协调配合越好，信息流转的速度和质量越高。网络信息生态链的长度会影响到信息流转的速度和质量，网络信息生态链越长，信息流转所需经过的环节越多，信息流转速度越慢。但链的长度大意味着链中不同类型的节点多，节点间分工会更细致，这有利于节点专注于自身的核心优势，提高信息处理能力，从而提高信息流转质量。网络信息生态链的宽度会影响到信息流转的速度、质量和成本。网络信息生态链越宽，同一层级中执行相同功能的节点数量越多，与之相邻层级节点的信息来源就越多，即使某一个节点出现问题也不会影响到信息的流转，可确保信息流转链不会断裂。宽度过窄会导致信息流转链不稳定、易断裂。但某层级节点过多会使下游节点信息来源过多且所需接受和处理的信息量过大，会降低信息流转的速度和质量；另外，宽度过大会导致同类节点之间竞争激烈，不利于节点的生存发展，且容易形成节点之间恶性竞争，从而提高信息流转的成本。

3）链内组织管理

链内组织管理是指链内组织管理机构或核心节点通过规章制度、经济手段等对链的结构和功能以及节点观念与行为进行调控。良好的链内组织管理能够协调节点之间的竞合关系和利益关系，调动节点流转的积极性，从而激发和增强网络信息生态链的信息流转动力。网络信息生态链内健全的组织管理机构与相关规章制度能够及时发现和解决链内信息流转中出现的问题，规范节点的信息流转行为，调解信息流转活动中的矛盾，从而提高信息流转效率。

4）网络信息本体

网络信息的数量和质量影响链内所流转的信息数量和质量，进而影响网络信息生态链的信息流转效率。网络信息生态链是开放的，动态的，需要不断地与外部环境发生信息交换。通常情况下，某一类网络信息本体数量越大，则流转该类型信息的网络信息生态链内流转的信息量也会相对较大；网络信息本体质量越高，则流转该类信息的网络信息生态链内流转的信息质量也会相对较高。而在特定环境下，网络信息本体类型与数量也可能会对网络信息生态链的信息流转产生负面的影响。例如网络信息本体数量的激增导致网络信息生态链需要传递的信息量增大，降低了链内各级节点信息转化能力，导致网络信息生态链信息流转速度的下降。

5）网络信息基础设施

网络信息基础设施是指信息流转过程中所应用的软硬件技术和设施，包括计算机、网络接入设备、通信传输介质、网络互联设备和相关网络软件。网络基础设施性能越好，信息传输速度越快、信息加工能力越强，链上信息流转的速度和质量也越高。但同一时期，网络基础设施配置的越好，其价格就越高，信息流转的成本也越高。

6）网络信息制度

网络信息制度包括网络信息政策、法规、标准和相关管理制度等。网络信息生态链存在于网络环境中，其信息流转面临着、垃圾信息、网络病毒以及知识产权保护等一系列问题。这些问题会严重影响到信息流转的速度和质量。例如某些网络病毒在网络信息生态链中传播不仅会堵塞网络，也会增加服务器或客户机的负荷，甚至导致服务器或客户机系统崩溃，使正常信息无法顺利流转；大量垃圾信息充斥网络信息生态链中会使网络信息主体难以快速、正确、完整、客观的理解信息内容和进行信息处理和利用，从而降低信息流转的速度与质量。完善的网络信息政策、法规、标准和管理制度能够对这些问题进行有效的规范与控制，为信息流转创造一个良好的网络环境，确保网络信息生态链信息流转的速度和质量达到一定水平。

4.2 网络信息生态链竞争合作机制

4.2.1 网络信息生态链竞争合作的范围与对象

1. 网络信息生态链竞争合作的范围

网络信息生态链竞争合作范围主要是指参与竞争合作的节点的类型范围，也包括参与竞争合作的节点的地域范围。网络信息生态链节点的竞争合作可以发生在链内同类节点之间，如网络信息生产者与网络信息生产者之间的竞争合作、网络信息传递者与网络信息传递者之间的竞争合作、网络信息消费者与网络信息消费者之间的竞争合作；也可以发生在不同类型节点之间，如网络信息生产者与网络信息传递者之间的竞争合作、网络信息传递者与网络信息消费者之间的竞争合作、网络信息生产者与网络信息消费者之间的竞争合作。参与竞争合作的节点处于不同的地域中，网络信息生态链竞争合作的地域范围可大可小，可以是在同一行政区划范围内，也可跨行政区域，甚至跨境[①]。

2. 网络信息生态链竞争合作的对象

网络信息生态链竞争合作对象是指竞争合作的具体对象。竞争合作对象是针对网络信息生态链中参与竞争合作的某一节点而言的。在网络信息生态链竞争合作中，某一节点的竞争合作对象可以是竞争合作的类型范围内的所有节点，也可以是竞争合作的类型范围内的部分节点。当网络信息生态链竞争合作范围内只有部分节点参与竞争合作时，参与竞争合作的节点都面临竞争合作对象的选择问题。

---

① 娄策群，桂晓苗，杨光. 网络信息生态链运行机制研究：协同竞争机制[J]. 情报科学，2013（8）：3-9.

4.2.2 网络信息生态链竞争合作的类型与形式

1. 网络信息生态链竞争合作的类型

网络信息生态链节点之间竞争合作有竞争、合作、竞合三种类型。

1）节点之间的竞争

竞争是指具有某种共同需要的双方或多方在一定的环境条件下，为了达到各自的既定目标，按照一定的规则，采用相应的手段，在一定的时空范围内进行角逐和较量的活动与过程。网络信息生态链中部分节点在一定时期内可能只在某一方面或某些方面展开竞争。一般来说，网络信息生态链同级节点之间的竞争较多，上下游节点之间的竞争相对较少。

2）节点之间的合作

合作是指两个或者两个以上的个体，共同一致地完成某一目标的活动与过程。网络信息生态链链内节点之间的合作更为常见。网络信息生态链节点之间的合作分为常规合作和专项合作两类。网络信息生态链上下游节点之间本来就是一种合作关系，是一种稳定的常规合作，通过合作共同完成信息流转过程。网络信息生态链同级节点或不同级节点之间还可以在某些方面开展长期或短期的专项合作。

3）节点之间的竞合

当两个主体在某些活动中竞争，而又在其他活动中相互合作时，就呈现出一种二元对立的矛盾关系，这种关系叫作竞争合作[①]。网络信息生态链节点之间的竞合是指在同一时期内，节点之间既有竞争，又有合作。网络信息生态链节点之间的竞合也是一种较为普遍的现象，例如，网络教育生态链中的网络教育机构一方面需要同其他网络教育机构合作，从而获得对方的师资；另一方面需要同该机构竞争，从而获得更多的生源；网络游戏生态链中的网络游戏代理商为获得更多的玩家用户而与其他网络游戏代理商展开竞争，同时又为扩大点卡的销售而与其他网络游戏代理商之间进行合作；电子商务生态链中的电子商务产品供应商一方面要与其他供应商合作以扩大产品市场，另一方面为扩大销量、提升品质或服务而降低价格展开竞争。

2. 网络信息生态链中的竞争形式

根据网络信息主体争夺的对象和内容不同，网络信息生态链中的竞争主要有资源竞争、市场竞争、收益竞争和虚拟空间竞争4种形式。

（1）资源竞争。资源竞争是指网络信息生态链中的信息生态主体对网络信息技术、网络信息人才、网络信息内容等的争夺。对资源的竞争一定程度上能够激发网络信息生态链中信息生态主体的创造性；合理的资源竞争能够提高网络信息资源的利用率，但过度的资源竞争也可能导致网络信息资源的浪费，进而影响网络信息生态链中网络信息的正常流转。对网络信息技术和网络信息人才的竞争一般出现在网络信息生态链链内和链际的信息生产者之间、信息传递者之间或信息生产者与信息传递者之间。网络信息消费者之间的资

---

① MARIA B, Oren K. "Coopetition" in business networks: to cooperate and compete simultaneously[J]. Industrial Marketing Management, 2000, 29（5）: 411-426.

源竞争较少,因为网络信息消费者主要是从上游节点获取信息,而网络信息具有非消耗性和共享性,一般不会引起网络信息消费者的争夺,但对于时效性很强的网络信息,也会引起网络信息消费者之间的竞争。

(2)客户竞争。客户竞争是指网络信息生态链中上游信息主体之间通过增加下游信息主体数量、扩展下游信息主体类型、扩大下游信息主体区域范围的方式来争夺下游信息用户。客户竞争改变了网络信息生态链中上游信息主体的分布,通过价格竞争手段进行的客户竞争,可以降低信息消费者的网络信息获取成本;通过非价格竞争手段进行的客户竞争,可以提高网络信息产品和服务的质量,增强客户对网络信息产品或服务的满意程度。同时,客户竞争也可能直接导致行业垄断。客户竞争是网络信息生态链中较常见的一种竞争形式,主要出现在网络信息生态链链内信息生产者之间或信息传递者之间。

(3)收益竞争。收益竞争是指网络信息生态链中的网络信息生态主体在经济利益分配过程中对收益量的争夺。正当的收益竞争能够促进网络信息生态链中信息生态主体收益分配的合理化,有利于调动竞争各方的积极性,提高网络信息生态链的信息流转效率;不正当的收益竞争会导致网络信息生态链中收益分配的不合理,会挫伤某些信息生态主体的积极性,从而影响网络信息生态链的信息流转效率。收益竞争存在于网络信息生态链的同级节点之间和不同级节点之间。同级节点之间或不同级节点对协同活动中取得的收益进行分配可能会产生竞争。不同级节点之间的收益分配主要表现为上下游节点之间的讨价还价。

(4)虚拟空间竞争。虚拟空间竞争是指网络信息生态链中的网络信息生态主体为了在网络上争得有利空间或席位而展开的竞争。虚拟空间的竞争能够使网络信息生态链中获得有利空间的信息生态主体获取更高的关注,从而扩大其影响。在网络信息生态链中,不仅信息生产者需要利用有利的虚拟空间来推广自己的商品扩大商品影响力,有时候信息传递者、信息消费者也需要利用有利的虚拟空间来体现自己在网络信息生态链中的价值。因此,虚拟空间竞争主要出现在网络信息生态链链内的信息生产者之间,但也可能出现在信息传递者之间或信息消费者之间。

3. 网络信息生态链中的合作形式

根据网络信息生态主体的活动内容不同,网络信息生态链中的合作主要有资源共享、合作研发、联合采购、协同服务、联合推广 5 种形式。

(1)资源共享。资源共享是指网络信息生态链中多个信息生态主体共享某一网络信息生态主体独自拥有或多个网络信息生态主体共同拥有的网络信息内容、网络信息技术设备、网络信息人才等网络信息资源。相对于网络信息链中不同信息主体的需求而言,网络信息资源具有稀缺性,资源共享可以更好地满足网络信息生产者、传递者或消费者的相应需求,也可以提高网络资源的利用率,充分发挥网络信息资源的作用,降低网络信息生态链的运作成本,提高网络信息生态链的运行效率。资源共享是网络信息生态链中最常见的协同形式,它既可以发生在网络信息生态链链内的同级节点之间,也可以发生在网络信息生态链链内的不同级节点之间。

(2)联合采购。联合采购是指网络信息生态链中多个网络信息生态主体联合购买网络信息设备、网络信息系统、网络数据库、网络信息服务或其他产品和服务等。联合采购相对于网络信息生态链中单独采购来说能够提高买方议价能力，降低采购成本；对于网络信息产品和服务生产者而言能够实现批量生产或吸引更多的用户。联合采购这种协同形式一般出现在网络信息生态链链内的同级节点之间。

（3）合作研发。合作研发是指网络信息生态链中多个网络信息生态主体通过共同投入资金、人才或技术、设备等资源，或业务外包方式，合作进行信息技术标准、网络应用软件、网络信息系统、数字信息资源等的研究与开发。合作研发能够发挥网络信息生态链中不同信息生态主体的优势，有效规避各自劣势，实现节点之间的优势互补，进而促进专业化和分工程度的提高；能够加快网络信息系统和数字信息资源的建设速度，提高网络信息系统和数字信息资源的质量；能够促进网络信息资源的共享。合作研发这种协同形式主要出现在网络信息生态链链内的信息生产者之间和信息传递者之间，其次是出现在网络信息生态链链内的不同级别的节点之间。

（4）协同服务。协同服务是指网络信息生态链中多个网络信息主体联合起来为其他网络信息生态主体提供网络信息服务。协同服务能够为服务对象获取信息或服务提供便利，节约服务对象获取网络信息的时间成本；为服务对象提供内容更加丰富且质量更高的信息；提高网络信息服务提供者的竞争力，促进信息产品或者服务的推广。协同服务是网络信息生态链链内信息传递者之间协同的一种主要形式，网络信息生态链链内不同类型的信息传递者之间可能开展协同服务，链内不同级别的信息传递者之间也可能开展协同服务。

（5）联合推广。联合推广是指网络信息生态链中多个网络信息生态主体利用网络协同进行产品或服务的营销、宣传和推广。联合推广不同于协同服务，协同服务的目的在于直接提供服务，而联合推广的目的是对产品或服务的宣传推广。联合推广能够充分利用网络信息生态链中多个信息生态主体的条件和优势，吸引更多的网络信息消费者，扩大产品和服务的应用范围，增加产品和服务的销量。这种协同形式不仅存在于网络信息生态链内的同级节点之间，也存在于不同级节点之间，但前者相对较为常见。

4. 网络信息生态链中不同类型节点之间的竞争合作形式

上述竞争形式和合作形式在网络信息生态链的不同类型节点（即不同类型网络信息主体）之间是不完全相同的，现将网络信息生态链中不同类型节点之间可能出现的竞争合作形式归纳成表 4-3。

表 4-3　网络信息生态链中不同类型节点之间可能出现的竞争合作形式

	主体	竞争	合作
链内同级节点之间	网络信息生产者之间	资源竞争、客户竞争、收益竞争、虚拟空间竞争	资源共享、合作研发、联合采购、协同服务、联合推广
	网络信息传递者之间	资源竞争、客户竞争、收益竞争	资源共享、合作研发、联合采购、协同服务、联合推广
	网络信息消费者之间	资源竞争、收益竞争、虚拟空间竞争	资源共享、联合采购

续表

主体		竞争	合作
链内上下游节点之间	网络信息生产者与传递者之间	资源竞争、客户竞争、收益竞争	资源共享、合作研发、协同服务、联合推广
	网络信息传递者与消费者之间	资源竞争、收益竞争	资源共享、合作研发、联合采购
	网络信息生产者与消费者之间	资源竞争、收益竞争	资源共享、合作研发

4.2.3 网络信息生态链竞争合作的影响因素

1. 基于专家调查法的网络信息生态链竞争合作影响因素的确定

综合专家调查结果，网络信息生态链信息流转各影响因素的得分如表 4-4 所示。

表 4-4 网络信息生态链竞争合作的影响因素专家调查结果

运行机制	链内因素			链际因素			网络环境因素				
	链的性质与任务	链的结构	链内组织管理	链的宏观构成	链际竞合关系	链际组织管理	网络信息主体	网络信息本体	网络信息技术	网络信息人才	网络信息宏观管理
竞争合作	2.6	3.3	2.7	2.5	2.9	1.8	1.9	2.0	2.6	2.7	2.6

如表 4-4 所示，链内因素中的链的性质与任务、链的结构、链内组织管理等因素对网络信息生态链竞争合作的影响比较重要；链际因素中，链际的竞合关系则能够显著影响网络信息生态链的竞争合作，此外，网络环境因素中的网络信息技术、网络信息人才以及网络信息宏观管理等因素对网络信息生态链内的竞争合作影响较大。网络信息生态链竞争合作主要表现在竞争合作的范围与对象、竞争合作类型与形式、竞争合作强度与效率三个方面。据此，可构建如图 4-7 所示的网络信息生态链竞争合作影响因素理论模型。

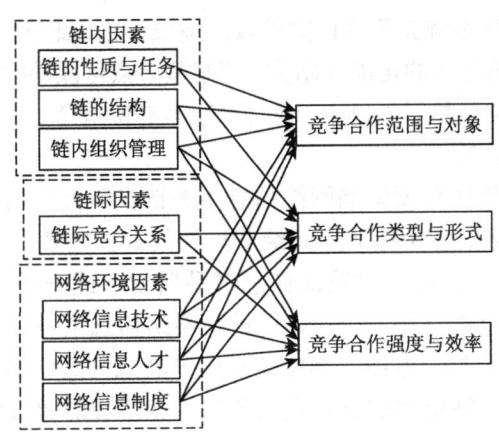

图 4-7 网络信息生态链竞争合作的影响因素理论模型

2. 网络信息生态链竞争合作主要影响因素的作用机理

1）网络信息生态链的性质与任务

不同性质与任务的网络信息生态链因其信息流转目的、信息流转效率要求、信息流转范围等都有所不同，故竞争合作的范围、形式和强度也有较大差异。

（1）不同性质和任务的网络信息生态链所流转的信息内容范围不同，其节点间竞争合作的范围不同。有些网络信息生态链中流转的信息内容综合性强，且信息消费者类型和地域分布广泛，此类网络信息生态链中信息主体的竞争或合作的对象较多，竞争合作对象的专业领域及其地域分布范围较广。而有些网络信息生态链中流转的信息内容专业性强，且信息消费者类型和地域分布较窄，此类网络信息生态链中信息主体的竞争或合作的对象较少，竞争合作对象的专业领域及其地域分布范围就较小。

（2）不同性质和任务的网络信息生态链的信息流转目的不同，其节点间竞争合作的类型与形式不同。有些网络信息生态链信息流转主要出于经济效益的增加，有些网络信息生态链信息流转主要出于管理效益的提升，而有些网络信息生态链信息流转主要出于娱乐消遣。出于经济目的的信息流转较多地引致竞争，出于管理目的的信息流转更多地引致合作，出于娱乐目的的信息流转合作和竞争都较少。

2）链的结构

（1）网络信息生态链的长度影响竞争合作对象的选择，节点分布广度影响竞争合作的范围。若单条网络信息生态链只有网络信息生产者和网络信息消费者两级节点，他们之间进行竞争合作，互为竞争合作对象；在有网络信息传递者的网络信息生态链中，网络信息生产者、传递者、消费者这三级节点中的任何一级节点都可能成为该网络信息生态链上其他两个节点的竞争合作对象。网络信息生态链的延长主要是网络信息生态链中信息传递者层级的增加，随着网络信息生态链长度的增加，不同层级信息传递者之间的竞争或合作增加，而信息生产者与信息消费者之间的竞争或合作减少。若网络信息生态链中节点专业领域较广，网络信息生态链竞争合作的范围就越广。若网络信息生态链节点所涉及的专业领域较窄，网络信息生态链竞争合作的范围就越窄。同理，网络信息生态链中节点的地理区域分布广度与网络信息生态链竞争合作的地域范围成正比。此外，网络信息生态链中节点分布广泛，某些节点跨链运作的可能性增大，即某些节点可能同时是多条信息生态链中的节点，被包含在多条网络信息生态链中，这样会引致链际竞争或合作，网络信息生态链的竞争合作由链内扩展到链际。

（2）网络信息生态链的宽度影响网络信息生态链竞争合作的强度。一方面，网络信息生态链宽度增加，网络信息生态链中同级节点的数量就越多，节点之间的分工就越细，为完成一项复杂的网络信息技术研发或信息产品研发，或开展一项复杂的网络信息服务，更加需要与其他节点进行协同工作，因此，网络信息生态链宽度越宽，信息主体间之间的合作强度会越大。另一方面，网络信息生产者或同级网络信息传递者数量增多，对资源、客户、收益、网络空间的争夺更加激烈，竞争者的数量增加，节点之间的竞争强度增大。

3) 链内组织管理

（1）网络信息生态链链内组织管理影响其竞争合作的范围和对象。链内组织管理对网络信息生态链的竞争合作范围和对象有一定的规划和调节作用，组织管理机构的合理设置与管理制度的完善利于竞争合作范围的确定和竞争合作对象的选择。

（2）网络信息生态链链内组织管理影响其竞争合作的类型和形式。合理的网络信息生态链内组织机构与制度类型可以鼓励节点之间开展合理竞争；能够根据网络信息生态链发展的需要，组织不同类型节点之间开展不同形式的合作；能够引导部分节点在某些方面展开竞争，而在其他方面进行合作。

（3）网络信息生态链链内组织管理影响其竞争合作与效率。网络信息生态链内组织机构越健全、制度越完善、管理水平越高，则网络信息生态链内各信息主体间的合作关系也会愈加密切，竞争强度也会被控制在一个合理范围内，能够及时有效地预防和化解竞争合作节点间的矛盾和冲突，提高网络信息生态链的部分合作效率。

4) 链际竞合关系

（1）网络信息生态链链际竞争合作关系影响网络信息生态链竞争合作类型与形式。网络信息生态链链际竞争与链际合作都会导致网络信息生态链链内节点之间的合作。若网络信息生态链链际竞争激烈，网络信息生态链为了在竞争中获胜，必须加强链内合作，节点之间加强团结，一致对外。若网络信息生态链链际合作项目较多，网络信息生态链也须组织节点参与链际合作项目，参与同一链际合作项目的节点之间应加强合作。网络信息生态链链际竞争合作形式会影响网络信息生态链之间的合作形式。若网络信息生态链链际竞争是资源竞争，则网络信息生态链节点之间会主要以扩充信息资源为主的合作形式；若网络信息生态链链际竞争是功能竞争，则链内节点之间主要采取以增强自身信息功能为目的的合作形式。

（2）网络信息生态链链际竞争合作程度会影响链内竞争合作的强度与效率。网络信息生态链链际的竞争激烈会导致信息资源竞争加剧，提高对网络信息生态链的信息转化功能的要求。因此，网络信息生态链链内节点为了能够适应高强度竞争环境，需要彼此形成更加密切的合作关系，提高合作效率。

5) 网络信息技术

（1）网络基础设施的普及率和先进性影响网络信息生态链竞争合作范围与对象以及竞争合作形式。网络基础设施是网络信息生态链形成、演进及运行的保障，网络基础设施普及率越广、先进性越强，加入链中的信息主体数量越多，信息主体间相互合作的范围更广、对象就更多。例如，随着无线网络、电脑、平板电脑、智能手机等信息网络和信息设备在广大农村地区的逐渐普及，"触网"农村逐渐增多，农民的信息素养和信息技术得到进到进一步提升，更多的农民加入电子商务信息生态链，购买网络商品以及通过电商平台推销当地农副产品，承担信息消费者和信息生产者的角色。在这个过程中，与链中核心节点电商平台建立合作关系的上下游节点类型与数量增多，且合作内容更丰富，合作范围更广。网络基础设施的先进性引致链内同一层级节点间竞争加剧。例如，更多的商品生产者加入电子商务信息生态链意味着他们之间为争夺客户资源而产生的竞争加剧。网络基础设施的先进性促成链内不同层级节点间的合作。

(2) 信息技术的先进性和发展更新情况影响网络信息生态链竞争合作强度。信息技术先进性、更新情况对不同类型的网络信息生态链以及链内不同主体的竞争合作强度影响不同。对于链内上下游节点而言，信息技术越先进、更新越快，节点间合作强度越大。对于链内同级节点而言，信息技术越先进、更新越快，节点间竞争强度越大。

6) 网络信息人才

(1) 网络信息资源的可共享程度影响网络信息生态链竞争合作的类型与形式。网络信息人才是一种重要且较为稀缺的网络信息资源，网络信息生态链中的节点都希望能够得到或利用高素质网络信息人才。若网络信息人才不能共享，链内同类型的节点都希望得到高素质网络信息人才，节点之间会展开人才竞争；若网络信息人才可以共享，当链内某一或某些节点得到了高素质的网络信息人才，其他节点就可以通过合作进行人才共享。网络信息人才能否共享，一是取决于网络信息人才自身的素质和能力，二是取决于网络信息生态链中节点关系和链内组织管理。

(2) 网络信息人才的稀缺程度影响网络信息生态链竞争合作的范围与强度。网络信息生态链中不同类型节点对网络信息人才都有较大的需求，网络信息人才稀缺性。网络信息人才的稀缺度越高，节点之间人才共享或人才竞争的范围和强度就越大。当网络信息人才数量少而需求量大时，若能实现网络信息人才共享，链内同类型节点，甚至不同类型节点都会能力合作进行网络信息人才引进并充分利用所引进的网络信息人才，链内节点间人才合作的范围和强度加大。在网络信息人才数量少而需求量大的情况下，若不能进行人才共享，大部分节点都会采取不同措施引进优秀的网络信息人才，链内节点之间人才竞争的范围和强度加大。

7) 网络信息制度

(1) 网络信息制度影响网络信息生态链竞争合作范围与对象。网络信息制度可以对节点的行为加以引导，对资源的所有权加以限定。因此缺乏特定资源、无法进行某种行为的节点必要与通过政策制度取得该资源所有权或拥有该行为授权的节点展开合作。例如，2015年11月国务院办公厅发布了《关于促进农村电子商务加快发展的指导意见》，明确要加快农村电子商务发展。这项政策的发布实施促进了各地农村电子商务的发展，引导更多的第三方电商平台与农户建立合作关系，扩大了电子商务信息生态链的合作范围和对象。

(2) 网络信息制度影响网络信息生态链竞争合作的类型与形式。网络信息制度可以通过有关条文鼓励网络信息主体在某些的活动中开展竞争，而在另外一些网络信息活动中开展合作，从而引导网络信息生态链中节点之间竞争或合作。网络信息制度还能规范和限制信息主体所采取的竞争合作方式，从而引导和限定节点之间的竞争合作形式。

(3) 网络信息制度影响网络信息生态链竞争合作的强度与效率。一些网络信息生态链的准入制度，可以限制进入某些特殊行业网络信息生态链的节点数量，从而降低竞争强度。网络信息制度可以规范网络信息主体的竞争行为和合作行为，也包括网络信息生态链中节点的竞争合作行为，从而规范提高网络信息生态链的竞争合作效率。

4.3 网络信息生态链价值增值机制

4.3.1 网络信息生态链价值的概念与类型

1. 网络信息生态链价值的概念

从一般意义上讲，价值是客体所具有的属性、功能与主体需要的某种关系，即满足或是被满足的关系。网络信息生态链的价值是指网络信息生态链通过信息流转并满足社会需求而为自身所带来的素质、形象、经济等多方面的影响。对这一概念，需要从几个方面来理解：第一，网络信息生态链的价值是为自身带来的影响，网络信息生态链的价值不是对社会或其他组织的影响，而是针对网络信息生态链自身而言的；第二，网络信息生态链的价值是通过信息流转而获得的，网络信息生态链价值的获得必须要通过满足社会外界相应的需要，否则就难以产生价值；第三，网络信息生态链的价值具有多种形式，不仅有经济价值，也包括素质价值和形象价值等多种形态[①]。

2. 网络信息生态链价值的类型

1) 不同形态的价值

按价值形态不同，网络信息生态链的价值可分为素质价值、形象价值和经济价值。网络信息生态链的素质价值是指链上节点以及整个链素质的变化，主要表现为网络信息生态链的观念更新、能力提升、知识结构等方面的变化。网络信息生态链的形象价值是指网络信息生态链及其节点在社会公众中形成总体形象，包括网络信息生态链节点社会地位、社会影响和社会认同度等。网络信息生态链的经济价值是指能用经济指标进行衡量的价值，包括网络信息生态链的经济收入和活动成本两个方面。素质价值是节点内在的，是形象价值和经济价值的基础；素质价值可通过宣传与展示、产品和服务等外化为形象价值，也能通过产品和服务转化为经济价值；形象价值可以通过产品销售和信息服务等影响经济价值。素质价值、形象价值、经济价值的关系如图4-8所示。

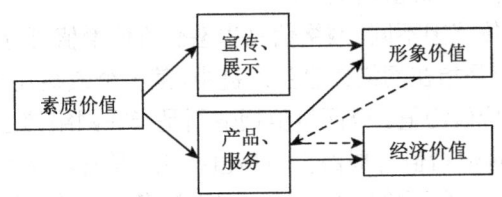

图4-8　网络信息生态链素质价值、形象价值、经济价值的关系

2) 不同主体范围的价值

按价值的主体范围不同，网络信息生态链的价值可分为节点价值、整链价值。节点价值

---

① 娄策群, 杨小溪, 曾丽. 网络信息生态链运行机制研究：价值增值机制[J]. 情报科学, 2013 (9): 3-9.

是指网络信息生态链上的节点所获得的价值。例如节点素质的提升，能够更加快速和高质量地处理各种事务；节点在同行业中树立了较好的形象等。整链价值是指网络信息生态链整条链所获得的价值。网络信息生态链的整链价值可以分为两类：第一类是可以再分配或能够在链上的单个节点上体现的价值；第二类是不可分而且也不能从单个节点上体现的价值。

3）不同共享程度的价值

按价值的共享程度不同，网络信息生态链的价值分为独占价值和共享价值。独占价值只能由某个节点获取，无法共享或者转移。这类价值的独占性特别高，以素质价值为例，某个节点在网络信息生态链运行的过程中提升了自身的素质，如提高了管理水平和创新能力等，其他节点无法通过竞争或其他手段来获取或转移这些素质价值。共享价值是指网络信息生态链上可共享程度高、链上的节点都可以获得的价值。例如网络信息生态链的经济价值可以通过内部调节和分配进行共享[①]。

4.3.2 网络信息生态链价值增值的种类与方式

网络信息生态链价值增值是指网络信息生态链价值的提升。这种价值提升既可以是网络信息生态链价值在数量上的增多，也可以表现为价值在质量上的提高。

1. 网络信息生态链价值增值的种类

1）单一形态价值增值与多种形态价值增值

按所增值的价值形态范围不同，网络信息生态链价值增值可分为单一形态价值增值与多种形态价值增值。单一形态价值增值是指在某一段时间内，所增值的价值只有一种形态，如只有经济价值增值或只有素质价值增值。多种形态价值增值是指在某一段时间内，有多种形态的价值增值，如既有经济价值增值，也有形象价值增值等。一般而言，网络信息生态链上的价值增值更多的是多种形态价值增值，因为某一种形态的价值增值，必然会带来其他形态的价值增值。网络信息生态链应该注重增值价值结构的合理化，即各类增值价值比例的协调。如果网络信息生态链的价值增值结构长期不合理，就会给网络信息生态链的发展带来阻力。

2）局部价值增值与全面价值增值

按所增值的价值主体范围不同，网络信息生态链价值增值可分为局部价值增值与全面价值增值。局部价值增值是指在网络信息生态链中，某一个或某几个节点实现了价值增值，而其他的节点没有实现价值增值。全面价值增值则是指在网络信息生态链中，各个节点都实现了价值增值。全面价值增值与局部价值增值相比，具有较高的难度，并且要花费更长的时间。这是因为：第一，全面价值增值涉及网络信息生态链上的各个节点，而有些节点自身条件较差，价值增值速度较慢，就会影响网络信息生态链整体价值增值的速度；第二，有的节点难以获得价值增值的机会。全面价值增值是网络信息生态链价值增值的最终目标，但局部价值增值是实现全面价值增值的必要途径，并且局部价值增值在网络信息生态链中发生的频率较高。

---

① 杨小溪. 网络信息生态链价值管理研究[D]. 武汉：华中师范大学，2012：40-44.

3) 全新价值增值与增量价值增值

按价值增值的途径不同,网络信息生态链价值增值可分为全新价值增值与增量价值增值。全新价值增值是指通过寻找新的价值增值点而带来的网络信息生态链价值增值。增量价值增值是指对网络信息生态链上原有价值增值点进行优化而带来的价值增值。全新价值增值是推动网络信息生态链不断创新和发展的动力,可以带来巨大的价值。但是,全新价值增值需要耗费一定的成本和时间,风险较大,而且在一定的时间内,可以发掘的新的价值增值点是有限的。随着时间的推移,其他网络信息生态链会进行模仿,使竞争激烈,降低新价值增值点所创造价值的量和速度。因此,在注重全新价值增值的同时,应巩固和提高网络信息生态链原有的能力,不断优化网络信息生态链的服务质量、增强网络信息生态链的协调程度、提高网络信息生态链信息流转效率,从而扩大增量价值增值。

4) 直接价值增值与间接价值增值

按价值增值的作用机理不同,网络信息生态链价值增值可分为直接价值增值与间接价值增值。直接价值增值是指通过各种方式或手段直接提高某类价值的价值量。间接价值增值是指网络信息生态链先实现某类价值的增值,再带动另一类或几类价值增值。例如,在电子商务生态链发展初期,要实现大规模的经济价值增值十分困难,必须首先提高电子商务生态链的素质价值和形象价值,扩大其在社会公众中的影响力,再间接实现经济价值增值。直接价值增值和间接价值增值在网络信息生态链价值增值过程中均较为常见。

2. 网络信息生态链价值增值的主要方式

1) 积累资源

积累资源是指网络信息生态链的节点对信息资源(狭义)、人才资源和资金资源的逐渐聚集。资源的种类、数量和质量直接体现网络信息生态链节点的素质高低。一个节点具有丰富且高质量的信息资源、优秀的人才队伍和雄厚的资金实力,则该节点具有良好的素质。网络信息生态链可通过不断积累资源,优化资源结构来实现素质价值的增值。具有良好资源的网络信息生态链节点可以通过多种方式向链内的其他节点和链外的社会组织与个人宣传和展示其资源优势,从而改变其他节点和社会公众对其资源条件的看法,提升形象价值。此外,数量丰富、质量良好、结构合理的资源能改进管理、更新技术和重组流程,进一步提升素质价值和形象价值。积累资源还能提升产品和服务创新能力,加快新产品和服务的开发过程,降低信息产品开发和信息服务的成本,提高产品和服务质量。由积累资源而引致的优质低价的信息产品和服务能在更进一步提升形象价值的同时,增加经济价值。网络信息的生产者与传递者常用积累信息、人才、资金等资源的方式来实现自身的素质价值、形象价值和经济价值的增值,网络信息的消费者则多通过积累信息资源的方式实现素质价值、形象价值和经济价值的增值。

2) 提升能力

提升能力是指网络信息生态链的节点通过多种途径来提升自身的学习能力、信息能力、管理能力和创新能力等。能力是人依靠自我的智力和知识、技能等去认识和改造世界所表现出来的身心能量,是素质的骨架。素质不仅外显为能力,能力本质上只是其智力品质的表现,素质还有思想、品格、情感、意志等方面的表征,还有生理和心理的表现[①]。可见,网络信息生态链中节点的能力是其素质的重要组成部分,能力的提升直接体现了素质价值的增值。节点将其综合能力的提升在网络信息生态链内外进行宣传和展示,获得链内其他节点和社会公众的认知与好评,提高节点社会知晓度和公众满意度,从而实现节点形象价值的增值。能力的提升能为改进管理、更新技术、创新产品和提高质量等打好基础,能促进个人或组织管理水平、技术水平的提高,有助于网络信息生态链的节点创造出新颖的产品和服务,或提高现有产品和服务的质量,通过扩大全新的或改进后的产品和服务的销量,间接实现其形象价值和经济价值的增值。网络信息生态链中的各类信息生态主体都可能通过提升能力来实现素质价值和形象价值的增值,网络信息生产者和网络信息传递者还可以通过提升能力来实现自身经济价值的增值。

3)更新技术

更新技术指网络信息生态链的节点对物质产品和信息产品生产、传递、服务和利用技术等的更新。技术的新颖、适用程度能直接反映网络信息生态链节点的素质高低。技术投入应用的比例越高、专利技术的数量越多表明该节点有较高的素质。网络信息生态链的节点通过一定方式向链内外展示其技术更新成果能广泛引起链内其他节点和社会公众的关注,从而实现形象价值的增值。新颖适用的技术能创新产品与服务、提高产品质量与信息流转质量、加快产品生产速度与信息流转速度,进一步提升节点的形象价值。通过高新技术能对品牌产品进行再创造,能加快产品生产、传递的速度而快速占领市场,从而提升网络信息生态链的经济价值。网络信息生产者、传递者和消费者都通过更新技术来实现自身素质价值、形象价值和经济价值的增值。

4)改进管理

改进管理是指改进网络信息生态链节点的组织结构、管理体制、人事制度等。对于一个社会机构来说,组织管理的好坏也能在一定程度上体现其素质高低。在网络信息生态链中,节点的组织结构有利于部门间的协同沟通,管理体制和人事制度有利于调动员工的积极性,则表明该节点具有较高的素质。网络信息生态链中的节点可通过改进组织结构、管理体制和人事制度等来实现素质价值的增值。此外,良好的管理也能使组织间的沟通顺畅、加快信息产品和服务流转的速度,提升形象价值。优化管理还能促进信息的快速流转,避免因人力资源分配不合理而产生的成本,通过节约时间成本、降低人力成本来实现经济价值的增值。网络信息生态链中组织型的信息生产者和传递者可利用改进管理的方式来实现自身素质价值、形象价值和经济价值的增值。

5)重组流程

重组流程指网络信息生态链的节点对现有的信息流转流程或其他业务流程进行根本的再思考和彻底变革。业务流程彻底变革的四个关键成功因素是创造力、洞察力、标杆和IT,组织创造力和洞察力是彻底变革的基本影响因素,标杆和IT使能作为关键支撑因素[②]。可见,

---

① 黄运平,等. 知识、能力、品格与素质的关系及对人才培养的启示[J]. 湖南师范大学教育科学学报,2012(2):73-75,85.
② RODNEY M.Radical change: A conceptualmodel for research agendas [J]. Leadership organization development journa,2003(4):226-235.

成功的业务流程重组是社会组织综合素质的体现，因此，网络信息生态链通过流程重组可以优化业务流程，提升素质价值。良好的产品工艺流程能加快产品生产速度、提高产品生产质量；良好的信息流转流程则能加快信息流转速度、提高信息流转质量，从而实现形象价值的增值。在信息管理流程中，信息一般具有较强的时效性，较快的信息流转速度能增大信息的价值，使网络信息生态链的节点获得较高的价值收益，提升其经济价值。精悍的信息流转流程能减少信息流转中的人员成本、设备成本、管理协调成本以及外包成本等，进一步提升经济价值[①]。网络信息的生产者常用重组产品流程的方式实现素质价值、形象价值和经济价值的增值，网络信息的传递者则多通过重组信息流转流程的方式来实现素质价值、形象价值和经济价值的增值。

6）创新产品

创新产品指网络信息生态链的节点创造全新产品与服务或对已有产品与服务进行改造。符合需求的全新产品能快速吸引网络信息生态链链内外网络信息生态主体的关注，形成全新的市场，树立新的产品形象。对现有产品与服务的成功改造能增强网络信息生态链链内外网络信息生态主体对产品和服务的认可度。而创新性的产品与服务凭借其新颖性的特点经广泛宣传唤起需求将拥有较大的销量，能实现经济价值的增值。网络信息的生产者、传递者常用创造全新产品与服务的方式进行自身形象价值、经济价值的增值，网络信息的消费者主要通过改造现有产品的方式来实现自身形象价值、经济价值的增值。

7）提高质量

提高质量指网络信息生态链的节点提高现有产品或服务的质量。信息产品的质量常通过信息的准确可靠、新颖及时、通俗易懂的程度来评判。因此，一个节点若能根据链内外信息生态主体对信息质量的需求提高信息质量，便可赢得链内外信息生态主体的认可，提升自身的形象价值。受到链内外信息生态主体认可和推崇的高质量服务，同样能提升节点的形象价值。准确可靠与新颖及时的信息产品、安全可靠与操作方便的实物产品、被认可与推崇的信息服务等高质量的产品与服务在提升自身形象价值的同时，还能扩大产品与服务销量，进一步提升其经济价值。网络信息生态链中的信息生产者、传递者常通过提高产品或服务质量的方式来实现自身形象价值和经济价值的增值，网络信息的消费者则多通过提高产品质量的方式来实现自身形象价值与经济价值的增值。

8）扩大销量

扩大销量指网络信息生态链的节点扩大实物产品的销售数量和虚拟产品的下载数量。网络信息生态链节点的实物产品销售数量大、虚拟产品下载量高有助于提升节点的地位、塑造该节点在其他同级节点中的良好形象，实现节点自身的形象价值增值。对依靠自产产品盈利的节点而言，销售量和价格是组成销售收入的两要素，在产品价格一定时，较大的销售数量能带来较多的收入，提升节点的经济价值。对依靠他产产品盈利的节点来说，自产产品通常以免费形式推广，扩大销量的目的主要是提升节点的形象价值，在形象价值的支撑下借助他产产品实现经济价值的增值。网络信息生态链中的信息生产者和传递者常通过扩大销量的方式来实现自身形象价值、经济价值的增值。

---

① 杨小溪,等. 基于信息生态链理论的信息管理流程重组[J]. 情报科学，2012（5）：675-680.

9）加快速度

加快速度指网络信息生态链的节点加快产品生产、传递与消费以及服务的速度。节点生产产品的速度快能迅速响应市场的需求，节点传递产品和服务的速度快能有效应对紧急需求，使链内、外的其他相关节点肯定该节点产品和服务的速度，从而提升该节点的形象价值。对信息产品而言，信息传递速度和服务速度较快，在提升网站形象价值的同时，能避免客户因信息传递速度或服务响应速度慢而暂停交易，能提高交易成功率，从而提升网站的经济价值。对实物产品而言，较快的产品生产速度和传递速度说明员工的工作效率较高，能节约人力、减少佣金支出，产品流通的速度较快则能降低库存费用，实现经济价值的增值。网络信息生态链中的信息生产者、传递者常用加快产品和服务速度的方式来实现自身形象价值、经济价值的增值，网络信息的消费者则多用加快产品速度的方式来实现自身形象价值的增值。

10）降低成本

降低成本指网络信息生态链的节点降低产品生产、传递与消费以及服务的成本。对营利性的网络信息生态链的节点而言，利润为收入与成本之差，在收入一定的情况下，较低的产品生产、传递、消费的成本能使利润增加，提升节点的经济价值。虽然非营利性组织通常提供免费的公共产品及服务，创新产品、扩大销量等方式无法增加其收入，但是较低的成本同样能提升其经济价值。网络信息生态链中的信息生产者、传递者与消费者均常采用降低成本的方式来实现自身经济价值的增值。

可见，上述各种价值增值方式都能直接或间接地实现多种形态的价值增值，其相互关系和增值机理如图 4-9 所示。

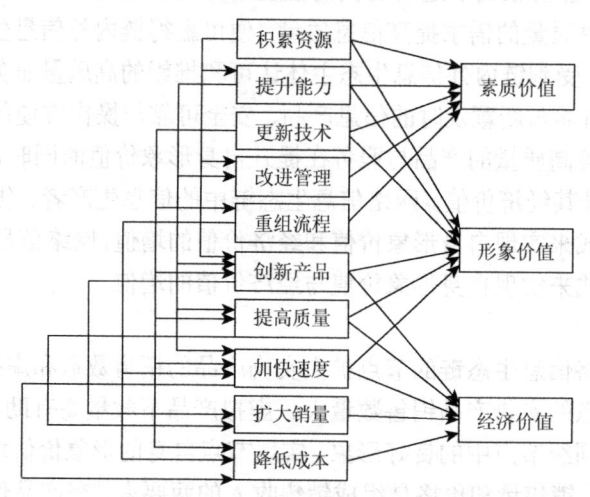

图 4-9 网络信息生态链价值增值方式的相互关系及增值机理

4.3.3 网络信息生态链价值增值的影响因素

1. 基于专家调查法的网络信息生态链价值增值影响因素确定

综合专家调查结果，网络信息生态链信息流转各影响因素的得分如表 4-5 示。

表 4-5 网络信息生态链价值增值影响因素专家调查结果

运行机制	链内因素			链际因素			网络环境因素				
	链的性质与任务	链的结构	链内组织管理	链的宏观构成	链际竞合关系	链际组织管理	网络信息主体	网络信息本体	网络信息技术	网络信息人才	网络信息宏观管理
价值增值	3.0	2.8	3.1	2.3	2.7	1.8	1.9	2.3	2.6	2.0	1.6

如表 4-5 所示，专家普遍认为链内因素中链的性质与任务、链的结构、链内组织管理对网络信息生态链价值增值的影响大，链际因素中的链际竞合关系以及网络环境因素中的网络信息技术对网络信息生态链价值增值也有较大影响。通过分析各影响因素与网络信息生态链价值增值过程中价值增值的类型、增值方式、增值数量的关系，可构建如图 4-10 所示的网络信息生态链价值增值影响因素理论模型。

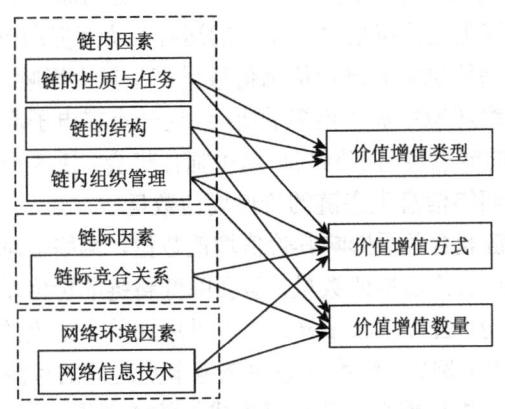

图 4-10 网络信息生态链价值增值影响因素理论模型

2. 网络信息生态链价值增值机制主要影响因素的作用机理

1）链的性质与任务

网络信息生态链的性质与任务主要决定了网络信息生态链价值增值类型及价值增值方式。不同性质网络信息生态链的价值目标定位不同，其价值增值类型结构不同，价值增值方式也存在差异。网络信息生态链价值目标定位是指网络信息生态链所追求的价值形态及其增值的目标定位。网络信息生态链价值增值类型结构是指网络信息生态链所实现的价值形态类型及其比例关系，网络信息生态链价值目标定位会影响其增值价值的类型结构，进而影响网络信息生态链的价值增值方式。例如，电子商务信息生态链的价值目标定位主要是提高自身的经济价值，那么链中节点就会通过提高产品、服务质量，加强营销手段等方式获取更大的经济价值，其价值类型结构中经济价值占主要部分，但这并不表示在这一过程中没有其他类型的价值增值，通过这一过程也提高了节点自身的能力等，带来了素质价值增值，只是这些价值并不是网络信息生态链价值增值的主要目标，所占比例相对较小。电子政务信息生态链的目标定位是为社会提供更加优质的服务。这一目标定位就决定了政府部门在价值增值的过程中，要采用加强资源积累、提高管理能力、改进管理方式、提高服务质量等方式,尽可能多地实现其素质、形象等方面价值的增值,而对经济价值增值的关注程度较小。

2)链的结构

网络信息生态链价值增值是靠节点来实现的,因此,节点素质、节点竞合关系和节点利益关系等对网络信息生态链价值增值类型和数量都有较大影响。

(1)网络信息生态链的节点素质决定节点的价值创造能力,进而影响其价值增值途径和价值增值数量。节点素质越高,其价值创造能力(包括产品生产能力、服务能力、管理能力和资源能力等)越强。节点价值创造能力是实现价值增值的关键因素,主要表现在以下两个方面:第一,节点价值创造能力会对网络信息生态链价值增值类型产生较大影响,网络信息生态链价值增值的途径包括建立新的价值增值点以及提高原价值增值量两个方面,建立新的价值增值点要求节点有较高的创新能力,能够进行产品、服务和资源的创新,如果节点的创新能力较强,就能建立新的价值增值点,提高原价值增值数度量则要求节点有较强的管理能力,能够优化网络信息生态链的运行,从而提高价值增值数量;第二,节点价值创造能力会对网络信息生态链价值增值数量产生较大影响,节点价值创造能力强,就容易在瞬息万变的网络环境中抓住更多的机会,这一点在电子商务生态链中表现得特别明显,价值创造能力强的节点容易在网络环境中抓住机会,快速提高自身的形象价值以及经济价值,从而提高了网络信息生态链的价值增值数量。

(2)网络信息生态链竞合关系影响其价值增值数量。网络信息生态链节点之间竞争激烈,可能会增加某些节点的价值增值数量,但会降低整链的价值增值数量。网络信息生态链节点之间合作关系密切,合作形式多样,既可以增加单个节点的价值增值数量,也能够提升整链的价值增值数量。例如,网络信息生态链节点之间的资源共享可以实现资源的优化配置,多个节点的资源进行整合与共享可形成新的资源优势,从而提升价值增值数量。网络信息生态链节点之间的联合采购可以大大减少采购过程中的交易费用,缩短采购时间,减少采购次数,获取定价权,降低供应商在采购过程中的资源投入,从而有效地控制采购成本,降低耗费价值[①]。网络信息生态链节点之间的合作研发能够促进专业化和分工程度的提高,提高网络信息系统和数字信息资源建设的速度和质量,从而提升价值增值数量。联合推广能吸引更多的网络信息消费者,增加产品和服务的销量,提升网络信息生态链经济价值和形象价值增值数量。

(3)网络信息生态链的节点间利益关系影响其价值增值数量。网络信息生态链节点间合作的最终目标是通过一定方式合理分配共创价值,来实现自身价值的增值。所以网络信息生态链节点共同创造的价值分配是否合理,与节点的价值增值预期是否匹配,对网络信息生态链的价值增值数量有重要影响。当利益分配机制失调时,节点的核心价值得不到充分体现,其主动性和积极性都会降低,有些节点甚至会为了追逐丢失掉的价值利用不正当手段破坏信息流转秩序[②]。若网络信息生态链中价值分配不合理,节点应得到的价值没有实现,其能动创造性会降低,从而影响网络信息生态链价值增值的数量。

---

① 张耀中. 产业价值链中的价值创造研究[D]. 南昌:江西财经大学,2010:36-37.
② 娄策群,徐黎思. 信息服务生态链功效的影响因素及提升策略[J]. 图书情报工作,2011(4):19-23.

3）链内组织管理

网络信息生态链链内组织管理对网络信息生态链价值增值的类型、方式和数量都有较为显著的影响。由于网络信息生态链节点之间的关系较为松散，在价值创造过程中难免会出现各自为政、资源浪费的现象，若不进行组织管理或没有约束，其价值增值类型结构和价值增值方式的合理性、协调性会受到影响。网络信息生态链链内功能良好的组织管理机构能对合理规划网络信息生态链的价值增值类型和结构以及价值增值方式作出合理安排，并根据节点利益诉求的变化对价值增值类型和价值增值方式进行调整。网络信息生态链科学的制度安排能调动节点价值创造的积极性和主动性，激发节点价值创造潜能，提升网络信息生态链的价值增值数量。

4）链际竞合关系

网络信息生态链链际竞争和链际合作都会对网络信息生态链的价值增值方式和价值增值数量产生影响。网络信息生态链链际恶性竞争会减少网络信息生态链的价值增值量，如当前的电子商务信息生态链之间的竞争较为激烈，网络购物消费者可以选择不同的电子商务网站购买商品，这就降低了电子商务信息生态链的经济收益。不过，网络信息生态链之间的竞争也能促使各条链不断寻求新的价值增值方式，从而促进网络信息生态链的发展。网络信息生态链链际合作会影响网络信息生态链的价值增值数量。网络信息生态链链际合作可以减少链与链之间的恶性竞争，并且可以整合不同网络信息生态链的资源，实现资源互补，数形成新的价值增值点，从而提高网络信息生态链的价值增量。

5）网络信息技术

网络信息技术水平对网络信息生态链价值增值方式与价值增值数量均有较大的影响。网络信息技术水平对网络信息生态链价值增值方式的影响主要表现为网络基础设施及网络技术越先进、更新越快，越能促使网络信息生态链以技术革新为主导，带动链中节点及整链价值增值。网络基础设施及网络技术落后、发展更新缓慢的网络信息生态链实现价值增值往往是以资源积累、重组流程、改进管理等其他方式为主导的途径。在网络信息生态链价值增值的众多方式中，信息技术更新是极重要的一种，是带动其他价值增值方式产生的根本。因此，网络信息技术水平对网络信息生态链价值增值方式有影响。此外，网络信息技术水平对网络信息生态链价值增值大小也有影响。一般而言，网络基础设施及网络技术越先进、更新越快，网络信息生态链价值增值越大，反之则越小。例如，在电子政务信息生态链中，政务服务平台充分运用大数据技术，融合各政府部门资源，建立联合办公系统，实现网上行政审批业务办理，为政府部门节省了大量的运行经费，实现了电子政务信息生态链的经济价值增值。

4.4 网络信息生态链共生互利机制

4.4.1 网络信息生态链共生互利的含义

共生是指两种及两种以上共生主体在共生环境下，通过一定的共生模式结合而成的，能够产生和分享共生利益的共同生存关系[①]。互利是指具有共同生存关系的双方或多方互相有利，彼此受益。网络信息生态链的共生互利是指网络信息生态链共生主体在共生利益分配中的互利关系。对于这一概念，须明确以下几点。

网络信息生态链的共生主体是指链内具有共同生存与合作关系的网络信息主体。共生利益是指链中共生主体通过共生作用所产生的利益增量，也就是共生主体通过共生作用所产生的价值增值。网络信息生态链的共生利益可以是共生经济利益（即共生主体经济收益的增加），也可以是共生素质利益（即共生主体素质的提高），还可以是共生形象利益（即共生主体形象的提升）。

网络信息生态链共生互利的落脚点是共生利益分配。"共生"和"互利"两个概念组合可形成"互利共生"和"共生互利"两个概念。在"互利共生"这一概念中，互利是前提，共生是目的，其落脚点是信息主体在互利的前提下如何进行共生。在"共生互利"这一概念中，共生是前提，互利是目的，其落脚点是共生主体如何实现互利。网络信息生态链共生互利不是强调网络信息生态链中共生主体如何共生，而是强调如何对网络信息生态链的共生利益进行合理分配。

网络信息生态链共生互利要求共生主体相互有利，彼此受益。网络信息生态链中的共生体在运行过程中，可能产生偏害（对一方有害，对另一方无利也无害）、偏利（对一方有利，对另一方无利也无害）和互利（互相有利，彼此受益）等不同的共生效应。网络信息生态链共生互利要求链中共生主体之间产生互利效应，尽可能减少偏利效应，杜绝产生偏害效应。

4.4.2 网络信息生态链共生互利的类型

1. 网络信息生态链共生互利类型划分的主要标准

网络信息生态链共生互利类型划分有多个标准，这里主要以共生主体所获利益类型结构、所获利益与其投入的匹配程度两个标准对网络信息生态链共生互利类型进行划分。

1) 网络信息生态链共生主体所获利益类型与结构

网络信息生态链共生主体所获利益结构包括所获利益种数多少和所获利益类型差异两个方面。按共生主体所获利益种数多少不同，网络信息生态链共生互利可划分为一元共生互利和多元共生互利。网络信息生态链若只有一种共生利益参与分配，每个共生主体都只能获得一种利益，则为一元共生互利。网络信息生态链若有两种或两种以上的利益参与分配，每个共生主体能获得一种或一种以上的利益，则为多元共生互利。按共生主体所获利益类型是否相同，网络信息生态链共生互利可划分为同质共生互利和异质共生互利。同质共生互利是指网络信息生态链共生主体都获得相同类型的利益，如共生主体都获得经济利益，或者都获得素质利益；异质共生互利是指网络信息生态链共生主体获得不同类型的利益，如共生主体A获得经济利益，而共生主体B获得形象利益。当网络信息生态链共生主体间为一元互利共生时，共生主体间的互利肯定是同质共生互利；当网络信息生态链

[①] 娄策群，张苗苗，庞靓. 网络信息生态链运行机制研究：共生互利机制[J]. 情报科学，2013（10）：3-9，16.

共生主体间为多元互利共生时,只有每个共生主体都获得多种同样的利益才是同质共生互利,只要有一个主体未得到其中的一种利益,就属于异质共生互利。

2)网络信息生态链共生主体所获利益与其投入的匹配程度

按网络信息生态链中共生主体所获得的利益大小与其投入多少是否匹配,可以将网络信息生态链共生互利划分为公平共生互利与偏畸共生互利。公平共生互利是指网络信息生态链中共生主体所获得的利益与其所投入相匹配,投入大而获利多,投入小而获利少;偏畸共生互利是指网络信息生态链中共生主体获得的利益与其投入要素不匹配,投入大而获利少或投入小而获利多。需要指出的是,这里所说的公平既可以是绝对公平(或称客观公平),也可以是相对公平(或称主观公平)。一方面,由于网络信息生态链中共生利益有些是可以计量的(如经济利益),而部分是难以计量的(如素质利益和形象利益),不同共生主体投入的要素不同,也难以进行比较,因此,所获利益与投入是否匹配难以准确衡量,大部分的公平只能是相对的,并非绝对公平。另一方面,即使是容易计量的利益和便于比较的投入,同一数量的利益和投入对不同共生主体的效用是不同的,获利与投入是否匹配,不同的共生主体有不同的感受,因此,对公平和偏畸的认识带有一定的主观性。

2. 网络信息生态链共生互利的基本类型

根据上述划分,按图 4-11 进行组合,可得出网络信息生态链共生互利的 6 种基本类型:①一元同质公平共生互利;②一元同质偏畸共生互利;③多元同质公平共生互利;④多元同质偏畸共生互利;⑤多元异质公平共生互利;⑥多元异质偏畸共生互利。不同类型的共生互利在在共生主体范围和数量、共生结构稳定状态和共生功效强弱程度等方面也会表现出不同的特点。

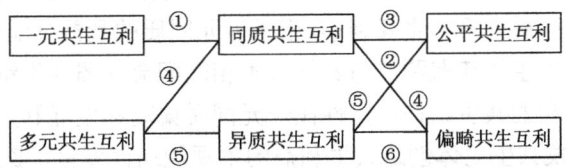

图 4-11 网络信息生态链共生互利不同划分的组合

1)一元同质公平共生互利

一元同质公平共生互利是指网络信息生态链共生主体获得一种相同类型的利益,且所获利益大小与其投入多少相匹配。在网络信息生态链的一元同质公平共生互利中,共生主体公平地获取利益,主体加入共生体的意愿较强烈,参与共生的主体数量增加,但由于共生主体只能获取同一类型的利益,没有该类利益诉求的主体不会加入这种共生体中,从而限制了共生主体的范围和数量。共生主体所获利益与其投入相匹配,在一定程度上减少了共生主体间的矛盾,共生关系较易维持,共生结构稳定性较高,而且由于共生主体获取的是相同一类型的利益,利益分配的可比性强,易于分配的客观公平,共生结构稳定。此类共生互利中,共生主体能够相对公平地获取利益,创造共生利益的主观能动性较高,从而提高信息流转的质量、数量和速度,提升整个网络信息生态链的整体价值,共生所产生的功效较强。

2）一元同质偏畸共生互利

一元同质偏畸共生互利是指网络信息生态链共生主体获得一种相同类型的利益，但所获利益大小与其投入多少不匹配。在网络信息生态链的同质偏畸共生互利中，共生主体也只能获取同一类型的利益，而且所获利益与其投入不匹配，链中没有该类利益诉求的主体或因某些原因不能公平获利的主体不愿加入共生体中，因此，共生主体的范围和数量小。偏畸互利使得共生主体间矛盾加大，难以维持良好的关系，不利于共生结构的稳定，而且由于参与分配的是同一类型的利益，共生主体更容易发现利益分配中的客观不公，从而进一步加深主观不公的感受，共生结构的稳定性差。同质偏畸共生互利中共生主体对客观不公与主观不公的感受都会增强，不利于激发共生主体创造共生利益的主观能动性，共生所产生的功效较弱。

3）多元同质公平共生互利

多元同质公平共生互利是指网络信息生态链共生主体获得两种或两种以上相同类型的利益，且所获利益大小与其投入多少相匹配。在网络信息生态链的多元同质公平共生互利中，共生主体可以获取多种相同的利益，所获利益大小与投入多少匹配，相比一元同质共生互利，主体的范围和数量都有所增大，但是希望获取其他类型利益的主体不会加入此类共生体，从而对共生主体的范围和数量有一定的限制。在多元同质公平共生互利中，共生主体间有多种利益作为纽带，且可公平获利，共生结构稳定性高。多元、同质、公平的利益分配能充分激发共生主体创造共生利益的主观能动性，共生所产生的功效强。

4）多元同质偏畸共生互利

多元同质偏畸共生互利是指网络信息生态链共生主体获得两种或两种以上相同类型的利益，但所获利益大小与其投入多少不匹配。在网络信息生态链的多元同质偏畸共生互利中，虽然共生主体能够获取多种相同类型的利益有利于扩大共生主体的范围和数量，但共生主体所获利益大小与投入多少不匹配却削弱了主体加入共生体的意愿，所以，参与共生的主体数量比多元同质公平共生互利小。由于多元同质的利益分配可起到增强共生结构稳定性的作用，但共生主体获取利益与其投入不相匹配会削弱共生结构的稳定性，因此，多元同质偏畸共生互利的共生结构稳定性比一元同质偏畸共生互利好，但比多元同质公平共生互利差。对于激发共生主体创造共生利益的主观能动性而言，多元同质偏畸共生互利比一元同质偏畸共生互利强，但不及多元同质公平共生互利，因此，多元同质偏畸共生互利所产生的功效强弱介于一元同质偏畸共生互利和多元同质公平共生互利之间。

5）多元异质公平共生互利

多元异质公平共生互利是指网络信息生态链共生主体获得两种或两种以上不同类型的利益，且所获利益大小与其投入多少相匹配。在网络信息生态链的多元异质公平共生互利中，不同的共生主体能够获取多种不同类型的利益，具有多种不同类型利益诉求的主体都可以加入这种共生体中，而且所获利益与其投入相对匹配使主体加入共生体的意愿较强，共生主体的范围和数量比其他类型大。虽然共生主体获利与其投入相匹配有利于共生结构的稳定，但由于共生主体获取的是多种不同类型的利益，利益分配的客观公平程度不及多元同质公平共生互利，因此，其共生结构稳定性比多元同质公平共生互利差。与多元同质公平共生互利相比，异质公平的客观公平程度较低，会抑制共生主体创造共生利益的主观能动性，因此，多元异质公平共生互利所产生的功效比多元同质公平共生互利弱。

6) 多元异质偏畸共生互利

多元异质偏畸共生互利是指网络信息生态链共生主体获得两种或两种以上不同类型的利益，且所获利益大小与其投入多少不匹配。在网络信息生态链的多元异质偏畸共生互利中，共生主体能够获取多种类型不同的利益，利益类型诉求不同的节点也可以加入到这种共生体中，但是偏畸互利使共生主体数量减少，因此，共生主体范围和数量比多元同质共生互利大而比多元异质公平共生互利小。在多元异质共生互利中，公平互利因获利与投入相匹配而有利于共生结构稳定和激发共生主体的主观能动性；在多元偏畸共生互利中，异质互利因共生主体主观不公的感受相应减弱而有利于共生结构稳定和激发共生主体的主观能动性。因此，多元异质偏畸共生互利的共生结构稳定性和所产生的功效强弱都比多元同质偏畸共生互利好，但比多元异质公平共生互利之间差。

4.4.3 网络信息生态链共生互利的影响因素

1. 基于专家调查法的网络信息生态链共生互利影响因素确定

综合专家调查结果，网络信息生态链信息流转各影响因素的得分如表 4-6 所示。

表 4-6 网络信息生态链共生互利的影响因素专家调查结果

运行机制	链内因素			链际因素			网络环境因素				
	链的性质与任务	链的结构	链内组织管理	链的宏观构成	链际竞合关系	链际组织管理	网络信息主体	网络信息本体	网络信息技术	网络信息人才	网络信息宏观管理
共生互利	2.8	3.0	3.3	1.8	2.4	2.0	1.6	2.0	1.6	1.4	1.7

如表 4-6 所示，从专家调查法的统计结果来看，专家普遍认为链内因素是影响网络信息生态链共生互利的重要因素。在专家调查结果的基础上，通过考察链内因素与网络信息生态链共生利益类型与结构、共生利益分配公平程度的关系，可构建如图 4-12 所示的网络信息生态链共生互利影响因素理论模型。

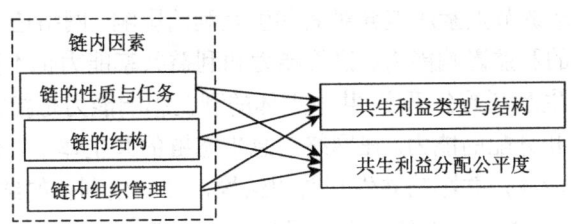

图 4-12 网络信息生态链共生互利影响因素理论模型

2. 网络信息生态链共生互利主要影响因素作用机理分析

1) 链的性质与任务

网络信息生态链链内共生主体可能是链内信息主体的全部，也可能是链内信息主体中的部分。网络信息生态链的性质与任务决定了链内信息主体的利益诉求结构，而链内信息主体的利益诉求结构影响链内共生主体的利益诉求结构影响，进而影响共生互利的利益类型结构和共生利益分配公平度。

网络信息生态链共生主体的利益诉求结构是指共生主体所期望获得的利益种类构成及关系，有一元同质利益诉求、多元同质利益诉求和多元异质利益诉求三种类型。一元同质利益诉求是指共生主体所预期的利益种类都只有一种且类型相同。在网络信息生态链中，具有一元同质利益诉求的共生主体趋向于创造同一种共生利益，从而参与分配的利益种类往往只有一种，会导致同质互利。同时，由于共生主体获得同一种利益，利益量便于比较，共生主体容易判断互利的公平度，因而有利于共生互利的公平性。多元同质利益诉求是指共生主体所预期的利益种类都较多且类型相同。在网络信息生态链中，具有多元同质利益诉求的共生主体会共同创造多种同类利益，并使这些共生利益参与分配，所以较易产生同质互利。但由于共生主体往往在利益量的诉求上有所不同，且各主体最终获得的不同类型利益量也不相同，因此尽管是同质互利，也难以准确判断共生互利的公平程度，容易出现偏畸互利。多元异质利益诉求是指共生主体所预期的利益种类为多种且类型不同。在网络信息生态链中，即使共生主体都只有一种利益诉求，但其诉求的利益种类不同，要创造的利益也不同。在利益分配时，共生主体会尽可能获得与自身诉求相一致的利益种类，从而导致异质互利。由于共生主体间获得的利益种类不同，因此对于共生互利的公平程度难以进行客观的比较，进而容易产生偏畸互利。

不同性质与任务的网络信息生态链中，信息主体的利益诉求不同，导致网络信息生态链共生主体的利益诉求结构有一定的差别，进而影响共生互利的利益类型结构与公平度。例如，社交网络信息生态链信息主体的利益诉求类型单一，无论是同类节点间的共生还是异类节点间的共生，共生主体具有一元同质利益诉求结构，会产生同质公平互利。再如，电子政务信息生态链信息主体的利益诉求类型也比较单一，也容易产生同质公平互利。网络信息生态链信息主体利益诉求结构越复杂，越容易产生异质偏畸互利。

2）链的结构

网络信息生态链结构要素中的节点素质差异、节点合作关系对网络信息生态链共生利益类型结构及共生利益分配公平度有较大的影响。

（1）网络信息生态链节点素质差异对其共生互利的影响。网络信息生态链信息主体的素质不同，共生主体的利益影响能力、议价能力和利益共享能力也不同。共生主体间的能力差异会直接导致共生互利的公平度。共生主体的利益影响能力是指共生主体在共生活动中引导共生利益创造和分配的能力。在网络信息生态链的共生体中，利益影响能力越强的主体越能够主导共生活动，并影响共生利益的结构，使共生利益的结构符合其利益诉求。相反，利益影响能力较小的主体即使投入很多也很难获得与其诉求相一致的利益。一方面，当共生互利为同质互利时，共生主体获得的利益类型相同，但是由于共生利益量的产生与利益影响能力较强的主体关系最密切，因此在利益分配时利益影响能力越强的主体越容易获得较多的利益，利益影响能力越弱的主体获得的利益越少。另一方面，当共生互利为异质互利时，共生利益的类型以利益影响能力强的主体诉求为主，利益影响能力强的主体容易获得与其诉求相一致的利益类型。因此，共生主体的利益影响能力差异越大，越容易导致偏畸互利。共生主体的议价能力是指共生主体在利益分配过程中尤其是调节分配中讨价还价的能力,网络信息生态链共生利益分配经常采用调节分配方式,即通过干预和调节的方式使网络信息生态链上的利益在共生主体之间进行分配。在采用调节分配的共生利益分配过程中,议价能力强的共生主体通过巧妙的讨价还价得到本应分配给其他主体的利益,其利益诉求容易被满足,且获得较多的利益种类和较大的利益数量,议价能力弱的共生主体得不到本应分配给自己的利益,所获利益种类和数量较少。因此,网络信息生态链中共生主体间的议价能力差异越大,共生互利的分配也越不公平。共生主体的利益共享能力是指主体在利益分配过程中尤其是共享分配中利用共享利益的能力。网络信息生态链共生利益分配有时也会采用共享分配方式,即不将共生利益分配到各个主体,而是由共生主体共同享用共生利益。当网络信息生态链的共生利益采用共享方式进行分配时,利益共享能力强的主体能够充分利用共生利益,使之转变为自身的利益,而共享能力差的主体则无法使共生利益完全转变为自身的利益,只能获得较少的共享利益。因此,网络信息生态链中共生主体间利益共享能力差异越大,越容易导致共生利益分配不公。

(2) 网络信息生态链不同类型信息主体合作关系对其共生互利的影响。网络信息生态链链内上下游信息主体关系密切,容易发生垂直共生;链内同类信息主体关系密切,容易发生水平共生。而垂直共生和水平共生对网络信息生态链共生互利的利益结构和公平度有较大的影响。垂直共生是指网络信息生态链中上下游主体之间的共生,如电子商务活动中买家和卖家的共生。这种共生关系中共生主体之间的生态位重合较少,相互之间通过功能的整合创造共生利益。在垂直共生中,共生主体的共生目的不一样,导致共生主体间利益诉求结构和所创造的利益结构不同,因此以异质互利为主。在垂直共生中,共生主体功能互补,其在网络信息生态链中的作用也不相同,根据共生主体的不同作用,可将上下游主体分为核心层、主干层、扩展层[1]。越靠近核心层的主体对共生体的影响就越明显,越靠近拓展层的主体对共生体的影响越小。一般来说,越靠近核心层的共生主体越容易通过其对共生体的影响主导垂直共生的利益分配,并在投入较少的情况下获得较大的利益。相反,越靠近扩展层的共生主体越会在投入较多的情况下获得较少的利益。当网络信息生态链共生主体层次结构明显时,容易出现偏畸互利;当共生主体层次结构不明显时,容易出现公平互利。水平共生是指网络信息生态链中同级主体之间的共生,如高校数字图书馆之间共建高校数字图书馆联盟。在水平共生中,共生主体功能相似,依靠资源的整合和协作创造共生利益,同级主体产生的利益类型相同,因此,水平共生以一元同质互利为主,以多元同质互利为辅。在水平共生中,若共生主体投入的要素相同,则共生主体之间获利与投入的匹配程度容易比较,从而促进公平互利;若共生主体投入的要素不同,则共生主体之间获利与投入的匹配程度难以比较,从而出现偏畸互利。

(3) 网络信息生态链信息主体合作关系的强弱影响链内共生主体的组织模式。链内信息主体的关系不密切,容易产生点共生或间歇共生,链内信息主体关系密切,容易产生连续共生和一体化共生。网络信息生态链的共生组织模式会影响共生互利的利益结构和公平度。点共生是指网络信息生态链的各共生主体间机会性的共生,往往是在某些特定条件下发生的临时性、一次性的共生作用。如某一博主的博文被其他人转载。网络信息生态链上

---

[1] 杨小溪. 网络信息生态链价值管理研究[D]. 武汉:华中师范大学,2012:27.

的主体随时可以在需要得到某种利益时找到可以发生点共生的对象，并在得到其所诉求的利益之后随时解除共生关系，由于这种共生关系中的主体不需要追求长期稳定的关系，且共生主体之间的合作内容单一，因此对公平的诉求较少，易导致一元偏畸互利。间歇共生是指网络信息生态链的各共生主体按某种时间间隔发生多次共生作用，是一种不连续的行为。如求职者定期或不定期的通过招聘网站发布招聘信息。间歇共生关系虽不稳定，共生主体之间的合作内容也较为单一，但主体间往往追求多次合作，因此共生类型多为一元公平互利。连续共生是指网络信息生态链的各共生主体间在某一时期内发生连续的共生作用。如某玩家在一段时期内一直专注于某一网络游戏。连续共生的共生周期较长，共生主体在多方面发生作用，形成多样化的合作，共生关系较为稳定，共生主体间追求长期的共生关系，随着作用主体间的共生关系逐渐稳固，连续共生会从多元偏畸互利逐渐演化为多元公平互利。一体化共生是指网络信息生态链的各共生主体间已经形成了具有独立性质和功能的共生体。这种共生方式中共生主体存在全方位的相互作用和多种利益关系，主体之间的共生关系稳定，所以一体化共生互利的类型一般为多元公平互利。

3）链内组织管理

网络信息生态链链内的管理制度是网络信息生态链主体间合作形式及利益分配方式的重要准则，链内主体间的相互合作以及由此产生的共生利益及分配方式需要严格遵循网络信息生态链链内管理制度。因此，网络信息生态链链内管理制度能够通过制约链内信息主体间的合作关系与合作方式，从而决定共生利益的类型及结构。在不同管理制度制约下的网络信息生态链，所产生的利益结构及类型也会存在差异。此外，网络信息生态链链内的管理制度也会对利益分配的公平程度产生重要影响。共生利益的公平合理划分需要科学完善的管理制度的支撑。网络信息生态链内管理制度的完善与合理程度一方面能够有效预防链内信息主体间的利益矛盾与利益冲突，另一方面能够及时有效的制止链内利益分配矛盾的扩大与加深，有效保证各方信息主体的利益所得，从而确保利益分配的公平合理。

4.5 网络信息生态链动态平衡机制

4.5.1 网络信息生态链动态平衡的主要标志

网络信息生态链平衡是指网络信息生态链的构成要素相互协调、已有功能正常发挥且相对稳定的状态。从网络信息生态链运行的角度来看，网络信息生态链动态平衡是指一段时期内，保持链内主体、环境、功能较为完备与协调且相对稳定的过程。其主要标志如下[①]。

1. 网络信息生态链构成要素相互协调

网络信息生态链由网络信息主体（即链的节点）和网络信息生态环境因子两大类要素构成。网络信息生态链构成要素是否协调可从三个方面来考察：一是信息主体协调度，即网络信息生态链内信息生产者、信息传递者、信息消费者数量、素质相互协调的程度；二

---

① 娄策群，毕达宇，张苗苗. 网络信息生态链运行机制研究：动态平衡机制[J]. 情报科学，2014（1）：8-13.

是环境因子协调度,即网络信息生态链信息本体、信息技术、信息制度相互协调的程度;三是信息主体与环境因子协调度,即网络信息生态链信息主体与环境因子相互适应、相互促进的程度。平衡的网络信息生态链应达到:链内有信息生产者、信息传递者和信息消费者,无功能多余的节点,且上下游节点保持适当的比例;信息技术能够对不同形式、不同格式的信息进行处理、整合以及转换,链内流转的信息应满足信息制度要求且信息制度的建立应以保障信息的高效流转为核心目标,网络信息生态链内所采用的信息技术不应超出信息制度允许的范围,如不使用黑客技术、网络病毒技术等法律禁止的技术;链内所流转的信息、所采用的信息技术与信息主体的信息流转能力及信息技术应用能力相适应,信息制度能激发信息主体的积极性和创造性。

2. 网络信息生态链功能较为完善

网络信息生态链的功能包括基本功能和附加功能。其基本功能是信息流转功能,附加功能是指其通过信息流转而实现社会目标的功能,如电子商务生态链的商品交易功能、电子政务链的社会管理与服务功能等。网络信息生态链功能是否完善可从三个方面来考察:一是功能的完备度,即网络信息生态链是否具有基本功能和附加功能,两类功能的数量多少和协调程度;二是功能的强弱度,即网络信息生态链能流转的信息类型和数量多少、信息流转方式和渠道多少与先进程度、信息流转的速度与质量高低、附加功能的大小;三是功能的发挥度,即网络信息生态链功能能否全面、正常发挥作用。处于平衡状态的网络信息生态链应能流转类型较多、数量较大的信息,信息流转方式和渠道具有多样性和先进性,能满足信息主体对信息流转速度和质量的要求,具有必要的附加功能且附加功能良好;所具有的功能都能充分发挥作用,功能不闲置。

3. 网络信息生态链相对稳定

在一段时期内,构成要素相互协调、功能较为完善的网络信息生态链,其构成要素、功能不总是处于相互适应与协调的状态,有时候会出现不适应和不协调的状况(网络信息生态链失调状态)。网络信息生态链的这种协调与失调变化状况反映了网络信息生态链的稳定性能。网络信息生态链的稳定度可从四个方面进行考察:一是变动频度,即网络信息生态链在一段时间内结构、功能失调次数的多少;二是变动幅度,即网络信息生态链结构、功能失调的程度;三是恢复速度,即网络信息生态结构、功能从失调到恢复协调的时间长短;四是恢复程度,即网络信息生态链结构、功能失调后恢复到原有状态的程度,有不完全恢复原状、完全恢复原状、达到新的平衡状态三种可能。处于平衡状态的网络信息生态链要求相对稳定,即是指在一段时期内,其结构和功能及其适应与协调程度具有一定的变动,但变化频度和幅度较小,恢复速度较快,恢复程度较高(能完全恢复到原有平衡状态或达到较高层次的新平衡状态)。

4.5.2 网络信息生态链动态平衡的方式

网络信息生态链总是处于由平衡到失衡,再到恢复原有平衡或实现新平衡的变动中。

1. 还原平衡与演化平衡

根据其平衡变化结果不同，网络信息生态链动态平衡方式可分为还原平衡与演化平衡。

还原平衡是指当平衡状态发生变化后，网络信息生态链通过一定的方式使之回复到原来的平衡状态。当网络信息生态链的平衡被破坏后，若网络信息生态链可以恢复且链中信息主体愿意将生态链恢复到原来的平衡状态，则会发生还原平衡。当变化波动较小时，网络信息生态链能够通过自身的能力还原到之前的平衡状态；当变化波动较大，网络信息生态链无法通过自身能力恢复平衡时，也可在外力的帮助下还原到之前的平衡状态。

演化平衡是指当平衡状态被破坏后，网络信息生态链通过一定的方式使其演化为新的平衡状态。网络信息生态链的演化平衡可分为被动演化平衡和主动演化平衡。网络信息生态链的平衡被破坏后，通过内力和外力都无法恢复到之前的平衡状态，只能建立新的平衡，这就是被动演化平衡。网络信息生态链的平衡被破坏后，原本可以恢复原但信息主体不愿意恢复到之前的平衡状态时，网络信息生态链就会实现新的平衡，这就是主动演化平衡。被动演化平衡会导致网络信息生态链的退化，而主动演化平衡则是网络信息生态链为了使结构更为合理、功能更加强大而产生的，因此会带来网络信息生态链的进化。

2. 内力平衡与外力平衡

根据其平衡力量来源不同，网络信息生态链动态平衡方式可分为内力平衡与外力平衡。

内力平衡是指网络信息生态链在运行过程中通过自身力量进行自我调节从而维持平衡状态。内力平衡利用网络信息生态链自身机能维持平衡，如改进信息技术水平、制定信息管理制度、提高信息人才素养等。一般来说，当网络信息生态链的外部环境影响力较弱，或者链本身抗干扰和恢复平衡的能力较强时会通过内力平衡维持链的稳定。一方面，对于由内部因素引起的变化网络信息生态链可以通过内力平衡自我消化和补救。另一方面，对于由外部因素引起的变化，网络信息生态链除了可以通过内力平衡自我消化和补救之外，还能够调整和改造进入链内的外部因素，使之性质符合维持链内平衡稳定的要求。

外力平衡是指网络信息生态链在运行过程中借助外部力量来维持平衡状态。当网络信息生态链依靠自身力量无法维持平衡状态时，只能依靠外部力量维持链的平衡，如在虚假商品较多的电子商务信息生态链中，依靠买家和平台的监督无法控制时，必须引入相关政府部门进行监管。一般来说，当网络信息生态链的外部环境影响力较强，或者链本身的抗干扰和恢复平衡的能力较弱时会通过外力平衡维持链的稳定。不同网络信息生态链的外力平衡方式不同，有的链会首先进行自我调节，当自身能力不足以维持平衡时，会借助外部力量帮助其维持平衡；有的链则一开始就从外部环境中寻求干预，主要是借助外部力量来维持平衡。

4.5.3 网络信息生态链动态平衡的影响因素

1. 基于专家调查法的网络信息生态链动态平衡影响因素确定

综合专家调查结果，网络信息生态链信息流转各影响因素的得分如表 4-7 所示。

表 4-7 网络信息生态链动态平衡的影响因素专家调查结果

运行机制	链内因素			链际因素			网络环境因素				
	链的性质与任务	链的结构	链内组织管理	链的宏观构成	链际竞合关系	链际组织管理	网络信息主体	网络信息本体	网络信息技术	网络信息人才	网络信息宏观管理
动态平衡	2.9	3.7	3.0	2.1	2.6	2.1	1.6	2.6	2.8	1.8	2.7

由表 4-7 可以看出，网络信息生态链链内因素是影响其动态平衡的重要因素，链际因素中的链际竞合关系、网络环境因素中大部分因素（信息本体、信息技术和宏观管理）也对网络信息生态链动态平衡有较大影响。通过分析这些因素与网络信息生态链要素协调度、功能完善度、链整体稳定度的关系，可构建如图 4-13 所示的网络信息生态链动态平衡影响因素理论模型。

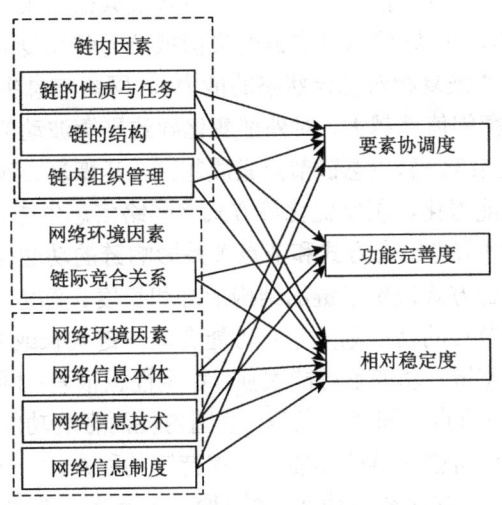

图 4-13 网络信息生态链动态平衡影响因素理论模型

2. 网络信息生态链动态平衡主要影响因素作用机理分析

1) 链的性质与任务

网络信息生态链链内因素中，链的性质与任务对网络信息生态链动态平衡的影响主要表现为对链的要素协调度、功能完善度及相对稳定度有较大影响。不同类型的网络信息生态链社会职能不同，链中节点构成与关系、功能要求各异。节点构成与关系影响链的主体协调度和相对稳定度，链的功能要求影响链的功能完备度。例如，电子政务信息生态链以提高政府管理绩效为主要任务，链中流转的信息权威性强且真实，政务信息生产及传递的各层级节点具有较好的信息素养和管理执行能力，节点间相互协调度高。电子政务信息生态链的基本功能，即信息流转功能容易实现，但其衍生功能，即网上办事功能难以实现，故 G2C 电子政务信息生态链的功能完善度不一定很高。此外，电子政务信息生态链由政府部门直接管理，信息主体入链意愿及忠诚度较高，故电子政务信息生态链稳定度高。

2）链的结构

（1）网络信息生态链的节点类型、数量与素质影响链的要素协调度、功能完善度和相对稳定度。网络信息生态链链中节点类型和数量越多，节点间协调的难度就越大，其信息主体协调度会降低。生态学认为，在生物种类多样，食物链、食物网、能量流动和物质循环复杂的情况下，生态系统一般比较容易保持稳定，即使生态系统内部某一部分的功能发生障碍，这种障碍也会因其他部分的调节而得到补充。在网络信息生态链中，信息主体的类型与数量越多，网络信息生态链的结构就越复杂，这种结构下所保持的平衡状态就越稳定。由于网络信息生态链具有较强的开放性，外部要素很容易进入，因此网络信息生态链的排异性能决定了网络信息生态链平衡的维持能力。而链的结构越复杂，其排异能力越强，外部要素入链的难度就更大，链的相对稳定度越高。网络信息生态链节点素质越高，越容易与其他节点协调，也越容易与链内所采用的信息技术和所建立的信息制度协调，链的要素协调度越高。高素质的节点能较好地完成信息流转及其衍生工作，使网络信息生态链功能更完善。节点素质还影响网络信息生态链的失衡抵抗力和恢复力（网络信息生态链通过自我调节的方式来维持或恢复相对稳定状态的能力）。网络信息生态链节点素质越高，其抵抗力越强，则链的平衡阈值就越大，对外部变化导致平衡波动的承受能力就越强，整体的平衡状态就越稳定。网络信息生态链节点素质越高，其恢复力越强，就能够在越短的时间内通过组织调配、功能深化、制度优化等方式将网络信息生态链重新恢复到平衡状态。

（2）网络信息生态链节点组合方式和节点关系影响链的功能完善度和相对稳定度。网络信息生态链的节点组合方式决定了链的结构形态和长度、宽度，进而影响链的功能和稳定性。链的长度适中，节点的功能划分才有可能合理，链太长或太短都会影响链的功能。线型结构的网络信息生态链，功能不可能太强，稳定性也很差。网状型网络信息生态链功能较强，稳定性好。链内节点之间竞争激烈，会因内耗而影响功能的大小及功能发挥的程度。链内节点之间的合作可强化链的功能，并保持链的稳定性。节点之间利益关系协调，可激发链内节点的创造力，强化链的功能；也可增强节点之间的凝聚力，提高链的稳定性。

3）链内组织管理

网络信息生态链链内组织管理对链的要素协调度、功能完善度、相对稳定度都有较大影响。网络信息生态链链内组织管理可以调整链内节点的类型和数量，调节链的长度与宽度，改变链的结构形态，调整节点之间的关系，从而优化链的结构，直接提高链内要素的协调度。网络信息生态链链内组织管理也可以通过调整链的结构和调动链内节点的积极性来强化链的原有功能，或通过合理规划和设计，增加新的功能，从而提高链的功能完善度。链内组织管理还能提高网络信息生态链的自组织能力，使链在受到内部或外部因素的干扰而失衡的情况下，快速恢复原有平衡状态或达到新的平衡状态，从而增强链的相对稳定程度。

4）链际竞合关系

网络信息生态链链际竞合关系主要影响网络信息生态链的功能完善度和相对稳定度。链际合作有利于链现有的功能强化，或通过合理分工使链增加或减少部分功能，使链的功能得以完善。链与链之间对网络信息资源的竞争实质上是链与链之间的功能竞争，因为在正当竞争时，资源总会流向功能完善的网络信息生态链。链与链之间的正当竞争要求每条网络信息生态链强化或新增功能，会提高网络信息生态链的功能完善度。然而，链与链之间对网络信息主体的过度竞争，会使一条链的节点转移到另一条链中，会影响链的结构稳定性。

5）网络信息本体

网络信息环境中信息数量、质量、形式等发生变化会影响网络信息生态链的功能和稳定性。网络信息生态链所处信息环境中信息本体变化幅度越大，对网络信息生态链功能的完善程度、链整体的稳定程度产生的影响也会越为显著。当网络信息生态链所处信息环境中信息本体数量、质量、形式等方面在短期内发生了较大幅度的变化，会导致现有网络信息生态链基本功能与信息本体间的不适应，迫使网络信息生态链内主体完善其信息流转功能。当网络信息本体变化过快或过于频繁，网络信息生态链难以快速适应这种变化，链内信息主体、信息技术设施与信息本体会经常处于失调状态，进而降低网络信息生态链相对稳定度。

6）网络信息技术

网络信息技术的发展变化对网络信息生态链的要素协调度、功能完善度和相对稳定度都有较大影响。网络信息技术的迅速发展会促使网络信息生态链中的信息主体不断学习和采用先进的信息技术来增强网络信息生态链的功能，提升链的功能完善度。当网络信息技术变化过大时，网络信息生态链中的信息主体会在一段时间内不适应信息技术，导致信息主体与新信息技术的不协调。网络信息技术更新过于频繁，网络信息生态链需要不断调整信息技术设备和软件系统，链内节点需要不断学习新的技术方法，网络信息生态链的稳定性受到影响。

7）网络信息制度

网络信息宏观管理中的网络信息制度变化对网络信息生态链的要素协调度和相对稳定度有较大影响。网络信息制度的引导（鼓励或限制某些网络信息活动）会使网络信息生态链中的信息主体和有关信息资源发生转移，也会改变网络信息生态链内部制度，使网络信息生态链构成要素失调。不断更新的网络信息制度会促使链内各类信息主体和相关要素、节点链接方式与节点关系发生不断地发生改变，从而降低网络信息生态链的相对稳定度。

参 考 文 献

桂晓苗. 2013. 电子商务生态链协同竞争机制研究[D]. 武汉：华中师范大学.
霍明奎，程延炜. 2009. 网络信息生态及平衡对策研究[J]. 长春理工大学学报：社会科学版，(6)：926-927.
娄策群，桂晓苗，杨光. 2013. 网络信息生态链运行机制研究：协同竞争机制[J]. 情报科学，(8)：3-9.
娄策群，杨小溪，曾丽. 2013. 网络信息生态链运行机制研究：价值增值机制[J]. 情报科学，(9)：3-9.
娄策群，杨瑶，2013. 桂晓敏. 网络信息生态链运行机制研究：信息流转机制[J]. 情报科学，(6)：10-14+19.
娄策群，张苗苗，庞靓. 2013. 网络信息生态链运行机制研究：共生互利机制[J]. 情报科学，(10)：3-9+16.
JORDÁN F，SCHEURING I. 2004. Network ecology：topological constraints on ecosystem dynamics[J]. Physics of Life Reviews，1（3）：139-172.

第 5 章 网络信息生态链链内优化

网络信息生态链优化是网络信息生态链理论研究成果的应用,也是网络信息生态链实践研究的关键内容。网络信息生态链优化涉及网络信息生态链链内优化、链际优化和信息环境优化三个方面。本章仅对网络信息生态链链内优化进行探讨,链际优化和信息环境优化分别在第 8 章和第 9 章论述。网络信息生态链链内优化是指对一条网络信息生态链进行优化,其优化内容涉及多个方面。本章主要探讨网络信息生态链结构优化、资源共享、利益协调、风险防范、协同进化的内容、原则、方法与措施等。

5.1 网络信息生态链结构优化

5.1.1 网络信息生态链结构优化的内容

网络信息生态链结构优化的内容包括节点素质优化、节点连接优化、节点组合优化、节点关系优化 4 个方面[①]。

1. 网络信息生态链节点素质优化

网络信息生态链中的信息流转是由链内节点共同完成的,节点素质高低直接影响网络信息生态链信息流转的速度与质量。节点素质优化主要是提升节点信息流转能力和培育节点良好的信息流转态度。

节点的信息流转能力主要是指网络信息生态链中信息主体生产、发布、采集、组织、加工、处理、传递、接受、吸收信息的能力,也包括节点对信息的感知力、判断力及敏锐程度。信息生产者信息流转能力强弱主要表现为能否敏锐地洞察到信息消费者的信息需求,能否进行高效的信息收集与分析处理,形成高质量的信息产品,能否及时有效地将信息发送给信息传递者;信息传递者信息流转能力强弱主要表现为是否有通畅的信息采集渠道,是否有多样的信息组织方式,能否迅速及时地进行信息传递;信息消费者信息流转能力强弱主要表现为能否及时主动地获取信息,能否高效地理解和吸收信息,能否利用已获取的信息进行再创造。一般来说,节点的信息流转能力越强,网络信息生态链的信息流转效率越高,越容易实现网络信息生态链的价值。因此,必须优化节点素质,提升节点的信息流转能力。

态度是个体对特定对象所持有的稳定的心理倾向,包括认知、情感、意向三个方面。节点的信息流转态度是指节点对信息流转工作所持有的认识与行为倾向,包括对信息流转工作的认真度、责任度、努力程度等。一般来说,信息流转态度好的节点在信息流转中积极主动、认真负责、工作努力;能与链内其他节点合作共生融洽,提升

---

① 娄策群,余杰,聂瑛. 网络信息生态链结构优化方略[J]. 图书情报工作,2015(22):6-11.

链的运转效率。因此,保障各节点均具备良好的态度也是网络信息生态链节点素质优化的重要内容。

2. 网络信息生态链节点连接优化

网络信息生态链的节点连接方式直接关系到节点联系的紧密程度、结构的稳定程度及功能的强弱和发挥程度。

网络信息生态链节点连接方式多样,有的连接方式之间无优劣之分,但各有特色,适用于不同类型或处于不同发展阶段的网络信息生态链;有的连接方式明显优于其他连接方式,这就要求网络信息生态链在进行结构优化时,选择合适的或最优的连接方式。此外,两个节点之间可以选择一种连接方式形成单一连接或选择多种连接方式形成多重连接。一般来说,单一的连接方式容易导致信息通道阻塞甚至断裂,从而妨碍信息流转,甚至造成信息流转中断;多重连接不仅能有效避免单一连接所带来的风险,而且能够使节点之间的联系更加紧密可靠,但多重连接方式会增加网络信息生态链的资金负担和管理负担。因此,网络信息生态链结构优化必须合理组合连接方式,构建多重连接。

3. 网络信息生态链节点组合优化

网络信息生态链节点组合包括网络信息生态链节点的种类组合、数量组合和地域分布。网络信息生态链节点组合影响其长度、宽度和广度,进而影响其功能和效率。

网络信息生态链的长度随链中不同功能节点数量的增加而延长。过长的网络信息生态链会使信息活动分工过细,导致信息流转周期过长,影响信息的时效性。过短的网络信息生态链可能存在由于信息分工过于粗糙而造成信息流转不充分的现象。网络信息生态链的宽度随功能相同节点数量的增加而拓宽。过宽的网络信息生态链容易导致同类节点生态位严重重叠,造成同类节点之间的恶性竞争;过窄的网络信息生态链难以保证信息流转内容的丰富性,容易断裂。网络信息生态链的广度随节点地域分布的扩大而扩展。网络信息生态链地域范围和服务区域宽广,信息交流范围广,社会影响面大,但也加大了信息流转难度。节点覆盖的地域范围和服务区域过窄,虽可提高信息流转速度,但信息交流范围有限,社会影响面小。因此,网络信息生态链结构优化必须对其节点组合进行优化,科学地确定不同功能节点种数和同类型节点数量,保证网络信息生态链的长度宽度适宜;合理地选择节点的地理分布,保证网络信息生态链信息交流和相关服务范围适当,从而提高网络信息生态链的功能和运行效率。

4. 网络信息生态链节点关系优化

网络信息生态链节点之间存在着错综复杂的关系,包括节点之间的主次关系、疏密关系、竞合关系、利益关系等。

网络信息生态链组成要素之间存在的复杂关系会直接影响系统发展和系统平衡[1]。节点关系是否理顺直接影响网络信息生态链结构的稳定性、信息流转功效的强弱、发展演进

---

[1] 栾春玉,等. 网络信息生态链组成要素及相互关系[J]. 情报科学, 2014 (11): 30-35.

的方向和进程。如果网络信息生态链中节点主次关系不明确，就会导致组织管理的混乱，不利于网络信息生态链的有效运行和有序发展；若节点间关系松散，依赖性不强，就难以维持整链的稳定；如果节点间恶性竞争多，合作互动少，利益分配欠公平，利益冲突大，则会大大降低网络信息生态链的功效。因此，节点关系优化是网络信息生态链结构优化的重要内容，网络信息生态链必须进行节点关系优化，做到主次关系明确，疏密关系适度，竞合关系合理，利益关系协调。

5.1.2 网络信息生态链结构优化的原则

1. 功效导向原则

功效导向原则要求网络信息生态链结构优化以增强网络信息生态链功能、提升网络信息生态链效率为导向。结构是一个系统的组成要素以及要素间相互联系、相互作用的方式的总称，功效是一个具有特定结构的系统在其内部与外部的联系中表现出来的功能和效率。有什么样的结构就有什么样的功效，结构是为功效服务的，离开功效，无所谓结构的好坏，更谈不上结构优化。网络信息生态链结构优化不是单纯的结构优化，而是为了寻求网络信息生态链在一定条件下具有最佳功效的结构。只有信息流转质量高、信息处理与传递速度快、功能得到最大限度发挥、价值实现最大化的网络信息生态链，才是结构合理的网络信息生态链。因此，在对网络信息生态链的结构进行优化时，务必以提升网络信息生态链的功效为根本导向。要从功效分析入手来进行结构分析，以增强功能、提升效率为目标来进行结构优化设计和实施。

2. 整体优化原则

网络信息生态链结构优化不是部分结构的优化，而是整体结构的优化。整体优化原则主要包含两个方面：一方面，网络信息生态链的优化包含了节点素质、节点连接、节点组合、节点关系等各个方面的优化，某一个方面的优化不足以使整个网络信息生态链的结构达到最优，也就是说，网络信息生态链结构优化必须是大多数结构要素的优化；另一方面，整体结构最优的网络信息生态链并不一定指各个方面都实现了最优。例如，某一网络信息生态链虽然在连接方式方面有着进一步优化的空间，但是链上的节点素质很高，其优势足以弥补连接方式的不足，对整个链的功能并没有造成不良影响，我们依然可以视为其整体得到了优化。

3. 动态调整原则

动态调整原则要求以发展的眼光来看待网络信息生态链结构的优化，将结构优化当作网络信息生态链结构不断调整的动态过程。一方面，网络信息生态链的结构优化是一个循序渐进的过程，不能一蹴而就。实现网络信息生态链整体结构的优化必须有长期的规划与目标，并要有充分的准备以应对优化过程中出现的各种问题。另一方面，网络信息生态链结构优化标准不是一成不变的，而是随环境变化而不断变化的，面对新的环境，其优化内容与目标也可能会发生改变。因此，在对网络信息生态链的结构进行优化时，务必把握好不断变化的新环境、新形势,并及时做出相应的调整,使网络信息生态链结构的优化始终符合新的标准与要求。

4. 突出重点原则

突出重点原则是指在网络信息生态链结构优化的过程中,应有重点、有针对性地对相关内容进行优化。一方面,根据短板原理,决定整体功效的关键往往在于最薄弱的环节,因此,要实现整体功效的优化首先应该总揽全局,着重对整个网络信息生态链的最薄弱的环节进行优化,从而减少甚至消除薄弱环节对信息流转过程的阻碍作用,进而实现网络信息生态链的结构优化;另一方面,由于在网络信息生态链的结构优化中,最为重要的是节点组合优化和节点关系优化,当部分节点素质不太高时,可以通过优化节点组合或优化节点关系来弥补其不足。在网络信息生态链的结构优化过程中,对关键部分有针对性、有侧重地进行优化,对于推动整个网络信息生态链的结构优化有着重要意义。

5.1.3 网络信息生态链结构优化的程序与方法

1. 网络信息生态链结构优化分析

网络信息生态链结构优化分析是对网络信息生态链结构合理性进行分析,找出是否存在结构不合理而需要优化的情况。网络信息生态链结构合理性分析主要是找出结构不合理之处,并找出导致网络信息生态链结构不合理的因素。其分析方法主要是功效-结构分析法,即以功效为导向的结构分析法,也就是通过考察网络信息生态链的功效来分析其结构合理性及其影响因素的方法。该方法由网络信息生态链功效缺陷分析、导致功效缺陷的结构因素分析、结构不合理程度的确定三个步骤组成。

1)网络信息生态链功效分析

网络信息生态链功效分析是对网络信息生态链的功能和效率进行调查分析,找出其功能缺陷和效率缺陷(功能不符合节点和社会要求、效率不尽人意的地方),并评定功效缺陷的严重程度。

网络信息生态链功效分析具体包括功能分析和效率分析两个方面。功能分析主要是通过调查分析,看网络信息生态链有无功能缺失、功能弱化或功能闲置等现象,并评定其严重程度。功能缺失是指网络信息生态链缺少必要的功能,包括基本功能缺失和衍生功能缺失两个方面。功能弱化是指网络信息生态链的某些功能虽然没有缺失,但能力较弱或性能较差。功能闲置是指网络信息生态链具有冗余功能,某些功能无人使用。效率分析主要是通过调查分析,发现网络信息生态链运行效率(信息流转效率和相关服务效率)存在的问题,并评定其严重程度。运行效率可从运行速度、运行质量和运行成本三个方面进行分析。对于各类网络信息生态链,都要分析其信息流转效率,看是否存在信息流转速度慢、信息流转针对性不强、信息流转中信息失真和信息流失严重、信息流转成本高等问题。对于具有衍生功能的网络信息生态链,还要分析其衍生功能及其效率,如电子商务信息生态链,除了分析信息流转的速度、质量和成本是否存在问题外,还要看是否存在网络支付不安全、物流配送速度慢、配送过程中商品损坏、退货成本高等问题。

网络信息生态链功效分析的步骤与方法是：聘请有关专家组成网络信息生态链功效-结构分析小组；专家小组对网络信息生态链功效和结构进行充分调查和讨论；每位专家独立找出功效缺陷项，判断每一功效缺陷项的缺陷程度，并列出功效缺陷的具体表现，填写表5-1中的"功效缺陷"部分。

表 5-1　网络信息生态链功效-结构分析表

功效维度	功效缺陷			导致功效缺陷的结构因素			
	缺陷项	缺陷程度	缺陷具体表现	节点素质	节点连接	节点组合	节点关系
功能	功能缺失						
	功能弱化						
	功能闲置						
信息流转效率	信息流转速度慢						
	信息流转质量差						
	信息流转成本高						
相关服务效率	相关服务速度慢						
	相关服务质量差						
	相关服务成本高						

然后，综合专家意见，评定每项功效缺陷的缺陷程度，具体方法是求专家意见的加权平均值。设 w_1、w_2、w_3 分别为缺陷程度较轻、中等、严重的权重，取值分别为 1、2、3；专家总人数为 N，n_1、n_2、n_3 分别为某缺陷项选择缺陷程度较轻、中等、严重的人数，则该缺陷项的缺陷程度 Q 为

$$Q = \frac{\sum w_i n_i}{N}$$

式中：$Q \geq 2.4$ 为缺陷严重；$2.4 > Q \geq 1.5$ 为缺陷中等；$Q < 1.5$ 为缺陷较轻。

2）导致功效缺陷的结构因素分析

导致网络信息生态链功效缺陷的结构因素分析内容和方法如下。

第一，找出导致网络信息生态链功效缺陷的结构因素。在找出网络信息生态链功效缺陷后，依据结构与功能的关系，根据网络信息生态链的实际情况，针对每一项功效缺陷，找出导致该缺陷的结构因素。完成表5-1中的"导致功效缺陷的结构因素"部分，在相应的空格内填写导致功效缺陷的具体结构因素。

第二，综合意见，评定导致功效缺陷的结构因素的影响程度。结构因素的影响程度包括影响力度和影响范围两个方面。影响力度是指某结构因素对某一功效缺陷的影响大小，由选择这一结构因素的人数多少决定，选择这一结构因素的人数越多，影响力度越大。影响范围是指某结构因素导致功效缺陷项的数量，认为某一结构因素导致功效缺陷项越多，该结构因素的影响范围越大。影响力度和影响范围都可分为很大、较大和较小三个档次。

3) 结构因素不合理程度与等级的评定

确定结构因素不合理程度主要是综合考虑功效缺陷程度和结构因素的影响程度,找出主要的不合理结构因素,并确定其不合理等级。结构因素不合理程度可根据其导致功能缺陷的程度、影响力度、影响范围划分为Ⅰ、Ⅱ、Ⅲ、Ⅳ上个等级,如表 5-2。

表 5-2 网络信息生态链结构因素不合理等级划分

不合理等级	不合理程度及影响	结构因素类型
Ⅰ	不合理程度很高,影响很大	对严重功效缺陷项影响力度很大的结构因素,影响范围很大且影响力度较大的结构因素
Ⅱ	不合理程度较高,影响较大	对严重功效缺陷项影响力度较大的结构因素,对中等功效缺陷项影响力度很大的结构因素,影响范围较大且影响力度较大的结构因素
Ⅲ	不合理程度一般,影响较小	对中等功效缺陷项影响力度较大的结构因素,对较轻功效缺陷项影响力度很大的结构因素
Ⅳ	不合理程度较低,影响较小	其他不合理的结构因素

2. 网络信息生态链结构优化设计

网络信息生态链结构优化设计包括合理确定网络信息生态链结构优化的目标和重点,制定科学的结构优化方案。

网络信息生态链结构优化的目标是指结构优化要达到的程度,包括总体目标和具体目标。总体目标是一定时期内网络信息生态链全方位结构优化或多个功效缺陷项结构因素优化要达到的目标。具体目标是一定时期内网络信息生态链某一功效缺陷项结构因素优化要达到的目标。确定网络信息生态链结构优化目标,不仅要考虑链内节点和链外相关主体对网络信息生态链功能和结构的要求,而且要考虑网络信息生态链的结构调整能力和条件。

网络信息生态链结构优化的重点应是结构不合理Ⅰ、Ⅱ级的结构因素。因为结构不合理等级为Ⅰ、Ⅱ的结构因素是对网络信息生态链某一严重功效缺陷有很大影响,或对多项中等功效缺陷有较大影响的结构因素,体现了链内节点和链外相关主体对网络信息生态链功效和结构的较高要求。任何网络信息生态链都要对Ⅰ、Ⅱ级不合理结构因素进行优化。有条件和能力的网络信息生态链,也可对Ⅲ级结构因素进行优化。

网络信息生态链结构优化方案是实施结构优化的指南,其内容应包括网络信息生态链结构优化的背景和目的、网络信息生态链功效和结构的现状与问题、网络信息生态链结构优化的原则与目标、网络信息生态链结构优化的重点和实施步骤、网络信息生态链结构优化的方法和措施。结构优化方案可组织链内相关节点的专家制定,也可聘请相关咨询机构制定。

3. 网络信息生态链结构优化措施

1) 网络信息生态链节点素质优化措施
(1) 提升现有节点素质。提升现有节点素质应从提升其信息流转能力和信息流转态度两个方面入手。在网络信息生态链中,并非所有的节点都有必要去提高其信息流转能力或信息流转态度,需提高其信息流转能力或态度的对象主要是网络信息生态链中态度较好而信息流转能力较差的节点,或信息流转能力较强但信息流转态度较差的节点。提升信息流转能力和信息流转态度主要是通过发学习资料、办培训班、开交流会、搞传帮带等方式进行。不同类型节点的信息流转功能不同,所要求的信息流转能力也不一样,虽然对不同类型节点信息流转态度的要求是相同的,但态度有差异,态度形成背景不一样。因此,对不同的节点,应采用不同的方式方法来提升其信息流转能力和信息流转态度。

(2) 发展并稳住优质节点。优质节点是指网络信息生态链中信息流转能力强、信息流转态度好的节点。网络信息生态链在发展新节点时,应采用广泛宣传、有针对性做工作、提供优惠条件等方式吸引优质节点入链。对链内已有的优质节点,应充分发挥其优势和作用,培养其对所在网络信息生态链的忠诚度,使其不会轻易退出所在网络信息生态链。

(3) 限制并清除劣质节点。劣质节点是指网络信息生态链中信息流转能力弱、信息流转态度差的节点。网络信息生态链要建立考核审查机制,对拟入链节点从信息流转能力和态度等方面进行全面考核,可通过提高入链标准、采取限制措施等限制未达标节点入链。要完善劣质节点发现机制,建立链内定期考核系统来对各节点素质进行评价,对素质极差的节点,可说服其出链或采取措施清除出链。

2) 网络信息生态链节点连接优化措施

(1) 节点连接方式的高级化。在一种连接方式明显优于另一种连接方式的情况下,网络信息生态链应尽可能选择更为高级的连接方式。例如,现代连接方式比传统连接方式的信息流转速度更快、途径更多、成本更低,是更为高级的连接方式。同理,协议方式比非协议方式具有法律保障性与强制性,更加安全与高效,是更为高级的连接方式。因此,节点连接应尽量选择现代连接方式和协议连接方式。

(2) 节点连接方式的多重化。在资金和其他条件许可的情况下,网络信息生态链的两个节点之间尽可能同时采用多种连接方式。多重连接方式既可以是同一分类下的两种连接方式结合,也可以是不同分类下的多种连接方式结合。例如,网络信息生态链节点之间既可以将现代连接方式与传统连接方式相结合,也可以将现代连接方式与协议连接方式相结合。

3) 网络信息生态链节点组合优化措施

(1) 合理确定不同功能节点的种数,优化网络信息生态链的长度。要根据网络信息生态链的功能和运行效率来确定信息生态链的长度。针对网络信息生态链中间节点过多、链长度过长的情况,应将功能相似或者功能存在重叠的节点进行合并,或将不必要的功能节点予以撤销,从而减少中间节点数量,缩短网络信息生态链的长度。针对网络信息生态链中间节点过少、链宽度过窄的情况,应对兼备多项功能的节点进行功能细化,将其分解成多个节点,从而延伸网络信息生态链的长度。如电子政务信息生态链中,政府与公众直接交互,时间短,公众通过公众服务平台直接享受政府服务,查找信息、参政议政、反馈意见,进一步提高了信息流转效率。

(2) 合理确定同功能节点的数量,优化网络信息生态链的宽度。应当根据核心节点的信息流转能力来确定上下游节点数量,即网络信息生态链的宽度。若上下游节点过多,可将部分劣质节点清除出链,或对其进行分层,将部分上下游节点分化为中间节点,将宽度转化为长度。若上下游节点过少，可积极发展新的节点。如电子商务网络信息生态链中，上下游节点过少，上游可以吸引更多供应商入链，下游可以吸收更多零售商或者消费者入链。

（3）合理确定节点的地理分布，优化网络信息生态链的地域范围。应根据网络信息生态链的性质和发展目标、核心节点的信息流转能力来确定节点的地理分布。当网络信息生态链上下游节点地理分布较广，而核心节点的信息流转和服务能力有限，整链的运行效率较低时，可鼓励或说服边远区域的节点出链，从而缩小上下游节点分布的地理范围。当网络信息生态链地域范围较小并打算扩大地域范围，甚至开展跨境信息流转和相关服务时，就应扩大上下游节点的地域分布，积极发展国内其他区域甚至国际范围内的上下游节点入链。近年来，一些电子商务平台已经吸纳了大多数国际零售商和品牌商入驻，开展跨境电子商务，形成了跨境电子商务信息生态链。

4）网络信息生态链节点关系优化措施

（1）明确体现主次关系。在网络信息生态链中，要根据链的性质和结构形态，区分不同功能生态位节点的主次，确定核心节点与非核心节点，明确核心节点和非核心节点的职能和责任，使其各司其职，相互配合。应设法调动核心节点的积极性和主动性，充分发挥核心节点在网络信息生态链运行和进化中的主导作用。链中某一节点也要根据上下游节点对本节点的作用和影响，明确主要节点与次要节点，并将主要节点作为改善关系的重点对象，加强与主要节点的沟通与交流。对于整链和某一节点来说，核心节点和主要节点不是一成不变的，网络信息生态链要根据外部环境以及本链结构和功能的变化适时调整链内节点的主次关系。

（2）合理调节疏密关系。首先，应根据节点之间的相互作用和相互依赖程度，确定关系的疏密度。每个节点与链中不同节点的疏密度是有区别的，将网络信息生态链中一些对本节点影响大、相互依赖程度高的节点划归为紧密层节点，而将一些对本节点影响较大、相互依赖程度较高的节点划归为半紧密层节点，再将其他节点作为疏松层节点，并根据具体情况的变化对节点的疏密度进行调整。其次，对不同疏密度的节点应采用不同的联系、沟通与合作策略。每一节点都应与紧密层节点建立多种联系，与紧密层节点频繁地进行沟通和交流，开展多方面多形式的合作；每一节点与半紧密层节点之间要有固定的联系方式、经常进行沟通和交流，进行一定的合作；必要时，某一节点也可与疏松层节点进行联系、沟通与合作。

（3）不断优化竞合关系。竞合关系是一对矛盾的两个方面，单纯强调合作或竞争都是不现实的。保障竞争与合作关系的均衡是解决这一矛盾的关键[①]。合作可避免资源浪费，竞争能提升整链竞争能力。其具体措施有三：一是加大网络信息生态链节点之间合作力度，引导和鼓励节点采用多种合作模式，通过不同的合作项目，形成节点间互利多赢的合作关系；二是允许并鼓励网络信息生态链中难以合作或不需要合作的节点进行适度的良性竞争，并建立相应规范，阻止节点之间的恶性竞争；三是引导网络信息生态链中部分节点既合作又竞争，具有合作竞争关系的节点应采用合理的合作竞争策略，即应

---

① 戴琳，包先建. 竞争与合作均衡：企业网络联盟中竞合关系协调的关键[J]. 价值工程，2011（17）：111-112.

在对参与活动进行博弈分析的基础之上,确定何时选择合作、何时选择竞争以及如何合作、如何竞争[①]。

（4）充分协调利益关系。协调网络信息生态链中节点的利益关系,首先,要求节点充分认识利益关系的复杂性和多元性,利益关系不仅仅是经济利益关系,而是一种由经济利益、素质利益、形象利益等多元利益组成的复合关系;其次,网络信息生态链必须畅通利益表达机制,让各节点充分表达各自的利益诉求,[②]让利益相关节点充分了解自身和其他节点的利益诉求,这是建立良好利益关系的基础;第三,要求在网络信息生态链中消除对一些节点有利而对另一些节点有害的偏害关系,尽量不发生对一些节点有利而对另一些节点无利的偏利关系,建立对利益相关节点都有利的互利互惠关系;第四,要通过改进利益分配模式尽量实现利益的合理分配,通过完善利益协调机制有效协调节点之间的利益冲突,从而建立主观公平与客观公平统一的公平互利关系。

5.2 网络信息生态链资源共享

5.2.1 网络信息生态链资源共享的主客体

1. 网络信息生态链资源共享主体的范围

网络信息生态链信息共享主体是网络信息生态链中的信息共享活动的承担者。共享主体的范围主要包括以下三类。

1）同位节点间的资源共享

网络信息生态链同位节点间的资源共享是指网络信息生态链中功能生态位相同的网络信息生态主体的资源共享,包括信息生产者之间的资源共享、信息传递者之间的资源共享、信息消费者之间的资源共享。在网络信息生态链中,同位节点往往具有相同或相近的信息功能、信息技术等,因此,同位节点进行资源共享有利于共享资源的整合与利用,共享资源的利用率较高。在网络信息生态链内,同位节点的资源供求具有一定的可替代性,节点之间存在竞争关系,共享意愿不高,共享程度较低。

2）异位节点间的资源共享

网络信息生态链异位节点间的资源共享是指网络信息生态链中功能生态位不同的网络信息生态主体的资源共享,一般表现为链内上下游节点间的资源共享,如链内信息生产者与信息传递者之间的资源共享、信息传递者与信息消费者之间的资源共享、信息生产者与信息消费者之间的资源共享。网络信息生态链上下游节点的信息功能、信息技术、信息制度等都有所差异,节点间的协调难度较大,资源难以进行整合。上下游节点的需求与供给具有互补性,信息生产者、信息传递者与信息消费者之间都希望能达到供需平衡,所以,上下游节点间资源共享意愿较强,共享程度较高。

[①] 李勇,陈旭东. 基于博弈论的合作竞争战略[J]. 中国软科学,2001（9）：121-122.
[②] 鄢正明. 利益关系协调：社会转型期社会矛盾治理必须解决的首要课题[J]. 江西师范大学学报（哲学社会科学版）,2014（4）：13-18.

3）各类节点间的资源共享

网络信息生态链各类节点间的资源共享既包括同位节点间的资源共享，也包括异位节点间的资源共享。在网络信息生态链中，节点的信息功能、信息技术、信息制度等都有所差异，某一资源或多个资源在各类节点间进行共享，共享主体结构复杂，协调难度大，多个节点共享同一资源或者一个节点共享多个资源往往会产生矛盾。各类节点间的资源共享若能合理组织，能进一步提高资源的利用率，更好地发挥共享资源的作用。

2. 网络信息生态链资源共享客体的类型

网络信息生态链资源共享客体是指共享资源的类型和内容。网络信息生态链资源共享的客体包括信息资源、技术资源、人才资源和无形资源。

1）网络信息生态链信息资源共享

网络信息生态链信息资源共享主要是共享链内正常信息流转以外的其他信息，包括节点的资质能力信息、管理运作信息、技术研发信息、资源供求信息、竞争环境信息和合作发展信息等。资质能力信息是指节点拥有的符合相关行业规定的，能证明自身能力的相关信息，如节点的基本信息、资质信息、业绩信息等。管理运作信息是指节点在信息流转活动中的管理及运作信息，如节点的管理模式、规章制度、工作流程等。技术研发信息主要是指节点的技术研发及其应用信息，如节点的技术成果、技术应用情况等。资源供求信息是指网络信息生态链共建资源和节点自建资源的供应信息及资源需求信息。竞争环境信息是指关系网络信息生态链节点生存与发展的优势与劣势、机会与威胁的相关信息，如网络信息生态链所面对的现有竞争者、潜在竞争者以及其他相关利益者的信息。合作发展信息是指网络信息生态链内外部合作与发展的信息，如外部投融资渠道信息、合作交流信息等。

2）网络信息生态链人才资源共享

网络信息生态链人才资源共享主要包括经营管理型人才、专业技术型人才、业务运营型人才等的共享。经营管理型人才是在网络信息生态链各个节点负责战略规划、规章制定、组织实施的人才。专业技术型人才是网络信息生态链中各个节点的信息技术工程设计者和实现者，包括信息基础设施、网络平台、信息系统的设计、开发和维护人才。业务运营型人才是网络信息生态链信息流转过程中具体流程的执行者及操作者。

3）网络信息生态链技术资源共享

网络信息生态链技术资源共享的内容包括信息技术设备、网络信息平台、信息技术方法等。信息技术设备主要是指具有实物形态的大中型信息技术设备，如计算机、服务器、SAN（storage area networks）存储系统、路由交换系统等。网络信息平台是指基于互联网的数字信息交流系统，如电子商务平台、电子政务平台等。信息技术方法是指用现代信息技术进行信息发布、采集、加工、提供利用等活动的方法与技能，包括信息发布、信息组织、信息分析、决策支持等技术方法。

4）网络信息生态链无形资源共享

网络信息生态链无形资源是指网络信息生态链中无物质形态的资源，包括精神文化、社会形象、客户关系及知识产权等的共享。精神文化是指以价值观为核心的意识形态，包括节点的价值观、经营理念、经营方针、规章制度等。社会形象是指社会公众对节点及其所提供的信息产品与服务的评价、信念和态度，主要包括知名度和美誉度。客户关系是指节点与顾客在长期商贸活动中形成的相互关系。知识产权是指人类在社会实践中创造的智力劳动成果的专有权利，包括著作权、商标权、专利权等。

5.2.2 网络信息生态链资源共享的模式

1. 整合式资源共享模式

整合式资源共享模式是指将网络信息生态链中相关节点的资源整合到一起，整合后的资源供参与资源整合的节点或其他相关节点共同利用。整合式共享模式能使网络信息生态链中零散的个体资源条理化、系统化，对原有资源体系进行重构；能实现资源的优化配置，增强资源的功能，提升资源的利用效率；参与资源整合的节点不需要过于烦琐的手续就能方便地利用整合后的资源。但资源整合的工作量较大，要求较高，可能还会碰到一定的阻力和障碍。整合式资源共享模式主要有以下几种具体应用模式：

（1）数字资源网上整合模式。数字资源网上整合模式是在网络信息生态链中建立信息整合共享平台，将网络信息生态链中原本离散、多元、异构的信息资源连接起来，并通过该平台提供利用。这种整合模式属于分布式信息资源整合共享模式，其效果好坏主要取决于信息整合共享平台的性能，因此，平台开发要实现不需要修改原系统，具有强扩展性和强兼容性，能有效实现多元异构数据的集成，使用方便。

（2）信息资源联合建库模式。信息资源联合建库模式是将网络信息生态链中相关节点某方面的信息资源集中起来，联合建立专门数据库，并将数据库放在互联网上或自建的信息共享平台上，供链内全部节点或相关节点使用。这种整合模式属于集中式信息资源整合共享模式，能使链中的某些信息资源相对集中，改变网络信息生态链信息资源建设各自为战的局面。

（3）虚拟团队联合组建模式。虚拟团队联合组建模式是网络信息生态链中的节点为了完成共同的目标或合作项目，将所需要的人才资源集合起来组建跨越空间界限、时间界限及组织界限的虚拟团队，由虚拟团队为相关节点提供服务的一种整合式人才资源共享模式。网络信息生态链中虚拟团队的组成、运转都围绕某一任务展开，根据不同的任务挑选不同的团队成员，其成员具有不同的知识、技能和信息背景，以因特网为主要交流和沟通工具，能较好地为链内节点提供服务，实现人才资源的整合式共享。

（4）技术设施联合购置模式。技术设施联合购置模式是指网络信息生态链中多个节点联合购置、共同使用某些信息技术设施的一种技术资源共享模式。联合购置信息技术设施，可以大量节约技术设施购买和维护成本，大幅度提高技术设施利用率。对于多个节点都有需求但又不常用的设备以及某些技术设备组件较多但每个节点并非要成套拥有的设备，可采用联合购置模式进行共享。

（5）无形资源相互融合模式。无形资源相互融合模式是指将网络信息生态链中两个或多个节点的文化、品牌、形象中的优秀部分进行融合、共创更加优秀的文化、品牌、形象，供链内相关节点使用的一种无形资源整合式共享模式。如网络游戏生态链中，以游戏道具的形式，将实体商品品牌直接嵌入游戏中，进行品牌融合。无形资源相互融合应在维持原有节点文化、品牌、形象特性的条件下，既发挥各节点文化、品牌、形象的独特个性，又保证共创文化、品牌、形象所具有的共性。

2. 委托式资源共享模式

委托式资源共享模式是指网络信息生态链中的节点将部分工作任务委托给其他节点来完成，从而共享其他节点资源的一种资源共享模式。采用委托式资源共享模式，委托方可共享受托方的多种资源，如信息资源、人才资源和技术资源等，是一种综合性资源共享模式；可以充分发挥网络信息生态链中不同节点的资源优势，规避各自劣势，进而促进专业化分工程度的提高；节点之间的委托关系可以是长期的，也可以是短期。委托式资源共享模式有以下几种具体应用模式。

（1）数据托管模式。数据托管模式是网络信息生态链中的某些节点将自己的数据资源交给其他节点代为管理，从而共享其他节点人才资源和技术资源的一种资源共享模式。委托方只需定期向受托方交纳一定的费用，就可享受专业的数据服务。数据的管理、数据库软件的更新与维护、人员设备及其他技术问题都由受托方解决，可为委托方节约技术设备投资和人员培训费用，受托方也能从所提供的数据管理服务中获得收益。

（2）业务外包模式。业务外包模式是网络信息生态链中某些节点将信息流转业务交给其他节点来完成，从而共享其他节点人才资源和技术资源的一种资源共享模式。外包节点与承包节点（外包服务商）之间签订委托协议书，明确完成某项业务工作的数量、质量、标准以及劳动报酬，双方需要认真履行委托协议，各取所需。如节点可将信息搜集与分析的任务委托给其他更加专业的节点，利用其他节点专业的信息服务能力，来提高自身信息资源的质量，降低信息资源积累的成本。

（3）人才委培模式。人才委培模式是网络信息生态链中某些节点为其他节点代为培养专业人才，从而共享其他节点信息资源、人才资源和技术资源的一种资源共享模式。人才委培模式的实施可以是某节点将需要培训的人员送到核心节点或其他相关能力较强、条件较好的节点工作一段时间，通过工作中的传帮带，让参加培训的人员掌握相关技术方法，积累经验；也可以是节点委托有办学条件的节点，以培训班的形式为其他节点培养人才。

（4）品牌孵化模式。品牌孵化模式是指网络信息生态链中尚无自有品牌的节点委托链内具有优秀品牌且有品牌孵化能力的节点完成品牌建设，从而共享其他节点人才资源和无形资源的一种资源共享模式。品牌孵化节点利用自身的能力和条件，针对委托方节点所处行业和现有规模等，提出科学的品牌建设方案，帮助节点完成品牌策划、注册及推广等工作。品牌孵化模式可以使链中的中小节点快速创立自有品牌，节约时间与精力，为节点的发展打下坚实基础。

3. 租借式资源共享模式

租借式资源共享模式是指网络信息生态链中的节点通过租用或借用方式，从其他节点获取所需资源，资源使用后再归还给原节点的一种资源共享模式。采用租借式资源共享模式，节点双方需签订租借协议，规定节点双方的权利和必须履行的义务。租借式资源共享模式可以大大减少资源租用节点的资源使用成本，避免资源出租节点的资源过剩问题，且操作方法简单易行。租借式资源共享模式主要有以下几种具体应用模式。

（1）信息资料借阅模式。信息资料借阅模式是指网络信息生态链节点借阅其他节点纸质版或电子版信息资料的一种信息资源共享模式。比如某些能力较强的节点本身拥有市场调查分析部门，花费了较大投入进行市场调查，并得到科学可靠的行业市场调研报告，此时，其他节点可以付费或免费的方式借用调研报告，来做出市场预测。纸质版信息资料的借阅可采用到拥有信息资料的节点查阅的方式进行，电子版信息资料借阅可通过文献传递方式进行。

（2）技术设备租赁模式。技术设备租赁模式是指网络信息生态链中某些节点向其他节点租用信息设备的一种技术资源共享模式。信息设备租赁模式中，租用方须向出租方支付一定的租金，在租借期内享有使用权，而不变更设备的所有权。对于较为昂贵的设备，节点可以通过技术设备的租借减少投资。此外，科学技术的迅速发展，使得技术设备的更新速度普遍加快，采用租借的办法也可以减小技术落后的风险。对于一些利用率不高、临时使用的技术设备资源，采用租借的方式更为灵活。

（3）人才借调聘请模式。人才借调聘请模式是指网络信息生态链中有人才需求的节点借调或聘请其他节点的专业人才来本节点工作的一种人才资源共享模式。被借调或聘请的人才不改变与原节点的隶属关系，借调或聘请人才的节点须支付给人才所属节点一定的费用及本人一定的劳动报酬。如网络教育生态链中某个网络教育机构师资力量较强，其他节点可以通过聘请客座讲师的方式实现人才资源共享。

（4）品牌形象借用模式。品牌形象借用模式是指网络信息生态链中品牌形象较差的节点借用其他节点的优秀品牌形象来生产和提供信息产品与服务的一种无形资源共享模式。使用品牌形象借用模式，租借节点应将自身优势与租借来的品牌形象巧妙结合，借助优秀品牌形象的影响力迅速拓展市场，提升自身品牌形象。出借品牌形象的节点需加强品牌形象管理，让租借节点合理使用本节点所出借的品牌形象。

4. 交换式资源共享模式

交换式资源共享模式是指网络信息生态链的节点在平等自愿的前提下，互换双方拥有的某些资源，在交换中实现资源共享的一种模式。资源交换既可以是上下游节点间的纵向交换，也可以是同位节点间的横向交换。资源交换一般是在小范围内进行，涉及面不大，节点组合比较自由，各个节点对资源的流向及交换资源的类型和内容有决定权，且操作简便，容易实施。交换式资源共享模式主要有以下几种具体应用模式：

（1）信息资料交换模式。信息资料交换模式是指网络信息生态链中两个节点互换信息资料，且互换后的资料无须再归还的一种信息资源共享模式。例如，在某网络信息生态链中，A 节点和 B 节点都有一些已经使用过但保存价值较小的信息资料，而这些资料恰恰是对方需要的，双方可以通过协商将资料进行交换，从而获取各自所需的信息资料，使信息资料物尽其用，发挥最大价值。

（2）专业人才交流模式。专业人才交流模式是指网络信息生态链中两个节点互换专业人才的一种人才资源共享模式。节点之间交流的人才一般属于不同类型的人才，如 A 节点在某一段时间内信息技术型人才有余但业务运营型人才不足，而 B 节点由于项目开发缺少信息技术型人才，但业务运营型人才有余，此时，A 节点就可用信息技术型人才交换 B 节点的业务运营型人才。进行人才交流的节点类型应基本相同，且双方认可对方的制度及文化，否则，人才交换后，不能完全适应。

（3）技术设备交换模式。技术设备交换模式是指网络信息生态链中两个节点互换信息技术设备的一种技术资源共享模式。例如，A 节点的某些信息技术设备对其利用价值不大但对于 B 节点利用价值较大，反过来，B 节点的某些信息技术设备对其利用价值不大但对于 A 节点利用价值较大，此时，两节点就可以将这些信息技术设备进行交换，交换前可对拟做交换的信息技术设备进行价值评估，实行等价交换。

5.2.3 网络信息生态链资源共享的保障措施

网络信息生态链的信息主体类型多样，主体之间的关系复杂，各个节点都有各自的利益诉求，在资源共享过程中，可能产生各种冲突与矛盾，给链中的资源共享带来了一定的难度。如若没有适当的策略进行保障，资源共享的程度与效益往往较低。培养共享发展理念、完善共享规章制度、健全共享协调组织是保障网络信息生态链资源共享的关键。

1. 培养共享发展理念

社会共享氛围趋于浓厚，但网络信息生态链资源共享发展观念还并没有被各个节点所普遍接受。许多节点缺乏全局观念，认为资源一旦共享就会成为公用资源，因而共享态度不积极，宁愿闲置资源，还有部分节点认为共建共享的资源会不符合节点自身特点，使用不便而宁愿搞重复建设。网络信息生态链中节点的共享发展理念决定了节点对待资源共享的态度，影响了节点之间的关系以及共享资源的意愿。共享发展理念的培养可以增强网络信息生态链的凝聚力，形成共有的价值观，增强节点对资源共享的认知度，使网络信息生态链中各节点间形成较高的信任度和较为稳定的合作关系。

培养网络信息生态链资源共享发展理念，首先要让节点理解资源共享的必要性。充分展示、宣传资源共享能为其带来的利益，积极推广资源共享的成果，从而提高节点对资源共享的兴趣和欲望。其次，要让节点清楚资源共享的途径。加强资源共享各类技术的普及和应用培训，引导各类节点积极参与资源共建，鼓励节点借助共享公共服务平台实现资源共享，还可展示资源共享现状以及资源共享的规则制度、资源共享的流程及注意事项，从而为网络信息生态链资源共享提供便利。

2. 完善共享规章制度

网络信息生态链资源共享规章制度主要包括资源共享行为规范、资源共享技术标准及资源共享权益协调制度等。网络信息生态链应根据资源共享的主客体范围、共享目标、共享模式等合理选择所要建立的制度，合理确定制度的内容。网络信息生态链在制定共享规章制度时应遵循以下四项原则：一是系统协调原则，即资源共享制度应具有系统性，各项规章制度不能独立存在，应相互协调，相辅相成；二是可操作性原则，即制定的资源共享规章制度要有明确的目标、责任及奖惩措施，条款要详细具体，便于执行；三是民主性原则，即规章制度的制定应体现民主性，让尽可能多的节点和节点中的成员参与规章制度的制定，这样，才能得到各节点的支持，才能使规定真正落到实处；四是动态性原则，即当情况发生变化时，要及时修改规章制度，使其在不断执行的过程中得以完善。

网络信息生态链资源共享规章制度的执行要做到以下两个方面。

第一，强化规章制度执行意识。网络信息生态链资源共享规章制度能否贯彻执行，首先取决于节点的规章制度执行意识。没有规章制度执行意识，就不会积极、认真地执行规章制度，甚至对规章制度产生抵触情绪，规章制度就会成为一纸空文。规章制度执行意识的强化，首先要强化规章制度权威意识，形成人人敬畏规章制度、个个严守规章制度的良好氛围；其次要强化规章制度平等意识，在规章制度面前人人平等，人人都必须自觉遵守规章制度，只要违反了规章制度就要受到相应的处罚；最后要强化规章制度的自觉执行意识，把执行规章制度视为自己的基本职责，养成不折不扣地执行规章制度的习惯[①]。

第二，提高规章制度执行能力。网络信息生态链资源共享规章制度能否落到实处，关键点在于节点规章制度执行能力的高低。网络信息生态链资源共享规章制度执行能力主要体现为节点对已经制定的规章制度的贯彻落实能力。督促检查节点规章制度执行落实的情况是提高规章制度执行能力的重要手段，对资源共享规章制度执行情况的督促检查应做到：督促敷衍拖延执行规章制度的节点尽快执行相关规章制度；检查各项规章制度是否按规定得到执行，对已经执行的规章制度及相关节点还需检查规章制度执行的方法和落实的进度，对违反规章制度的情况要求及时予以纠正；提升规章制度执行效果，应建立一套科学的资源共享规章制度执行效果评价方法，定期对规章制度执行效果进行评估，并及时反馈评估结果，使参与共享的节点了解规章制度执行过程中出现的问题，并加以解决。

3. 健全共享协调组织

由于网络信息生态链上的节点往往来自不同区域、不同机构，既包括企事业单位、也有政府部门和个人，因此，必须要有一个组织来进行协调，才能使资源共享正常运行。将网络信息生态链中的节点纳入资源共享的组织体系是保障资源共享效益的关键，一个健全的共享协调组织应建立一个明确的资源共享管理体制，成立以核心节点为中心的资源共享协调组织，统筹网络信息生态链中各个节点之间的资源共享过程，对资源共享的情况进行监督，从而保障节点资源共享的利益，有效防止某些节点在获取其他节点自建资源时的机会主义行为[②]。

5.3 网络信息生态链利益协调

5.3.1 网络信息生态链利益协调的目标

网络信息生态链利益协调的目标是：在充分考虑网络信息生态链中利益相关主体的利益诉求的基础上，依照科学的原则，采用有效的方式，合理分配新增利益并妥善调解利益冲突，实现网络信息生态链及其利益相关主体的利益平衡。

---

① 麻宝斌，钱花花. 制度执行力探析[J]. 天津社会科学，2013（3）：53-58.
② 娄策群，庞靓，娄冬. 网络信息生态链资源共享方略[J]. 图书情报工作，2015（22）：12-19.

1. 合理分配网络信息生态链新增利益

网络信息生态链的新增利益是指网络信息生态链的各个节点通过链的信息流转所获得的利益，根据利益形态的不同，分为素质利益、形象利益和经济利益。网络信息生态链新增素质利益指链上节点以及整条链素质的提升，具体体现在网络信息生态链的观念更新、能力提升、知识结构巩固等方面。网络信息生态链新增形象利益指网络信息生态链及其节点在社会公众中形成总体形象，包括网络信息生态链节点社会地位、社会影响和社会认同度等。网络信息生态链新增经济利益指链上能用经济指标进行衡量的利益的增加，表现为网络信息生态链经济收入和活动成本差值的增加。

网络信息生态链的新增素质、形象、经济利益分配不合理的情况主要表现为以下两个方面：一是链中同位节点新增利益分配不合理；二是链的上下游节点新增利益分配不合理。其中同位节点之间由于信息活动类型相当，人们可能认为同位节点应分配均等的新增利益，但同位节点在信息活动中的投入会有大有小，对利益回报的要求自然有所不同，因此，同位节点的新增利益不应平均分配。上下游节点利益来源相对明晰，发生新增利益分配不合理的情况较少，但若新增利益的分配方式、方法选用不当，同样会造成利益分配不合理的矛盾。对于不同形态的新增利益而言，素质利益和形象利益因无法量化，其合理分配的难度更大。任何形态的新增利益分配不合理时，认为利益分配不合理的节点就会降低参与网络信息生态链的积极性，以消极的态度参与链的信息活动，这将影响网络信息生态链的整体竞争优势，同时它还会积极地寻找与其他节点的合作机会，一旦机会来临，它就会退出原链，而与其他节点形成新的网络信息生态链，这样对原网络信息生态链是一个损失。可见，网络信息生态链任何一种或多种形态的新增利益分配不合理均会导致网络信息生态链利益的不协调，链内节点争端增加，从而制约链的发展。因此，合理分配网络信息生态链的新增利益是链利益协调的首要目标，即采用各节点均认可的利益分配方式方法对新增利益进行分配，使得同位节点、上下游节点都能积极参与链的活动，共同推进网络信息生态链的协同发展。

2. 妥善调解网络信息生态链利益冲突

利益冲突是利益双方基于利益矛盾而产生的利益纠纷和利益争夺过程[①]。网络信息生态链中的利益冲突则是网络信息生态链中节点在信息流转和合作过程中对利益增量进行分配时产生的利益矛盾和利益纠纷。

网络信息生态链的利益冲突主要体现在链中单个节点自身、同位节点间或上下游节点间。网络信息生态链单个节点自身的利益冲突是指参与网络信息生态活动的节点的主观利益诉求和实际利益所得不符而产生的自身利益矛盾。网络信息生态链同位节点间的利益冲突是指网络信息生态链中处于相同信息生态位、发挥同种功能的节点之间在利益分配时产生的矛盾。网络信息生态链上下游节点间的利益冲突则指网络信息生态链中处于不同信息生态位，发挥不同功能的节点之间在利益分配时产生的矛盾。链中单个节点自身利益冲突、同位节点间的利益冲突、上下游节点间的利益冲突们的表现形式基本为以下三种：一是利

---

① 张玉堂. 利益论[M]. 武汉：武汉大学出版社，2001：55.

益量冲突,即节点主观诉求利益量与实际获得利益量存在差距;二是利益类型冲突,即节点主观诉求利益种类与其实际获得利益种类不符,如某节点诉求获得形象利益,而该节点实际获得的却是经济利益和素质利益;三是利益量和利益类型同时发生冲突。网络信息生态链单个节点自身的利益冲突不仅会导致节点的自身利益受损,影响节点参与链内合作的积极性和主动性,还会导致与链上其他节点的矛盾,影响整条网络信息生态链的稳定性和信息流转效率。同样,网络信息生态链同位节点的利益冲突和上下游节点的利益冲突会致使某些节点退出网络信息生态链,造成链的断裂。需采用恰当的调解方式调节链中单个节点自身、同位节点间、上下游节点间的利益量和利益类型冲突,使节点主观诉求的利益量、利益类型与实际获得的利益量、利益类型均相匹配,保障网络信息生态链的信息流转效率,实现网络信息生态链的稳定发展。

5.3.2 网络信息生态链利益协调的原则

1. 主、客观公平兼顾原则

网络信息生态链中的利益相关节点在利益分配中追求的并非所得利益的具体类型和利益量的绝对大小,而是利益分配的公平合理。然而,公平有主观公平与客观公平之分。主观公平是指利益相关节点自认为信息流转或合作中其要素投入与其利益回报是相符的,是利益相关节点对利益分配的一种主观感受。客观公平是指利益相关节点在信息流转或合作中其要素投入与其利益回报是真正相符的,是利益相关节点利益分配中的一种客观存在。网络信息生态链利益协调应尽可能达到客观公平,使链中利益相关节点的要素投入与其利益回报相符,客观地衡量节点对整链的贡献,按贡献大小对利益冲突主体进行利益调节。但是,由于网络信息生态链中新增利益有些是难以计量的(如素质利益和形象利益),节点投入的不同要素也难以进行比较,因此,利益回报与要素投入是否匹配难以准确衡量,大部分的公平只能是相对的。此外,即使是容易计量的利益和便于比较的投入,同一数量的利益和投入对不同共生主体的效用是不同的,获利与投入是否匹配,不同的节点有不同的感受[①]。网络信息生态链利益协调能做到主观公平,就能使利益相关节点感到满足,从而调动其积极性和主动性。可见,在网络信息生态链利益协调中兼顾主观公平和客观公平,可保证网络信息生态链链内合作的顺利进行,提高网络信息生态链的信息流转效率。

2. 公平兼顾效率原则

网络信息生态链利益协调的根本目的是实现链内相关节点的利益分配公平,最终目标是提升整链的运行效率,因此,网络信息生态链利益协调必须公平与效率兼顾。公平的利益分配能够充分调动利益相关节点的积极性与创造性,促进信息生态链运行效率的提高。过分强调公平会影响网络信息生态链中利益相关节点的积极性和创造性,从而影响网络信息生态链的运行效率。因此,网络信息生态链利益协调应处理好利益分配公平与整链运行效率的关系,以提高网络信息生态链运行效率为目标,当分配公平与运行效率出现矛盾时,

---

① 娄策群,张苗苗,庞靓. 网络信息生态链运行机制研究:共生互利机制[J]. 情报科学, 2013(10): 3-9, 16.

做到效率优先,在对网络信息生态链利益相关节点自身进行利益分配和利益调节时应最大限度地减少对整条链运行效率的负面影响。

3. 多元利益综合平衡原则

网络信息生态链在信息流转和合作过程中的新增利益可以是经济收益的增加,也可以是综合素质的提高,还可以是社会形象的提升。多元利益综合平衡是指网络信息生态链进行利益协调时,应将链内利益相关节点所得的各种利益进行综合衡量。不同网络信息生态链中生态位不同的节点所诉求的利益类型各不相同,同一网络信息生态链中生态位相同的节点所诉求的利益类型也有差异,仅以某一种利益获得的多少为标准进行协调不能很好地满足利益相关节点的利益诉求,利益协调也很难达到预期的效果,甚至无法进行。因此,在进行网络信息生态链利益协调时,要重视多元利益综合平衡的运用,实现多元异质公平共生互利,即使网络信息生态链中的利益相关节点获得两种或两种以上不同类型的利益,且所获利益大小与其投入多少相匹配[①]。

4. 风险与利益相对应原则

收益与风险是相伴而生,一般来说,收益高则风险大,风险小则收益低。网络信息生态链利益协调的利益与风险相对应原则要求链中利益相关者必须承担一定的风险,并且承担风险大则获利多。链内利益相关者要有风险意识和风险担当精神,不能以任何理由拒绝承担信息流转或合作过程中的风险。网络信息生态链中利益相关者所承担的风险不同,在利益分配中所得的收益也应不同[②]。

5. 协调方式合理选用原则

网络信息生态链利益协调方式多样,从大的层面看,包括新增利益分配方式和利益冲突调节模式两大类。网络信息生态链利益分配方式是将新增利益分配给链内相关节点的方式方法,新增利益分配方式有自然式分配、调节式分配以及共享式分配三种方式;新增利益分配方法有 Shapley 值法、核心法、MCRS 法、Nash 协商法、总利益乘相应系数法、模糊综合评判法、多种分配方案加权法等。利益冲突调节模式有单个节点自我协调、核心节点主导协调、多个节点联动协调、链外机构干预协调四种模式。这些方式和模式各有特色,适应范围有一定的差异,当网络信息生态链中利益相关节点进行新增利益分配发生利益冲突时,应有针对性地选用一种或多种协调方式进行利益协调,在最小的代价下实现最优的利益协调。

5.3.3 网络信息生态链利益协调的措施

1. 合理选用网络信息生态链新增利益分配方式

网络信息生态链新增利益分配方式主要有三种:自然分配、调节分配和共享分配。每种分配方式有其自身的特点和适用范围,针对不同形态的新增利益需选用不同的方式来进

---

① 娄策群, 张苗苗, 等. 网络信息生态链运行机制研究:共生互利机制[J]. 情报科学, 2013 (10): 3-9, 16.
② 杨翠兰. 基于风险和贡献的知识链成员间收益分配研究[J]. 图书情报工作, 2010 (14): 88-91.

行利益分配，因此，网络信息生态链进行新增利益分配时需灵活地对各利益分配方式进行搭配使用。

1）自然分配

自然分配是指在网络信息生态链新增利益分配时，对新增利益分配不加干预和调节，使其随着利益产生的过程自然分配给各个主体。网络信息生态链新增利益自然分配方式有以下三个主要特点：一是对利益分配的非干预性和非调节性，在利益分配前只确定分配原则而不制定具体的分配标准，利益分配后也不在利益相关节点之间进行调节；二是利益产生与利益分配具有同步性，各个利益相关节点通过分配得到的利益是在利益产生的过程中就同步获得的；三是利益相关节点获利多少与其能力密切相关，难以实现利益分配的公平性。利益相关节点获利大小与其投入没有明显联系，而是与节点能力呈正比关系，能力大的节点往往能从自然分配中获取较大利益，节点能力越小其所获利益数量越小。

自然分配方式主要适用于网络信息生态链中不可调节或不需要调节的利益类型的分配。比如素质利益、形象利益具有不可调节性，利益相关节点往往只能在信息流转或合作过程中自动获得某些素质利益和形象利益。

2）调节分配

调节式分配是指在网络信息生态链新增利益分配时，通过干预和调节的方式使网络信息生态链上的新增利益在利益相关节点之间进行分配。网络信息生态链新增利益调节分配分为事前调节、事中调节和事后调节。事前调节是指网络信息生态链利益相关节点在创造利益前预估可能产生的利益类型及利益量，并分析各个主体的贡献程度，在尊重利益相关节点利益诉求的基础上，调节利益分配的类型及利益量，但在利益形成的过程中不加干预。事前调节在利益产生之前就确定了新增利益分配方案，可以预防利益形成和获取中的不正当行为，促进新增利益分配的公平。事中调节是在网络信息生态链新增利益产生的过程中通过干预，调节利益相关节点之间的新增利益分配。由于受环境变化和节点自身的努力程度影响，在利益产生的过程中，利益的类型和利益数量会发生变化，且不同利益相关节点的贡献大小也会不同。因此，需要在新增利益产生过程中对利益分配方案进行调整。事后调节是指在网络信息生态链利益相关节点间的合作活动完成后，对利益相关节点已获得的利益进行调整。后期调节能够对网络信息生态链的新增利益及主体的贡献度进行准确的评估，使利益分配相对公平。

在网络信息生态链新增利益分配中，调节分配方式的适用范围较广，应用较多。对于难以进行事后调节的素质利益和形象利益，可采用事前调节方式进行约束，对于可调节的经济利益，可采用事中调节方式和事后调节方式进行调整。

3）共享分配

共享分配是指分配网络信息生态链新增利益时，不将新增利益分配到各个利益相关节点，而是由利益相关节点共同享用新增利益。网络信息生态链新增利益共享分配方式有以下特点：一是参与分配的新增利益必须具有可共享性，独占性的利益不能采用共享分配方式进行分配；二是共享分配方式难以做到客观上的绝对公平，利益相关节点获得共享利益的多少与其利益共享能力有关；三是共享分配方式能充分利用新增利益，更好地发挥新增利益的作用。网络信息生态链新增利益的类型不同，其共享分配的具体形式也不同。素质利益的共享可以是对新知识、新信息、新技术、新设施等资源的共享,这些新增资源是构成网络信息生态链整体素质或节点素质的重要方面;也可以是对新增能力的共享,在网络信息生态链利益相关节点的合作活动中,会提高某些利益相关节点的能力,这些能力是不可分配的,但可以通过人力资源共享、传帮带等形式进行新增能力的共享。形象利益的共享主要是对合作所产生的信誉度、影响力等的共享,可通过形象借鉴、品牌整合、文化融合、捆绑营销等形式实现形象利益的共享。经济利益的共享主要是将网络信息生态链的新增经济利益不分配给各个共生主体,而将资金用于利益相关节点共同消费或共同投资。

共享分配方式主要适用于不能采用调节方式进行分配的共享利益,如素质利益和形象利益的分配。当经济利益的数量较小不便分配给各个利益相关节点或利益相关节点需要共同投资时,也可以采用共享分配方式[①]。

2. 恰当使用网络信息生态链新增利益分配方法

为了使网络信息生态链新增利益得到合理分配,促进整链的利益协调,客观、有效的利益分配方法是必不可少的。网络信息生态链新增利益的分配方法主要有 4 种:Shapley 修正法、Nash 协商法、模糊综合评判法、多方案集成分配法。

1) Shapley 修正法

1953 年,Shapley L.S.提出的一种解决多人收益分配或成本分担的方法。该方法遵循收益与贡献对等原则[②]。设有 n 个人共同参与某项非对抗性的经济活动,他们可以通过不同的合作方式获得不同的效益。

设有集合 $I = \{1, 2, 3, \cdots, n\}$,$I$ 的任一子集 S 都对应着一个实值函数 $v(S)$,而且满足以下条件:

$$v(\Phi) = 0 \tag{5-1}$$

$$v(S_1 \cup S_2) \geqslant v(S_1) + v(S_2), \quad S_1 \cap S_2 = \Phi \tag{5-2}$$

其中,$v(S)$ 是合作 S 的效益。用 x_i 表示 I 中的第 i 个节点可以从合作的最大效益 $v(I)$ 中获得的利益。合作对策的分配用 $x_i = (x_1, x_2, \cdots, x_n)$ 表示。则该合作成功须满足:

$$\sum_{i=1}^{n} x_i = v(i), \quad i = 1, 2, 3, \cdots, n \tag{5-3}$$

且

$$x_i \geqslant v_i, \quad i = 1, 2, 3, \cdots, n \tag{5-4}$$

将 $H_i(v)$ 记为合作 I 下第 i 个成员获得的利益分配,在合作 I 下各个伙伴所能获得的利益分配的 Shapley 值为

$$\Phi(v) = (H_1(v), H_2(v), \cdots, H_n(v)),$$
$$H_i(v) = \sum_{S \in S_i} W(|S|)[v(S) - v(S-i)], \quad i = 1, 2, 3, \cdots, n \tag{5-5}$$

$$W(|S|) = \frac{(n-|S|)!(|S|-1)!}{n!} \tag{5-6}$$

---

① 张苗苗. 公安网络信息生态链共生互利研究[D]. 武汉: 华中师范大学, 2015: 44.
② 郭俊雄. 基于 Shapley 值理论的合同能源管理利益相关者收益分配研究[D]. 天津: 天津大学, 2012: 21.

用 Shapley 值法进行网络信息生态链利益分配时，虽然避免了平均分配，但是没有考虑各节点的其他贡献、承担风险大小等因素。在网络信息生态链利益分配时，可在 Shapley 值法的基础上，同时考虑影响网络信息生态链利益分配的其他主要因素，对 Shapley 值法进行修正。其修正方法有两种：

一是先计算 Shapley 分配收益，再用其他因素的影响系数对 Shapley 分配收益进行修正[①]。设有 m 个因素影响利益分配，第 i 个节点关于第 j 个因素的测度值为 a_{ij}，由 a_{ij} 组成的修正矩阵为

$$A = (a_{ij})_{n \times m} \tag{5-7}$$

对矩阵 A 进行归一化处理，得到矩阵：

$$B = (b_{ij})_{n \times m} \tag{5-8}$$

根据专家判断，可得影响因素对利益分配的影响程度矩阵：

$$\lambda = [\lambda_1, \lambda_2, \cdots, \lambda_m]^T \tag{5-9}$$

由（5-8）和（5-9）得修正矩阵为

$$R = [R_1, R_2, \cdots, R_m]^T = B_{n \times m} \times \lambda^T_{1 \times m} \tag{5-10}$$

因此，修正后的利益分配策略表示为

$$H_i^*(v) = H_i(v) + \left(R_i - \frac{1}{n}\right) \times v(S) \tag{5-11}$$

二是分别计算 Shapley 分配收益和按其他因素的分配收益，再将多因素的分配收益进行综合。假定与网络信息生态链利益相关的因素为贡献度、投入和风险三个因素，其中基于贡献视角的利益分配即上述式子（5-5）中的 $H_i(v)$，现只需分析基于投入额、基于所承担风险的利益分配，分别用 $P_i(v)$、$Q_i(v)$ 表示[②]。

首先是基于投入额大小的利益分配模型，假定 i 节点的投入额为 $x_i = \{x_1, x_2, \cdots, x_n\}$，各节点合作成功后的总收益为 v，各节点分得的利益为 $v_i = \{v_1, v_2, \cdots, v_n\}$，各节点基于投入额大小分配的收益为

$$P_i(v) = \frac{x_i}{\sum_{i=1}^n x_i} v, \quad i = 1, 2, \cdots, n \tag{5-12}$$

同样，在求解节点基于所承担风险大小所获利益时，先将总风险分解为具体风险，根据承担风险与利益分配相对称的原则，通过现有的方法对风险系数进行测算得到系数 r_i，其中 $\sum_{i=1}^n r_i = 1$，各节点合作成功后的总收益为 v，则各节点所分配的利润为

$$Q_i(v) \frac{r_i}{\sum_{i=1}^n r_i} v, \quad i = 1, 2, \cdots, n \tag{5-13}$$

现已得出了节点 i 基于贡献度、投入大小和风险大小所分配的利益 $H_i(v)$、$P_i(v)$、$Q_i(v)$，根据贡献度、投入、风险三因素对节点利益的影响度来确定各自的权重，假定运用灰色关

[①] 何喜军，武玉英，蒋国瑞. 基于 Shapely 修正的供应网络利益分配模型研究[J]. 软科学，2014（2）：70-73.
[②] 牛余琴，张凤林. EPC 总承包项目动态联盟利益分配方法研究[J]. 工程建设与设计，2013（12）：160-163.

联法确定的贡献度、投入、风险这三个因素权重分别为 ω_1、ω_2、ω_3，那么，修正后的利益分配策略为

$$H_i^{**}(v) = H_i(v) \times \omega_1 + P_i(v) \times \omega_2 + Q_i(v) \times \omega_3, \quad i = 1, 2, \cdots, n \tag{5-14}$$

2）Nash 协商法

Nash 谈判是指在局中人之间的合作带来相应利益的情况下，局中人就如何分配所获利益问题展开谈判磋商，应用到网络信息生态链的新增利益分配中，其实质就是网络信息生态链的多个节点对特定利益的分割分配[①]。基于 Nash 协商模型的网络信息生态链利益分配步骤如下[②]。

假设有 n 个节点参与到了网络信息生态链的利益创造中，先由每个节点提出一种利益分配方案。f_{ij} 表示第 i 个节点提出的利益分配方案中第 j 个节点从中获得的利益分配系数，则第 i 个节点期望的利益分配方案为 $F_i = \{F_{i1}, F_{i2}, \cdots, F_{in}\}$，$i = 1, 2, \cdots, n$；$j = 1, 2, \cdots, n$；且 $0 < f_{ij} < 1$，$\sum_{j=1}^{n} q_{ij} = 1$，那么，所有节点提出的利益分配方案的分配系数矩阵如下：

$$F = \begin{bmatrix} f_{11} & f_{12} & \cdots & f_{1n} \\ f_{21} & f_{22} & \cdots & f_{2n} \\ \vdots & \vdots & & \vdots \\ f_{n1} & f_{n2} & \cdots & f_{nn} \end{bmatrix} \tag{5-15}$$

其中，第 i 个节点最理想的利益分配系数为

$$f_i^+ = \max\{f_{1i}, f_{2i}, \cdots, f_{ni}\} \tag{5-16}$$

则参与链的利益创造的节点各自理想的利益分配方案为

$$F^+ = \{f_1^+, f_2^+, \cdots, f_n^+\} \tag{5-17}$$

而第 i 个节点最不理想的利益分配系数为

$$f_i^- = \min\{f_{1i}, f_{2i}, \cdots, f_{ni}\} \tag{5-18}$$

各节点利益分配的不理想方案为

$$F^- = \{f_1^-, f_2^-, \cdots, f_n^-\} \tag{5-19}$$

但式（5-17）和（5-19）都不能满足网络信息生态链中参与利益分配的所有节点利益分配系数之和为 1 的约束条件，这就要求参与利益分配的节点对利益分配进行协商。设协商后第 i 个成员的折扣系数为 $y_i = \{y_1, y_2, \cdots, y_n\}$，那么第 i 个节点的最终利益分配系数为

$$r_i = f_i^+ - y_i, \quad i = 1, 2, \cdots, n \tag{5-20}$$

各个节点均满足的利益分配方案就为 $R = \{r_1, r_2, \cdots, r_n\}$。显然，网络信息生态链中第 i 个节点最终利益分配系数不能低于 f_i^-，即 $f_i^+ - y_i \geq f_i^-$，否则协商就失败了。

下面以链中各合作节点的不理想方案值作为协商起始点，即 $F^- = \{f_1^-, f_2^-, \cdots, f_n^-\}$，则网络信息生态链利益分配的不对称 Nash 协商模型表示为

[①] NASH J. The Bargaining Problem. Econometrica, 1950, 18 (2): 155-162.
[②] 杨俊辉. 基于不对称 Nash 协商模型的知识工作团队利益分配方法研究[J]. 西安邮电学院学报, 2010 (2): 107-109.

$$\text{Max}((f_1^+ - y_1 - f_1^-)^{w_1}(f_2^+ - y_2 - f_2^-)^{w_2}\cdots(f_n^+ - y_n - f_n^-)^{w_n}) \qquad (5\text{-}21)$$

$$\begin{cases} \sum_{i=1}^{n}(f_i^+ - y_i) = 1 \\ f_i^+ - y_i \geqslant f_i^- \end{cases} \quad i = 1, 2, \cdots, n \qquad (5\text{-}22)$$

式（5-21）为 Nash 协商的目标函数，其中 $f_i^+ - y_i$ 表示第 i 个节点的最终利益分配系数，而 $f_i^+ - y_i - f_i^-$ 则表示第 i 个节点的最终利益分配系数与不理想系数之间的差距，不难看出，两者差距越大第 i 个节点越满意。w_i 表示节点 i 在网络信息生态链利益创造中的贡献率，且 $\sum_{i=1}^{n} w_i = 1$，因此，目标函数就是通过协商使得所有节点都分配到相对满意的利益。

由（5-21）和（5-22）可得出第 i 个节点协商后的折扣分配系数：

$$y_i^* = f_i^+ - f_i^- - w_i\left(1 - \sum_{i=1}^{n} f_i^-\right), \quad i = 1, 2, \cdots, n \qquad (5\text{-}23)$$

由（5-20）和（5-23）则可得出第 i 个节点最终的利益分配系数为

$$r_i = f_i^- + w_i\left(1 - \sum_{i=1}^{n} f_i^-\right), \quad i = 1, 2, \cdots, n \qquad (5\text{-}24)$$

若网络信息生态链新增总利益为 K，那么节点 i 分配的利益可表示为

$$K_i = K \cdot r_i \qquad (5\text{-}25)$$

由式（5-24）可知，利用不对称 Nash 协商模型得到的网络信息生态链中第 i 个节点的最终利益分配系数由两个部分组成，f_i^- 可以看作是第 i 个节点的保留利益，或者说是最低可承受的分配利益，即协商的基点；$w_i\left(1 - \sum_{i=1}^{n} f_i^-\right)$ 则可以看作是第 i 个节点经过协商后的利益补偿，其中 w_i 通常是依据参与网络信息生态链信息活动节点的特征、投入、承担的风险等因素综合评判确定的。

该方法适用于在网络信息生态链各节点讨价还价能力相当、贡献度相当的情况下，对新增经济价值进行分配[①]。

3）模糊综合评判法

模糊综合评判法是由北京师范大学数学系教授汪培庄提出的模糊数学的一种具体应用方法。运用模糊综合评价法对网络信息生态链中的各节点绩效进行评价，评价的步骤和数学模型如下[②]。

（1）确定模糊的评价因素集。设对某节点绩效进行评价的指标因素为 n 个，分别记作 $u_1, u_2, u_3, \cdots, u_n$，则这 n 个评价指标因素就构成一个评价因素集合：

$$U = \{u_1, u_2, u_3, \cdots, u_n\} \qquad (5\text{-}26)$$

---

① 黄紫丹. 供应链联盟的稳定性研究[D]. 济南：暨南大学，2008：35-38.
② 黄勇，黄世祥. 基于模糊评判法的共同配送利益分配模型研究[J]. 洛阳理工学院学报，2013（2）：30-33.

例如，评判网络信息生态链各节点的绩效通常会从投入（u_1）、风险（u_2）、贡献度（u_3）等方面来评价，则评价因素集合为 $U=\{$投入，风险，贡献度$\cdots\}$。

（2）确定评价等级集合。根据评价的需要，将评价等级划分为 m 个等级（例如高、中、低；优、良、中、差），分别记作 $v_1, v_2, v_3, \cdots, v_m$，则 m 个评语等级就构成一个评价等级集合：

$$V=\{v_1, v_2, v_3, \cdots, v_m\} \tag{5-27}$$

（3）确定权重系数集合。确定权重系数在模糊综合评价中是一件十分重要的工作，根据各评价指标因素在整个评价指标体系中的相对重要性来确定权重系数。确定权重系数的方法可以采用评价专家共同讨论确定，两两比较法，层次分析法（AHP）等。确定了各评价指标因素的权重系数后，就可以得到权重集合：

$$A=\{a_1, a_2, a_3, \cdots, a_n\}, \quad a_i \in [0,1] \quad \text{且} \quad \sum_{i=1}^{n} i = 1 \tag{5-28}$$

式中：A 是 U 中各因素对评判事物的隶属度；a_i 为集合 U 中第 i 个因素 u_i 对应的权数。

（4）填写评价因素判断表，统计专家评价结果。聘请若干名专家对各评价对象相对于各评价因素所属等级作出判断（评价因素判断表如表 5-3 所示），然后统计专家评价结果。将同一因素中选择相同等级的人数除以专家总数，得到各因素不同等级的隶属度。

表 5-3 网络信息生态链节点绩效评价因素判断表

		v_1	v_2	$\cdots$	v_m
节点 1	u_1				
	u_2				
	$\vdots$				
	u_n				
节点 2	u_1				
	u_2				
	$\vdots$				
	u_n				
$\vdots$	u_1				
	u_2				
	$\vdots$				
	u_n				
节点 i	u_1				
	u_2				
	$\vdots$				
	u_n				

注：表中 $\{u_1, u_2, \cdots u_n\}$ 为评价因素集合，$\{v_1, v_2, \cdots, v_m\}$ 为评价等级集合。

（5）建立模糊关系矩阵。结合所有专家的评判结果，根据各因素不同等级的隶属度，建立节点中各因素与各等级之间的模糊关系矩阵：

$$R = \begin{bmatrix} r_{11} & r_{12} & \cdots & r_{1m} \\ r_{21} & r_{22} & \cdots & r_{2m} \\ \vdots & \vdots & & \vdots \\ r_{n1} & r_{n2} & \cdots & r_{nm} \end{bmatrix} \tag{5-29}$$

(6) 建立综合模糊评价模型。将权重系数集合和模糊矩阵相乘, 建立综合模糊评价模型:

$$B = A \cdot R = (a_1, a_2, \cdots, a_n) \begin{bmatrix} r_{11} & r_{12} & \cdots & r_{1m} \\ r_{21} & r_{22} & \cdots & r_{2m} \\ \vdots & \vdots & & \vdots \\ r_{n1} & r_{n2} & \cdots & r_{nm} \end{bmatrix} \tag{5-30}$$

B 将是一行 m 列的矩阵, 可表示为 $(b_1, b_2, \cdots, b_m)$, 即为对评价因素的综合评价结果。模糊综合评判法应用到网络信息生态链的新增利益分配时, 通过上述模型可以获得参与合作的各节点内评价因素的综合评价结果, 假设有 i 个节点参与合作, 节点的模糊综合评价结果用 B^i 表示, 即:

$$\begin{aligned} B^1 &= (b_1^1, b_2^1, \cdots, b_m^1) \\ B^2 &= (b_1^2, b_2^2, \cdots, b_m^2) \\ B^i &= (b_1^i, b_2^i, \cdots, b_m^i) \end{aligned} \tag{5-31}$$

比较 i 个节点的模糊综合评判结果, 得到各节点在网络信息生态链新增利益时所占的权重 $\gamma_i = \{\gamma_1, \gamma_2, \cdots, \gamma_n\}$, 若网络信息生态链新增总利益为 Z, 那么节点 i 分配的利益可表示为

$$Z_i = Z \cdot \gamma_i \tag{5-32}$$

4) 多方案集成分配法

多方案集成分配法可以从不同角度理解集成, 首先可以集合多种方法得出的利益分配结果, 通过专家判别不同方法对网络信息生态链进行利益分配的合理化程度, 确定不同分配方法所得结果的权重系数, 进而获得集成后的最终分配方案[①]。假设网络信息生态链中共有 n 个节点参与利益分配, 采用 Shapley 修正法各节点分配到的利益集合为

$$H = \{h_1, h_2, \cdots, h_n\} \tag{5-33}$$

采用 Nash 协商法各节点分配到的利益集合为

$$K = \{k_1, k_2, \cdots, k_n\} \tag{5-34}$$

采用模糊综合评判法各节点分配到的利益集合为

$$Z = \{z_1, z_2, \cdots, z_n\} \tag{5-35}$$

若专家判别上述三种方法合理化程度系数分别为 φ_1、φ_2、φ_3, 其中 $\varphi_1 + \varphi_2 + \varphi_3 = 1$, 那么最终网络信息生态链新增利益的分配策略为

$$E = (\varphi_1, \varphi_2, \varphi_3) \begin{bmatrix} h_1 & h_2 & \cdots & h_n \\ k_1 & k_2 & \cdots & k_n \\ z_1 & z_2 & \cdots & z_n \end{bmatrix} \tag{5-36}$$

---

① 杨晶, 江可申, 邱强. 基于 TOPSIS 的动态联盟利益分配方法[J]. 系统工程, 2008 (10): 22-25.

除此之外，多方案集成分配法还可以是运用Shapley值法计算基于贡献的利益分配值，利用Nash协商法计算基于投入额大小的利益分配值，利用模糊综合评价法计算基于风险的利益分配值，最后综合三种利益分配值求出最终利益分配值①。利用多方案集成分配法对网络信息生态链的新增利益进行分配，能克服不同利益分配法只考虑某一因素的缺点，使得最终的利益分配策略更公平。

3. 提升节点能力实现节点自我调节

当节点发现自身利益诉求没有得到满足，或者自己的贡献与分配到的利益跟他人相比显得不公平时，主体无须寻求第三方的帮助，可自己进行利益协调②。提升节点能力实现节点自我调节有三种途径。

1）提高认知能力，减少认识误差

节点要通过学习网络信息生态链价值共创的相关知识，在某一项目开始前，掌握有关信息，正确估计该项目能共创利益的种类和数量以及自己能分得的利益类型和数量，这样，就不会出现期望利益过高而实际所得利益较低的情况，从而减少因认识误差而引起的利益冲突。

2）提高创利与议价能力，力争得到应得利益

节点应加强利益创造能力、议价沟通能力的培养，不断提升其创利与议价能力，当某项活动完成可得到的利益确定后，一方面，要利用自身的利益创造能力实现自己的利益；另一方面，由于利益分配不公而自身利益受损时，可利用自身的议价沟通能力与其他利益相关者进行谈判，挽回损失。

3）提高利益转换能力，实现利益有效转换

当获得的利益类型不是其所需要的利益类型时，节点应通过相应的途径，将其转换为所需要的利益，例如，电子商务生态链中某商品供应商参与链内项目获得了社会形象的提升，但该商品供应商期望的是获得经济利益，商品供应商可充分利用社会形象的提升来扩大商品销售量，获得经济利益。

4. 多节点协作实现节点互助调节

互助调节是具有连带作用的各节点通过协同解决整体冲突，以达到化解局部冲突，取得自身应得利益。网络信息生态链的同位节点、上下游节点间利益冲突时，单一非核心节点一般无法从本质上缓解利益冲突，只有核心节点或者多个节点联合才能使链的利益冲突得到充分调解。互助调节的具体措施包括：改变利益分配协议、转移风险承担主体、补偿受损节点、改变外部环境。

1）改变利益分配协议

核心节点可以利用自身的影响力、话语权等方式改变原有的利益分配协议，使网络信息生态链中的新增利益在利益相关节点之间重新分配，从而减少利益相关节点之间的利益

---

① 顾桂兰. 基于TOPSIS的协同商务利益分配机制研究[J]. 企业经济，2011（3）：84-88.
② 张苗苗. 公安网络信息生态链共生互利研究[D]. 武汉：华中师范大学，2015：84.

冲突。多节点间利益冲突时，由于利益冲突涉及的利益相关节点数量较多，为了维持互利合作关系，节点会自觉选择通过联动协调的方式解决利益冲突。在这种情况下，利益相关节点可以共同协商修改利益分配协议，也可以相互配合重新分担风险。一般来说，利益相关节点彼此多会选择退让以获得利益分配的相对均衡，因此，这种协调方式往往更偏向于客观公平。

2）转移风险承担主体

由于利益相关节点对风险的偏好大多不同，在进行合作选择和实施时极易发生利益冲突，特别是在同位利益相关节点之间。这时，风险偏好不一致的节点可以进行链的重组，保证风险爱好型节点在一条链上，而风险厌恶型节点在另一条链上，对于风险厌恶型节点而言，风险主体实现了跨链转移。而在某一条网络信息生态链上，大多数节点风险等级相当，因单一节点的风险过大而产生利益冲突时，核心节点可出面调整风险承担比例，将部分风险转移到风险较小的节点，或者将风险转移给核心节点自己。

3）补偿受损节点

当少数节点利益缺失较大时，核心节点可用部分公共的新增利益或自己的利益给利益缺失节点以补偿，以此减少受损节点心理上的不满，从而降低利益相关节点间的利益冲突。多节点同其他主体间利益冲突时，由于利益受损的节点较多，因此节点间会相互联合直接向其他主体索取损失。一般情况下，利益受损的节点间会先达成协议，之后相互配合同其他节点进行协商。多节点通过联合的方式影响其他节点，迫使更改链内原有的利益分配规则或协议，以此改变整链主体或局部主体的利益分配。或者多个受损节点重新整合各自的资源，提升整体能力，从而获取更多的利益，之后再对二次获取的利益进行再次分配。一般而言，当链内的其他主体不愿意进行共生利益的再次分配，而链内又没有多余的利益可以补偿给产生利益冲突的主体时，链外机构可以用自身的资源或运用社会资源对利益受损节点进行补偿，以此消除利益冲突[1]。

5.4 网络信息生态链风险防范

5.4.1 网络信息生态链风险的表现及原因

网络信息生态链风险的表现有网络信息生态链断裂、网络信息生态链瘫痪、网络信息生态链信息流转效率过低、网络信息生态链负面形象严重等形式，每一种风险都有多种形成原因[2]。

1. 网络信息生态链断裂

网络信息生态链断裂是指在网络信息主体所构成的链式依存关系中信息流转的中间环节发生中断，信息传递到某个节点不能正常流转下去[3]。一旦网络信息生态链断裂，信

---

[1] 张苗苗. 公安网络信息生态链共生互利研究[D]. 武汉：华中师范大学，2015：85.
[2] 娄策群，范朋显，叶磊. 网络信息生态链风险防范方略[J]. 图书情报工作，2015（22）：19-26.
[3] 李佳玉. 信息生态链断裂问题研究[J]. 情报理论与实践，2010（6）：15-18.

息流转就会停滞,从而导致重大损失。造成网络信息生态链断裂的原因主要是核心节点退出、同类节点大量退出等。

1) 核心节点退出

核心节点是网络信息生态链上最为重要的组成部分,决定着整个网络信息生态链的生存和发展,网络信息生态链中大部分节点依赖于核心节点,如果核心节点退出生态链,网络信息生态链就会断裂。核心节点退出的主要原因有两方面:一是核心节点利益受损,网络信息生态链的利益是决定整个链运行和生存发展的重要因素,如果核心节点在运行过程中出现了亏损,并且很难补救,就有可能退出该生态链,此外,如果网络信息生态链中利益分配不公,核心节点的投入大却回报小,成本和收益不协调,核心节点也会退出该生态链;二是核心节点功能转型,在网络信息生态链运行过程中,核心节点不断发展壮大,在资源和能力上占有一定优势,为了寻求自身利益的最大化,核心节点会通过功能转变脱离原有生态链,进军新的领域。

2) 同位节点大量退出

同位节点是指网络信息生态链中信息功能生态位相近的节点。虽然同位节点中的少数节点退出对网络信息生态链的运行影响不大,但同位节点中大量节点同时退出且没有新的节点加入时,同一层级中执行相同功能的节点数量太少,会导致上游节点信息供应严重不足或下流节点信息需求严重不足,信息流转无法正常进行,网络信息生态链就会断裂。

2. 网络信息生态链瘫痪

网络信息生态链瘫痪是指网络信息生态链在运行过程中出现停滞的现象。网络信息生态链瘫痪期间,信息流转停止,大部分节点利益受损,人力和财力资源浪费严重。造成瘫痪的原因主要有核心节点停运、网络设施损坏、信息系统崩溃等。

1) 核心节点停运

核心节点虽然没有退出网络信息生态链,但却处于运行停滞状态,会造成网络信息生态链中其他节点缺少依赖的资源、技术等条件,信息流转停止,网络信息生态链瘫痪[①]。造成核心节点停运的原因是多方面的:一是网络技术故障导致核心节点停止运行;二是核心节点进行大规模的系统和数据库更新、组织结构和人员调整等而停止运行;三是核心节点运行成本高收益少且资金缺乏而停止运行;四是核心节点拟退出现有网络信息生态链而停止运行。

2) 网络设施损坏

人为因素和自然灾害可能造成网络设施损坏,从而导致网络信息生态链在短时间内出现瘫痪的现象。比如施工、车祸等意外事故等人为因素,地震、雷击、火烧、爆炸、水浸等自然灾害均有可能导致电话中断、互联网中断、电视信号中断、供电中断等,从而导致网络信息生态链的瘫痪。

3) 信息系统崩溃

信息系统崩溃是指信息系统在使用过程中,由于软件或者硬件的工作失常而导致整个

---

① 邵晋蓉. 供应链管理模式下信息资源共享建设与服务[J]. 情报杂志, 2007 (7): 129-132.

信息系统（包括软、硬件）无法正常使用或根本无法使用的情况①。一旦造成网络信息生态链中某些关键信息系统和数据服务器崩溃，信息不能顺利流转，网络信息生态链就会处于瘫痪状态。

3. 网络信息生态链信息流转效率过低

网络信息生态链的信息流转效率低主要表现为信息流转速度慢、信息流转质量差、信息流失现象严重等。网络信息流转效率低到一定的程度后，网络信息不能及时且保质保量地流转，给整个网络信息生态链带来了风险。造成网络信息流转效率低的主要原因是网络设施落后、信息量大质杂、节点组合失调、节点消极怠工。

1）网络设施落后

网络设施包括通信管网、无线基站、中继设备、计算机、用户信息设备、各类应用程序和软件等，是网络信息生态链信息流转的物质基础和先决条件，是影响网络信息生态链信息流转效率的重要因素。技术先进、功能完善的网络设施能扩大信息流转范围，加快信息流转速度，保证信息流转质量。如果网络信息生态链中信息流转量增加、信息结构变复杂，但网络设施未能更新而相对落后，就会导致网络信息生态链的信息传输通道受阻，信息处理能力有限，信息流转速度变慢，信息流转质量变差。

2）信息量大质杂

网络信息生态链中的信息量大而质杂，过多冗余的信息容易造成信息生态链的堵塞。信息生态链有一定的信息承载能力，其高效运行的前提是链内信息容量在其承载限度内。如果流转的信息超过了网络信息生态链的信息承载能力，网络信息生态链容易超负荷运转，系统无法对信息进行传递和加工处理。大量的垃圾信息、虚假信息和恶意信息不仅会堵塞信息流动渠道，造成信息流转速度下降，增加下游节点信息选择的复杂性，而且会加大信息处理难度，影响信息转化的准确性，从而降低信息转化质量。

3）节点组合失调

在网络信息生态链结构进行了重大调整后，如果节点组合失调也会导致其信息流转效率过低。若网络信息生态链中同位节点数量大大增加，网络信息生态链的宽度变大，网络信息生态链的宽度过宽，则会增加下游节点接受和处理信息的数量与难度，降低信息流转效率，还会使得网络信息生态链中同类节点的竞争加大，容易产生恶性竞争，不利于信息的快速有序流转，降低了信息流转效率。若网络信息生态链中不同类型节点数量增加过多，网络信息生态链的长度变大，信息流转速度可能变低，信息流失现象发生的概率会随之增加。若网络信息生态链的节点地域分布范围过分扩大，网络信息生态链的广度变大，核心节点的信息技术水平和调控服务能力不能胜任大范围的信息流转，也会出现信息流转效率过低的情况。

4）节点消极怠工

网络信息生态链信息流转效率过低除了信息本身、信息技术、节点组合等客观原因外，也有可能是链内节点的主观原因所致。如果某网络信息生态链平时都能正常运行且信息流转

---

① 丁谊，张震. 计算机系统崩溃现象分析[J]. 民营科技，2008（3）：21.

效率较高,说明该链内节点的信息流转能力不存在问题,若某些节点,尤其是核心节点消极怠工,信息流转不积极、不认真,甚至故意拖延时间,也会出现信息流转速度慢、质量差的情况。网络信息生态链中节点之间出现矛盾与冲突、利益分配不公等都会导致节点消极怠工。

4. 网络信息生态链社会负面形象

网络信息生态链的社会形象是指网络信息生态链及其节点在社会公众中形成的总体印象,包括社会影响和社会认同度等。负面形象会造成网络信息生态链的稳定性差,已有的节点容易退出,其他网络信息主体不愿意入链等情况。造成网络信息生态链负面形象的主要原因有社会贡献极小、不良影响较大、形象管理缺失等。

1)社会贡献极小

网络信息生态链对社会的贡献主要表现在信息技术应用和信息流转方法创新,促进国家和区域的科技、经济、文化、教育发展等方面。社会贡献与社会形象成正比关系,个人、社会组织、社会联合体的社会贡献越大,其在社会公众中的知名度和美誉度就越高,社会形象就越好。若网络信息生态链长期未能对信息技术应用和信息流转方法进行创新,没有对国家或区域科技、经济、文化、教育等做出一定的贡献,就得不到社会公众的认可,其社会形象就可能很差。

2)不良影响较大

网络信息生态链对社会的不良影响包括流转和传播不良信息污染网络环境,信息技术应用不当造成数字鸿沟,信用管理制度不严导致社会信用意识薄弱和信用行为不端等。网络信息生态链中造成不良影响的主体可以是链中的某些节点,也可以是整条链。整链的不良影响直接导致网络信息生态链产生负面形象,节点的不良影响间接导致网络信息生态链产生负面形象。网络信息生态链负面形象的严重程度取决于不良影响的次数和程度。不良影响次数不多但每次的影响都很大,或每次不良影响都不严重但次数较多,都会使网络信息生态链产生较为严重的负面形象。

3)形象管理缺失

社会形象是公众对其所作所为的能动反映,但主观能动反映并不意味着主观形象与客观形象完全对应。有可能作为本身是很好的,却由于种种原因并没有在公众心目中树立良好形象;也有可能作为本身并不太理想,却因为某些原因反而有较好的形象[①]。可见,网络信息生态链要树立良好的社会形象,既要对社会有所作为,也要加强舆论引导。如果网络信息生态链不重视形象管理,不进行形象设计和形象塑造,不能通过多种措施来树立和维护其声誉,就会严重影响其社会形象。

5.4.2 网络信息生态链风险的防范原则

网络信息生态链运行中难免会遇到风险,对可能出现的风险和已经出现的风险,应依据一定的风险防范原则去防止它发生和减少风险发生后带来的损失。网络信息生态链的风险防范原则主要包括预防为主原则、损失最小原则、统筹全链原则和措施多样原则。

---

① 谢金林. 网络时代政府形象管理:目标、难题与对策[J]. 社会科学, 2010 (11): 52-60.

1. 预防为主原则

预防为主就是要把预防风险的发生放在网络信息生态链风险防范的首位,在风险未出现之前采取一定的措施进行预防,尽可能避免网络信息生态链风险发生。网络信息生态链风险发生后再进行治理,必定会产生一定的损失,且治理较为复杂,需要花费较长的时间和巨大的费用,若能预防网络信息生态链风险的发生,则可避免损失,预防费用可能低于治理费用,因此,网络信息生态链的风险防范仅靠治理是不够的,更多地应该从预防上着手。虽然不可能完全杜绝风险的发生,但只要思想重视,预防措施得当,网络信息生态链的风险是可以大大减小的。网络信息生态链风险防范主要不是在风险发生后去找原因、追责任、搞分担,而要积极探索网络信息生态链风险发生的规律,主动进行风险预测,采取有效的事前控制措施,预防风险的发生,做到防患于未然。

2. 损失最小原则

损失最小原则是指在网络信息生态链出现风险时,利用风险管控机制将风险带来的损失降到最小。网络信息生态链的风险有其客观规律,是不以人的主观意志为转移的。在网络信息生态链运行过程中,有些风险是不可避免的,但风险带来的损失是可以通过人的努力减轻的。在充分防控且防控措施合理、有效的情形下,风险的后果是损失最小化[①]。在风险不可避免的情况下,追求整链损失最小化既是网络信息生态链的目标,也是链中各信息生态主体的目标。当整链可能出现较大风险且不可避免时,每个节点都要采取相应措施,尽量降低风险发生的概率,避免风险的发展或使风险损失得到有效控制。此外,从某种意义上说,风险防范成本也是一种损失,损失最小原则也要求风险防范成本最小。风险防范的代价必须小于该风险所带来的实际损失,否则风险管理便失去了意义,因此,需认真估算风险防范的成本,避免得不偿失[②]。

3. 统筹全链原则

统筹全链原则是指在网络信息生态链风险防范中要有全局观念、整体意识,保证整链的安全有效运行。网络信息生态链是一个相互联系、相互作用的整体,某个节点的风险不是孤立的,而是与其他相关节点有着或多或少的关联。当网络信息生态链中某节点面临或发生了风险时,控制单个节点的风险要顾全大局,要考虑整链的具体运行情况,在减小单个节点风险时不增加链中其他节点的风险,否则,减少了某个节点的风险,却加大了其他节点的风险,整个生态链的风险还是没能有效地降低。当然,避免了某个或某类节点的重大风险,挽回了某个或某类节点的极大损失,降低了整条网络信息生态链的风险,而给其他节点造成了少量的负面影响也是值得的,也是统筹全链原则所要求的。

4. 措施多样原则

措施多样原则要求合理选择和综合运用采取多种方法和措施,对网络信息生态链中可

[①] 吴玉萍. 基于风险损失最小化的供应链赊销决策模型[J]. 管理学报,2011(2):289-293,316.

[②] 魏奇锋,顾新. 知识链组织之间知识共享的风险防范研究[J]. 情报杂志,2011(11):120-124.

能出现的风险进行防范。风险防范的方法和措施多种多样,适用范围和防范效果也有较大差异。风险的性质、规模及复杂程度共同决定着风险防范措施的选择。网络信息生态链可能产生不同性质的风险,其涉及节点、产生原因、发生概率、损失形式、危害程度等都不尽相同,不可能采用同样的方法来进行防范,而应视其具体情况,采取最有效的风险防范方法和措施。对于网络信息生态链的大多数风险,单靠一种方法和措施是难以进行有效防范的,需要综合运用多种方法和措施才能奏效。例如,对于某些产生原因复杂、发生概率和造成损失较大的网络信息生态链风险,就可用两种或两种以上的方法进行识别和评估,以保证识别和评估的准确性;对风险进行事前和事中控制,尽量降低损失;若有可能,采用风险分担的方法来减少某一节点的重大损失。

5.4.3 网络信息生态链风险的防范措施

1. 营造风险防范文化

网络信息生态链风险防范文化是链上各节点在较长时间的合作过程中逐步形成并为广大员工广泛认同的有关风险防范的共有信念和行为准则的总和,包括风险防范思想意识、价值取向、道德风尚、行为规范等。营造良好的风险防范文化可从以下几个方面入手。

1)强化风险防范思想意识

应利用多种手段及途径,加强网络信息生态链风险知识宣传和普及教育,让各节点及其成员都能认识到网络信息生态链中风险的类型及其可能带来的损失,敏锐地发现风险因素;理解风险与利益的关系,既要加强风险防范,又无风险恐惧心理。可以通过风险管理培训班、各主体之间定期举行研讨会等方式,加强风险防范知识教育,让各节点及其成员都能认识到风险防范的作用,理解风险防范的制度、过程、方法等,共享风险防范的经验、技术和工具。网络信息生态链也可以进行风险处置预演,使各信息人能够较为真实地感受到风险所带来的危害,真正掌握处置风险的方法[①]。

2)明确风险防范共同愿景

共同愿景是建立在组织及其成员价值和使命一致基础上的共同愿望或理想,具有凝聚作用、激励作用、导向作用和规范作用[②]。网络信息生态链要通过研讨协商,确立本链的长远发展战略和一段时间内风险防范的目标,并通过多种途径将发展战略和风险防范目标在链内进行广泛传播,从而形成整个网络信息生态链所有成员的共同愿景。充分发挥共同愿景在风险防范中的凝聚、激励、导向和规范作用。

3)优化风险防范道德风尚

道德风尚是在一定时期社会上普遍流行的道德观念、善恶标准、道德行为模式和道德心理习惯的综合表现。网络信息生态链可通过链内网络平台宣传、举办道德风尚竞赛、组织道德风尚表彰和交流会、开展道德风尚大讨论、坚持道德风尚定期测评与考评问责挂钩的长效创建机制等形式,倡导链兴我荣、信誉第一、利益共享、风险共担的观念,在网络信息生态链内形成有利于整链风险防范的良好道德风尚。

---

① 朱新球. 应对突发事件的弹性供应链研究[D]. 武汉:武汉理工大学,2011:91-92.
② 牛继舜. 论共同愿景的构成要素与作用[J]. 现代管理科学,2005(6):55-56.

4）建立风险防范行为规范

网络信息生态链风险防范行为规范是由网络信息生态链风险管理组织制定的链内节点及其成员认同和普遍接受的具有一般约束力的风险预防与处置的行为标准，如网络信息生态链风险防范行为规则、网络信息生态链风险预警系统运行管理规章、网络信息生态链风险防控章程、网络信息生态链风险处置规程等。网络信息生态链风险防范行为规范使网络信息生态链上的节点在行动时，能做到有规可循。网络信息生态链可根据本链风险防范的需要，建立相应的风险防范行为规范，引导和规范节点及其成员可以做什么、不可以做什么和怎样做，减少甚至防止链内风险防范行为失范现象的发生。

2. 建立风险预警系统

网络信息生态链风险预警系统主要由风险信息采集子系统、风险识别子系统、风险评估子系统、风险报警子系统组成。

1）风险信息采集子系统

网络信息生态链风险预警系统中的风险信息采集子系统主要采集和记录网络信息生态链风险信息。网络信息生态链的风险信息是指有关网络信息生态链风险表现形式及影响因素的信息，包括外部环境变化信息、各类节点数量与素质信息、节点组合变化信息、链运行情况信息、链及节点的社会形象信息等。风险信息的采集既要充分利用信息技术，即利用互联网和节点既有的管理信息系统来收集，也要充分利用人际渠道、传统渠道来收集信息，并将收集到的信息及时进行结构化处理。风险信息采集子系统采集到的风险信息主要通过机器识别方法来避免重复信息。若通过不同途径所采集到的同一方面的信息不一致时，风险信息采集子系统应能发出冲突警报，由网络信息生态链风险管理人员来进行处置。

2）风险识别子系统

网络信息生态链风险预警系统中的风险识别子系统主要是识别影响网络信息生态链运行、造成网络信息生态链脆弱性的不确定因素，找出网络信息生态链节点和整链所面临的风险。风险识别子系统应能根据网络信息生态链的类型、规模以及每种方法的用途，选择效果最优的方法或将多种方法结合使用。此外，风险识别子系统还应能对多种风险信息进行综合，根据多方面的信息来准确地识别网络信息生态链风险的表现形式及其产生原因，以便实现对风险的评估和处置。

3）风险评估子系统

网络信息生态链风险预警系统中的风险评估子系统主要是在风险识别的基础上，判断出风险因素对网络信息生态链影响程度，从而确定风险警情的等级。风险评估子系统应将定性方法和定量方法相结合，合理设定风险评估指标，科学确定指标的权重，然后根据风险信息进行计算，得出风险综合评价值。

4）风险报警子系统

网络信息生态链风险预警系统中的风险报警子系统主要是根据风险程度的评估结果，并参照制定的风险预警阈值，判断风险指标是否突破了风险警戒线，参照预警制度，决定是否发出警报、警报级次、报警方式。在风险报警子系统中，可采用蓝、绿、黄、橙、红5种颜色来标示风险等级，它们分别对应于无风险、轻度风险、中度风险、较大风险和重度风险。

3. 完善风险预防措施

在风险发生之前采取相应措施进行预防，避免风险发生，是网络信息生态链风险防范的重要举措。预防网络信息生态链风险的发生主要应采取如下措施。

1）合理选择节点，优化节点组合

合理选择网络信息生态链中优秀节点，适当培育备用节点，做到链的长度、宽度、广度适当，以增强链的稳定性，防断裂，防瘫痪，也可以防止网络信息生态链运行效率低下和社会形象不佳。

要保持网络信息生态链节点的总体质量水平保持在一定高度，要用长远的眼光来判断节点。有的节点虽然现在表现不出色，并不代表它将来不会有优秀的表现；有的节点虽然现在表现出色，但有可能只是昙花一现。

适当培育备用节点主要是建立核心节点的备用节点。备用节点的培育可以减少核心节点退出或停运给网络信息生态链带来的影响。建立备用节点有两种方式：一是重新生成一个新的节点，这个新的节点所具有的功能由核心节点的关键功能所决定；二是在现有的网络信息生态链中寻找与核心节点有相似功能的节点，在筛选相似节点时，同样要以核心节点的关键功能为标准。

要注重节点之间的优化组合，使网络信息生态链保持适当的长度、宽度、广度，从而有效预防节点组合失调。节点之间要保持一定的差异性，这样才能使各种节点之间各司其职，提高网络信息生态链的效率；保持一定数量的相似节点，当某一类型节点无法正常运行时，相似节点可以通过短暂培训替代该类型节点，从而保持网络信息生态链的稳定性；节点分布范围要适度，这样可以利用地域优势，避免自然灾害、政策调整等情况给网络信息生态链造成的不良影响。

2）完善激励机制，增加转移成本

完善激励机制、增加转移成本也是预防网络信息生态链风险发生的重要措施。

加强对网络信息生态链上信息生态主体的激励与约束，减少节点消极怠工现象的出现。网络信息生态链中节点的消极怠工现象是一种由于信息不对称而引起的道德风险，可通过完善激励机制，采取一定的激励手段，使节点得到更大的利益，或者是采用一定约束和惩罚措施，在制定激励机制时，要适度把握奖惩的标准，否则，会使激励机制如同虚设。

当产品和技术的标准化还不健全时（或者说系统之间不兼容），由于转移成本的存在，用户从一个网络转移到另一个网络，则面临诸多障碍。为了防止节点的随意退出，网络信息生态链可采用技术、合同、优质优惠服务、收取保证金等措施增加节点的转移成本。

3）适时更新技术，维护信息安全

由于网络信息生态链依赖网络进行信息流转，网络设施的稳定和网络信息的安全对网络信息生态链信息流转尤其重要。定时地对网络设施和软件进行维护或更新是不能忽视的，因为只有这样做，才能降低信息系统崩溃或网络设施落后对网络信息生态链带来的风险。在更新网络设施时，要选择技术成熟、适应需求的网络设施。在更新软件时，也存在同样的问题，因此，需综合考虑节点对软件的适应程度和维护信息安全这两个因素，适当地更新软件。

网络信息生态链的信息安全包括信息系统安全和信息内容安全两个部分。信息系统安全主要指各种网络设备、操作系统、数据库管理系统和应用软件的安全；信息内容安全主要指信息在存储、传输和使用过程中的安全。网络信息生态链应采用信息安全保护技术措施（如数据加密技术、防火墙技术、用户身份验证技术、网络中的存取控制技术、虚拟专用网技术、入侵检测技术等）、建立备用信息系统、加强信息安全人文管理（如加强信息系统安全行政管理、建立信息系统安全监察体制、完善信息系统安全制度建设等）来维护信息安全，预防因信息安全威胁而导致的网络信息生态链风险。

4）明确社会责任，加强形象管理

社会责任包括法定责任和人们期望责任。网络信息生态链中任何节点出现社会责任问题，都可能导致整链的履责状况受到利益相关者的质疑、抨击，甚至给链内其他节点带来毁灭性的打击。因此，网络信息生态链及其节点应明确自身的社会责任，认真履行法定责任或人们期望责任，防止因社会责任缺失而带来网络信息生态链社会形象降低的风险。

形象管理包括形象定位、形象塑造、形象传播、形象维护、形象提升等内容。网络信息生态链应加强形象管理，在调查研究的基础上，认真分析整链及节点社会形象的现状，并对未来的社会形象进行准确定位；综合运用公共关系的方法，协调链内外关系，影响相关公众，塑造良好形象；利用互联网将良好形象向社会传播，并对有损整链或节点形象的行为和现象及时制止和处理，从而维护整链及节点形象。

上述预防措施可预防的网络信息生态链风险类型如表 5-4 所示。

表 5-4 网络信息生态链的四种风险预防措施与四类风险的对应关系

预防措施 \ 风险类型	网络信息生态链断裂	网络信息生态链瘫痪	网络信息生态链信息流转效率过低	网络信息生态链社会形象极差
合理选择节点，优化节点组合	√	√	√	
完善激励机制，增加转移成本	√			
适时更新技术，维护信息安全		√	√	
明确社会责任，加强形象管理				√

4. 优化风险处置策略

风险处置是制定并实施控制风险的计划，确定降低风险发生的可能性并减少其不良影响的方法。对于网络信息生态链中一些不可预防、难以控制的风险可采用回避、降低、分担等方式进行处置，网络信息生态链的管理组织和相关节点应优化风险处置策略，尽可能减少风险带来的不良影响。

1）风险回避

风险回避是指主动放弃或拒绝实施可能导致风险损失的方案。风险回避可在风险产生之前将其化解，可有效避免可能遭受的风险损失。然而，风险与收益和机会常常相伴而生，回避风险的同时也放弃了获得收益的机会。此外，风险无处不在，人们对风险的认知度存在偏差，绝对的风险回避不大可能实现[①]。

---

① 高维义，彭华涛. 积极风险回避与消极风险回避的比较分析[J]. 价值工程，2005（3）：110-111.

对于重度且不可控制的风险应该采取回避策略,因为重度风险意味着对网络信息生态链造成严重影响,而且很难通过其他风险管控方式来减轻这一影响。在完成项目风险分析与评价后,如果发现项目风险发生的概率很高,而且可能的损失很大,又没有其他有效的对策来降低风险时,应采取放弃项目、放弃原有计划或改变目标等方法,使其不发生或不再发展,从而避免可能产生的潜在损失。

对于轻度或中度风险,是否采用风险回避来处置风险应慎重考虑,因为采取其他风险管控方式可以减轻中低等级风险对网络信息生态链的影响,同时,还可能使链中信息主体获得更多机会。在采取风险回避来处置风险时,要权衡避免损失和错失机遇的得失。

2) 风险降低

风险降低是指对于网络信息生态链运行中一些无法回避而必须承担的风险,应设法减少风险所带来的损失。

当核心节点或大量非核心节点退出网络信息生态链,网络信息生态链出现断裂时,或由于核心节点停止运营、网络设施损坏或信息系统崩溃导致网络信息生态链瘫痪时,应及时启用备用节点或备用信息系统;若有可能,应通过深入地沟通与协调,使退出的节点重新回到链中;尽快修复损坏的网络设施和崩溃的信息系统,使原有设施和系统恢复正常运行。这样,可以缩短网络信息生态链断裂和瘫痪的时间,减少风险带来的损失。

当网络信息生态链出现信息流转速度慢、信息流转质量差或信息流失现象严重等情况时,应仔细分析其产生的原因,找出症结所在,然后对症下药,采取果断措施,或更新关键的技术设备,或调整节点组合,或改变激励方式,尽快扭转网络信息生态链信息流转效率过低的局面,减少因信息流转效率过低而带来的损失。

当网络信息生态链整链或某些节点由于长期积累而爆发或突发造成严重不良影响、损害网络信息生态链形象的事件时,应积极采取有效措施,阻止不良影响的扩散,并加强信息披露及与公众的沟通,争取公众的谅解与支持,尽快恢复整链或节点形象,重获公众的信任,降低危机所带来的威胁和损失。

3) 风险分担

风险分担是指由多个主体共同承担网络信息生态链的风险,以降低每个主体风险损失的一种风险处置方式。按其分担风险的方式不同,网络信息生态链风险分担主要有链内赋权分担、风险基金分担、政府补偿分担、风险投资分担等。

链内赋权分担是对网络信息生态链链内节点进行赋权,参与节点按各自权重比例分担风险。权重可按各参与主体在网络信息生态链建设和运行中的投入要素比例分配,也可按各参与主体在网络信息生态链中获得的预期收益比例分配,还可以按参与主体的风险偏好分配。下列情况下不适宜采用风险分担方式:风险的发生是由某节点的恶意行为造成的;风险分担所需成本太高;某一节点能独立管控该风险。

风险基金分担是指建立网络信息生态链风险保障基金,当网络信息生态链遇到风险发生较大损失时,从风险基金中划拨一定资金给予补偿的风险分担方式。网络信息生态链核心节点可出面组织建立风险基金。网络信息生态链风险基金的资金来源可以是国家和地方财政拨款、链内自筹、公共捐助等。当风险基金建立后,应加强对风险基金的监督管理,正确运用资金,发挥最大的社会效益和经济效益。

政府补偿分担是政府从规范网络信息流转、促进网络信息生态链发展的角度，利用公共财政的政策工具，对网络信息生态链进行监管，并对网络信息生态链的风险损失给予财政补偿的风险分担方式。由于政府干预强化了网络信息生态链运行与管理的制度化、规范化和法制化，网络信息生态链风险控制能力增强，既可以减少风险发生的概率，也可以减少风险带来的损失。

风险投资分担是网络信息生态链通过吸收风险投资，从而与风险投资机构分担风险的一种风险分担方式。对于风险投资机构而言，它们瞄准的大多是具有成长潜力的项目；对于风险投资受益对象而言，它们不用担心项目失败带来的损失。因此，网络信息生态链在进行网络信息技术创新、大型信息流转平台和信息系统研发时，会面临较大的风险，此种情况下可引入风险投资，与风险投资者共担风险。

5.5　网络信息生态链协同进化

5.5.1　网络信息生态链协同进化的目标选择

网络信息生态链协同进化是指网络信息生态链为适应网络信息环境的变化，链内信息主体之间、信息环境因子之间、信息主体与信息环境因子之间协调互动、共同发展，整链从低层次平衡向较高层次平衡演进的过程。网络信息生态链协同进化具有很强的目的性，合理选择协同进化目标是网络信息生态链协同进化方略的重要内容[①]。

1. 网络信息生态链协同进化目标的类型

虽然处于不同发展阶段的网络信息生态链，其进化目标有较大的差异，但总的来说，网络信息生态链协同进化的目标主要有以下三种类型。

1）技术升级主导型协同进化目标

技术升级主导型协同进化目标是指网络信息生态链以信息技术升级为主导，带动链内其他要素协调互动、共同发展，从而实现高层次平衡。即在网络信息生态链中采用更先进的信息设备和软件系统，并实现信息主体、信息制度、信息时空等与高新信息技术相适应和协调，信息流转效率明显提升，网络信息生态链运行稳定。

2）规模扩大主导型协同进化目标

规模扩大主导型协同进化目标是指网络信息生态链以扩大信息主体数量和范围为主导，带动链内其他要素协调互动、共同发展，从而实现高层次平衡。即网络信息生态链主要并率先扩大信息主体的数量或将信息主体的分布由某一区域扩展到全国甚至国际范围，在此基础上，实现信息主体之间、信息主体与环境因子之间的相互匹配和协调，信息流转功能依然良好甚至有所提升，整链相对稳定。

3）功能提升主导型协同进化目标

功能提升主导型协同进化是指网络信息生态链以增加和强化信息流转功能为主导，带

---

① 娄策群，方圣，宋文绩. 网络信息生态链协同进化方略[J]. 图书情报工作，2015（22）：27-32.

动链内其他要素协调互动、共同发展,从而实现高层次平衡。即网络信息生态链增加新的信息流转功能或虽未增加新功能但原有功能大大加强,而信息主体之间、信息主体与信息环境因子之间仍然能够相互协调,信息流转效率没有降低甚至有所提升,整链相对稳定。

2. 网络信息生态链协同进化目标的选择策略

网络信息生态链协同进化目标的选择应综合考虑多方面的因素。网络信息生态链在某一发展阶段可选择上述一种进化目标,也可以是上述多种进化目标的综合。

1)根据网络信息生态环境的变化选择协同进化目标

网络信息生态链的协同进化与其所处的生态环境密不可分,受网络信息生态环境影响大。外部信息环境的变化是网络信息生态链协同进化的主导动力因子。所以,网络信息生态链协同进化目标选择必须适应网络信息环境的变化。网络信息生态环境的变化主要包括网络信息结构变化、网络信息交流需求增加、网络信息技术更新、网络信息制度创新和网络信息生态链链间关系变化五个方面[①]。当网络信息数量海量化、内容复杂化、表现形式多样化趋势明显时,只有增强网络信息生态链的信息流转功能,才能实现数量庞大、内容复杂、形式多样的网络信息的有效流转,此时,网络信息生态链可选择功能提升主导型协同进化目标。当网络信息交流需求增长趋势加剧时,可能有大量新的信息主体加入某些网络信息生态链,网络信息生态链可以选择规模扩大主导型协同进化目标。当高新信息技术不断问世并在网络中获得广泛应用时,某些信息生态链可能因现有技术水平较低而无法进行有效的信息流转,这些网络信息生态链可以选择技术升级主导型协同进化目标。当网络信息政策法律鼓励或限制某些网络信息活动或产业时,相关网络信息生态链可以选择规模扩大主导型或功能转换(提升)主导型协同进化目标。当两条及两条以上网络信息生态链之间的竞争关系加强时,为了在激烈的竞争中取胜或不被淘汰,网络信息生态链可以选择功能提升主导型协同进化目标。当网络信息生态链中节点合作关系加强时,网络信息生态链有望提升功能和扩大规模,网络信息生态链可以选择功能提升主导型或规模扩大主导型协同进化目标。

2)根据网络信息生态链现有水平选择协同进化目标

网络信息生态链协同进化是在现有基础上的发展和进步,确定协同进化目标不能脱离现实发展。网络信息生态链的现有水平主要包括现有技术水平、现有规模大小和现有功能状况三个方面。若某网络信息生态链的信息技术水平不能与整个网络的信息技术水平相匹配,或是因信息技术水平低而导致信息流转功能不足,则该网络信息生态链可以选择技术升级型协同进化目标。若网络信息生态链处于发展初期,信息主体的数量有限,或信息主体分布限于某一区域,则该网络信息生态链可以选择规模扩大主导型协同进化目标。当该网络信息生态链发展到一定的程度,链上信息主体数量较多、信息主体分布范围较广时,就要保持规模的稳定,增强信息流转功能,可以选择功能提升主导型协同进化目标。

3)根据网络信息生态链的演进能力选择协同进化目标

网络信息生态链的演进能力是达到其协同进化目标的重要条件,没有相应的能力,所

---

① 娄策群,等. 网络信息生态链演进过程研究[J]. 情报理论与实践,2015(6):10-13.

确定的目标只能是一种空想。网络信息生态链的演进能力主要包括核心节点调控能力和协同创新能力。核心节点调控能力是指网络信息生态链中核心节点对进化方向与过程的掌控能力，以及对链中其他节点的协调能力。网络信息生态链进化目标确定后在进化过程中也可能需要调整，核心节点在进化过程中需要对速度与质量、渐变与突变、连续与间歇、继承与创新进行选择与控制，进化过程中节点间关系的变化也需要核心节点出面协调。因此，核心节点的调控能力是网络信息生态链演进能力的重要方面。协同创新能力是指网络信息生态链创造新知识或整合现有知识以更有效地创造新产品和新技术方法的能力[①]。网络信息生态链协同进化实质上是一种多元化的创新过程，涉及到信息技术创新、组织管理创新、业务流程创新等方面，需要链中各节点进行协同创新，因此，协同创新能力也是网络信息生态链演进能力的重要内容。确定网络信息生态链的进化目标必须考虑演进能力这一因素，如果某网络信息生态链演进能力很强，则可选择功能提升和规模扩大综合主导型协同进化目标；否则，只能选择单一的进化目标。

5.5.2 网络信息生态链协同进化的过程控制

网络信息生态链协同进化过程是一个动态多变的过程，要讲究过程控制策略，处理好速度与质量、渐变与突变、连续与间歇、继承与创新的关系，以实现网络信息生态链的顺利进化。

1. 速度与质量的协调

网络信息生态链进化过程中，既有进化速度问题，也有进化质量问题，两者的协调统一是网络信息生态链协同进化的首要问题，必须妥善解决。

在自然生态学中，进化速度是指在相同时限内同一生物种群中，各种性状演变的快慢，或所出现分类群的多少。网络信息生态链协同进化速度是指网络信息生态链由一种平衡状态发展为另一种更高层次平衡状态所需时间的长短，时间短则进化速度快，时间长则进化速度慢。在自然生态学中，没有进化质量这一术语，但在社会科学领域，有发展质量这一概念。发展质量是指社会在其拥有的资源总量满足自身需要上所呈现的全部功能特性及其社会整体运行的优劣状态。借鉴社会科学领域发展质量的概念，可以认为，网络信息生态链的进化质量是指网络信息生态链进化过程中某一时刻要素发展和整体协调的优劣程度。

网络信息生态链进化过程中，进化速度与进化质量的要求不同，有时甚至是矛盾的。如果网络信息生态链进化速度较快，各节点需要在短时间内花费大量精力去适应网络信息生态链的新状态，成本过高，风险较大，而且进化质量难以保证；进化速度过慢虽然有利于网络信息生态链适应新环境，逐渐积累经验，保证进化质量，但会浪费时间，增加成本，错过竞争时机。如果进化速度快慢适中，与网络信息环境以及节点自身条件相匹配，则有利于不断总结经验、提升节点素质，也不至于耽误发展时机。网络信息生态链协同进化必须协调好进化速度与进化质量的关系，保证网络信息生态链又快又好地协同进化。在进化

---

① PERSAUD A, KUMAR U, KUMAR V. Coordination structures and innovative performance in global R&D labs[J]. Canadian Journal of Administrative Sciences, 2002, 19 (1): 57-75.

之前，应搜集尽可能多的相关信息，消除决策的不确定性，将风险降到最低，以便选择最适合、效益最高的进化模式和进化速度。自身条件较好的网络信息生态链可以在进化过程中偏重进化速度，但不能完全忽视质量，而是在保证质量的前提下使速度最大化。不稳定的网络信息生态链在进化过程中应该强调进化质量，避免刻意追求进化速度而带来自身难以消化的风险。处于发展初期的网络信息生态链在进化过程中可以侧重于进化速度，通过快速发展来抢占市场，如现今发展迅猛的O2O电子商务信息生态链，它们纷纷通过并购重组来获得规模增大或功能互补，达到进化目标；发展稳定的网络信息生态链应该以提升进化质量为主，不再过分追求进化速度，如电子政务信息生态链，不论进化目标如何，必须以信息的准确性为主，在进化过程中时刻把握好进化质量。

2. 渐变与突变的选择

网络信息生态链进化过程中，往往会遇到渐变方式和突变方式的选择问题。

渐变是一个量变引起质变、不断积累并逐步完善的过程，会在保持原有合理的功能和结构的基础上逐步趋于完善，进度容易控制，前景可以预测，一般不会碰到太大的阻力，容易获得成功。突变则是短时间内完成自我超越，直接从较低的阶段跳跃到较高的阶段，其优点是容易突破传统观念和习惯势力的阻碍，迅速提升竞争力，适应外部环境的变化，从而达到整体最优[①]。突变也具有高成本、高投入、高风险等特点，频繁地突变会给各个节点带来难以承受的负担。

大多数网络信息生态链都是通过渐变方式向前进化的。发展成熟的网络信息生态链结构稳定，功能较为完善，可以选择渐变方式进行改进，但必须有时间要求，网络信息生态链要确立明确的进化目标和步骤，将任务分解并有条不紊地实现。突变式协同进化适用于以下三种情况：一是在与其他网络信息生态链竞争较激烈时，率先完成进化意味着建立了巨大优势，如淘宝网率先推出支付宝服务，解决了线上支付的问题，进一步巩固了领先地位；二是网络信息生态环境变化较大时，如网络信息技术和信息政策、法律制度的较大变化会给网络信息生态链的生存发展带来重要影响，此时网络信息生态链可选择突变进化模式，在相应方面进行大的调整，选择渐变则时间太长，跟不上脚步；三是自身存在较大问题时，选择突变进化模式可以直接回避这些问题，在最短的时间内实现进化。

3. 连续与间歇的控制

网络信息生态链协同进化可以是一个连续的过程，也可以是一个间歇的过程。在网络信息生态链进化过程中必须对连续进化和间歇进化进行合理控制。

连续的协同进化可以帮助网络信息生态链节点逐步进入进化状态，也有利于节点间的逐步相互适应，网络信息生态链可以按照自己的进化目标逐步做大做强，还可以缩短网络信息生态链进化时间、降低进化成本。进化的过程是一个充满挑战的过程，须一鼓作气，期间如果中断进化，会降低士气，而且节点之间刚刚建立的协同关系容易被破坏。间歇的

---

① 石春生，梁洪松. 组织创新的渐变与突变[J]. 企业管理，2006（1）：87-88.

进化虽然可能降低网络信息生态链的进化速度，打乱网络信息生态链的进化节奏，但可以使网络信息生态链养精蓄锐，给网络信息生态链进行内部调整赢得时间。

如果网络信息生态链进化过程中没有遇到阻力，或进化过程中所面临的问题在短时间内能够解决，就应该选择连续进化方式，避免进化中断。但网络信息生态环境的动态性和网络信息生态链的开放性决定了网络信息生态链协同进化不可能一帆风顺。网络环境的变化、对手的竞争、链内节点不协同都有可能导致进化失败，网络信息生态链无法预估进化阻力所在，遇到的问题也不一定能够在短时间内解决，如果坚持继续进化，可能得不偿失。因此，网络信息生态链在进化阻力过大、网络环境变化不明朗时应果断暂停进化，重新确定进化方向，进行内部调整，协调链内的不平衡，待时机成熟后再继续进化。

4. 继承与创新的结合

网络信息生态链协同进化既是一个创新的过程，也是一个继承的过程，是在继承基础上的创新，因此，必须处理好进化过程中继承与创新的关系。

继承是指对原有事物中合理部分的接续，是否定中的肯定。创新是旧事物向新事物的转变。两者相互依存、相互渗透，并在一定条件下相互转化。继承是创新的基础，创新是继承的发展。只有在充分了解、深入掌握事物规律性的基础上，才能有所前进，有所提高，有所变化，有所创新[①]。

在网络信息生态链协同进化过程中，通过继承，节点能够积累更多的发展经验，如果网络信息生态链进化遇到相似的难题，可以吸收之前的经验，少走弯路。但继承并不是墨守成规，一味模仿，而是要将成功的经验创新性地运用。网络信息生态链协同进化过程中，总会有新的挑战出现，仅仅总结继承自身发展的成功经验是行不通的，应考虑自身条件、结合实际状况，通过创新性的举措来解决新问题。创新性进化一旦成功，就能抢占先机，使网络信息生态链逐步发展壮大。

5.5.3 网络信息生态链协同进化的保障措施

网络信息生态链的进化是整个链上管理理念、管理方式、运行模式、信息技术等多方面的创新与有机结合，涉及多个方面，需要统一所有节点的思想认识、提升核心节点的调控能力、加强整链的协同创新管理，从而为网络信息生态链高效协同进化提供保障。

1. 统一全部节点的思想认识

在网络信息生态链协同进化中，需要统一链内节点的思想认识，树立协同观念和进化观念。协同观念要求网络信息生态链各节点都有相互促进，团结合作的思想。协同进化是整链的统一行动，需要所有节点的合作互动。因此，实现链的协同进化就需要链中全部节点统一思想，提高认识。进化观念要求网络信息生态链各节点都有不断创新、勇于探索的意识。网络信息生态链的发展如逆水行舟，不进则退，如果安于现状，注定要被淘汰。网络信息生态链应充分发挥和调动节点的积极性和主动性，合理运用多种互动方式统

---

① 吴硕贤. 论继承与创新[J]. 华南理工大学学报（社会科学版），2009（2）1-3.

一思想认识，帮助节点了解协同进化的必要性。核心节点可以利用互动性较强、具有亲和力、生动形象的网络信息传播方式，在其他节点之间架起更直接更便利的沟通之桥，使思想指导在交流互动中得以实现。交流互动过程中，语言要通俗简洁，形式要活泼多样。

2. 提升核心节点的调控能力

提升核心节点的掌控能力。核心节点掌控能力是指核心节点掌握网络信息生态链进化方向，管控网络信息生态链进化过程的能力。网络生态环境的动态性要求网络信息生态链在进化过程中不断适应网络生态环境的变化，核心节点应通过学习相关知识，全面收集相关信息，提高环境适应能力和应急决策能力，敏锐地识别网络环境变化及其给网络信息生态链进化带来的机遇与挑战，适时做出是否调整进化目标、是否改变进化速度、是否采用突变或间歇进化方式的决策，并将决策方案付诸实施。

提升核心节点的协调能力。核心节点协调能力是指核心节点号召和协调链中其他节点的能力。核心节点在平时工作时应该以身作则，宽容大度，公正无私，并注重自身素质的不断提升，逐渐培养出与地位匹配的品格魅力，从而能够在精神层面上感召其他节点，引导其他节点的态度与行为。网络信息生态链内要建立快速的节点运行信息反馈通道，核心节点应加强与其他节点之间的信息沟通，保证进化过程中其他节点遇到问题时能第一时间反馈给核心节点并及时予以解决。当进化过程中节点之间出现矛盾时，核心节点应熟练运用多种方式化解矛盾。

3. 加强整链的协同创新

网络信息生态链协同进化实质上是一种面向发展的连续的协同创新活动。协同创新是围绕创新的目标，多主体、多因素共同协助、相互补充、配合协作的创新行为。当代创新模式已逐步演变为以多元主体协同互动为基础的协同创新模式[①]。加强整链的协同创新，须做好以下两个方面的工作。

（1）提高网络信息生态链的协同创新能力。协同创新是一种开放性创新。开放创新需要发明能力、吸收能力、转换能力、连接能力、创新能力和解吸能力等六大能力。[②]提升网络信息生态链的协同创新能力主要从三个方面入手：一是将创立学习型组织设为网络信息生态链的共同目标，营造一种学习共享与互动的组织氛围，积极主动地学习新知识和新兴信息技术，从而提高节点的学习和发明能力；二是依靠现代信息技术构建资源整合共享平台，并建立相应的技术规范和推广应用条例，进行多方位交流，从而提高节点间的知识资源整合共享能力，如利用 SNS 技术，辅助建立网络信息生态链内部的知识资源服务平台，节点可以直接通过平台进行在线交流、资料传输、技术推广等；三是依靠现代信息技术建设协同工作平台，并创新协同工作的体制和机制，进行多样化协作，从而提高节点间的协同研发和工作能力。

---

① 李兴华. 协同创新是提高自主创新能力和效率的最佳形式和途径[N]. 科技日报, 2011-09-22.

② ULRICH L, ECKHARD L. A capability-based framework for open innovation: Complementing absorptive capacity[J]. Journal of Management Studies, 2009（8）: 1315-1338.

（2）优化网络信息生态链协同创新模式。协同创新模式是在协同创新理念指导下构建起来，由协同创新技术方法、协同创新行为规范等组成的体系结构。网络信息生态链应在改进现有或创立新的协同创新模式的基础上，根据协同进化中不同的协同创新内容，选择合适的协同创新模式。当网络信息生态链选择技术升级主导型协同进化目标时，技术创新是网络信息生态链进化过程中的主要任务，可采用"联合研发、全链推广的技术协同创新模式"，由网络信息生态链中核心节点与技术力量较强的非核心节点联合组成技术创新小组，研发新的信息技术或引进新信息技术进行二次开发，并在整个信息生态链中推广应用。当网络信息生态链选择功能提升主导型协同进化目标时，功能创新是网络信息生态链进化过程中的主要任务，可采用"平台主导、纵横结合的功能协同创新模式"，由平台服务商在征求其上下游节点功能需求的基础上，推出新功能，其他节点积极应用新功能，同级节点可就新功能应用进行交流，提高新功能推广应用效率。若网络信息生态链进化过程中涉及较多的制度变革问题，则可采用"协商制定、共同执行的制度协同创新模式"，由网络信息生态链协同创新管理主体组织有关节点或全部节点协商，制定出相应制度的讨论稿，征求意见并修改完稿后，在相关节点或全部节点中予以执行。

参 考 文 献

韩朝. 2014. 图书馆微博信息生态链形成机理与优化策略[D]. 长春：吉林大学.
娄策群，范朋显，叶磊. 2015. 网络信息生态链风险防范方略[J]. 图书情报工作，（22）：19-26.
吴婷婷. 2014. 电子政务信息生态链结构及其优化研究[D]. 武汉：华中师范大学.
姚佳含. 2014. 商务网站信息生态链的结构及其优化研究[D]. 长春：吉林大学.
TRERÉ E. 2012. Social Movements as Information Ecologies: Exploring the Coevolution of Multiple Internet Technologies for Activism[J]. International Journal of Communication，6（5）：2359-2377.

第6章　网络信息生态链链际优化

在一定区域范围内，存在着多种类型的多条网络信息生态链，这些网络信息生态链相互联系、相互作用。网络信息生态链链际优化就是根据网络信息生态链链际联系与作用机制，对一定区域范围内链与链之间关系进行优化，以达到改进链间关系、实现链间优势互补、促进网络信息资源的合理配置和有效利用、优化网络信息生态链的宏观结构和微观结构、提升网络信息生态链信息流转功效的目的。本章在探讨网络信息生态链链际互利合作、合理竞争和优化重组含义和意义的基础上，阐述网络信息生态链链际互利合作、合理竞争和优化重组的内容、方式与保障措施等。

6.1　网络信息生态链链际互利合作

6.1.1　网络信息生态链链际互利合作的含义与意义

1. 网络信息生态链链际互利合作的含义

合作是个人与个人、群体与群体之间为达到共同目的，彼此相互配合的一种联合行动。网络信息生态链链际互利合作是指多条网络信息生态链在互惠互利的前提下，由不同链的部分节点代表该链参与，基于信息流转的基本业务活动和其他辅助支持活动而展开的跨链联合行动。该定义包括以下要点[1]。

1）链际互利合作是一种跨链联合行动

网络信息生态链链际互利合作不同于链内节点的互利合作，链内节点的互利合作是以节点所在的网络信息生态链为边界，节点在信息流转的过程中各司其职，共同担负着信息流动与转化的功能，而链际互利合作是多条链中的参与者跨过各自所在链的边界，围绕某项任务或目标，通过直接或间接的联系方式，与其他链中的节点共同开展的信息流转活动。网络信息生态链链际的互利合作主要靠契约进行约束，在合作项目、合作节点及合作方式的选择上灵活性较强，合作的项目可大可小，合作的节点数量可多可少，合作的时间可长可短，具体情况可根据链际合作的目标及环境的变化灵活确定和改变。

2）链际互利合作是部分节点代表链参与的联合行动

多条网络信息生态链进行链际合作时，应该将整条网络信息生态链作为一个整体的参与主体，而不仅仅是链上的某些单一节点的行为。在链际合作时，由于链中的核心节点地位与能力都较高，普通节点对核心节点有一定的依赖性，核心节点利用自身的号召力，围绕链际的共同利益，以整链发展为目标，召集本链中与合作项目相关的节点参与合作，并使全链形成一股凝聚力，在各个方面支持链际合作。由于一条网络信息生态链中的普通节

---

[1] 娄策群，庞靓，叶磊. 网络信息生态链链间互利合作研究[J]. 情报科学，2016（10）：43-48，60.

点数量较多，加之普通节点的能力与地位的限制，普通节点之间的小规模跨链合作很难延至整条链上，其合作不能代表链与链之间的整体合作。因此，链际互利合作是以不同单链的核心节点为主导及与合作项目相关的节点代表链参与的联合行动。

3）链际互利合作相当于自然生态系统中的"原始合作"，不同于链内节点互利共生

网络信息生态链链内互利共生的节点之间存在着相互依赖关系，当链内主导节点退出或某一类型的节点数量过少时，其他节点难以独立生存与发展，节点共生是互惠互利的基础，链内互利共生的着重点在于共生。链际互利合作主要是通过契约形式连接起来，以临时性合作为主，合作关系存续时间一般根据契约或合作目标而定，参与链际合作各方节点之间的关系较为松散，跨链合作的节点独立性强，合作关系解除后仍可各自单独生存。链际互利合作只注重合作过程中的互惠互利，而不强调节点之间的共生。

4）链际互利合作是围绕信息流转活动而展开的

信息生态链的功能实质是不同种类信息人之间的信息流转，包括信息的流动与转化[①]。无疑，网络信息生态链链际合作也是为了提高各自的信息流转效率，围绕信息流转活动而开展的合作。网络信息生态链链际合作的内容可分为信息流转活动合作与辅助支持活动合作。信息流转活动合作主要是指信息流转业务方面的协同工作，辅助支持活动合作主要是指信息资源的共享和信息技术的联合研发。

2. 网络信息生态链链际互利合作的意义

1）形成资源互补优势

网络信息生态链中的资源主要包括信息资源、人才资源、技术资源、无形资源，任何一条网络信息生态链都不可能同时具有所有类型资源的绝对优势，而且完全拥有全部资源也是不现实的，一条成熟的网络信息生态链想要保持持续稳定的发展，也需要从链外获取资源，通过链际合作，获取关键性资源，将链内节点及合作链中相关节点的资源优势进行优化组合，通过资源整合，取长补短，互惠互利。

2）提升信息流转功效

网络信息生态链信息流转功效主要包括信息流转速度的快慢、信息流转质量的高低、信息流转成本的大小，在信息爆炸的时代，信息消费者的信息需求更加多元化，对网络信息生态链中信息流转功效提出了更高的要求，单条网络信息生态链的资源和能力是有限的，网络信息生态链链际分工协作，各条链可选择自身最具有优势的领域开展工作，从而增强信息流转能力，加快信息流转速度、提高信息流转质量、降低信息流转成本。

3）提高市场竞争能力

在网络经济时代，由于网络的外部性，极易造成"强者更强，弱者更弱"的正反馈现象，特别是对于一些刚刚成长起来的网络信息生态链，依靠自身能力仍无法短期内打破已经在市场中具有一定用户规模、形成了一定锁定效应的网络信息生态链的垄断地位，如果不进行链际合作就很可能被市场淘汰，面临整链解散的危机。链际合作可以整合多条网络信息生态链的优势资源，培育新的产品与市场，从而打破垄断，同时，在网络经济环境下，

---

① 娄策群，等. 信息生态系统理论及其应用研究[M]. 北京：中国社会科学出版社，2014：94.

成熟的网络信息生态链也不可能长期垄断市场,技术的更新和技术标准的改变必然导致其市场地位发生变化,因此,发展程度较高的网络信息生态链也需要通过链际合作增强市场竞争能力。

6.1.2 网络信息生态链链际互利合作的内容与方式

网络信息生态链链际合作是围绕着链际协同发展的共同目标,基于信息流转的基本活动及其辅助支持活动,从而共同创造价值的跨链联合行动,借助波特的价值链模型,我们将链际合作的内容分为信息流转活动的合作与辅助支持活动的合作。信息流转活动合作主要是指信息流转业务的协同,其合作的内容与方式主要包括链际协同工作、跨链业务外包及跨链功能整合。辅助支持活动合作主要是指信息资源的共享和信息技术的联合开发,其中,信息技术联合开发的内容与方式包括链际信息技术协同创新、链际信息技术标准协调创建及跨链信息基础设施共建共用;信息资源共享的内容与方式包括社会公共信息整合互联式共享、行业知识信息联合共建式共享及网链专属信息开放交流式共享。网络信息生态链链际互利合作模型如图6-1所示。

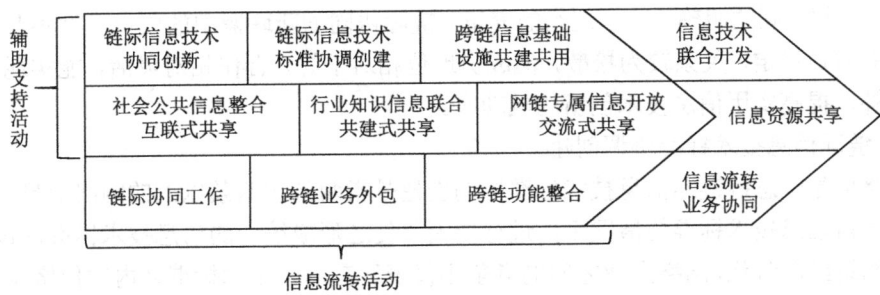

图 6-1 网络信息生态链链际互利合作模型

1. 网络信息生态链链际信息技术联合开发

网络信息生态链链际信息技术联合开发是指两条或两条以上的网络信息生态链在信息技术创新、信息技术标准创建、信息基础设施建设方面进行互利合作。

1)链际信息技术协同创新

技术创新是指开发新技术和将已有的技术进行应用创新的过程。对于网络信息生态链而言,信息技术创新主要是指新兴的现代信息技术在网络信息流转中的成功应用。网络信息生态链链际信息技术协同创新是多条网络信息生态链际的多个主体、多因素共同协助、相互补充、配合协作,将新兴的现代信息技术成功地应用到网络信息流转中的过程。

面对信息技术的迅速发展和网络信息流转的日益复杂化,网络信息生态链必须不断进行信息技术创新。由于现代信息技术创新的复杂性,加之多数网络信息生态链创新能力有限,仅凭单一网络信息生态链的力量难以独立完成信息技术创新的全过程,需要网络信息生态链之间进行信息技术协同创新。通过协同创新,可以集中不同网络信息生态链的信息技术研发资源,整合不同网络信息生态链的信息技术研发特长,提升网络信息生态链的信息技术协同创新能力，从而降低网络信息生态链的信息技术创新成本，缩短网络信息生态链的信息技术创新时间，降低网络信息生态链的信息技术创新风险。

从链际信息技术协同创新的内容和方式来看，链际信息技术协同创新包括高端信息技术的中心式协同创新与实用信息技术的联盟式协同创新。对于技术含量高、创新投入多、难度大、周期长的高端信息技术创新项目，如移动互联网、云计算、物联网、大数据等领域的信息技术创新，可采用中心式协同创新模式，即组建跨链协同创新中心来开展信息技术创新。跨链协同创新中心是由合作链各推荐1个牵头节点和多个参与节点组成信息技术创新虚拟组织。牵头节点应具有明显信息技术创新优势和组织协同创新的能力。协同创新中心应明确各方的职责和任务，形成良好的协同创新氛围；建立相应的人才聘用和管理制度，形成合理的人员流动机制。对于技术含量较低、创新投入少、更新换代快、开发周期较短的实用信息技术创新项目，如网络信息采集、组织、分析、发布等方面的技术创新，可采用联盟式协同创新模式，即由合作链中的有关节点组成协同创新联盟来进行信息技术创新。链际协同创新联盟是由合作链中参与创新的节点以具有法律约束力的协议为保障所建立的联合开发、优势互补、利益共享、风险共担的信息技术创新联合体。联盟协议是联盟式协同创新的关键，协议应依法签订，不仅应有明确的协同创新目标、创新链的分工，还要对责、权、利的明确约定、违约的究责。链际协同创新联盟中的成员虽然不及协同创新中心的成员稳定，关系较为松散，但成员地位相对平等，合作相对灵活，能实现创新资源的互补，提高实用信息技术创新的成功率。

2）链际信息技术标准协调创建

网络信息生态链链际信息技术标准协调创建是指两条或两条以上的网络信息生态链，在拥有各自信息技术标准的情况下，进行协调并使之形成统一的信息技术标准的过程。

在网络经济时代，网络企业之间的竞争不仅表现在同一技术标准之内的价格竞争和质量竞争，还表现在对不同技术标准的竞争[①]。竞争围绕行业标准的制定和推广而展开，网络企业一旦成为技术标准的制定者，将占据"赢者通吃"的市场地位。在激烈的信息技术标准竞争环境下，单条网络信息生态链难以在信息技术标准竞争中取胜，需要多条网络信息生态链合作，建立信息技术标准联盟。信息技术标准联盟通过其声望、实力、规模等能够在很大程度上决定该标准的现实成败。技术标准联盟成员之间通过技术协调互补、协作研发等可加快技术成熟速度，最终实现标准的确立和扩散；借助技术联盟强大的影响力，通过对标准价格、兼容性、数量和供求等方面的影响，可以直接扩大标准的用户基数[②]。

网络信息生态链链际信息技术标准协调创建包括链际信息技术标准强强联合创建和链际信息技术标准强弱联合创建两种方式。网络信息生态链技术标准是否占优主要由两个条件决定：一是技术标准优势度高，二是技术标准初始用户基数大[③]。链际信息技术标准强强联合创建是指两条网络信息生态链技术标准优势度都较高、用户基数都较大的网络信息生态链协调创建信息技术标准。如果两条网络信息生态链技术标准的优势度都较高，都

---

① 李国武. 政府干预、利益联盟与技术标准竞争：以无线局域网为例[J]. 社会科学研究, 2014 (5): 28-36.
② 龙剑友, 张琰飞. 技术标准联盟：信息产业发展的新趋势[J]. 财经理论与实践, 2009 (5): 110-112.
③ 陈华, 涂强楠, 戴夏炜. 高科技企业技术标准竞争机制与战略选择研究[J]. 科技进步与对策, 2015 (3): 23-27.

得到了市场的认可,双方都想通过扩大用户基数在标准竞争中获胜,但往往技术标准间的不兼容,会增加信息技术的应用成本,反而会让两链之外的其他信息技术获利,因此,两条都有望形成技术标准的网络信息生态链为了避免直接对抗,缩短标准确立周期和降低技术开发风险,而结合各自信息技术的优势,将双方的信息技术取长补短,使各自的信息技术能够相互兼容,从而减少用户在两个技术标准间转换的转移成本,扩大用户基数,实现信息技术标准的协同创建。链际信息技术标准强弱联合创建是指一条技术优势度较高和用户基数较大的网络信息生态链与另一条没有建立信息技术标准优势但也拥有一定的技术力量和用户基数的网络信息生态链协调创建信息技术标准。如果某一网络信息生态链在信息技术标准竞争中占据主导地位,而另一条信息技术标准优势不大、用户基较小的网络信息生态链无法与之抗衡,较强的网络信息生态链以特许授权的方式允许较弱的网络信息生态链使用自己的技术,从而进一步扩大较强的网络信息生态链信息技术标准的用户数量,或者较弱的网络信息生态链使自己的技术与较强的网络信息生态链兼容,通过引进、消化、吸收优势信息技术来扩大自身的信息技术实力,从而实现信息技术标准的协同创建。

3)跨链信息基础设施共建共用

信息基础设施是有关信息传递、储存、加工、转换和应用的网络系统。狭义的信息基础设施主要包括物理上的通信网络和其他信息传输网络以及数据库、计算机和其他电子产品等。广义的信息基础设施则是一个包括诸如信息网络、信息设备、信息资源和信息人员等在内的以网络为核心的系统结构[①]。网络信息生态链跨链信息基础设施共建共享是指两条及两条以上网络信息生态链在信息传输网络、信息交流平台、相关信息系统方面的联合建设,共同享用。

网络信息生态链中的信息流转需要强大的信息技术设施做后盾,对信息基础设施水平有较高要求。由于信息基础设施大多数都具有通用性,任何一条网络信息生态链都没有必要花费巨额投资和较长的周期建设专门的信息基础设施,跨链信息基础设施共建共用可以减少网络信息生态链基础设施建设投入,扩大信息基础设施建设规模,提升信息基础设施建设水平,提高信息基础设施的利用率。

跨链信息基础设施共建共用的方式主要包括共同投资兴建、现有设施融合、基础设施租用。信息基础设施的共同投资新建是指在两条及两条以上网络信息生态链均有需求但目前尚缺的情况下,面对投资较大、周期较长的信息基础设施建设时,为了突破单链建设能力的限制,多条网络信息生态链合作,形成多元化的投资主体,在确保通信的安全性,明确基础设施使用过程中的优先权以及建设费用、日常管理费用的分摊等问题的基础上,共同投资兴建信息基础设施。现有信息基础设施融合是指参与跨链信息基础设施共建共用的成员各自拥有一定规模的信息基础设施,且这些基础设施之间的功能能够互补相容的情况下,将现有的信息基础设施进行集成融合,如不同的网络信息生态链都拥有链内的信息交流平台,将各自信息交流平台功能进行融合共建,可以拓宽信息交流平台功能,改善信息交流平台的性能,提高信息交流平台的利用率和信息流转能力。信息基础设施的跨链租用是指某一网络信息生态链通过租用方式,从其他链中获取信息基础设施的使用权。若网

---

① 陈文理. 信息基础设施的逻辑结构、特点与发展模式选择[J]. 广东行政学院学报, 2012 (3): 5-11.

信息生态链的某一信息流转任务对信息基础设施要求较高但本链尚缺，而任务完成后便不再需要该设备，则可以向其他网络信息生态链租用。

2. 网络信息生态链链际信息资源共享

网络信息生态链链际信息资源共享是指一条网络信息生态链中产生、积累和流转的信息与其他网络信息生态链共享，包括社会公共信息、行业知识信息和网链专属信息的共享。

1）社会公共信息整合互联式共享

社会公共信息是指面向社会公开且可为社会成员公用（使用具有非排他性）的信息。社会公共信息所涉及的范围较广，主要包括政策法规信息、社会统计信息、科技成果信息、新闻传播信息、音乐影视信息、基础信用信息等。

社会公共信息需求面广泛，各类网络信息生态链都不同程度地需要利用社会公共信息，但不可能也没必要每条信息生态链都积累大量的社会公共信息仅供本链节点使用，社会公共信息在不同网络信息生态链中的分布具有非均衡性，如政策法规信息和社会统计信息主要分布在政务网络信息生态链中，科技成果信息主要分布在数字信息服务生态链中，因此，网络信息生态链链际需要进行社会公共信息共享。网络信息生态链之间的社会公共信息共享可以防止社会公共信息在某一网络信息生态链中的屏蔽与垄断，也可避免不同网络信息生态链对某一社会公共信息的重复生产与流转而浪费资源，还可以拓宽社会公共信息的流转渠道，提高社会公共信息的流转效益。

社会公共信息共享可采用整合互联式共享模式，即利用网络平台将处于不同信息生态链中的社会公共信息进行整合，并以相互链接或平台融合的方式进行共享。

2）行业知识信息联合共建式共享

行业知识信息是指产生于某一行业领域内，反映行业特征的专业数据或知识，主要包括行业内的专业知识、行业概况、行业制度、行业资讯等。

行业知识信息不同于社会公共信息，具有较强的针对性，是解决行业问题的专门知识和信息，其生产与管理需要有组织地进行，同一行业的不同网络信息生态链之间需要频繁使用行业知识信息，为了避免行业知识信息资源重复建设，提升行业知识信息流转质量，在同行业的网络信息生态链之间或业务相关的网络信息生态链之间进行行业知识信息共享十分必要。

行业知识信息共享可采用联合共建式共享模式，即将需要合建的行业知识信息库建设任务在链际进行分工，一个行业知识信息库建设以一条网络信息生态链为主，其他网络信息生态链参与建设，建成后的行业知识信息库供参与建设的网络信息生态链共享。行业知识信息联合共建式共享应做好以下几个方面的工作：一是应根据行业网络信息生态链运行与发展的需要，合理规划行业知识信息库共建的类型与数量；二是根据不同网络信息生态链的信息优势和信息资源建设能力，选定每一待共建的行业知识信息库的主导链；三是做好链际的分工协作，充分发挥各链在行业知识信息库建设中的作用；四是通过分等级、设权限等方式，保障参与共建的网络信息生态链的信息共享权益。

3）网链专属信息开放交流式共享

网链专属信息是指产生于某一网络信息生态链内，与网络信息生态链组织管理和日常运行相关的信息,包括链的形成演化、组织结构、管理经验、规章制度、运行状况等信息。

每一条网络信息生态链的形成、演进、运行、管理都有一定特色,都不同程度地积累了一些可供其他网络信息生态链借鉴的经验。通过网链专属信息的共享,网络信息生态链之间可以了解其他节点的管理模式、制度及流程,学习先进的管理经验,有利于网络信息生态链的制度创新和管理方式改进。此外,当需要开展网络信息生态链链际合作时,网链专属信息的跨链共享可以促进彼此的相互了解,有利于合作对象的优选,有利于合作过程中彼此协调,提高合作效率。

网链专属信息共享可采用开放交流式共享模式,即为网链专属信息的共享创造宽松的环境,网络信息生态链之间通过多种方式定期或不定期地进行网链专属信息交流。一方面,网络信息生态链可利用互联网的开放性进行网链专属信息交流,如利用社交软件的交互功能提供在线帮助或技术支持,利用博客、学术空间等传播诸如管理经验、营销策略等隐性知识。另一方面,网络信息生态链可通过联合组织专家研讨会和经验交流会、组织人员访问参观等方式进行网链专属信息交流。

3. 网络信息生态链链际信息流转业务协作

网络信息生态链链际信息流转业务协作是指多条网络信息生态链通过跨链功能整合、跨链业务外包、链际协同工作等方式联合开展信息流转工作。

1)跨链功能整合

跨链功能整合是指两条以上网络信息生态链的相关功能相互借用、有机融合。不同的网络信息生态链具有一些其他网络信息生态链所不具备但又十分必要的特殊功能,如果能将不同网络信息生态链的特殊功能进行整合,就能实现网络信息生态链链际功能互补,使参与功能整合的网络信息生态链的功能得以拓展与提升。

网络信息生态链跨链功能整合可以是同类网络信息生态链际的跨链功能整合,也可以是异类网络信息生态链际的跨链功能整合。网络信息生态链跨链功能整合有嵌入式和链接式两种方式。嵌入式是在一条网络信息生态链中直接嵌入另一条网络信息生态链的功能。链接式是在一条网络信息生态链中添加一个链接,使该网络信息生态链的节点可以通过该链接跳转到另一条网络信息生态链中,从而使用另一条网络信息生态链某一项功能,如在网络社交信息生态链中,相互分享和推荐自己购买过的商品,并提供购买商品的商务平台链接[①]。这就是社交网络信息生态链与商务网络信息生态链的跨链功能整合。

2)跨链业务外包

跨链业务外包是指网络信息生态链通过契约将一些非核心的、辅助性的业务外包给其他网络信息生态链来完成。网络信息生态链由于类型与功能的差异及发展阶段的不同,其主导业务往往也有所差异,若链中缺乏完成业务所需的资金、技术、设备、人员、工具等资源,或因不具备优势难以从该项业务中获利,则可将该项业务外包给擅长该项业务的其他网络信息生态链,外包业务委托方不参与业务活动,只定期对外包项目进行考核,从而

---

① 余珺. 社交网络与电子商务结合的理论及实践研究[D]. 武汉:华中师范大学,2014:27.

降低在设备、技术、人员和研究开发等方面的投入,有效节约经营与管理成本,同时,承接外包业务的网络信息生态链也可从外包业务中获利。

网络信息生态链跨链业务外包的方式有总包、分包两种模式。总包模式是指网络信息生态链将某一业务整体外包给另一网络信息生态链;分包模式是指某一网络信息生态链将某一业务拆分几个部分分包给不同的网络信息生态链。如电子政务生态链中,政府为了塑造其社会形象,需要利用视频、文字、图片等多媒体形式制作多个从不同侧面反映政府工作绩效的宣传片,此时,既可将多个宣传片制作任务全部外包给一条网络视频信息生态链,也可以将不同的宣传片制作任务分包给多条网络视频信息生态链。

3)链际协同工作

网络信息生态链链际协同工作是指不同网络信息生态链的有关节点通过互联网,分工协作地完成信息流转中的某些业务。网络信息生态链在进行信息流转活动时,往往会遇到信息流转时间紧、工作量大而本链在短时间内不能完成,或信息流转要求高、工作难度大而本链技术力量有限难以保证信息流转质量等情况,这就需要与其他网络信息生态链协同工作,以便加快信息流转的速度,提高信息流转的质量。链际协同工作与跨链业务外包有一定的差异,跨链业务外包中外包的是非核心业务,合作链有关节点之间在处理业务时的独立性较强,而链际协同工作不限于非核心业务,合作链的有关节点在业务工作中必须紧密联系、协调互动。

网络信息生态链链际协同工作要求参与合作的链有共同的信息流转业务,信息流转业务相差较大的网络信息生态链难以进行协同工作,因此,链际协同工作主要是在同类网络信息生态链之间开展,如两条数字图书馆生态链合作开展信息咨询服务。网络信息生态链链际协同工作有同步和异步两种方式。同步方式是不同链中参与协同工作的成员在开展业务工作时必须同时在场,实时交互。异步方式允许参与协同工作的成员可以不同时在场,只需要在规定的时间内完成异时交互[①]。相对于同步方式而言,异步方式更加灵活,适应性较强。网络信息生态链协同工作中往往是同步方式和异步方式结合使用。

6.1.3 网络信息生态链链际互利合作的保障措施

1. 健全利益协调机制

网络信息生态链链际合作是建立在互利互惠基础之上的,相似或一致的利益并对合作后的利益增值具有共同预期是合作主体产生合作动机并参与合作的出发点,利益诉求和利益分配不协调就难达成合作协议,合作过程中出现利益冲突会导致合作无法正常进行。因此,健全利益协调机制是激发网络信息生态链链际合作积极性、保证网络信息生态链链际合作达成并持续进行的重要措施。

健全网络信息生态链链际互利合作利益协调机制主要包括几个方面:一是健全利益诉求表达与识别机制,鼓励参与合作的网络信息生态链充分表达自身的利益诉求,通过链际沟通与协商,相互理解各链的利益诉求,明确链际合作的整体利益诉求;二是健全链际利

---

① 梅强,占建民. 刍议计算机支持的协同工作软件技术[J]. 通讯世界,2015 (18):272-273.

益分配机制，网络信息生态链追求自身利益最大化是客观存在的，但链际合作会改变原有的利益格局，应针对链际合作中各自的分工与贡献的差异，综合考虑各种因素，兼顾整体利益与单链利益，经过链际合作成员的协商，统一分配标准，做到利益分配的相对公平；三是健全风险分担机制，网络信息生态链链际合作可能会遇到不同程度的风险，要求各个参与方都要承担一定的风险，因此，需要采用合理的方法和模型，相对清晰地界定合作项目中合作方所面临的风险，确定合理的风险分担比例[①]；四是健全利益调节机制，网络信息生态链链际合作中由于多元利益目标的存在，总会产生利益冲突，要求通过加强沟通与利益重新分配相结合、事中调节与事后调节相结合的方式对利益冲突进行调节，使利益冲突保持在一个可控的范围。

2. 完善链际合作制度

链际合作的各个成员来自不同的网络信息生态链，跨越了区域、部门与机构，彼此之间的关系较为松散，只有用相应的制度进行规范，才能使各个链中的成员明确自己的权利与义务，按章办事，各司其职，共同完成链际合作任务。因此，完善链际合作制度是引导和规范网络信息生态链链际合作行为、保证网络信息生态链链际合作有序进行的重要措施。

完善网络信息生态链链际合作制度应根据链际合作的特点，制定并落实相应的制度。网络信息生态链链际合作制度应包括链际合作发展规划、链际合作权益分配办法、链际合作行为规范、链际合作目标考核及奖罚办法等。链际合作发展规划的制定是开展链际合作的前提，链际合作发展规划应规定合作的原则、目标、内容、方式与保障措施等。链际合作权益分配办法是对参与合作的网络信息生态链及其节点的权益分配与调节做出的规定，主要规定合作各方的利益分配原则，各方具体的职责、权力、义务、利益，权益调节的方法与措施等。链际合作行为规范是合作过程中的价值观念、道德标准和行为指南，主要规定在网络信息生态链互利合作中参与链及其节点能做什么，不能做什么，对链及其节点的思想和合作行为产生一种制约力。链际合作目标考核及奖罚办法是在充分吸纳和尊重各方意见的基础上建立系统的绩效考核指标体系和评价模型，用于对跨链合作的具体实施成效进行考核，并根据目标完成情况给予奖励或惩罚的一套办法。

3. 加强链际协同管理

网络信息生态链协同管理是网络信息生态链协同管理主体对协同活动进行决策谋划、资源配置、过程调控和绩效评价，从而获得最佳协同效应的过程。网络信息生态链链际互利合作活动就是链与链之间的协同活动。网络信息生态链链际互利合作涉及多条网络信息生态链，需要链际协同管理主体来对合作活动进行决策谋划、资源配置、过程调控和绩效评价，从而实现网络信息生态链链际互利合作的利益数量最大化和利益形式协调化。

加强链际协同管理，必须成立强有力的链际协同管理主体。对于有长期合作关系的网络信息生态链，可以由各链选派主要节点中的负责人组成链际协同管理委员会；对于只有

---

① 李林，贾佳仪，杨葵. 基于合作博弈的协同创新项目的风险分担[J]. 社会科学家，2015（3）：64-68.

短期合作活动的网络信息生态链,可由各链选派主要节点中的负责人组成链际合作项目领导小组,并委派项目经理负责具体管理工作。

加强链际协同管理,要明确链际协同管理主体的协同管理职能。对任何链际合作活动首先要对链际合作活动进行决策谋划,确定网络信息生态链间是否需要合作,需要何种合作,制定并选择科学可行的合作活动方案。要根据网络信息生态链合作活动决策谋划方案的要求,通过一定的配置方式,将网络信息生态链合作活动所需要的各种资源(人力资源、财力资源、技术资源和信息资源等)配备齐全,并加以合理组织。在网络信息生态链链际合作活动进行过程中,应在合作活动决策谋划方案的柔性范围内或根据实际情况的变化,对网络信息生态链合作活动过程进行调节与控制,主要包括资源调整、纠纷调解、关系调和、利益调节和进度控制、成本控制、质量控制和变更控制等。网络信息生态链合作活动结束后或活动中期,应根据一定的评价标准,选择合适的评价方法,对网络信息生态链协同活动的成绩和效果进行评价与分析。网络信息生态链链际合作活动绩效评价一般采用多指标综合评价法[①]。

6.2 网络信息生态链链际合理竞争

6.2.1 网络信息生态链链际合理竞争的含义与意义

1. 网络信息生态链链际合理竞争的含义

在自然生态系统中,竞争主要表现在种群内个体间和种群间对资源的争夺。竞争是一种普遍的社会现象。在互联网时代,网络信息生态链的竞争已由链内节点与节点之间的竞争扩展到链与链之间的竞争。网络信息生态链链际合理竞争是指多条网络信息生态链为争取关键资源及获取更大发展空间,而进行的适度、正当竞争行为。该定义所包含的要点:

1)网络信息生态链链际合理竞争的主体是不同链的代表性节点

从理论上说,网络信息生态链进行链际竞争的主体应是整条网络信息生态链,而不是链中的某些节点。但实际竞争时,并非参与竞争的网络信息生态链中全部节点齐上阵,而是部分节点代表网络信息生态链参与竞争。在具有核心节点的网络信息生态链中,一般是核心节点代表该链参与竞争;在没有核心节点的网络信息生态链中,一般推荐多个有实力的节点组成竞争小组,代表该链参与竞争。

2)网络信息生态链链际合理竞争的对象主要包括关键性资源与发展空间

关键性资源是指网络信息生态链生存发展必不可少的,信息流转业务中不可或缺的资源,主要包括人才资源与资本资源;发展空间是指有利于网络信息生态链扩大规模、壮大实力,保持持续性竞争优势的要素,主要包括市场份额、技术标准和品牌形象。

3)网络信息生态链链际合理竞争的基本要求是适度竞争和正当竞争

适度竞争要求网络信息生态链之间在一定限度内展开竞争,即参与竞争的网络信息生态链的规模、数量要合适,不应出现垄断状态下的竞争不足,又要避免过度竞争产生的生

---

① 娄策群,娄冬,程彩虹. 网络信息生态链协同管理概念解析[J]. 情报科学, 2017 (3): 19-23.

产过剩。竞争过度会导致网络信息市场混乱和网络资源浪费，竞争不足会使网络信息生态链缺乏创新动力和活力。正当竞争要求网络信息生态链在竞争中采用符合法律要求和道德标准且遵循诚实守信原则的正当手段。网络信息生态链正当竞争的主要途径有：提高节点质量，改进信息技术，降低流转成本，创建品牌优势等。

4）网络信息生态链链际合理竞争的结果呈现互利或偏利性

网络信息生态链链际合理竞争要求竞争双方运用各自的优势，以不损害竞争对手利益的竞争手段来争夺用户、资源及获取更大发展空间，其最终目的并不是为了淘汰竞争对手，而是为提升自身所在链的信息流转能力。因此，网络信息生态链合理竞争不会出现两败俱伤的结果，而是双方都从中受益，达到互利双赢，或者某一网络信息生态链获利，而对另一链的利益不产生较大影响。

2. 网络信息生态链链际合理竞争的意义

网络信息生态链链际合理竞争对网络信息生态链及整个网络信息生态环境都具有重要意义。

1）有利于加强链内合作，提升整链凝聚力

网络信息生态主体基于共同的利益诉求，逐步形成网络信息生态链，但是建立链式依存关系后，在链内与链外同样存在着多种形式的竞争，网络信息生态链的链际竞争将竞争从单个节点之间的竞争提升到了更大的群体之间。如果链内节点热衷于内部竞争，节点就会努力去胜过对方，导致整链凝聚力下降，不利于网络信息生态链的稳定发展。如果网络信息生态链注重外部竞争，链内节点就会倾向于相互支持，通力合作，一致对外。因此，网络信息生态链链际适度竞争在一定程度上能够减弱链内摩擦，加强链内合作，提升网络信息生态链的整链凝聚力。

2）有利于完善整链功能，提高信息流转效率

没有链际竞争，网络信息生态链可能会安于现状，缺乏创新动力。适度的链际竞争，能使网络信息生态链感受压力，激发链内节点的创新动力，调动链内节点的完善整链功能、提高信息流转效率的积极性。正当的链际竞争，能促进网络信息生态链积极发掘和充分利用各种资源，优化网络信息生态链的信息流转业务流程，从而实现整链功能的不断完善，提高网络信息生态链的信息流转效率。

3）有利于网络信息资源的合理配置和有效利用

由于链际竞争的激励，对于有限的网络信息资源，尤其是对优质的网络信息资源，参与竞争的各条网络信息生态链必须组织节点各显其能，采用正当的方式进行争夺。因此，网络信息生态链链际合理竞争能使互联网中的优质信息资源，包括优质的信息技术资源、信息本体资源、信息人才资源等流向最能发挥其作用的网络信息生态链，淘汰价值不大的劣质网络信息资源，从而实现网络信息资源在链际的合理配置。为了充分发挥优质网络信息资源的作用，网络信息生态链在争到优质的网络信息资源后会在链内进行合理配置，改善网络信息资源的利用方式，提高网络信息资源的利用率，实现网络信息资源的有效利用。

4）有利于形成良好的网络竞争环境和竞争秩序

非价格竞争可以提高竞争者的竞争观念和意识，提高竞争者的整体素质，同时在全社

会范围内造成一种平等竞争的社会环境[①]。网络信息生态链链际合理竞争是非价格竞争，竞争不再是你死我活的搏斗，而是实力和形象的平等较量。在网络信息生态链链际竞争方式转化的同时，网络信息生态主体的竞争观念也会随之发生变化。链际合理竞争不是以纯数量的扩张和价格降低为代价，而是以网络信息产品和网络信息服务的质量、效率的竞争为基础，可以避免不正当竞争带来的消极影响，从而形成一种良好的网络竞争秩序。

6.2.2 网络信息生态链链际合理竞争的内容与方式

网络信息生态链链际合理竞争是一种全方位的竞争，主要包括适量网络信息主体的正当争取、必备网络信息资源的良性争夺、先进网络技术标准的公平争创等。

1. 适量网络信息主体的正当争取

网络信息产品或服务的最大特点是其所具有的网络外部性，对于网络信息用户而言，网络信息产品除具有自身价值外，还具有从使用同一或同类产品和服务的其他用户中获取的协同价值。网络信息生态链的规模越大，所产生的协同价值越高，节点所获价值也越大。此外，网络信息生态链必须有一定的宽度，才能保证其稳定性，因此，网络信息生态链应有适量的网络信息生态主体。当一个区域内两条以上的网络信息生态链都要扩大规模时，都希望吸引与锁定更多网络信息主体，有更多素质较高的网络信息主体长期成为本链的节点，提高网络信息主体占有率，引发正反馈，获得竞争优势。网络信息生态链之间对网络信息主体的竞争由此展开。具有网络信息主体竞争关系的网络信息生态链，应采取正当手段，争取竞争链外、竞争对手链中网络信息主体入链，防止网络信息生态链已有节点流失。

1）竞争链外网络信息主体的正当争取

竞争链外网络信息主体是指具有竞争关系网络信息生态链以外的网络信息主体，主要包括未正式加入任何一条网络信息生态链的信息主体、与竞争链类型不同的网络信息生态链中的网络信息主体。在当前网络应用还尚未普及的情况下，部分信息主体仍是通过传统方式进行信息获取、处理、发布、组织和传递，部分信息主体虽然利用互联网进行信息交流但尚未正式加入某一网络信息生态链。未正式加入任何一条网络信息生态链的信息主体包括通过传统方式进行信息流转的信息主体、已通过网络进行信息交流但未正式加入某一条网络信息生态链的网络信息主体。不同类型网络信息生态链信息流转的目的不同、所流转的信息内容也不同。一般来说，网络信息主体在同一时间内需要加入不同类型的网络信息生态链，以实现其不同的利益诉求和信息流转需求。网络信息生态链为了增加节点数量，可以从与本链类型不同的网络信息生态链中争取网络信息主体，如电子商务信息生态链可争取已加入到网络教育信息生态链中的信息主体同时加入本电子商务信息生态链。从竞争链外争取网络信息主体，不直接涉及竞争对手链的利益，还有较大的社会意义，因此，从竞争链外争取网络信息主体是网络信息生态链争取网络信息主体的主要途径。

对竞争链外网络信息主体的合理争取，要做到合理确定争取对象、加强对本链的宣传推广、采用优质低价信息流转策略。竞争链外的网络信息主体类型多样，数量庞大，网络

[①] 董雅丽，杨魁. 论非价格竞争的经济与社会功能[J]. 兰州商学院学报，1997（2）：9-12.

信息生态链在争取竞争链外信息主体时，要根据自身信息流转特点和信息主体信息流转需求特征，确定争取对象的数量、范围（职业范围、地域范围、年龄范围）和素质要求，并尽可能避免与竞争对手链争取对象的重合。当确定了争取对象的数量、范围和素质要求后，应针对拟争取的对象，采用多种方式，真实地宣传本网络信息生态链的信息流转特点与优势，让拟争取的对象对本链有较充分的了解，激发其加入本链的动机和欲望，并为其提供参与信息流转初始体验的机会。对新入链的信息主体，应提供优质低价的信息流转服务。

2）竞争对手链中的网络信息主体的正当争取

竞争对手网络信息生态链之间有着多方面的竞争，在这种竞争之下，竞争对手网络信息生态链会极力保护已有的信息主体，希望将其进行锁定。从竞争对手链中争取网络信息主体，涉及对方的利益，若方式不当，可能与竞争对手链产生直接的冲突，因此，从竞争对手链中争取网络信息主体要十分慎重。

对于竞争对手链中的网络信息主体，可采用吸入和共存等方式来争取。吸入是使信息主体脱离竞争对手链而加入本链。由于采用吸入方式竞争对手链中的信息主体容易引起竞争对手链的反感，甚至激化矛盾，并且成本较高，因此，采用吸入方式争取的信息主体一定是对本链具有重要作用的优秀信息主体。采用吸入方式争取竞争对手链的信息主体要做好3个方面的工作：一是最好能征得竞争对手链的同意；二是要征得待吸入的信息主体的同意；三是要尽量降低吸入信息主体的转移成本。共存是某信息主体在不脱离竞争对手链的前提下加入本链，该信息主体同时存在于具有竞争关系的两条或多条网络信息生态链中，参与两条或多条网络信息生态链的信息流转活动。通过共存方式争取竞争链中的信息主体对竞争对手链的利益损失较小，也符合同一信息主体可同时加入多条同类型网络信息生态链的规律，比较容易实现。网络信息生态链通过共存方式争取竞争链中的信息主体要做好两方面的工作：一是以自身的信息流转特色或优于竞争对手链的信息流转优势吸引竞争对手链中的信息主体；二是为在两条或多条竞争链中共存的信息主体享有优质、低价、便捷的信息流转服务，更多地参与本链的信息流转活动。

3）防止网络信息生态链已有节点的流失

对于网络信息生态链已经拥有的信息主体，需要采取各种方式防止其流失。网络经济时代，网络信息产品层出不穷，用户在链际的选择更加丰富，使用户对链中所提供的信息产品与服务具有黏性，提高已有节点保有水平显得尤为重要。应通过协调链内已有节点的关系，实现良性互动，创造现有节点满意的体验，达到提升已有节点满意度的目标，进而提高其忠诚度，实现链内已有节点的保有。

网络信息生态链为了留住已有节点，可从细节化、智能化、人性化三个方面来提升用户体验。

一是注重细节化，强化已有节点功能体验。已有节点对网络信息生态链产生依赖性是依靠所提供信息产品的功能来体现的，但是许多同类网络信息生态链所提供的信息产品在核心功能上都没有太明显的差异，要想锁定已有节点，必须更加关注信息产品与服务功能设计上的细节。如许多用户在网上购物后，对物流状态也十分关心，完善物流信息查询功能对于电子商务平台发展来说显得尤为重要，将订单的配送路线和配送员的情况通过地图轨迹进行反映能为用户提供最直观的描述，也是用户获取订单物流信息最快捷的入口。

二是提升智能化，完善已有节点交互体验。已有节点对链中信息产品的需求更为明确，但如果已有节点在查找或使用信息产品的过程中，进行咨询而得不到及时的反馈，就会影响已有节点的认可度。因此，要想更好地锁定已有节点，网络信息生态链应利用智能化技术，使信息沟通更加顺畅，实现自助和智能服务，为已有节点带来创新的交互体验。

三是彰显人性化，深化已有节点情感体验。已有节点在网络信息生态链中除了希望能获取基本的信息需求外，还希望能够满足其情感需求，特别是对于已有节点而言，吸引其忠于原链的原因往往是其对原网络信息生态链的情感投入，一些能触动情感的信息产品和服务能让已有节点产生积极的情绪和情感，从而增加其对原链的忠诚度。

2. 必备网络信息资源的良性争夺

网络信息生态链的运行与发展离不开网络信息资源的支撑。必备网络信息资源是指网络信息生态链运行与发展所必须具备的资源。由于网络信息资源的稀缺性，网络信息生态链之间必然会为获取适量的必备网络信息资源而开展竞争。合理的网络信息资源竞争能够提高资源的利用率，并能够在一定程度上激发网络信息生态链中信息生态主体的创造性，但过度的网络信息资源竞争也可能导致资源的浪费，进而影响网络信息生态链中网络信息的正常流转[①]。网络信息生态链之间所争夺的资源主要包括资金资源和人才资源。

1）资金资源的良性争夺

随着网络信息生态链的发展，其运营成本也在逐渐上升，对资金的需求越来越大，资金注入能够促进网络信息生态链的发展，如规模扩大、结构优化、基础设施升级、质量与服务提升等。处于投入期与成长期的网络信息生态链往往需要大量的资金投入，通过价格补贴来扩张用户规模、增加信息流转量，抢夺先机。对于普通节点而言，由于资金受困，有的甚至因为经营难以维系，只能退出网络信息生态链，若链内多个节点退出甚至会导致整链发生断裂，从而影响全链的稳定发展。链际资本资源竞争主要是争夺来自链外的资金，包括争取政府资助、吸引社会赞助、赢取风险投资等。

网络信息生态链链际政府资助的争取主要是指网络信息生态链通过整合链内优势，积极获取政府部门的税收优惠、政府采购机会和其他专项扶持政策和扶持基金。一方面，网络信息生态链中的各个节点可以借助政府资助，培育增长新动力；另一方面，获得政府资助表明国家对其发展的支持和认可，在社会影响力、产业地位等方面往往比其他网络信息生态链更具优势。链中节点应把握国家政策导向和资金投向，捕捉相关政府资助信息，认真学习与网络信息生态链主营业务有关的产业政策和扶持政策，了解链中节点是否符合相关资助条件，并组织符合条件的节点积极申请。由于政府资助需要满足一定条件，应充分利用链内资源开发具有市场潜力的创新产品，发挥链内节点的主动性，通过详细分析、评估链内所拥有的核心技术、优势、劣势、发展潜力、财务状况等，整合链内发展空间较大、资源整合能力较强的节点及相关项目，为申请政府资助项目创造条件。

网络信息生态链链际社会赞助资源的争夺主要是指网络信息生态链通过积极宣传其社会价值，扩大自身的社会影响力，从而获取链外组织或团体对网络信息生态链所开

---

① 娄策群，桂晓苗，杨光. 网络信息生态链运行机制研究：协同竞争机制[J]. 情报科学，2013（8）：3-9.

展的社会事业,以不计报酬的捐赠方式给予支持。获取社会赞助可以为网络信息生态链所开展的社会事业的顺利进行提供保障,也可提升链中各个节点及赞助提供者的社会形象。由于社会赞助大多针对的是社会公益事业,因此,应结合链内节点特点,与文体活动、教育环保等公益性事业相联系,通过各种媒介加大宣传,营造吸引社会赞助的浓厚氛围。

网络信息生态链链际风险投资资源的争夺主要是指对于具有巨大竞争潜力的、技术密集型的网络信息产品,积极谋取与风险投资机构或风险投资家进行合作的过程。对于链中许多普通节点而言,由于受困于无抵押、无担保、无信用而难以取得银行信贷,融资困难。风险投资的方式相对而言更加灵活,成为网络信息生态链的重要资金来源。风险投资机构一般对于所投资项目都有专业化人才进行管理,网络信息生态链中的某些节点获得风险投资后,不仅解决资金不足的问题,还会获得风险投资机构在市场开拓、财务管理方面的指导,从而带动整条链的发展,并吸引更多的网络信息主体加入其中。风险投资的资本往往更加青睐于具有专门技术或独特概念的原创项目,因此,赢取风险投资,链内节点应具有全局意识,通过发掘链内具有发展潜力的项目,依托核心节点,通过链内节点合作的形式,整合链内资源。同时,由于风险投资的风险较大,还应强化链内节点的信用意识,不断加强链内节点的信用管理,提高节点信用水平,增强节点诚信意识,确保信用记录良好,降低风险投资机构的投资风险。

2) 优秀人才的良性争夺

网络信息生态链需要不断进行技术创新,而创新的关键在于人才,通过获取掌握核心技术、具有较高能力的人才,往往能为节点及整链创造较大价值。互联网行业作为高精尖的新兴行业,优秀人才的配备必不可少,优秀人才稀缺难觅,是网络信息生态链链际竞争的主要对象。链际优秀人才竞争主要是从链外获取更多优秀人才、链内优秀人才培养、防止链内优秀人才流失。

营造良好环境,吸引链外优秀人才。只有在网络信息生态链中打造良好的人才成长与发挥作用的环境,才能吸引大批链外的优秀人才。应立足网络信息生态链的发展需要,合理规划人才架构,建立科学的优秀人才引进标准和考察机制,有目的、有计划、有步骤、有选择地引进优秀人才,但也要防止盲目引进,浪费人才资源。

利用多种途径,培养链内优秀人才。由于社会上优秀网络人才有限,网络信息生态链不能只盯着链外的优秀人才,也应注重将链内素质较好且具有培养前途的人才培养成优秀人才。培养链内优秀人才要做好两个方面的工作:一是完善优秀人才发现机制,善于发现具有培养前途的人才;二是通过进修学习、链内人才交流、链内传帮带等方式对具有培养前途的人才进行培养。

凝聚发展合力,防止优秀人才流失。链内优秀人才的流失会使网络信息生态链的重要资源随之流失,从而面临信息流转业务停滞,甚至是整链断掉的风险。留住优秀人才,应加强人才的归属感,加强网络信息生态链团队凝聚力建设,引导优秀人才将个人的价值和全链的价值紧密联系在一起,齐心协力为实现全链发展目标而努力。要利用网络信息生态链中的现有优势,集合整链之所能,为优秀人才提供所需各种要素和资源,改善优秀人才的工作生活条件,为他们营造鼓励创新、宽容失败的工作环境,强化激励机制,调动优秀人才的积极性与主动性。应关注优秀人才自身的发展,把优秀人才的自身发展与全链发展相结合,提供更多发展机会,从而防止优秀人才的流失。

3. 先进网络技术标准的公平争创

卡尔·夏皮罗等人认为,标准竞争是两种新的不兼容技术之间为争夺事实标准地位而进行的一种斗争。通过制定标准获取支配地位是网络信息生态链链际竞争的主要形式。当某一网络信息生态链基于自身优势,取得用户安装基础,达到临界容量,在标准竞争中获取优势,成为市场标准,其他链只能与先行标准相互兼容,否则没有消费者使用,其市场将变成零。占有支配地位的网络信息生态链可以在技术标准接入上限制竞争对手,建立技术壁垒,进而达到排除竞争的效果。

1)重视研发创新,赢得标准话语权

技术标准对于网络信息生态链的发展发挥着重要作用,在网络信息生态链的竞争中,谁掌握了技术标准,谁在标准竞争中占据了优势地位,谁就掌握了话语权。技术是技术标准的基础,技术创新推动技术标准的发展,技术标准直接或间接地推动技术创新[①]。网络信息生态链可以通过研发创新建立新的技术标准,研发创新在技术标准竞争中起着举足轻重的作用。

标准竞争是一个动态的过程,标准竞争可能发生在新的弱势标准之间、强势与弱势标准之间或强势标准之间,网络信息生态链在进入某一领域时,需对该领域技术标准的现有情况进行分析。①技术标准空白。如该领域暂时还没有标准,应先做可行性分析论证,根据市场环境预测标准的前景,联合链内研发优势强的节点,加快技术创新脚步,通过技术专利化向专利标准化转换,积极主动参与行业技术标准的编制,通过参与技术标准的编制过程,不断将技术优势转化为竞争优势,将竞争优势转化为市场优势[②];②弱势标准间的竞争。如该领域或行业已有技术标准,但其技术标准尚未得到广泛应用,采用该技术标准生产的信息产品所占市场份额较小,属于弱势技术标准,此时,网络信息生态链应根据链中已有技术特点,通过对已有技术标准进行创新,推出更加完善的技术标准,抓住与之竞争的技术标准还未占领市场的时机,成为事实标准;③强势与弱势标准之间。如该领域或行业已有技术标准,且该技术标准已成为拥有较大安装基础的事实标准,应着重分析研究该标准覆盖的技术领域,加大研发力度,通过不断的技术创新改进现有技术标准有缺陷部分,反客为主成为强势标准;④强势标准之间。即使网络信息生态链中已有技术标准已成为该领域或行业公认的强势标准(即事实标准),也要不断对技术进行研发创新,根据用户需求的变化,紧跟技术发展的步伐,牢牢掌握和控制技术标准的主导地位。

2)开发互补产品,促进标准扩散

在技术标准竞争中,网络信息生态链要想获取竞争优势,就必须更早进入市场,建立一定规模的安装基础,扩大网络规模,利用网络效应,使技术标准能够得到更多的推广与

---

① ALLEN R H, SRIRAM R D. The role of standards in Innovation[J]. Technological Forecasting & Social Change, 2000, 64(2): 171-181.

② 黄永衡,汤惠工. 技术标准产业化技术标准市场化:深圳海川实业股份有限公司"重要技术标准研究"专项试点纪实[J]. 中国标准化, 2006(4): 7-8.

采用，极力扩大其标准在市场中的覆盖范围。在技术标准扩散中，网络效应的作用尤为突出，标准竞争中的网络效应建立在同类产品物理连接、系统产品组件之间的互补连接之上，是消费者异质性和产品异质性共同作用的结果[①]。对于网络信息生态链而言，采用某一技术标准生产的基础产品的互补产品越多,形成互补关系的用户数量越大，其网络效应越大，则能吸引更多的技术标准的采纳者，从而技术标准扩散越快，技术标准成为市场标准的优势越大。

参与标准竞争的网络信息生态链需要通过链内节点合作，开发互补产品，通过互补产品扩大其标准在市场中的覆盖范围，加快技术标准扩散速度。我们将网络信息生态链中基于技术标准开发出的信息产品称为核心产品，而互补产品是指用户在使用核心产品时，需要配套使用的产品。用户对核心产品的需求在很大程度上依赖互补产品的数量和质量，若网络信息生态链所提供的互补品和服务较易获取，其核心产品的吸引力也相对增加，其技术标准更易扩散。

3）加强标准控制，保护标准效益

技术标准效益对于网络信息生态链而言除了可以获得直接、间接网络外部性效益两个方面外，还可通过对纳入专利的技术标准收取许可费等方式获得直接经济效益，通过技术标准的实施，促进全链的技术进步，提高了信息流转的速度与质量，同时，技术标准的实施还可以改进产品质量、提高社会经济效益。通过加强对技术标准的控制，从而保证网络信息生态链获取长期效益，技术标准控制主要是对技术标准的开放程度进行控制与管理，既要提高技术标准的开放程度，扩大技术创新成果的影响，又要制定和完善与技术标准化相关的知识产权措施，以技术标准作为市场准入门槛，巩固技术创新成果。

技术标准是一种"准公共品"，通过相关规范和技术目录的公开进行社会范围的推广使用，从而促进生产力的提高，随着信息技术的发展，知识产权意识的提高，很多技术取得了专利后在成为技术标准，促使技术标准中纳入了大量的专利技术，掌握了技术标准的网络信息生态链可以通过技术标准控制策略，选择是否对技术标准进行开放来获取竞争优势。当技术标准为弱势标准时，网络信息生态链可采取标准适度开放战略，加强技术兼容性，吸引更多节点采纳、应用和推广技术标准，提高网络信息生态链的整体优势和竞争力，增强网络效应，扩大市场份额，通过对技术标准的适度开放，加快取得创建事实标准所必需的安装基础，当技术标准站稳市场地位后，应逐步加强对技术标准的控制，平衡市场份额与技术标准开放度之间的关系，保护标准效益。当技术标准为强势标准时，市场份额已经较为稳定，网络信息生态链应加强对标准的控制力，控制技术标准开放的程度，通过如限制标准使用、减少许可使用、提高标准有偿使用费用等方式，防止由于技术标准过度开放而导致新的竞争者加入市场，提升企业经济利润水平，保护技术标准效益。

6.2.3 网络信息生态链链际合理竞争的保障措施

网络信息生态链链际竞争除了采用合理的竞争方式外，还应从链际合理竞争的理念出

---

① 王硕. 网络效应视角下企业技术标准创新与竞争策略研究[D]. 济南：山东大学，2015：46.

发,完善链际竞争的政策法规、加强链际竞争的宏观管理,从而保障网络信息生态链的合理竞争。

1. 加强链际合理竞争宣传教育

网络信息生态链链际合理竞争能否正常实现,首先取决于网络信息生态链中的信息主体能否树立合理竞争理念、是否掌握合理竞争的方式方法。而合理竞争理念的树立和合理竞争方式方法的掌握在于通过宣传教育,普及链际合理竞争知识。网络信息宏观管理和监督机构、网络信息生态链内部管理机构应加大链际合理竞争宣传教育力度,创新链际合理竞争宣传教育方式,通过印发文字材料、组织会议、教育培训等形式,宣传网络信息生态链链际适度竞争和正当竞争的意义、标准以及过度竞争与不正当竞争的危害,讲解网络信息生态链链际合理竞争的方式、方法与策略。通过链际合理竞争宣传教育,使网络信息生态链中的每一个信息主体都认识到,同类型网络信息生态链之间的竞争是不可避免的,既要充分竞争,又要防止过度竞争,在链际竞争中应采用符合国家法律、遵守社会公德、信守诚信原则的正当手段进行竞争,让适度竞争和正当竞争成为网络信息生态链及其节点的基本共识和自觉行为。

2. 完善链际合理竞争政策法规

链际竞争的政策法规是由政府及其相关机构制定和实施的、规范链际竞争秩序的一系列政策法规。在网络信息生态链链际竞争日趋激烈的情况下,政策法规的建设显得更加重要。制定并完善链际竞争政策法规可以使扰乱链际竞争秩序、扭曲链际竞争的行为得到遏制,保障网络信息生态链通过合理的竞争形式,优胜劣汰,维持网络生态平衡。网络信息生态链链际竞争的业务跨界竞争、动态性等特点使得链际竞争的不正当竞争和垄断行为判定困难,相关市场难以界定,滥用市场支配地位行为复杂化、多样化和隐秘化。这是政府和司法部门在制定链际竞争的政策法规、规范市场竞争过程中面临的难题。完善网络信息生态链链际竞争秩序,应明确竞争行为的判定依据,对合理竞争行为规范进行细化,行业主管部门应加紧组织业内专家就互联网新技术新业务诱发的新市场竞争行为进行前瞻性研究,推动相关行业规则的确立与完善,有效约束链际竞争行为,针对不正当竞争的各种新型表现,增设相关法律法规,强化法律适用的前瞻性,完善查处新型不正当竞争行为的法律依据和强制手段。要加强行业主管部门与竞争执法部门的协作,加强跨部门执法合作,引导网络信息生态链规范竞争。

3. 加强链际合理竞争宏观管理

营造网络信息生态链链际竞争公平的市场环境,要逐步加强网络信息生态链链际竞争的宏观管理。链际竞争的相关管理部门,应明确职责,分工协作,形成合理的链际竞争宏观管理体制。相关政府部门应关注信息流转过程中的技术变革,结合社会、经济发展环境,针对各种链际竞争的特点,分析、预测网络信息生态链链际竞争活动,按照不同类型的网络信息生态链及其链间竞争的特点,制定链际竞争的原则和内容,统筹指导和协调链际竞争活动,采取不同的措施,实行分类管理,运用经济手段、行政手段和技术手段来规划和控制链际竞争活动，限制不正当的链际竞争行为，促进网络信息生态链在市场竞争中优胜劣汰，维护市场主体的合法权益。应加强技术手段运用，建立链际竞争行为数据库和典型案例库，建设链际竞争行为的监测、预警、取证技术平台，对互联网市场竞争格局进行评估，掌握竞争状况。

6.3 网络信息生态链链际优化重组

6.3.1 网络信息生态链链际优化重组的概念与意义

1. 网络信息生态链链际优化重组的概念

网络信息生态链链际优化重组是指为了提高网络信息生态链自身的环境适应能力及优化链际关系，对两条以上网络信息生态链的节点进行重新组合。

（1）网络信息生态链链际优化重组主要是对链际节点的重组。网络信息生态链链际优化重组并非链内重组，也不是链际的资产重组，而主要是链际节点重组。网络信息生态链链际优化重组必须涉及两链以上，一些孤立的节点加入某链，不是重组，必须是某链中的节点转移到其他链中。当然，在链际节点重组的同时，也可能发生资产重组。

（2）网络信息生态链链际优化重组具有极强的目的性。网络信息生态链链际优化重组的目的是通过链际节点的重新组合，优化一定范围内网络信息生态链的宏观结构及链间关系，使网络信息生态链能更好地适应环境的变化。

（3）网络信息生态链链际优化重组是一种调控行为。网络信息生态链链际重组是一种宏观层次上的调控行为，而不是微观层面的正常变动。例如，网络信息生态链中的某些节点自行退出该链而加入其他链中，这是该节点的自身行为，不属于链际重组。只有链与链之间有计划、有组织的节点重组才是链际优化重组。

（4）网络信息生态链链际优化重组后链的结构会发生较大变化。网络信息生态链链际优化重组后，各条链的组成及构成方式都会有较为明显的变动，链与链之间的关系、链内节点之间的关系也会发生较大的变化。

2. 网络信息生态链链际优化重组的意义

网络信息生态链链际优化重组的意义主要体现在其对于网络信息生态链自身发展以及网络信息生态系统优化两个方面。

1) 网络信息生态链链际优化重组对网络信息生态链自身发展的意义

第一，优化网络信息生态链资源结构。在网络信息生态链的运行过程中，有时可能会因为某种资源的缺乏或不足，各项活动难以顺利进行。网络信息生态链链际优化重组在节点重新组合的同时，也会带来网络信息生态链链际资源的重新组合，消除或者缓解网络资源配置不合理的现象，从而促进网络信息生态链内各项活动能够顺利进行。例如网络信息生态链际整体合并后，可以共享一些信息技术或信息人才等，实现各类资源的合理配置，从而达到优化网络信息生态链资源结构的目的。

第二，降低网络信息生态链运行风险与成本。网络信息生态链在运行过程中会遭遇多种风险,例如技术创新风险和投资风险等。原有的网络信息生态链可能难以抵抗这些风险,通过链际优化重组,网络信息生态链可以增强抵御风险的能力,从而消除或者减少风险。另外,网络信息生态链链际优化重组,使原来各网络信息生态链之间的信息、知识和物质由市场的不稳定交流活动变成网络信息生态链内部的或半内部化的交流,既降低了网络信息生态链各环节之间的交易成本,还能减少网络信息生态链运行中各个环节的时间以及环节之间的衔接时间,降低网络信息生态链的运行成本。

2) 网络信息生态链链际优化重组对网络信息生态系统优化的意义

第一,优化网络信息生态链的宏观结构。网络信息生态链宏观结构是指一定区域范围内网络信息生态链的类型、数量和地域分布。当某个区域范围内网络信息生态链宏观结构形成后,无法通过链内调整来改变网络信息生态链的宏观结构,链际合作与竞争也只能改变链间关系,对网络信息生态链宏观结构优化的作用不大。通过链际优化重组,不仅可以改变网络信息生态链的数量和布局,而且可以改善网络信息生态链之间的关系,使网络信息生态链宏观结构得以优化。

第二,提升网络信息生态系统的稳定性。稳定性是指当网络信息生态链受到外界干扰或破坏时,恢复和维持正常工作状态的能力。网络信息生态系统中存在着众多网络信息生态链,网络信息生态系统的稳定依赖于网络信息生态链的状况以及链际关系,但有时候这种合作与竞争关系不能适应整个网络信息生态系统的要求,因此,有可能需要进行一定的调整,使网络信息生态链之间建立适度的互利合作与协同竞争关系。网络信息生态链链际的优化重组,可以影响网络信息生态链的信息生态位状况,因此也可以调节网络信息生态链的合作与竞争关系,使网络信息生态系统内部形成一种良性运行状态,提高整个网络信息生态系统的稳定性。

第三,提升网络信息生态系统适应性。适应性是指网络信息生态系统对外界环境变化的适应能力。网络信息生态系统处于一个变化的环境中,因此,除了提高自身稳定性之外,还必须有较强的适应能力。网络信息生态系统适应能力的强弱,根本取决于系统中各条网络信息生态链的适应能力以及链际信息沟通的反应速度与质量。在网络信息生态链链际优化重组的过程中,由于网络信息生态链作出了适合外界环境的调整,并且对链际关系也进行了优化,因此,网络信息生态系统的适应性也有相应的提升。

6.3.2 网络信息生态链链际优化重组的内容和方式

网络信息生态链链际优化重组主要有局部调整、整体合并和解体重构三种方式。

1. 网络信息生态链局部调整

网络信息生态链局部调整是指在不改变各个网络信息生态链基本结构的情况下,对部分节点进行调整。网络信息生态链链际局部调整能在不改变原链基本结构和核心功能的前提下对网络信息生态链进行一定的优化,但优化力度不大,优化程度不高。链际局部调整有部分节点交换和部分节点增减两种具体方式。

1) 网络信息生态链链际部分节点交换

网络信息生态链链际部分节点交换是指两条以上的网络信息生态链各自提取部分节

点进行交换,如图6-2所示,(a)和(b)分别是部分节点交换前的网络信息生态链 L_1 和 L_2,从 L_1 中选取 V_{11} 和 V_{14} 节点,从 L_2 中选取 V_{21} 和 V_{23} 节点,分别将 V_{11} 和 V_{21} 节点、V_{14} 和 V_{23} 节点进行交换。部分节点交换后的 L_1 如(c),L_2 如(d)。

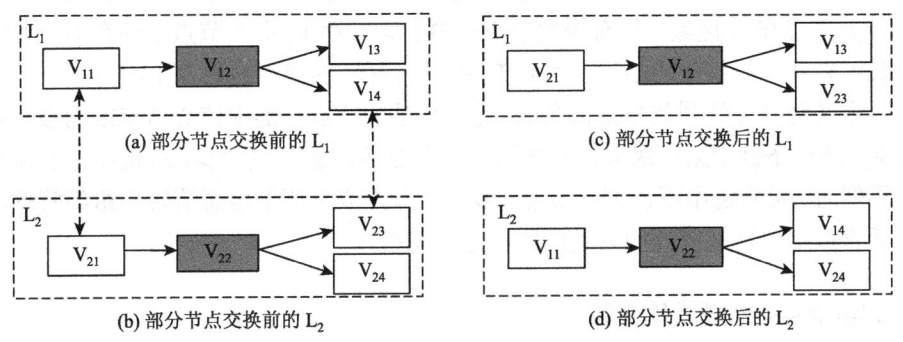

图 6-2　网络信息生态链链际部分节点交换

网络信息生态链链际部分节点交换基本上是同类同级节点的交换。链际部分节点交换不改变原网络信息生态链的长度与宽度,但能改变网络信息生态链的区域结构。例如,两条跨区域网络信息生态链 L_1 和 L_2 中的节点都涉及 A 和 B 两个区域,但 L_1 中的绝大部分节点在 A 区域,只有少数节点在 B 区域,而 L_1 中的绝大部分节点在 B 区域,只有少数节点在 B 区域,为了改变因跨区域而导致的信息流转和组织管理的不便,可以将 L_1 中在 B 区域的节点转移到 L_2 中,将 L_2 中在 B 区域的节点转移到 L_1 中。

当网络信息生态链中某些节点的利益与整链利益不协调,某些节点与链中核心节点或同级节点关系不太协调,或链中信息流转与组织管理不便时,通过链际部分节点交换可实现网络信息生态链节点与整链、节点与节点之间的利益、关系协调,优化信息流转和组织管理。

2) 网络信息生态链链际部分节点增减

网络信息生态链链际部分节点增减是从某一网络信息生态链中选取部分节点添加到另外一条网络信息生态链中,如图 6-3 所示,(a)和(b)分别是部分节点增减前的网络信息生态链 L_1 和 L_2,从 L_1 中选取 V_{14} 节点,将其添加到 L_2 中。部分节点交换后的 L_1 如(c),L_2 如(d)。

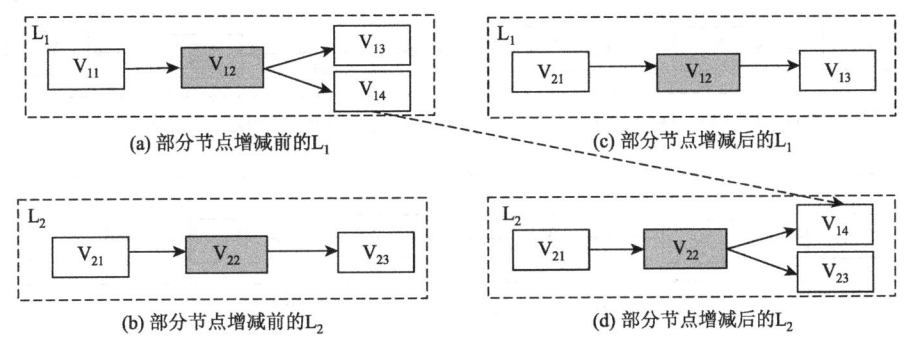

图 6-3　网络信息生态链际部分增减

网络信息生态链链际部分节点增减一般是链中同级节点的增减，不改变原网络信息生态链的长度，只改变原网络信息生态链的宽度，也可能改变网络信息生态链的区域结构。两条网络信息生态链经过链际部分节点增减后，其中一条链的宽度减少，另一条链的节点宽度增大。若两条跨区域网络信息生态链 L_1 和 L_2 中的节点都涉及 A 和 B 两个区域，但 L_1 中的主要节点在 A 区域，只有少数节点在 B 区域，而 L_1 中的节点全部在 B 区域，为了减少信息流转和组织管理的不便，可将 L_2 中在 B 区域的节点转移到 L_2 中。

当链中某些节点的利益与整链利益不协调、某些节点与链中核心节点或同级节点关系不太协调，或一条链中某一级节点过多而另一条链的同级节点太少，或链中信息流转与组织管理不便时，可将链中不协调的节点、多余的节点或不便于信息流转和组织管理的节点转移到适合或需要这些节点的其他网络信息生态链中。

2. 网络信息生态链整体合并

网络信息生态链整体合并是指将两条或多条网络信息生态链根据环境要求进行重新设计，最终组合成一条新的网络信息生态链。网络信息生态链整体合并是网络信息生态链链际优化重组中调整力度较大的一类方式，对网络信息生态链的结构和功能优化有较大的作用。根据网络信息生态链整体合并过程中链际的关系，可以分为网络信息生态链纵向整合、横向整合与双向整合三种类型。

1）网络信息生态链纵向整合

网络信息生态链纵向整合是指将两条或多条不同类型的网络信息生态链，通过纵向链接形成一条新的网络信息生态链。网络信息生态链链际纵向整合有首尾相连式、整体嵌入式和拆分插入式三种具体方式。

首尾相连式纵向整合是将两条网络信息生态链首尾相连。在这类纵向整合中，前一条链的尾节点与后一条链的首节点可以合并或组合，也可以是上下游关系。图 6-4 中，(a) 和 (b) 分别是首尾相连式纵向整合前的网络信息生态链 L_1 和 L_2，当 L_1 的尾节点与 L_2 的首节点是上下游关系时，首尾相连后的新链 L_3 如 (c)；当 L_1 的尾节点与 L_2 的首节点是可以合并成同级节点时，首尾相连后的新链 L_4 如 (d)；当 L_1 的尾节点与 L_2 的首节点可以组合成同级节点时，首尾相连后的新链 L_5 如 (e)。

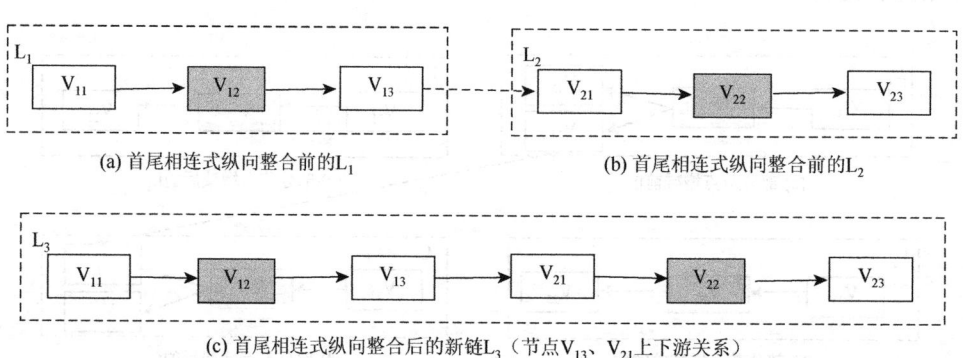

(a) 首尾相连式纵向整合前的 L_1　　　　(b) 首尾相连式纵向整合前的 L_2

(c) 首尾相连式纵向整合后的新链 L_3（节点 V_{13}、V_{21} 上下游关系）

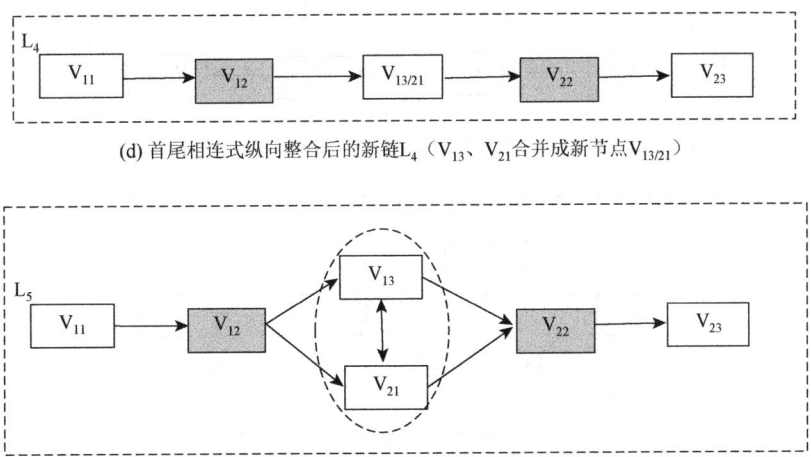

(d) 首尾相连式纵向整合后的新链L_4（V_{13}、V_{21}合并成新节点$V_{13/21}$）

(e) 首尾相连式纵向整合后的新链L_5（V_{13}、V_{21}组合成新节点群）

图 6-4　网络信息生态链首尾相连式纵向整合

整体嵌入式纵向整合是一条网络信息生态链整体嵌入到另一条网络信息生态链中。在这类纵向整合中，嵌入链保持其完整性，被嵌入链分成两段。嵌入链的首节点与被嵌入链前半段的尾节点、嵌入链的尾节点与被嵌入链后半段的首节点之间，可以是功能生态位相同的节点合并或组合成同级节点，也可以是功能生态位不同的节点形成上下游关系。如图 6-5 所示，（a）和（b）分别是整体嵌入式纵向整合前的网络信息生态链L_1和L_2，将L_1整体嵌入到L_2的节点V_{22}和节点V_{23}中间，当节点V_{22}和V_{11}、V_{13}和V_{23}是上下游关系时，整体嵌入后的新链L_3如（c）；当节点V_{22}和V_{11}、V_{13}和V_{23}可以合并成同级节点时，整体嵌入后的新链L_4如（d）；当节点V_{22}和V_{11}可以组合成同级节点，V_{13}和V_{23}可以合并成同级节点时，整体嵌入后的新链L_5如（e）。

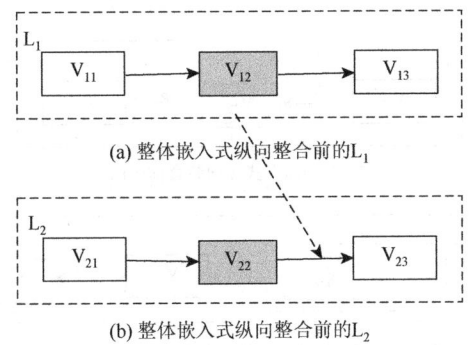

(a) 整体嵌入式纵向整合前的L_1

(b) 整体嵌入式纵向整合前的L_2

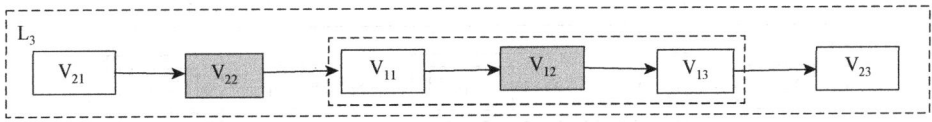

(c) 整体嵌入式纵向整合后的新链L_3（端节点V_{22}和V_{11}，V_{13}和V_{23}上下游关系）

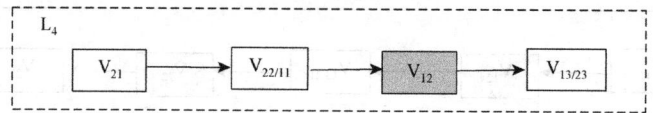

(d) 整体嵌入式纵向整合后的新链L_4（端节点V_{22}和V_{11}，V_{13}和V_{23}同级合并）

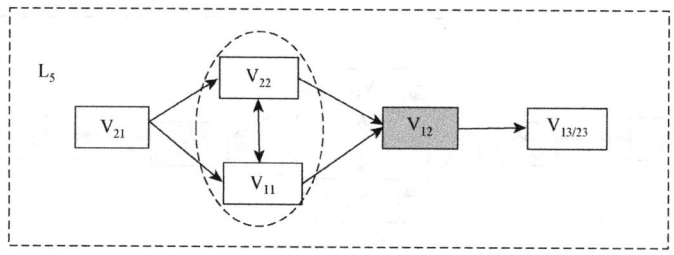

(e) 整体嵌入式纵向整合后的新链L_5（端节点V_{22}和V_{11}同级组合，V_{13}和V_{23}同级合并）

图6-5　网络信息生态链整体嵌入式纵向整合

拆分插入式纵向整合是将一条网络信息生态链不同功能的节点拆开，分别插入到另一条网络信息生态链的不同功能节点之间，或与另一条网络信息生态链中相同功能的节点合并或组合。图6-6中，（a）和（b）分别是拆分插入式纵向整合前的网络信息生态链L_1和L_2，将L_1中不同功能节点拆分插入到L_2的不同功能节点之间，当节点V_{21}和V_{11}，V_{12}和V_{22}，V_{13}和V_{23}是上下游关系时，拆分插入后的新链L_3如（c）；当节点V_{21}和V_{11}，V_{12}和V_{22}是上下游关系，V_{13}和V_{23}可以合并成同级节点时，拆分插入后的新链L_4如（d）。

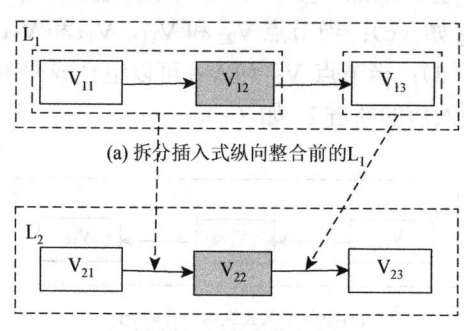

(a) 拆分插入式纵向整合前的L_1

(b) 拆分插入式纵向整合前的L_2

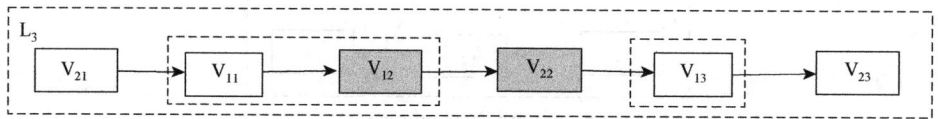

(c) 拆分插入式纵向整合后的新链L_3（端节点V_{21}和V_{11}，V_{12}和V_{22}，V_{13}和V_{23}上下游关系）

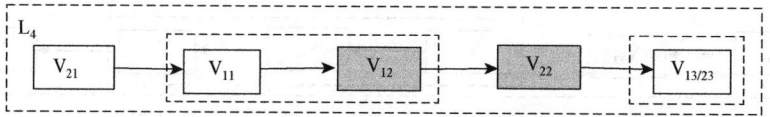

(d) 拆分插入式纵向整合后的新链L_4（端节点V_{21}和V_{11}上下游关系，V_{13}和V_{23}上下游关系）

图6-6　网络信息生态链际拆分插入式纵向整合

网络信息生态链纵向整合主要是扩展了新链的长度,细化了网络信息生态链的功能生态位,可保证网络信息生态链上各个环节的完整性,提升网络信息生态链信息流转质量。

网络信息生态链纵向整合应满足以下条件:第一,网络信息生态链的核心功能是不同的。一般而言,进行纵向整合的网络信息生态链处于网络信息生态中不同的生态位,具有不同的核心功能;第二,网络信息生态链之间属于上下游关系。网络信息生态链链际纵向整合的首要条件是链际属于上下游关系,需要说明的是,这种上下游关系是相对的,可能是某一条链是另一条链的上游或下游链,也可能是一条链其中一部分是另一条链的上游,而另外一部分属于另一条链的下游。

当具有上下游关系的两条(或两条以上)网络信息生态链的长度都较短,链中节点的功能生态位较宽时,可通过纵向整合来扩展网络信息生态链的长度,细化网络信息生态链的功能生态位。也可以通过网络信息生态链纵向整合,使网络信息生态链深入到基层和边远地区。

2)网络信息生态链横向整合

网络信息生态链横向整合是指将两条或多条网络信息生态链,同层级的节点(功能生态位相同的节点)进行合并或组合形成一条新的网络信息生态链。在网络信息生态链横向整合过程中,两条或多条链的核心节点可能合并为一个节点,成为新链的核心节点;也可以通过功能整合,组合形成新链的核心节点群。其他非核心节点主要是进行同级组合,必要时也可以将部分非核心节点合并。如图 6-7 所示,(a)和(b)分别是横向整合前的网络信息生态链 L_1 和 L_2,将 L_1 和 L_2 中的同级节点进行合并或组合,当核心节点 V_{12} 和 V_{22} 可以合并成新链的核心节点,非核心节点 V_{11} 和 V_{21},V_{13} 和 V_{23} 可以进行同级组合时,横向整合后的新链 L_3 如(c);当核心节点 V_{12} 和 V_{22} 可以组合成新链的核心节点群,非核心节点 V_{11} 和 V_{21},V_{13} 和 V_{23} 可以进行同级组合时,横向整合后的新链 L_4 如(d)。

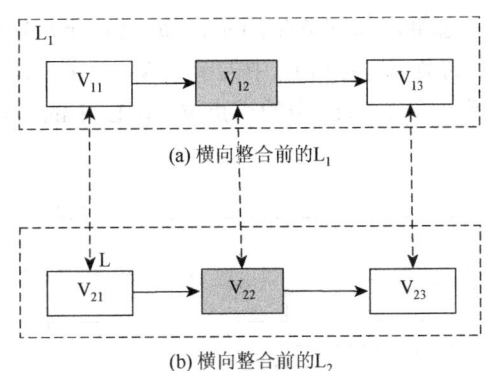

(a) 横向整合前的 L_1

(b) 横向整合前的 L_2

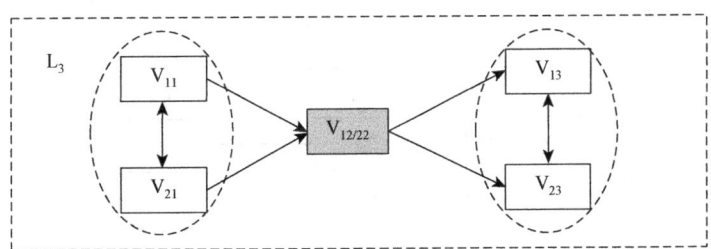

(c) 横向整合后的新链 L_3(核心节点 V_{12} 和 V_{22} 合并,非核心节点同级组合)

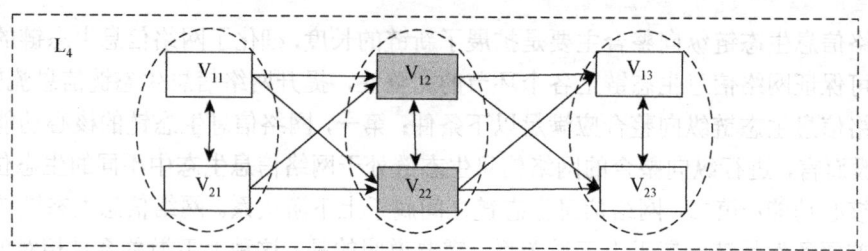

(d) 横向整合后的新链L_4（核心节点V_{12}和V_{22}同级组合，非核心节点同级组合）

图 6-7　网络信息生态链际横向整合

网络信息生态链横向整合会扩大网络信息生态链的宽度，但这种扩大并不是简单的合并，而是一种新的融合或者协同，能让网络信息生态链的信息流转产生规模效应，克服因网络信息生态链规模过小而导致的信息流转效率低下或网络信息资源浪费。

网络信息生态链际横向整合需要满足以下条件：第一，网络信息生态链都属于同类型的链，核心功能、经营范围、运行方式以及占用资源等方面相同或相似。第二，网络信息生态链链际横向整合的主要方式是合并核心层同类节点，非核心层同类节点是否合并主要取决于实际需要。第三，网络信息生态链的结构设置等方面基本相同，进行横向整合的网络信息生态链在结构上应大体一致。

当两条或多条同类型的网络信息生态链规模都较小，信息流转效率较低或资源浪费较严重时，可将其进行整合；或一条网络信息生态链的规模较小，不能充分利用网络信息资源或信息流转效率低下时，可整合到另一条规模较大的同类型网络信息生态链中。

3）网络信息生态链双重整合

网络信息生态链双向整合是指对多条网络信息生态链同时进行纵向整合和横向整合形成一条新的网络信息生态链。如图 6-8 所示，（a）和（b）分别是双重整合前的网络信息生态链 L_1 和 L_2，L_2 中的节点 V_{21} 和 L_1 中的节点 V_{11} 是上下游关系，L_2 中的节点 V_{22} 和 L_1 中的节点 V_{12} 可以进行同级合并，L_2 中的节点 V_{23} 和 L_1 中的节点 V_{13} 可以进行同级组合，双向整合后的新链 L_3 如（c）。

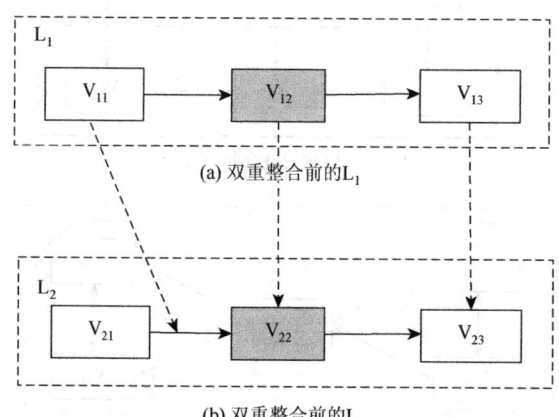

(a) 双重整合前的L_1

(b) 双重整合前的L_2

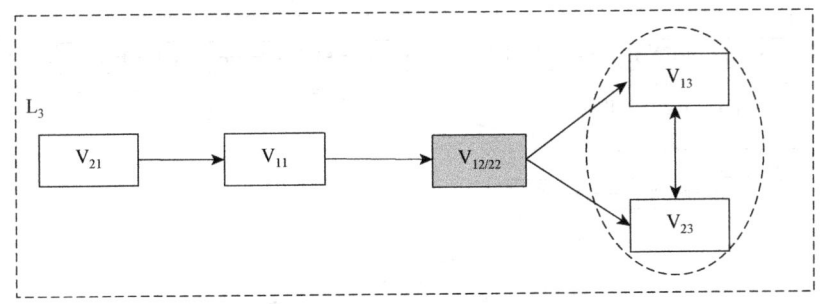

(c) 双重整合后的新链L_3（V_{21}和V_{11}上下游关系，V_{12}和V_{22}合并，V_{13}和V_{23}同级组合）

图 6-8　网络信息生态链双重整合

双重整合不仅可以拓展网络信息生态链的长度，细化网络信息生态链的功能生态位；也可以扩大网络信息生态链的宽度，让网络信息生态链的信息流转产生规模效应。

网络信息生态链链际双向整合需要满足以下条件：实施整合的网络信息生态链之间既存在上下游关系，也存在同类型节点。

由于网络信息生态链之间的结构一般不可能完全一致，整合的目标也并非单一。当既要细化网络信息生态链的功能生态位，又要提升网络信息生态链信息流转的规模效应时，可采用网络信息生态链双重整合的方式。在网络信息生态链链际整合实际运作中，双重整合的使用频率会更高。

3. 网络信息生态链解体重构

网络信息生态链解体重构是指两条及两条以上的网络信息生态链解体后重新构建两条或多条网络信息生态链。网络信息生态链际解体重构后可能与原来网络信息生态链的数量相同，也可能不同，但重构后各个网络信息生态链的节点有大幅度调整。解体重构后的网络信息生态链还是保持相对独立的关系，网络信息生态链的核心功能可能会改变，也可能保持核心功能不变，但对一些非核心功能会进行调整。

1）网络信息生态链部分解体重构

网络信息生态链部分解体重构是指参与重构的多条网络信息生态链中，有的链解体，有的链不解体，解体链中的节点加入未解体链中，在未解体链的基础上形成两条以上的网络信息生态链。图 6-9 中，（a）、（b）和（c）分别是部分解体重构前的网络信息生态链 L_1、L_2 和 L_3，在部分解体重构中，L_2 被解体拆分，并将节点 V_{21} 插入 L_1 中，形成解体重构后的 L_1，如图 6-9（d）所示；将节点 V_{22} 和 V_{23} 插入 L_3 中，形成解体重构后的 L_3，如图 6-9（e）所示。

网络信息生态链部分解体重构只有部分网络信息生态链解体，其他网络信息生态链未解体，只是长度或宽度会发生较大的变化，或长度与宽度同时发生变化。部分解体重构后的网络信息生态链，其功能和信息流转效率受重构后结构调整、流程重组和组织管理等的优劣程度影响较大。网络信息生态链部分解体重构有两个作用：一是拯救无法单独生存的网络信息生态链中的节点，提高未解体网络信息生态链的运行效率；二是优化网络信息生态链的宏观结构，保证一定区域范围内网络信息生态链类型和数量具有合理性。

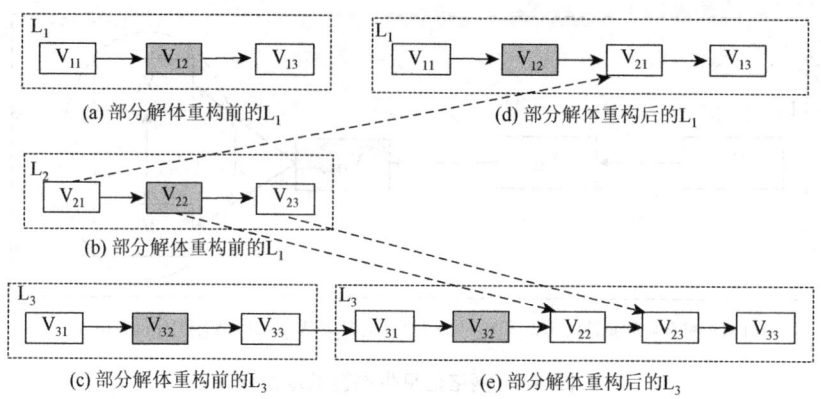

图 6-9 网络信息生态链部分解体重构

在一定区域范围内，若某些网络信息生态链已经不适合单独生存，其他相关网络信息生态链运行良好，可采用部分解体重构方式，将无法单独生存的网络信息生态链解体，并将其节点并入到运行良好的其他相关网络信息生态链中。若一定区域范围内多条相关的网络信息生态链都可以单独运行生存，出于网络信息生态链宏观结构优化的目的，也可以采用部分解体重构的方式，将运行效率较低的网络信息生态链解体，并将其节点并入到运行效率较高的其他相关网络信息生态链中。

2）网络信息生态链完全解体重构

网络信息生态链完全解体重构是指参与重构的每一条网络信息生态链都解体，然后重新构建两条以上的新型网络信息生态链。图 6-10 中，(a)、(b)、(c) 分别是解体重构前的网络信息生态链 L_1、L_2 和 L_3，三条网络信息生态链均解体后，L_1 中的 V_{11} 和 V_{12}、L_2 中的 V_{22}、L_3 中的 V_{33} 重新组建网络信息生态链 L_4，如图 6-10 所示 (d)；L_1 中的 V_{13}、L_2 中的 V_{21} 和 V_{23}、L_3 中的 V_{31} 和 V_{32} 重新组建网络信息生态链 L_5，如图 6-10 所示 (e)。

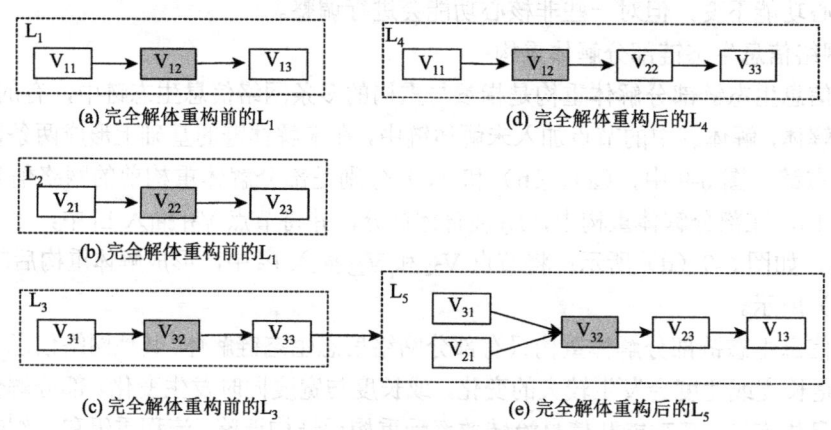

图 6-10 网络信息生态链完全解体重构

网络信息生态链完全解体重构会大幅度改变网络信息生态链的微观结构，并在一定程度上改变网络信息生态链的宏观结构。完全解体重构后的网络信息生态链的功能和信息流转效率受重构后结构调整、流程重组和组织管理等的优劣程度影响大。

网络信息生态链完全解体重构是最为复杂的链际优化重组方式,涉及面广,工作量大,需慎重采用。在拟采用网络信息生态链完全解体重构之前,需要进行充分的调查研究,分析其必要性和可行性。在完全解体重构过程中,也会遇到很多挑战,需多方面的良好配合。

6.3.3 网络信息生态链链际优化重组的规划管理

网络信息生态链链际优化重组非常复杂,如果没有合理的规划和科学的管理,就会面临重组之后新链定位不合理,新链内部协同水平差等问题。因此,须加强网络信息生态链链际优化重组的规划和管理,做好以下几个方面的工作。

1. 认真分析网络信息生态链链际优化重组需求与条件

1) 网络信息生态链链际优化重组需求分析

网络信息生态链优化重组不是人们的主观臆断,而是网络信息生态链发展的客观需要。网络信息生态链优化重组需求分析主要是通过对一定范围内的网络信息生态链的总体发展和运行情况进行调查,分析是否存在以下情况:网络信息生态链中某些节点的利益与整链利益不协调;网络信息生态链中一般节点与链中核心节点或同级节点的关系不协调;网络信息生态链信息流转与组织管理不便捷;一条链中某一级节点过多而另一条链的同级节点太少;两条或多条网络信息生态链的长度都较短;两条或多条同类型网络信息生态链规模都较小;某些网络信息生态链不能单独生存;网络信息生态链宏观结构不合理等等。若存在上述情况,则需要进行链际优化重组。

2) 网络信息生态链链际优化重组条件分析

网络信息生态链要进行链际重组,必须存在链际重组的基础和条件。

首先,应分析拟重组的网络信息生态链之间是否存在某种关联。拟重组的网络信息生态链必须有纵向联系或横向联系,没有关联的网络信息生态链不可能实现重组。纵向联系是指网络信息生态链之间存在上下游关系,横向联系是指网络信息生态链之间的业务范围相同。

其次,应分析拟重组的网络信息生态链之间是否有重组的动力。网络信息生态链链际重组需要具备充足的内部动力或外部动力。网络信息生态链链际重组的内部动力是指待重组的网络信息链内部存在链际重组的要求,链际重组可以扩大多方的利益。网络信息生态链链际重组的外部动力是指外部环境对网络信息生态链有重组的要求,链际重组的网络信息生态链能够更好地为用户提供服务。

2. 合理确定网络信息生态链链际优化重组的主导主体

1) 外部主导的网络信息生态链链际优化重组

由于网络信息生态链链际优化重组存在较大的风险,需要有一定的保障,因此,网络信息生态链链际优化重组大多由政府、行业协会从外部主导。政府主导网络信息生态链际优化重组合并即政府通过发布行政指令推动网络信息生态链间拆分、合并,主要强调政府的宏观控制、调整作用，期间往往伴随着各类政策的颁布，以便刺激网络信息生态链间的调整。行业协会作为介于政府、企业之间的沟通、服务、协调、自律组织，旨在维护本行业利益、制定行规与行约、规范行业行为等。行业协会主要通过协商的方式和自愿的原则来主导网络信息生态链链际优化重组合并。根据政府、行业协会能全面把握宏观动态的特征，可以发现由政府、行业协会主导网络信息生态链链际优化重组合并的方式具有两大优点：一是有利于其从整个网络信息生态系统发展角度进行链间优化重组；二是有利于在链间优化重组过程中对不同网络信息生态链间的利益进行协调。也正是因为政府和行业协会处理问题的视角均较为宏观，分析问题往往不能面面俱到，使得通过政府、行业协会主导网络信息生态链链际优化重组存在对网络信息生态链的具体问题分析不足的缺点。

2）网络信息生态链自行主导的链际优化重组

网络信息生态链自行主导是网络信息生态链链际优化重组合并的另一主导方式，可分为某一条网络信息生态链主导、多条网络信息生态链共同主导两种具体方式。某一条网络信息生态链主导网络信息生态链链际优化重组，即某一条处于核心和领导地位的网络信息生态链以自身利益为主，主动号召其他网络信息生态链进行以其为中心的链间优化重组，从而将其他网络信息生态链的资源集聚到自身链中来。多条网络信息生态链共同主导网络信息生态链链际优化重组合并，则是已形成战略联盟的多条网络信息生态链为实现合作共赢，与其他网络信息生态链洽商，使其他链自行拆分各自信息主体为其所用，以壮大联盟内多条网络信息生态链的规模与实力。网络信息生态链自行主导链间优化重组的方式符合网络信息生态链的发展实际，具有能从微观视角解决链间优化重组中的细小问题的优点。与此同时，这种主导方式因无法具备政府或行业协会主导的全局观，具有不能准确把握宏观态势、难以平衡网络信息生态链间利益的缺点。

3. 合理选择网络信息生态链链际优化重组方式

网络信息生态链链际优化重组方式的选择需要考虑以下几个因素。

第一，网络信息生态链所处环境对链的要求。网络信息生态链链际优化重组的最终目标就是要适应环境变化，从而赢得更好的发展机会。因此，选择网络信息生态链重组方式时，首先就要考虑这种重组方式是不是更符合环境的需要。例如，重组的多条网络信息生态链共同面对一条实力强大的网络信息生态链，相对于这条竞争力较强的网络信息生态链，这些网络信息生态链如果不进行整合，其功能就相对较为单一和薄弱，规模也太小。在这种情况下，这些网络信息生态链想要得到较好的发展，选择整体合并较为适合环境的要求。

第二，网络信息生态链自身的条件。网络信息生态链链际优化重组需要考虑的另外一个重要因素就是链自身的条件，包括网络信息生态链的类型、规模、发展水平、发展方向以及优劣势等。网络信息生态链受到自身条件所限，有时不能完全根据环境的要求选择最优方式。例如，一条网络信息生态链希望整合另一条网络信息生态链，但是自身能力不够，可能只能选择局部调整的方式。

第三，网络信息生态链之间的关系。网络信息生态链之间的关系会影响链际优化重组的难易程度。网络信息生态链间关系可以分为以下三种：第一种是均衡型。网络信息生态链之间处于相对均衡的状态，实力相当。在这种情况下，网络信息生态链优化整合时需要进行协商，一般多采用局部调整方式，而且需要等各方都协调好，充分自愿的情况下才能进行；第二种是单一核心型，即有一条网络信息生态链具有明显的优势，而其他的网络信息生态链实力相对较弱。在这种情况下，核心链处于主导地位，有能力对其他链进行整体合并，并且可以根据自身实际进行统一规划；第三种是多核心型，有多条网络信息生态链的实力都较强，其他网络信息生态链实力相对较弱。在这种情况下，实力较强的链之间需要进行沟通商洽，保证各方能够顺利进行优化重组，而其他链则主要是进行配合。

4. 加强网络信息生态链链际优化重组后的内部调控

1）网络信息生态链链际优化重组后结构优化

优化重组后的网络信息生态链首先需要进行结构优化，而结构优化具体包括以下两个方面。

第一，确定网络信息生态链核心节点。网络信息生态链链际优化重组后的首要问题是确定核心节点。由于各条网络信息生态链原有的核心功能不完全相同，新的网络信息生态链要根据实际情况去选择核心节点，一般有两种方式：第一种方式是选择原有某条链中的核心节点作为新的核心节点，整合的若干条网络信息生态链之间可能是平等关系，也可能是主导和从属的关系，这主要取决于链的规模、资源和控制能力等因素。如果网络信息生态链之间存在主导和从属的关系，那么就可以选择主导链的核心节点作为新链的核心节点。这种方式的优点在于，主导链的地位高，从属链容易服从主导链的指挥和安排，缺点在于，主导链如果过于强势，新链会受到原有主导链的影响，从属链难以发挥自身优势，新链内部信息交流困难；第二种方式是重新组建新的核心节点。在有些情况下，选择已有链的核心节点作为新的核心节点不能完全满足新链的需求，还可以通过重新构建的方式确定新链的核心节点，重新组建新的核心节点，可以从多条链中选择核心节点的构成要素，这种方式的优势在于，网络信息生态链可以从整体思考新链的功能定位，而非只受某一条链的控制，缺点在于，这种核心节点的构建方式难度较大，而且难以进行有效平衡。

第二，网络信息生态链长度与宽度的确定。网络信息生态链的长度是指网络信息生态链上不同类节点的数量，不同类型的节点越多链的长度越长，越少则长度越短。网络信息生态链的宽度是指网络信息生态链中同种类节点的最大数量。网络信息生态链的宽度不是取决于核心节点，而是取决于网络信息生态链上同种类节点的数量。网络信息生态链进行重组，也需要对链的长度和宽度进行调整。网络信息生态链链际重组后，对链的长度和宽度的调整需要考虑以下几个问题：首先，网络信息生态链将从纵深发展还是在多领域发展。如果希望提高自身的专业性，可以考虑降低网络信息生态链的长度，提高链的宽度，反之亦然。其次，网络信息生态链所处的环境，特别是自身所占据的生态位。网络信息生态链的发展需要占据合适的生态位，具体包括时间、空间和资源三个维度。网络信息生态链链际优化重组后，还要考虑其他网络信息生态链的生态位状况，确保自身得到足够的资源。

2）网络信息生态链链际优化重组后的资源整合

网络信息生态链链际优化重组后，还涉及资源的整合。只有资源整合成功了才能保证网络信息生态链正常运行。网络信息生态链链际优化重组后的资源整合包括以下方式。

第一，网络信息生态链链际资源交换。网络信息生态链链际优化重组后，可以先通过资源交换的方式来进行资源协调。链际资源交换是在互利自愿的基础上，有选择性地交换链际所拥有的资源。这种交换既可以是同类型资源之间的交换，也可以是非同类型资源的交换。例如，链际可以同时交换人才资源，也可以一方提供人才资源，另一方提供技术资源。只要双方觉得资源平等就可以进行。

第二，网络信息生态链链际资源转让。网络信息生态链链际的资源并不是总能进行平等交换的，在有些情况下，链际没有可以用来交换的资源，或者某一方不愿意将自己的资源拿来交换。这时可以进行链际的资源转让，通过购买的方式获取其他链的资源，从而保证自身的正常运作。

第三，网络信息生态链链际资源共享。网络信息生态链链际的资源如果不适合交换或转让，但某些链又需要其他链上资源的情况下，可以考虑对网络信息生态链进行资源共享。网络信息生态链链际资源共享是指某条或某几条网络信息生态链将资源的部分使用权进行共享，这种共享一般是有偿的，使用资源的一方需要给予资源所有方相应的补偿。

3）网络信息生态链链际优化重组后的功能完善

网络信息生态链链际进行优化重组后，需要进行功能协调，即对各条网络信息生态链的功能进行规划和安排。在这一过程中，一般可以分为部分功能协调和全面功能协调两种方式。

第一，部分功能协同。部分功能协同是指网络信息生态链之间并不是完全的功能协同，一般只存在信息流转。也就是说，链之间没有事务上的协同往来，但会有各类数据或信息沟通。网络信息生态链链际优化重组，会将原来分属于不同网络信息生态链上的部分组合在一起。在有些情况下，这些部分并不是对所有功能都进行了协调，而只存在一些基本的信息沟通。例如，某一电子商务网站收购了某个网络视频网站，实现了整体合并。但是，这个网络视频网站还是按照自身原有的方式进行运行，但是会和主链之间进行必要的信息和财务等方面的沟通。在具体的视频业务上和主链并没有直接的联系。部分功能协调下，主链和附属链之间的关系并不是十分紧密，但其优点在于附属链可以充分发挥其灵活性和自主性，而且协调成本较低。

第二，全面功能协调。全面功能协调方式下，优化重组后的网络信息生态链将进行充分的协调，新链内部不仅进行信息上的沟通，还存在具体事务上的分工协作。与部分功能协同不同的是，全面功能协调强调链际的充分融合。整合的网络信息生态链之间，联系非常紧密，信息交流以及事务协调都非常频繁。相较于部分功能协调，全面功能协调要求网络信息生态链耗费更多的时间和资源进行整合，但是全面功能协调后，新的网络信息生态链具有更好的整体性。如果网络信息生态链链际需要一种较为紧密的结合，就应该选择全面功能协调。

4）网络信息生态链链际优化重组后的利益协调

利益协调是确保网络信息生态链在优化重组后持续稳定运行的关键因素。网络信息生态链链际优化重组后的利益协调主要考虑利益的类型和利益协调的主导者两个方面。

网络信息生态链的利益可分为经济利益、素质利益和形象利益。网络信息生态链链际利益协调，要考虑不同链对利益类型和数量的要求。网络信息生态链链际利益协调的另外一个难题就是由谁来主导网络信息生态链链际的利益分配。一般情况下，可以有以下两种主导方式：一种方式是具有一定权威性的第三方组织进行利益协调。这类方式具体包括政府和行业协会等。政府主导网络信息生态链链际利益协调即政府从宏观角度出发，通过发布行政指令推动网络信息生态链链际利益类型和数量的分配。行业协会主要通过协商的方式和自愿的原则来主导网络信息生态链链际利益协调。第三方组织主导利益协调的视角较为宏观，有利于整个网络信息生态的发展，但有时也存在分析问题不够具体细致的缺点。另一种方式是网络信息生态链自行主导链际利益协调，可分为某一条网络信息生态链主导、多条网络信息生态链共同主导两种具体方式。某一条网络信息生态链主导网络信息生态链链际利益协调，要求该网络信息生态链处于较为优势或权威的地位，其他网络信息生态链会服从该链的安排。多条网络信息生态链共同主导的利益协调，一般要求网络信息生态链之间实力相当，处于相对均衡的状态。网络信息生态链自行主导利益协调能从微观视角解决利益分配中的细小问题，但难以把握宏观态势、平衡网络信息生态链之间的利益。

参 考 文 献

马捷，胡漠，魏傲希. 2016. 基于系统动力学的社会网络信息生态链运行机制与优化策略研究[J]. 图书情报工作，（4）：12-20.

杨小溪，娄策群，余子丹. 2014. 信息生态链结构与优化研究[J]. 情报科学，（12）：8-11.

张海涛，孙鸿飞，孙思阳，等. 2016. 商务网络信息生态链的优化模型研究[J]. 图书情报工作，（5）：110-117.

张军. 2009. 网络信息链的分析流程与重构方法[J]. 现代图书情报技术，（3）：62-68. Potdar V.

WU C. 2007. A digital ecosystem platform for social networking and collaboration[C] // 2007 Inaugural IEEE International Conference on Digital Ecosystems and Technologies. IEEE，605.

第 7 章　网络信息生态链环境优化

网络信息生态系统是由网络信息主体和网络信息环境组成的有机整体。网络信息生态链环境优化就是指对网络信息环境的优化。优化网络信息生态链的信息环境对优化网络信息生态链宏观结构、完善网络信息生态系统功能、提高网络信息流转效率有重要意义。本章主要对网络信息生态链的信息本体环境、信息技术环境、信息制度环境的构成、优化意义、优化准则与优化策略进行探讨。

7.1　网络信息生态链信息本体环境优化

7.1.1　网络信息生态链信息本体环境的构成

网络信息生态链信息本体环境是指对网络信息生态链及其构成主体产生影响的各种信息的总和。其构成可从网络信息数量、网络信息内容、网络信息质量、网络信息形态和网络信息分布五个方面进行分析[①]。

1. 网络信息数量及其变化

信息数量及其变化是指某一时间一定范围内所拥有的信息总量以及信息随时间变化的情况。网络信息生态环境中的信息数量巨大，且增长十分迅速。中国工程院院士邬贺铨认为，2013 年，全世界互联网上一天产生的信息量达到 1EB（即 10 亿 GB 或 1000PB），可刻满 1.88 亿张 DVD 光盘，而全世界互联网上产生的信息量达到 1EB 在 2001 年需要一年，2004 年需要一个月，2007 年需要一周。据市场研究公司 IDC 的一项调查显示，全球数字数据量每两年便翻一番。2011 年的数据量达到 1.8 ZB，其规模相当于全球每一个人各用 10 个 iPad 才能装下，到 2020 年信息量还将是 2011 年的 50 倍[②]。截至 2016 年 12 月，中国 ".CN" 域名总数为 2061 万，年增长 25.9%，占中国域名总数比例为 48.7%。".中国"域名总数为 47.4 万，年增长 34.4%[③]。

2. 网络信息内容结构

信息内容是指事物发出的信号所包含的内容[④]。网络信息本体环境的内容结构可从网络信息的内容范围和构成比例两个方面来考察。网络信息的内容范围十分广泛，涉及各个学科专业，对社会实践各个领域均有覆盖。但由于社会发展的不均衡，网络信息内容呈现出明显的

---

① 娄策群，娄冬，李青维.网络信息生态环境中的信息本体环境优化研究[J].图书馆学研究，2016（22）：98-100，封三.
② 邬贺铨.互联网十年的回顾与展望[J].互联网天地，2011（8）：19-22.
③ 中国互联网络信息中心.第 39 次中国互联网络发展状况统计报告[R]，2017-01-22.
④ 娄策群主编.信息管理学基础（第二版）[M].北京：科学出版社，2009：3.

分布不匀现象，不同学科、不同社会实践领域的信息所占有的比例有较大差异，如热门学科、热点问题的信息内容在网上大量涌现，而冷门学科、偏避问题的信息内容在网上则零星稀少。

3. 网络信息质量结构

信息质量是指信息内容的科学可靠程度、社会价值大小等。网络信息质量分为四个等级：一是优良信息，即科学可靠程度高、社会价值大的信息；二是一般信息，即科学可靠性较高、有一定社会价值的信息；三是无用信息，即科学可靠性一般，无社会价值的信息；四是有害信息，即科学可靠性差，对社会有负面影响的信息。网络上四个等级的信息均有，有价值的信息和无价值的信息混在一起，致使网络信息质量良莠不齐。在数量庞大的网络信息中，充斥着为数众多的无用信息甚至有害信息，造成了对网络信息生态环境的污染。

4. 网络信息形式结构

信息形态是指信息的载体形态和表现形式。网络信息均以数字化形式呈现，并存储在非纸质载体上，但有着多种表现形式。网络信息可以以文本、图像、音频、视频多种形式存在，每一种存在形式又有多种格式。网络上有中、英、日、德、法、俄等数十种语言的信息，然而，不同语种的网络信息数量有较大差别。网上既有数字化的图书、报刊、标准、专利、政府出版物等正式出版的信息，也的博文、聊天记录、网评等非正式信息。可见，网络信息形式多样、异构严重。

5. 网络信息分布结构

信息分布是指信息在一定范围内的空间分布。网络信息存储在社会组织、家庭和个人的计算机或数据库中，只要有计算机的地方，就是网络信息的分布点，因此，所有社会组织、绝大部分城市家庭和个人以及少量的农村家庭和个人都是网络信息分布点，网络信息分布广泛。但由于经济、文化、政治、网络技术等差异，信息分布相当不均匀。经济条件高、文化程度高、网络技术先进的地区，网络信息分布密集；反之，则网络信息零散稀疏；高等院校、科研机构、信息存储服务机构和一些政府部门通常能够掌握较多的网络信息，而其他社会组织、家庭和个人掌握的网络信息较少。

7.1.2 网络信息生态链信息本体环境优化的意义

网络信息生态链本体环境优化就是采用多种方法和手段，对网络信息生态链的信息本体环境进行改造，使之符合网络信息生态链运行和发展的要求。网络信息生态链信息本体环境的不同方面对网络信息生态链的宏观结构、信息流转效率、协同进化有不同的影响如图 7-1 所示，优化网络信息生态链信息本体环境对优化网络信息生态链宏观结构、提升网络信息生态链信息流转效率、引导网络信息生态链合理进化具有重要意义。

1. 优化网络信息生态链的宏观结构

一个国家或一个地区存在着许多条不同类型的网络信息生态链，这些网络信息生态链相互联系形成了网络信息生态链的宏观结构。

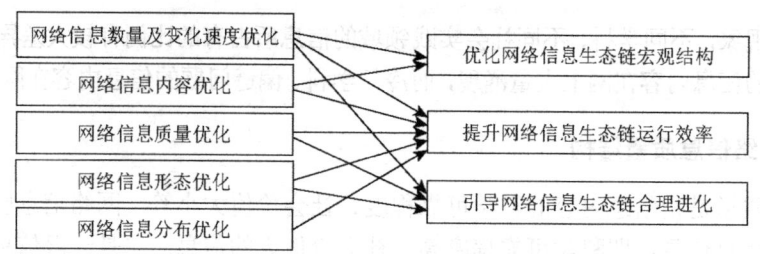

图 7-1　信息本体环境对网络信息生态链的影响

一定范围内网络信息生态链的类型和数量主要取决于网络信息生态链信息本体环境中的信息内容和数量。一条网络信息生态链所流转的信息不可能包罗万象，只能是某一方面或某几方面的网络信息，对于不同内容的网络信息需要建立相应的网络信息生态链。网络信息内容丰富的国家和地区都要建立多种类型的信息生态链，如网络商务信息生态链、网络政务信息生态链、网络科技信息生态链、网络文化信息生态链等。一条网络信息生态链流转信息的容量也是有限的，当一个国家和地区的某类网络信息数量特别大时，就需要建立多条同类型的网络信息生态链，或分类建立多条网络信息生态链，如在网络科技信息数量很大的地区，就会建立科技书刊网络信息生态链、科技报告网络信息生态链、专利网络信息生态链、技术标准网络信息生态链等。若一个区域的网络信息内容单一或数量少，则该区域的网络信息生态链的类型和数量少，网络信息生态链难以形成体系，组成链网；若一个区域的网络信息数量太多，内容涉及面太广，则该区域的网络信息生态链类型和数量多而杂，网络信息生态链之间难以形成合理的竞争与合作，会导致网络信息生态链宏观结构混乱。

因此，合理控制网络信息内容和数量，可将网络信息生态链的类型和数量控制在合理范围内，从而优化网络信息生态链的宏观结构。

2. 提升网络信息生态链运行效率

网络信息生态链运行主要是指网络信息生态链的信息流转效率，包括信息流转质量、信息流转速度和信息流转成本三个方面[①]。若网络信息内容杂、数量大、分布广，就难以保证网络信息生态链所流转的信息的针对性、全面系统性；网络信息质量差，就难以保证网络信息生态链相关节点对信息筛选的纯度和信息转化的准确性，会增加信息污染；网络信息异构严重，就难以保证网络信息生态链所流转信息的易用性和通用性，不便于信息利用和共享。网络信息数量大会加大网络信息生态链信息处理工作量，阻塞信息流转通道；网络信息质量差、信息异构严重会增加网络信息生态链信息处理难大；网络信息分布不均会增加网络信息生态链收集和传递信息的时间，使网络信息生态链信息流转速度变慢。网络信息数量大、内容复杂、质量差、异构严重、分布失衡都会增加网络信息生态链信息流转工作量，从而增加网络信息生态链的信息技术设备投入与运行成本、人工成本和管理费用等。

---

① 娄策群，等.网络信息生态链运行机制研究：信息流转机制[J].情报科学，2013（6）：10-14，19.

可见,网络信息的数量、内容、质量、形式和分布对网络信息生态链信息流转效率都有直接且明显的影响,优化网络信息生态链信息本体环境,可大大提升网络信息生态链的信息流转效率。

3. 引导网络信息生态链合理进化

面对网络信息环境的变化,网络信息生态链会朝着某一方向和目标,按照一定的模式,以一定的速度进行进化,从而实现更高层次的平衡。网络信息的数量及变化、质量与形式对网络信息生态链的进化有较大影响。如果网络信息数量过大且增长过快,就要求网络信息生态链功能迅速加强,从而导致网络信息生态链进化速度过快,不利于网络信息生态链的稳步发展;如果网络信息污染与异构严重,就要求网络信息生态链尽快进行信息流转技术更新,采用更先进的信息鉴别筛选技术、信息分析挖掘技术和信息组织整合技术,使网络信息生态链产生以高端信息技术为导向的快速进化。

因此,良好的网络信息本体环境及其适当的变化速度,既能促进网络信息生态链朝着正确的方向进化,又能保证网络信息生态链以合理的速度进化。

7.1.3 网络信息生态链信息本体环境优化准则

网络信息生态链信息本体环境优化是对构成网络信息生态链信息本体环境的各个方面进行优化,达到网络信息自身、网络信息环境与信息主体相互协调、网络信息环境与其他网络信息生态环境相互协调的状态。具体来说,网络信息生态链信息本体环境优化主要有以下五项准则。

1. 网络信息数量适宜

网络信息数量适宜要求网络信息数量与网络信息生态链的信息流转能力相适应,主要是要求网络信息数量不高于网络信息生态链的信息流转能力。网络信息主体与网络信息技术设施的信息流转能力是有限的,单位时间内流转的信息数量存在上限,如果网络信息超过信息主体和信息技术设施的信息流转能力上限,轻则影响网络信息生态链的信息流转效率,重则导致网络信息生态链崩溃和瘫痪。

网络信息数量适宜具体表现在两个方面:一是网络信息数量及变化速度应与网络信息主体的信息加工、传递、吸收能力相适宜,不能超过网络信息主体信息加工、传递、吸收能力的上限;二是网络信息数量及变化速度应与信息技术设施的信息处理和传输能力相适宜,不能超过信息技术设施信息处理和传输能力的上限。

2. 网络信息内容丰富

网络信息内容丰富要求网络信息内容能充分满足网络消费者的合理信息需求,不存在信息缺失现象。虽然网络中信息内容多样,覆盖面广,但并非网络信息消费者所需要的信息内容在网络中应有尽有,有些网络信息消费者所需要的信息可能由于关注度低而不被重视,在网上很难找到,这就是网络信息缺失。网络信息缺失会导致网络信息资源难以满足网络信息消费者的合理需求,会影响网络信息生态链的信息流转效率。

网络信息内容丰富要求增加对小学科、新兴学科、新兴社会实践领域有用且科学可靠性较高的信息，充实小众网络信息消费者所需要的网络信息。

3. 网络信息质量良好

网络信息质量良好要求有用网络信息质量高。有用的网络信息是重要的社会资源，其科学性、准确性越强，社会价值就越大。应扩大网络中有用信息的比例，并保证其内容的科学性和准确性。

网络信息污染是无用信息和有害信息加入有用信息中，使有用信息的利用和发挥作用受到影响。消除网络信息污染是提升网络信息质量最理想的方案，但由于网络的开放性和难监管性，网络信息污染是不可避免的，因此，网络信息质量良好只能要求做到网络信息污染轻微，即要求网络信息中无用信息和有害信息数量少，且有害信息的危害程度低。

4. 网络信息形式规范

网络信息形式规范要求网络信息标准化程度高，信息异构程度低。形式多样的网络信息会给信息组织和利用带来极大麻烦，但又不可能实现网络信息形式的完全统一，因此，只有实现网络信息形式标准化，才能降低网络信息异构程度，为网络信息生态链信息流转提供方便。

网络信息标准化程度高要求不同内容性质的网络信息的表现形式、表达方式、信息格式等有相应的国家标准或地方标准，且网络信息主体的标准执行意识和能力强，标准实施机制完善。

网络信息异构程度低要求网络信息的表现形式、表达方式种类适当；网络信息格式规范且兼容性强，网络信息孤岛少。

5. 网络信息分布合理

网络信息分布合理要求一定范围内的网络信息分布既符合集中与分散规律，又避免信息分布失衡现象。集中与分散是信息分布的基本规律，因此，网络信息在一定范围内不同区域、不同机构、不同个人之间的分布不可能也不要求绝对均匀，但应避免信息分布失衡现象。

信息分布失衡主要表现为信息过剩和信息贫乏。信息过剩是指某些区域、机构或个人的信息存储量超过了自身的信息需求和信息开发利用能力，信息资源得不到充分利用。信息贫乏是指某些区域、机构或个人的信息存储量远远小于其信息需求和信息开发利用能力，难以就近获得所需信息。网络信息分布失衡既表明网络信息分布与网络信息主体需求和能力的不协调，也说明网络信息分布过于集中与分散，不利于网络信息资源的开发利用。因此，避免网络信息分布失衡是网络信息分布合理的主要标准。

7.1.4 网络信息生态链信息本体环境优化策略

目前，我国网络信息生态链信息本体环境生态失衡现象明显：一方面网络信息数量急剧增长，远远超出信息主体的信息处理能力；另一方面，一些小众网络信息消费者所需要的网络信息却不能得到很好满足。网络信息生态链信息本体环境优化是一项涉及面广、工作量大的长期性任务，要求链内外网络信息主体共同努力，重点解决对网络信息生态系统和网络信息生态链影响巨大、事态严重、迫切性强的网络信息本体环境问题，有效优化网络信息生态链信息本体环境。

1. 控制网络信息超限

网络信息超限是指网络信息的数量和变化速度超过信息主体和信息技术设施的信息流转能力上限。在当今大数据时代，随着社会的不断进步，科技、经济、文化、教育事业迅速发展，信息资源数量越来越多，信息增长速度越来越快，网络信息数量已经明显高出网络信息主体的信息处理能力。信息技术的发展为网络信息数量的爆炸式增长提供了物理支持，但现有网络信息处理硬件设备、搜索引擎、分析处理软件等的信息流转处理水平有时难以满足大量网络信息传递和处理的要求。网络信息超限会导致大量信息迷航现象，导致决策和工作效率急剧降低，甚至对人体造成比较严重的伤害[①]。因此，控制信息超限是大数据时代优化网络信息生态链信息环境的首要目标。

网络信息超限并不是绝对的，而是信息量和信息处理水平不符时才会出现的情况。因此，控制信息超限可从两个方面入手：一是控制网络信息的数量及变化速度；二是提高网络信息主体和技术设施的能力与容量。控制网络信息的数量及变化速度，首先应针对网络信息生态链信息本体环境的现状，制定相关规章制度，研发和应用网络信息监控和过滤技术，规范信息发布行为和内容，减少有害信息、重复信息和无用信息的发布，从而减少网络信息的数量和增长速度。设立惩罚制度，对在网上滥发信息的个人或机构进行处罚。对于有用的信息，应规定其在网站上保存的最短时间，避免对其过快的删除，导致信息用户来不及处理这些信息。提高网络信息主体和技术设施的能力与容量，应发展教育培训事业，通过专业教育和职业培训，提高人们的科学文化水平和信息素质，从而提升网络信息主体的信息流转能力，同时，应改进现有信息处理与传输技术，从而提高网络信息技术设施的流转能力。通过这两方面能力的提升，提高网络信息流转能力上限，减少网络信息超限的可能性。

2. 防止网络信息缺失

虽然网络信息数量浩如烟海，但是重复、过时甚至是垃圾信息占了很大一部分。事实上，网络信息内容的种类并不如人们想象的那样丰富，信息缺失现象也较为严重。例如，随着传统文化的逐渐消失，如今想在网上寻找沔阳花鼓戏的音频、视频信息就很困难，即便能找到，画质和音质效果也较差。社会热点信息、受关注多的信息在网络中不会减少，重要的是如何充实小众网络信息消费者的合理信息需求。

由于大部分小众网络信息消费者需求的网络信息是在以后极有可能成为珍贵文化遗产的信息，是对小学科、新兴学科、新兴社会实践领域有用且科学可靠性较强的信息，所以政府部门应该对丰富此类网络信息给予有效的政策引导和技术支持。首先，国家有关部

---

① 李书宁.互联网信息环境中信息超载问题研究[J].情报科学，2005（10）：1587-1590.

门可以建立专门的网站或者设置专门的服务器存储这类信息，并为小众网络信息消费者提供其所需信息。其次，国家可以出台相关政策措施，对上述种类的网络信息进行保护，并鼓励相关企业、单位及个人网站尽力充实小众网络信息消费者所需要的信息内容。最后，应该加强对网络信息主体的宣传教育，让其充分意识到丰富网络信息内容的重要性，鼓励他们在使用网络信息的同时，参与网络信息内容建设，主动上传各种有用、科学但当前需求较少的信息，不断拓展有用网络信息品种。

3. 降低网络信息污染

网络信息污染主要是无用信息和有害信息造成的。由于在现今的计算机、因特网环境下，信息复制过于容易，只需用鼠标点击复制粘贴即可完成，导致许多网站、信息推送软件大量复制相同内容的信息并发布，造成了信息冗余和重复。随着社会发展的节奏加快，信息过时也变得越来越快，许多社会组织和个人的信息更新跟不上这种发展速度，不能及时撤回、删除过时信息，使过时信息增加。当个性化信息推送服务成了重要的竞争手段之后，许多网站、商家、企业不顾信息用户真正的需求，疯狂向信息用户推送广告信息，造成用户的信息接收端，如手机、邮箱、即时聊天工具软件等被动地接收大量信息垃圾。一些机构和个人出于政治、经济或其他目的，大量发布和推送虚假、色情、暴力、煽动、诈骗等有害信息。

降低网络信息污染，一方面要加强技术创新，采取信息技术手段，对无用信息和有害信息进行过滤，如加强关键字过滤，充分利用"正则表达式"技术，在网络接入、转发的重要关口进行过滤，对反动网站进行屏蔽[①]。另一方面要由政府出面，制定相关法律法规，规范信息发布者的行为；对于发布了大量有害信息，造成严重不良影响的信息发布者，依法对其进行惩罚。此外，政府还应加强对信息发布者的信息素养和道德建设，减少因信息发布者的信息素养不足而无意发布的错误信息，杜绝因信息发布者个人目的而有意发布的有害信息。

4. 减少网络信息异构

网络信息异构是指信息形式多种多样，没有统一的体系和结构。信息异构多出现在广域、多组织、大规模信息资源集成和利用的时候，表现在语法、语义、语用等方面的冲突，例如术语和命名冲突、格式冲突、结构冲突[②]。硬件、软件和内容组织方式的差异都会造成信息异构，导致信息孤岛，使信息的传递、存取和共享变得困难。

减少网络信息异构主要是通过网络信息标准化建设与实施，规范网络信息形式来实现的。国家和地方标准化管理部门应加强网络信息标准建设，形成网络信息标准体系，并加强网络信息标准化宣传力度，提高网络信息生态主体的标准执行能力。通过大力度的标准化建设与实施，实现统一同种设备的硬件规格和模式，使不同设备之间传递信息无障碍；制定软件协议和规范，统一同类型文件格式，或扩大兼容性；统一语言格式、语法、语义、

---

① 翟婷.网络信息污染治理理论[D]. 太原：太原科技大学，2009：29.
② 曾国荪，陈闳中.探索信息系统的异构性问题[J].计算机工程与应用，2003（19）：1-4，54.

语用；对硬件和软件进行选择，尽量选用使用广泛、兼容性强、方便易用的硬件、软件与文件格式，淘汰掉使用人数少、兼容性差、不易使用的硬件、软件与文件格式。

5. 避免网络信息分布失衡

网络信息分布受到网络信息主体的信息资源意识和网络信息生产、采集与保存能力的直接影响，受经济、科技、教育等发展水平的间接影响。网络信息主体的网络信息资源意识和网络信息生产、采集与保存能力越强，其占有的网络信息资源也就越多。一个地区的经济、科技、教育、信息技术发展水平越高，该地区网络信息主体的信息素质也较高。优化网络信息分布主要是避免信息分布失衡现象，即消除信息过剩与信息贫乏。

应充分发挥政府在网络信息资源配置中的主导作用，相关政府部门要宏观调控，统揽全局，全面部署，合理配置各种资源，推进各区域、部门的协调发展。对于经济、科技、教育水平高且网络信息生产、采集与保存能力强的地区和社会组织，不应有网络信息资源建设重数量、轻质量的思想观念，正确认识其网络信息需求，不胡乱采集与保存不需要的信息，尽量减少网络信息过剩。对于经济、科技、发展水平低且网络信息生产、采集与保存能力弱的地区和社会组织，国家应加大对其网络信息建设的支持力度，该地区和该社会组织应通过多种方式增强其网络信息资源意识，提高其网络信息生产、采集与保存能力，加强网络信息资源的采集和存储，避免网络信息贫乏的出现。

7.2 网络信息生态链信息技术环境优化

7.2.1 网络信息生态链信息技术环境的构成

网络信息生态链信息技术环境是指在互联网上应用且对网络信息生态链运行和演化有直接影响的现代信息技术及其相应设备设施的总称。网络信息生态链信息技术环境构成可以从技术环境的功能和范围两个层面来进行分析[①]。

1. 基于技术功能的网络信息生态链技术环境构成

从技术环境的功能来看，网络信息生态链的技术环境主要由网络信息基础设施、网络信息流转技术、网络信息安全技术构成。

对于网络信息基础设施，目前还没有统一的定义。王朝晖认为，网络基础设施主要指提供服务能力的物理网络；信息基础设施主要指信息处理基础平台[②]。朱虹认为，网络基础设施是指支撑计算机网络正常运行的物理性结构，通过软硬件设施搭建通信信道，以实现在两个或更多的规定端点之间提供连接传输的网络通信体系[③]。笔者认为，网络信息基础设施是指基于计算机技术和现代通信技术为网络信息流转提供支撑的物理网络和信息平台。网络信息基础设施按其功能不同可分为网络基础设施和信息基础设施；按其范围不

---

① 娄策群，李青维，娄冬.网络信息生态链技术环境优化研究[J].情报理论与实践，2016（12）：76-80，85.
② 王朝晖.信息基础设施：支撑电信业务转型的基础平台[J].电信科学，2006（4）：1-5.
③ 朱虹.基于公共产品理论的网络基础设施产权问题研究[J].情报科学，2006（1）：119-123.

同可分为互联网信息基础设施、城域网信息基础设施、局域网信息基础设施、专用网信息基础设施;按其技术性质不同可分为移动网络信息基础设施、物联网信息基础设施、云计算网络信息基础设施等。

网络信息流转是指信息在网络信息生态链中不同种类信息主体之间流动和转化。网络信息流转技术是指网络信息流转所需要的现代信息技术,包括网络信息获取技术、网络信息处理技术、网络信息组织技术、网络信息存储技术、网络信息传播技术等。网络信息获取技术是指延长人的感觉器官而采集网络信息的技术,主要包括网络信息检索技术、搜索引擎技术、网络调查技术、网络观察技术等。网络信息处理技术是指利用计算机对多种形式的网络信息进行转换、比较、运算、分析和推理的技术,主要包括人工智能技术、数据挖掘技术等。网络信息组织技术是指使零散、无序的网络信息实现有机联系和序化的技术,主要包括超文本技术、网络数据库技术等。网络信息存储技术是指跨越时间保存网络信息的技术,主要包括服务器直连存储(direct-attached storage,DAS)、网络连接存储(network attached storage,NAS)、存储局域网(statistical analysis system,SAN)等技术[①]。网络信息传播技术是指将加工处理后的信息主动或被动地向用户传递的技术,主要包括网络信息发布技术、电子出版技术、网播技术等。

网络信息安全是网络设备、网络信息、网络软件三者安全的集合体[②]。网络信息安全技术是对网络信息和网络信息系统的安全进行保护的技术,主要包括加密技术、认证技术、访问控制技术、防病毒技术、防火墙技术、入侵检测技术、网络扫描技术、密钥技术、网络控制技术、安全网管系统等。按其技术特性、保护对象及发挥的作用不同,网络信息安全技术可分为基础支撑技术、主动防御技术、被动防御技术和面向管理的技术4个层次[③]。

网络信息基础设施、网络信息流转技术与网络信息安全技术是一个整体,不能单独发挥作用;网络信息基础设施是基础,网络信息流转技术是关键,网络信息安全技术是保障。基于技术功能的网络信息生态链技术环境构成如图7-2所示。

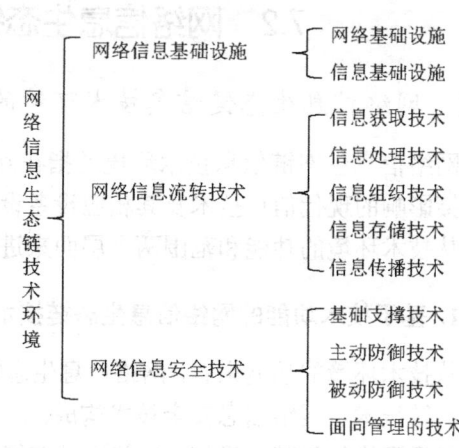

图7-2 基于技术功能的网络信息生态链技术环境构成

2. 基于环境范围的网络信息生态链技术环境构成

从技术环境的范围来看,网络信息生态链技术环境由网络信息生态链微观技术环境和网络信息生态链宏观技术环境构成。

---

① 谢胜彬.DAS、NAS与SAN的研究与应用[J].计算机与现代化,2003(7):8-11.
② 赵雪莲.计算机网络信息安全技术探讨[J].网络安全技术与应用,2015(9):11-12.
③ 韩淑艳.关于对信息安全技术体系的探讨[J].科技与企业,2015(7):76.

网络信息生态链微观技术环境是指网络信息生态链中所利用的现代信息技术及其相应设备设施的总称，包括网络信息生态链整链和链内节点所采用的现代信息技术及其相应设备设施。网络信息生态链自有的网络信息基础设施主要是信息基础设施，如链内网络信息平台、链内综合性信息系统等，所利用的网络基础设施是宏观技术环境的组成部分，也有部分网络信息生态链甚至某些节点建有自己的局域网。网络信息生态链所采用的网络信息流转技术和网络信息安全技术主要是信息网络中大部分信息主体所使用的流行技术，也有少数网络信息生态链或链内节点自行研发专用的网络信息流转技术或网络信息安全技术。

网络信息生态链宏观技术环境是指一定范围内整个网络中所利用的现代信息技术及其相应设备设施的总称。如国家和区域网络基础设施，国家、区域或行业的通用网络信息平台和通用信息系统，流行通用的网络信息流转技术和网络信息安全技术等。

网络信息生态链微观技术环境与宏观技术环境密不可分。宏观技术环境中的一些环境因子，如网络基础设施、通用综合性网络信息流转平台和网络信息系统等都是微观技术环境的直接组成部分；网络信息生态链采用的信息流转技术和信息安全技术大部分都是信息网络中流行通用的技术，且流行通用信息技术对网络信息生态链专用信息流转技术和网络安全技术的研发及应用也有很大的影响。网络信息生态链微观技术环境与宏观技术环境的关系如图7-3所示。

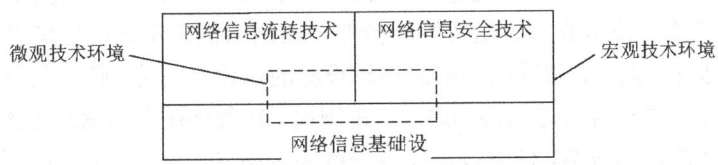

图7-3 网络信息生态链微观技术环境与宏观环境的关系

7.2.2 网络信息生态链信息技术环境优化的意义

网络信息生态链信息技术环境优化就是根据网络信息生态链运行和发展的要求，采用多种方法和手段，对网络信息生态链的微观技术环境和宏观技术环境进行改造，做到网络信息基础设施完善、网络信息流转技术适用、网络信息安全技术先进。网络信息生态链技术环境中不同功能的技术环境优化对网络信息生态链的形成、进化、运行效率和信息安全具有不同的正面影响，如图7-4所示，优化网络信息生态链技术环境对网络信息生态链的形成与进化、安全及有效运行具有重要意义。

1. 奠定网络信息生态链的形成基础

网络信息生态链建立在网络信息技术的基础上，没有网络信息基础设施和网络信息流转技术就不可能形成网络信息生态链。借助网络信息基础设施和网络信息流转技术，原有的社会关系链条被逐渐映射到网络，并得到拓展和延伸，会形成种类各异的网络信息生态链，并交织成网[1]。例如，外卖App的出现，改变了人们的用餐方式，大大提高了用户的

---

[1] 霍明奎，等.网络信息生态链的形成机理[J].情报科学，2014（12）：3-7.

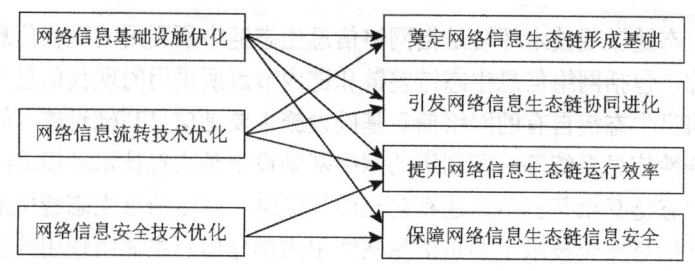

图 7-4 技术环境优化对网络信息生态链的影响

点餐速度和就餐效率，直接促成了移动餐饮电子商务生态链的形成。此外，随着网络基础设施的不断升级和网络信息流转技术的迅速发展，用户需求在得到更好满足的同时也产生了新的信息需求，从而促进了新的信息生态链的形成。因此，网络信息生态链技术环境中的网络信息基础设施和网络信息流转技术是网络信息生态链形成的必备条件和促进因素。

2. 引发网络信息生态链的协同进化

网络信息生态链进化是指网络信息主体之间通过信息流转相互作用，不断适应外部信息环境变化，优化自身结构与功能，从而实现高层次链式平衡的发展过程。随着科学技术的快速发展，高新信息技术不断问世并被广泛应用于网络信息生态系统中。网络信息基础设施和网络信息流转技术的重大创新可能会使一些网络信息生态链以信息技术升级为主导而实现协同进化。例如，移动网络信息基础设施的建设与完善，使一些网络信息生态链朝着移动网络信息生态链的方向协同进化。再例如，在数字图书馆信息生态链中，随着数字信息流转技术的日益成熟，信息技术作为关键因素率先进化后，图书馆可通过网上远程教育等多种方式对用户进行培训，促进链中信息主体素质的提高，通过便捷的网上沟通改善节点之间的关系，通过优化的技术平台实现链内资源共享，建立与新技术环境相适应的信息制度，从而实现数字图书馆信息生态链的协同进化。

3. 提升网络信息生态链的运行效率

网络信息基础设施、网络信息流转技术和网络信息安全技术对网络信息生态链信息流转广度、速度和质量都有较大的影响。泛在、宽带的网络信息基础设施可扩大网络信息生态链信息流转的地理范围和用户类型范围，提高网络信息生态链的信息流转速度。网络信息流转技术对网络信息生态链信息流转效率的影响更为直接，先进的网络信息流转技术可以使网络信息生态链流转的信息内容和形式多样化，信息流转的速度加快且质量提高。网络信息安全技术的创新与应用可以保证网络信息基础设施、网络信息系统和数据安全，减少网络信息生态链信息流转中的运行中断、信息流失与信息失真，从而提高网络信息生态链信息流转的速度和质量。

4. 保障网络信息生态链的信息安全

网络具有的开放性会给网络信息生态链带来极大的安全隐患，使网络信息生态链的微观技术环境极易受黑客、恶意软件和计算机病毒的攻击与破坏。先进的网络信息安全技术可以防止网络信息基础设施被破坏，保证网络信息基础设施连续稳定运行，避免网络信息生态链的数据丢失；可以提高信息系统及数据的安全性和保密性，降低网络信息生态链中所流转的信息以及节点的私有信息被泄露、篡改和假冒的发生机率。网络信息基础设施的完善可以使其硬件和软件得到升级，提高网络信息基础设施自身抵御风险的能力，从而有效地抵抗各种网络攻击。

7.2.3 网络信息生态链信息技术环境优化准则

网络信息生态链信息技术环境优化应遵循以下准则。

1. 网络信息基础设施完善

网络信息基础设施完善要求网络数据传输能力强，网络信息设备能满足互联网使用需求，网络融合度高、信息流转平台功能强。

网络数据传输能力强一方面是指骨干传输网络的容量充足，能够容纳网络信息生态链中流转的各项信息，不会因为传输网络容量不足而造成超载甚至是网络瘫痪。另一方面是指宽带网络的数据传输速率高，目前光纤宽带以其快速、损耗小的优势逐渐取代普通宽带。

网络信息设备能满足互联网使用需求一方面是指网络信息设备的覆盖率要广，能够满足不同地域范围的信息用户的使用需求；网络信息设备的功能全面先进，能满足不同信息用户的多种信息使用需求。另一方面是指网络信息设备和网络传输能力相匹配，既不超出传输能力太多而造成设备闲置也不因落后网络传输能力造成设备功能故障。

网络融合度高、信息流转平台功能强是指互联网、电信网、广电网三种不同网络设施的融合互通程度高，网络信息流转平台的功能和性能能够充分满足网络信息用户的需求。

2. 网络信息流转技术适用

网络信息流转技术适用一方面要求网络信息流转技术能够反映当前科学技术先进成果，在结构功能、技术性能、可操作性等方面具有先进性，并能满足技术发展要求。技术先进性是相对的，同一项技术在发展中国家可能属于先进技术而在发达国家则只属于中等技术。先进的信息技术的确能在很大程度上优化网络生态链信息技术环境，但技术投入成本也将随之大幅度增加。如果一味追求信息技术环境最优化而忽略技术投入成本，就可能出现"大牛拉小车"现象，得不偿失。所以应在经济合理性基础上考虑网络信息流转技术的先进性。

网络信息流转技术适用另一方面要求网络信息流转技术与网络信息生态链中信息主体的信息技术接受行为与信息技术应用能力相适应。网络信息流转技术不能与网络信息生态链中大多数信息主体的技术应用能力相差过大。如果网络信息流转技术落后于网络信息生态链中大多数信息主体的技术应用能力，说明现用网络信息流转技术需要更新升级；反之，如果网络信息生态链中大多数信息主体的技术应用能力远远落后于新兴网络信息流转技术，且绝大部分信息主体通过学习也不能掌握新兴网络信息流转技术，则说明该网络信息流转技术太超前或不适合此链，可考虑推迟使用或不采用。

3. 网络信息安全技术可靠

网络信息安全技术的可靠性包括对网络信息安全关键技术和自主知识产权的掌握以及网络信息安全技术手段与管理措施的紧密结合。

目前我国许多网络信息安全关键技术都是借鉴或者直接购买国外的产品,这样看似比较安全实则埋藏着巨大隐患,一旦被某些不法分子利用造成国家机密泄露,后果不可想象。所以我国对网络信息安全关键技术的掌握程度是网络信息安全技术可靠性的关键所在。我国对网络安全关键技术的掌握程度包括我国网络安全技术开发能力与网络安全技术自主知识产权占有率。

随着社会的高速发展以及人们对网络安全越来越多的关注,如今的网络安全技术也越来越先进,但如果只有网络安全技术而没有有效的管理措施来配合实施也无法保障网络安全。只有通过合理部署和高效管理将网络信息安全技术合理运用,才能将网络信息安全技术发挥到最大效用。所以合理高效的网络信息安全技术管理措施是网络信息安全的另一项有力保障。

4. 网络信息技术之间协调

网络信息技术之间协调包括不同类型信息技术相互协调、链内节点间信息技术相互协调、链内信息技术与全网信息技术相互协调。

无论是网络信息生态链微观技术环境还是宏观技术环境中,网络信息基础设施、网络信息流转技术、网络信息安全技术都应相互协调,网络软件技术与网络硬件技术应相互配合,不同的信息技术标准应泛兼容。如同木桶装水原理一样,任何一块技术短板都会影响其他技术的功效,只有技术之间达到协调才能使网络信息技术的整体功效发挥到最大。

网络信息生态链上游和下游节点之间信息技术水平相互协调是网络信息生态链形成进化与稳定运行的重要条件。上下游节点间软硬件技术的先进性相差太远或不兼容,则会影响网络信息生态链的信息流转效率,甚至无法实现信息流转。因此,网络信息生态链内部上下游节点间信息技术水平要相互协调。

即使网络信息生态链内部上下游节点间信息技术水平相互适应协调,也不意味着网络信息生态链能高效运转,因为链内技术处于全网技术的大环境中,全网技术与链内技术的协调程度也会影响链内技术的应用及功效发挥。因此,网络信息生态链技术环境优化还要注意链内技术与全网技术的协调。

7.2.4 网络信息生态链信息技术环境优化措施

1. 加强网络信息基础设施的建设与管理

虽然我国在网络信息基础设施建设方面已经取得了一定进步,但我国网络信息基础设施存在网络数据传输能力不足、现有设备不能满足互联网使用需求、网络融合度不高、信息流转平台功能不强等问题。应充分运用高新网络信息技术成果,加强网络信息基础设施建设与管理,提升网络信息基础设施水平。

1）加快宽带网络优化提速升级

2015 年，我国基本实现了《"宽带中国"战略及实施方案》中 2015 年的目标，即城市光纤到楼入户、农村宽带进乡入村，固定宽带家庭普及率达 50%，第三代移动通信及其长期演进技术用户普及率达 32.5%，行政村通宽带比例达 95%，公益机构基本实现宽带接入。城市宽带接入带宽大于 20 Mbit/s（部分达 100 Mbit/s），农村宽带接入带宽大于 4 Mbit/s。到 2020 年，我国要实现宽带网络全面覆盖城乡，固定宽带家庭普及率达到 70%，3G/LTE 用户普及率达 85%，行政村通宽带比例超过 98%。城市宽带接入带宽要大于 50 Mbit/s（其中半数达 100Mbit/s，部分达 1Gbit/s），农村宽带接入带宽大于 12Mbit/s[①]。为了提高宽带接入速率和宽带普及率，政府应大力支持工程光纤城市建设，采用多种方式，推进光纤宽带接入。为加快宽带网络优化提速，不但要加快骨干节点升级，扩展骨干链路宽带，持续提升骨干传输网络的容量，还应整合各类有线技术、无线技术，加快接入网和城域网提速升级。此外，还应充分利用新一代移动通信技术、广播电视网技术和光纤技术来创新宽带应用服务，全面提升宽带网络速率和性能。

2）加强网络关键技术和核心设备的研发

国家应加强对网络关键技术和核心设备研发的引导和支持，积极稳妥推进 IPv6 商用建设、网络过渡与业务迁移，抓好互联网核心架构及关键技术（如核心芯片、操作系统和关键器件等）的研发创新，形成自主知识产权。着力突破云计算、物联网、移动互联网等网络关键核心技术，加快多形态上网终端（互联网电视、移动终端、平板电脑等）和多模智能终端（3G、4G 以及其他技术制式）的研发及应用推广。

3）推进不同网络设施的融合互通

互联网、电信网和电视网三网融合是大势所趋，但我国电信网和有线电视网在传统业务上的差异性和用户群体层次性的不同使得融合过程中存在着诸多待解决的问题[②]。到网络融合的质量和安全性等问题，国家应进一步健全三网融合的相关法律法规和监管体系，加快电信网和广播电视网的双向进入步伐，推进互联网、电信网、广电网三种不同网络设施的融合互通。

4）加强网络信息平台建设与优化

国家应将公共网络信息平台建设作为重大国家基础设施建设工程并予以支持，通过政府宏观调控、规划和管理，避免重复建设和无序管理；将公共网络信息平台建设资金纳入国家基本建设预算支出，按照相应政策规定进行管理和监督使用；有效引导民营资本、外来资本参与公共网络信息平台建设[③]。网络信息生态链应重视链内网络信息平台的建设与优化，进一步完善现有信息平台的功能与性能。

2. 注重网络信息流转技术的革新与应用

面对量大、面广、异构、质杂、多变、离散的网络信息，当代网络信息生态链的发展对

---

① 国务院."宽带中国"战略及实施方案[EB/OL].[2018-08].http://www.gov.cn/zwgk/2013-08/17/content_2468348.htm.
② 田蓉，龙朝举.三网融合发展现状与挑战[J].科技风，2016（8）：159-160.
③ 王宇鹏，等.公共网络信息平台：国家基础设施新内涵[J].工程研究：跨学科视野中的工程，2009（1）：39-45.

网络信息流转技术的要求越来越高,现有的网络信息流转技术难以完全满足网络信息生态链的要求。因此,优化网络信息生态链的技术环境必须要加强网络信息流转技术的革新与应用。

1) 增大对网络信息流转新技术的研发投入

政府是技术创新的驱动力量,为积极促进网络信息流转技术的创新,政府应从政策上对信息技术研发机构的创新给予支持,还要努力营造信息技术开发成果有效转移和企业充分运用的社会氛围。研发机构是技术创新的生力军,应提高信息技术开发的能力和层次,增大对网络信息流转新技术的研发投入,将研发重点放在人工智能、云计算、数据挖掘等前沿技术上。网络信息生态链可组织相关节点进行新型网络信息流转技术的研发,具有信息流转技术的研发能力的节点也可根据自身的实际需求研发自己适用的信息流转新技术。

2) 加大对网络信息流转新技术的推广力度

网络信息流转新技术被研发出来后,如果得不到很好的推广,不能为网络信息主体所知所用,那它对网络信息生态链技术环境的优化就毫无帮助。因此,对网络信息流转新技术的推广也是网络信息技术环境优化过程中不可或缺的一步。网络信息流转新技术的推广离不开政府的支持和企业的投入。政府可以政策性地引导公众将注意力聚集在网络信息流转新技术推广应用上,例如,现在政府大力倡导促进大数据发展行动,着力推进数据汇集和发掘,深化大数据在各行业创新应用,公众对数据挖掘技术的进展就会十分关心,一旦有数据挖掘新技术的出现必定会占据公众视线,也自然而然得到大范围推广。此外,信息技术研发企业也要加大对网络信息流转新技术的推广力度,投入一定的人力和财力对新的信息流转技术进行宣传,努力扩大其产品市场。最后,网络信息生态链也要积极参与网络信息流转新技术的推广,将有利于提高网络信息生态链功效的网络信息流转新技术积极推荐给信息生态链内部成员或者其他网络信息生态链。

3) 优化网络信息流转新技术的选择应用

网络信息流转技术创新的最终目的是在网络信息生态链中得到有效应用,从而提高网络信息生态链的信息流转效率。政府应从政策上鼓励网络信息生态链主动采用新的信息流转技术来提高效率,促进网络信息生态链信息流转技术的更新换代。网络信息生态链要根据本链现有信息流转技术应用情况、节点及人员的信息技术应用水平、信息技术环境优化目标,积极主动地选择恰当的网络信息流转新技术,并在链内加以推广,从而提高自身的信息流转效率。

3. 加强网络信息安全技术的研究与应用

网络信息中有很多重要信息,一旦丢失或泄漏势必会给用户带来巨大损失。因此,必须采取相应的网络信息安全技术,确保网络信息的安全。当前网络信息安全技术面临着很大挑战,如网络攻击技术手段越来越多,攻击速率、隐蔽性和渗透率等愈来愈高[①]。应从以下几个方面来加强网络信息安全技术的研究与应用。

1) 加大对网络安全关键技术的研发力度

为促进网络信息安全技术水平的提升,必须要加快网络安全关键技术(如入侵检测与

---

① 任志勇,等.网络信息安全技术的发展[J].信息与电脑(理论版),2009(8):343-343.

管理技术、数据加密技术、网络防病毒技术、虚拟网络技术等）的研发进程，并加大网络信息安全技术开发成果推广应用的力度。除此之外，国家还可以加大对风险管理技术、网络侦察控制技术、测试评估技术等创新性强、作用明显的网络信息安全技术的研发投入。

2）完善公共网络信息安全技术防护体系

公共网络安全泛指公众所使用的互联网上各种应用中的一切安全性问题[1]。目前网络攻击具有多样性、综合性的特点，单一的网络信息安全技术已经不能满足日益复杂的网络信息安全的要求。有关部门应加强公共网络信息安全战略规划，进行公共网络信息安全顶层设计，综合而科学地运用基础支撑、主被动防御和面向管理的多种网络信息安全技术，完善公共网络信息安全技术防护体系，保证公共网络信息安全，为网络信息生态链信息安全奠定良好的基础。

3）促进网络信息安全技术的合理应用

网络信息生态链要强化自己的网络信息安全意识，重视网络信息安全技术的应用。面对种类众多、层级不一的网络信息安全技术，网络信息生态链应遵循信息安全与系统安全并重、技术先进性与经济合理性兼顾、技术手段与管理措施结合的原则，根据自身实际需要和技术应用能力，合理选用网络信息安全技术，保障网络信息生态链安全运行。

7.3 网络信息生态链信息制度环境优化

7.3.1 网络信息生态链信息制度环境的构成

网络信息生态链信息制度环境是指对网络信息生态链信息活动和信息行为起引导和规范作用的各种网络信息制度及其实施能力和机制的总和。网络信息生态链信息制度环境的构成可从制度环境的性质及其所涉及的范围两个方面来进行分析[2]。

1. 网络信息生态链的信息制度建设环境和信息制度实施环境

从制度环境的性质来看，网络信息生态链信息制度环境由网络信息生态链信息制度建设环境和信息制度实施环境构成。

网络信息生态链信息制度建设环境是由不同类型和不同方面的网络信息制度构成的信息制度体系。网络信息制度包括网络信息政策、网络信息法规、网络信息技术标准、网络信息伦理等类型。网络信息政策是国家、地区和行业在一定时期内为实现一定目标而制定的网络信息活动发展规划、运行规则和行为指南，主要表现形式是党和政府有关会议所形成的会议文件、做出的决定和决议、制定的规划、发表的白皮书和蓝皮书等。网络信息法规是由国家立法机关批准制定并由国家执法机关强制实施的、调节网络信息活动中社会关系的专门法律，以及一定的社会组织根据法律、行政授权而制定的有关网络信息交流及其管理的规程和条例等。网络信息技术标准是与网络信息流转内容、程序、技术、方法等有关并得到大多数网络信息流转主体承认的统一规范，包括由权威机构以

---

[1] 张晓清.我国公共网络安全管理的现状和对策[J].新闻传播，2015（11）：65-66.
[2] 娄策群，李青维，娄冬.网络信息生态环境中的制度环境优化研究[J].图书馆学研究，2016（23）：2-6.

特定程序和形式批准的网络信息技术法定标准,以及网络信息流转主体凭借其技术的主导地位而使该行业普遍采用的事实标准。网络信息伦理是网络信息活动中以善恶为标准,依靠人们的内心信念和特殊社会手段维系的,调整网络社会中人与人、个人与社会之间信息关系的行为规范。各种类型的网络信息制度会涉及网络信息基础设施建设、网络信息流转、网络信息安全、网络信息产业或电子商务、电子政务、网络教育、网络社区等方面。

网络信息生态链信息制度实施环境是指围绕网络信息制度的落实、执行所形成的制度环境,主要包括信息制度实施能力和信息制度实施机制两个方面。网络信息制度实施能力,即执行能力,是指网络信息制度实施主体将制度规定落实到具体工作中,严格按制度规定完成各项任务的能力。网络信息制度实施机制是保证网络信息制度实施的方法措施,包括运作机制、监控机制和激励机制。运作机制是指网络信息制度实施过程中需要遵守的基本规则、实施流程、执行模式等;监控机制包括网络信息制度实施监督主体和措施、制度实施评价方法与模型、制度实施情况反馈渠道和方式等;激励机制包括制度实施主体的激励方式、激励概率和激励力度。网络信息生态链信息制度实施环境是网络信息制度生效的保障,没有良好的网络信息制度实施环境,网络信息制度就形同虚设,再完善的网络信息制度体系也难发挥作用。

基于制度性质的网络信息生态链信息制度环境构成如图 7-5 所示。

图 7-5　基于制度性质的网络信息生态链制度环境构成

2. 网络信息生态链微观信息制度环境和宏观信息制度环境

按其所涉及的范围不同,网络信息生态链信息制度环境由网络信息生态链微观信息制度环境和宏观信息制度环境构成。网络信息生态链微观信息制度环境是指直接规范网络信息生态链信息活动和信息行为的具体制度规范和实施能力与机制的集合,本质上是网络信息生态链内或链间关于网络信息活动和行为的具体制度安排,包括链间信息制度环境、链内信息制度环境和节点信息制度环境。链间信息制度环境是指对不同网络信息生态链之间的信息活动和行为进行规范的信息制度环境;链内信息制度环境是指对网络信息生态链内部的信息活动和行为进行规范的信息制度环境;节点信息制度环境是指对网络信息生态链中的各节点的信息活动和行为进行规范的信息制度环境。网络信息生态链宏观信息制度环境是指在国家、区域和行业层面用以规范网络信息活动和网络信息行为和制度规范及其执行机制的总和,本质上是国家、地区、行业对相应范围内网络信息活动和行业规范的总体信息制度安排,是网络信息生态链的外部信息制度环境。

基于制度范围的网络信息生态链信息制度环境构成如图 7-6 所示。

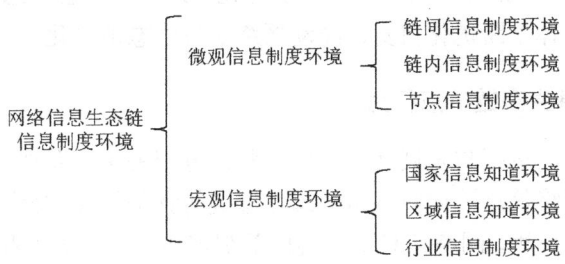

图 7-6　基于制度范围的网络信息生态链制度环境构成

7.3.2　网络信息生态链信息制度环境优化的意义

网络信息生态链信息制度环境优化是对链内外信息制度建设与实施环境进行优化，使网络信息生态链信息制度环境达到最佳状态。网络信息生态链信息制度环境中不同性质信息制度的优化对网络信息生态链的形成进化、节点行为、运行效率和信息安全具有不同的正面影响，如图 7-7 所示，优化网络信息生态链信息制度环境对网络信息生态链具有重要意义。

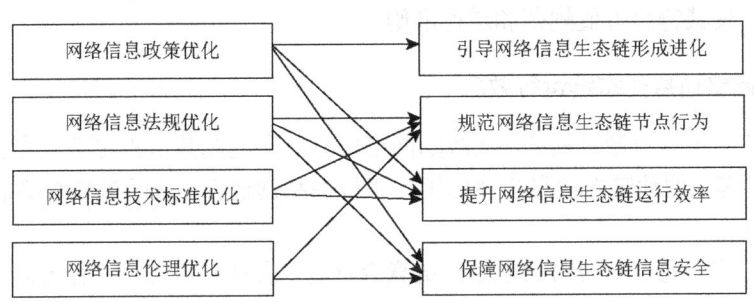

图 7-7　信息制度环境优化对网络信息生态链的影响

1. 引导网络信息生态链形成进化

国家相关政策，尤其是网络信息政策对网络信息生态链的形成有重要促进作用。国家的网络信息政策支持能使信息主体从传统的信息交流模式转向网络信息交流模式，可为网络信息生态链的形成奠定基础。受国家政策支持的行业更易凝聚行业参与者，会促进众多网络信息生产者、传递者、消费者的组成网络信息生态链，推动网络信息生态链的形成。例如，国家政策支持开展电子政务，加上政府在公众心中的形象，电子政务信息生态链会顺利形成。

网络信息制度更新会影响网络信息生产、传递、消费等信息行为，影响网络信息生态链内部信息制度的建立从而间接改变链中的信息流转活动、信息主体行为、信息技术和链间关系等；网络信息制度创新会使一些网络信息生态链产生以链内制度创新为主导而实现高层次平衡的动力[①]。国家和地方通过出台相关网络信息政策,提出网络信息生态链演进的指导思想、发展对策,指导网络信息生态链进化;为网络信息生态链发展提供资助和优惠,促使链上已有主体不断优化自身,拉动网络信息生态链进化。

2. 规范网络信息生态链节点行为

网络信息生态链的运行与发展必须在国家和地方相关法律允许的范围内进行,因此,国家和地方颁布的网络信息法律对网络信息生态链的竞争行为、合作行为、信息流转行为、信息监管行为有规范作用。网络信息生态链内部制定和执行的规章和合作协议、网络信息生态链间的相关协议对网络信息生态链的竞合行为、信息流转行为、组织管理行为有更加直接的规范作用。

网络信息技术标准具有规范信息技术、统一操作方法的功能。网络信息生态链中各个节点必须严格执行具有法律效力强制性的信息技术标准,因此,网络信息技术标准对网络信息生态链购置信息技术设备、信息设备操作方法、所流转信息的内容和形式、信息流转工作方法都有规范作用。即使是不具有法律效力的推荐性标准,也能起到对信息技术采用和信息流转操作方法的规范作用。

信息伦理作为规范人们信息行为的准则,通过舆论、习惯、传统等引导人们培养良好的信息道德意识、品质和行为。网络信息伦理可调整和规范网络信息生态链中个人与节点的信息行为,使其符合价值规范和道德准则。

3. 提升网络信息生态链运行效率

网络信息政策具有激励功能,能激励网络信息生态链及其节点更新信息技术、优化信息流转业务流程,调动链内信息主体的工作积极性和创造性,从而提高网络信息生态链的信息流转效率。

网络信息法规通过对网络信息生态链竞合行为、信息流转与监管行为的规范,可减少网络信息生态链之间、链内节点之间的摩擦和不正当竞争,优化链与链之间、节点与节点之间的合作,从而提高网络信息生态链信息流转效率,减少信息流转成本。

网络信息技术标准通过对信息技术设备接口、信息发布格式、信息组织方式的统一规定,能消除信息孤岛,促进网络信息资源整合和共享,扩大网络信息生态链信息流转范围,加快网络信息生态链信息流转速度,减少网络信息生态链信息流转成本。

4. 保障网络信息生态链信息安全

网络信息政策法规,尤其是网络信息安全方面的政策法规,对国际网络安全战略、网络安全合作、计算机信息系统安全保护、计算机信息网络国际联网安全保护、计算机信息系统病毒预防和控制、互联网著作权行政保护、互联网传播权保护、互联网上网服务营业场所管理、电子签名等都有明确的规定,这对规范网络信息安全环境、保障网络信息生态链信息安全有重要作用。

---

① 娄策群,等.网络信息生态链演进过程研究[J].情报理论与实践,2015(6):10-13.

网络信息伦理能使信息主体认识到破坏网络信息设施、制造和传播计算机病毒、窃取保密信息和侵犯知识产权、发布和传播有害信息是不道德的行为，能引导链内节点不应用计算机伤害其他节点，不干扰其他节点计算机工作，在未经许的情况下不使用其他节点计算机资源等，从而保证网络信息生态链的信息安全。

7.3.3 网络信息生态链信息制度环境优化准则

网络信息生态链信息制度环境优化准则是网络信息生态链信息制度优化应达到的基本要求。从网络信息制度建设的角度来说，网络信息生态链制度环境优化准则有网络信息制度体系完整、网络信息制度内容科学；从网络信息制度实施的角度来说，网络信息生态链制度环境优化准则主要是网络信息制度实施能力强大、网络信息实施机制完善。

1. 网络信息制度体系完整

网络信息制度体系完整包括两方面：一是信息制度类型全面，二是信息制度涵盖面广。

网络信息政策、网络信息法规、网络信息技术标准、网络信息伦理等不同类型的网络信息制度在内容规定上有所差别，发挥作用的机理也不同，网络信息制度类型单一难以发挥作用。在网络信息生态链宏观信息制度方面，既要有网络信息政策、网络信息法规、网络信息技术标准等正式制度，也要有网络信息方面的非正式制度——网络信息伦理。在网络信息生态链微观信息制度方面，应制定网络信息生态链发展规划和较为系统的信息活动规程、信息道德规范、链间合作协议等。

网络信息制度应涵盖网络信息活动的各个方面，既有涉及整个网络活动运行和发展的综合性政策法规，也有网络信息基础设施建设、网络信息流转、网络信息安全、网络信息产业或电子商务、电子政务、网络教育、网络社区等方面的专门性政策法规或技术标准，还应建立不同网络信息活动基本伦理和不同网络信息活动的道德规范。

2. 网络信息制度内容科学

网络信息制度内容科学要求每一项网络信息制度的内容具有合规性、现实性与兼容性。

网络信息制度内容的合规性要求网络信息制度的内容规定符合自然规律和社会规律，尤其是符合网络信息与网络技术发展规律、符合人们的网络信息行为规律。

网络信息制度内容的现实性要求网络信息制度内容规定与网络信息活动领域当前的实际情况吻合，能解决现实问题，并有一定的前瞻性，而且可操作性强。

网络信息制度内容的兼容性要求网络信息制度内容规定不能与现行的其他网络制度相矛盾，应与其他相关信息制度兼容匹配，同一方面的不同网络信息制度之间可互补。网络信息制度不是孤立地发生作用，而是以系统整体效应的形式发生作用，所以网络信息制度之间要有内在联系，且能兼容互补。

3. 网络信息制度实施能力强大

网络信息制度实施能力强大要求网络信息制度实施管理主体和承担主体有强大的信息制度实施能力。

网络信息制度实施管理主体是指组织网络信息制度实施的机构和人员。网络信息制度实施能力强大要求网络信息制度实施管理主体有强大的网络信息制度宣传和推广能力、网络信息制度实施机制完善与落实能力、网络信息制度监督与纠纷协调能力。

网络信息制度实施承担主体是指具体执行网络信息制度的机构和人员。网络信息制度实施能力强大要求网络信息制度承担管理主体有强大的学习和理解网络信息制度的能力、把网络信息制度规定落实到具体工作和实际行动中的能力、与不执行或违反网络信息制度的行为作斗争的能力。

4. 信息制度实施机制完善

网络信息实施机制完善要求建立科学可行的网络信息制度实施运作机制、监控机制和激励机制。

科学可行的网络信息制度实施运作机制要求对于不同类型的网络信息制度形成规范的实施模式，每一类网络信息制度都有明确的实施主体职责及分工合作模式、有结构化的制度实施基本流程等；要求大部分具体的网络信息制度有操作性更强的实施细则或实施方案。

科学可行的网络信息制度实施监控机制要求具有多元化的网络信息制度实施监督主体、多样化的网络信息制度实施监督措施；具有科学的网络信息制度实施水平和效果评价方法与模型，并经常开展评价活动；具有多样且畅通的网络信息制度实施情况反馈渠道。

科学可行的网络信息制度实施激励机制要求具有多种行之有效且可综合运用的网络信息制度实施激励方式；具有较高的网络信息制度实施激励概率，即信息主体在制度实施中获得奖惩的机会较多；具有较大的网络信息制度实施激励力度，即对信息主体执行制度好坏的奖惩力度较大[①]。

7.3.4 网络信息生态链信息制度环境优化措施

1. 加强宣传教育，强化制度意识

意识是行为的先导，正确的意识以其说服力和劝导力提高人们的思想认识，引导人们的社会行为。制度意识是指以具有公共约束力的法律、规范来处理个人、社会和国家事务的社会思想、观念和价值[②]。优化网络信息生态链信息制度环境，首先要强化网络信息生态链内外所有主体的网络信息制度意识。网络信息制度意识是网络信息主体关于网络信息制度的思想和观点的总和，包括网络信息制度作用、建设、执行和维护等方面的思想和观点。缺乏网络信息制度意识，不仅难以制定出好的网络信息制度，即使有好的网络信息制度也难以得到有效实施。

相关政府部门和网络信息生态链中的核心节点，可以采用办网络信息制度宣传板报、在一些公共场所张贴网络信息制度及行为规范标语、举行网络信息制度竞赛，开办网络信

---

① 莫勇波.政府制度执行力的生成机理及提升策略[J].学术论坛，2015（3）：23-26.
② 沈跃龙.马克思主义视角下制度反腐中的制度意识研究[D].合肥：安徽大学，2013：7.

息制度讲座和培训班，召开网络信息制度研讨会等形式，宣传网络信息制度的重要性，或对具体的网络信息制度进行解析，或普及网络信息制度执行和维护知识。通过多种形式的宣传教育，让网络信息生态链链内外信息主体充分认识网络信息制度建设与实施对网络信息环境优化和网络信息生态链运行和发展的作用，巩固其网络信息制度信仰；树立持续重视并积极主动参与网络信息制度建设的意识；树立制度面前人人平等、制度约束没有例外的思想，养成自觉执行网络信息制度的习惯；坚决同一切违反和破坏网络信息制度的行为作斗争[①]。

2. 重视制度评价，把握制度现状

制度评价就是相关评价主体依据一定的评价标准，采用特定的方法，对相关制度进行合理性和价值评估[②]。通过网络信息制度评价，可以及时了解网络信息生态链信息制度的建设现状和实施情况，为调整现行制度和制定新制度提供依据。网络信息制度评价的对象可以是某项具体的网络信息制度，也可以是网络信息生态链宏观或微观信息制度环境；评价内容可以是网络信息制度建设评价，也可以是网络信息制度实施评价，还可以是网络信息制度建设与实施的综合评价。

为了让网络信息制度评价有根有据、有章可循，网络信息制度评价主体应充分考虑该制度的实施环境及预期目标，制定出较详细、易于操作的网络信息制度评价标准和评价模型。例如，对一项新的网络信息制度进行质量评价，就应建立反映其内容的合规性、现实性、兼容性的评价模型；对网络信息生态链宏观信息制度体系进行评价，则要看其信息制度类型是否全面，制度涵盖范围是否广泛，制度体系之间各部分是否兼容互补；对网络信息生态链微观制度环境进行综合评价，应从制度种类的丰富多样性与协调互补性，制度内容的合规性、现实性、兼容性，制度执行力大小与实施机制完善程度等方面综合考虑，建立评价模型。有了制度评价标准和评价模型，还要建立相应的网络信息制度评价管理机构和业务机构以及评价实施制度，以保证网络信息制度评价的经常性、适时性和有效性。

3. 分析制度需求，构建制度体系

制度需求分析是制度分析的重要方面，是指根据一定范围内社会实践活动的现实和发展状况，采用科学的方法，分析其所需制度类型、制度范围、制度需求迫切程度的过程。只有客观深入地分析网络信息生态链的微观制度需求和宏观制度需求，才能构建科学的网络信息生态链信息制度体系。

网络信息生态链微观制度体系涉及的制度类型较少，制度建设应有选择性和针对性。网络信息生态链微观制度需求分析应发挥链内主体的主力军作用，并积极争取链外相关主体的指导；微观制度需求分析的主要内容包括：是否需要制定或修订网络信息生态链发展规划，需要哪些方面的运行章程，链内合作和链间合作需要什么样的合作协议，需要建立

---

① 邵景均.制度意识很重要[N].人民日报，2010-2-8.
② 苏茂林.制度评价的内涵、系统及意义[J].中共山西省直机关党校学报，2010（6）20-22.

哪些技术标准，需要从哪方面加强网络信息伦理建设。在此基础上，对网络信息生态链微观制度建设进行合理安排。

网络信息生态链宏观制度体系涉及各种性质的网络信息制度，且每类制度又涉及许多方面，制度建设应有系统性、全局性、前瞻性和普适性。网络信息生态链宏观制度需求分析应以政府部门和链外专家为主，并吸收链内主体参与调查分析。宏观制度需求分析的主要内容包括网络信息政策需求分析、网络信息法规需求分析、网络信息技术标准需求分析、网络信息伦理需求分析。在制度分析的基础上，对网络信息生态链宏观制度体系进行顶层设计，并制定出科学的网络信息生态链宏观制度体系建设规划。

4. 优化制定模式，完善制度内容

制度制定模式是制度制定主体、制定原则、制定程序、制定方法的有机结合，是决定某一制度内容规定是否科学的关键因素。虽然不同类型、不同领域的网络信息制度，其制定主体、制定原则、制定程序、制定方法有一定的差别，但优秀的网络信息制度制定模式应当是：制度制定主体的人员结构合理、个人素质良好，制度制定原则明确、科学，制度制定程序规范、严格，制度制定方法先进、多样。完善网络信息生态链信息制度建设，不仅要进行制度体系的规划与设计，而且要根据每一项制度的特点和目标取向，选择最优的制度制定模式，保证制度内容完善。

例如，制定某一网络信息生态链发展战略规划，应成立由核心节点牵头，包括链内各层次节点的代表、链外相关人员（如相关政府部门领导、专家学者以及专业的咨询服务人员等）组成的战略规划编制小组。网络信息生态链发展战略规划制定过程中，规划编制小组应遵循战略匹配、目标明确、彰显特色、突出重点、循序渐进、持续发展的原则，选用战略集合转移法、战略系统规划法、关键成功因素法或价值链分析法，在调查分析网络信息生态链发展成就、问题、机遇和挑战的基础上，确定发展目标、主要任务、战略重点和保障措施，形成战略规划方案，并组织专家评审，通过后在链内发布。

再例如，制定一部网络信息法律，应由有关国家机关或全国人大常委会十人以上联名向全国人大或全国人大常委会提出立法提案；立法提案立项后，成立由与立法事项有关的领导、专家和相关网络信息生态链节点的代表组成的法律草案拟定小组；法律草案拟定小组应遵循适度超前立法、有效保障网络用户权利与自由、国际趋同性等立法原则[①]，通过查阅文献资料、召开各种座谈会、专题研讨会、到基层调查等形式，对现行有关政策法规对立法事项的规定、实践中的成功经验和存在的问题、实际工作部门与专家学者对立法事项的建议等进行调查，分析研究后形成法律草案；报全国人大及其常委会审议、表决，通过后由国家主席签署主席令予以公布。

5. 提高主体素质，增强制度实施能力

制度实施主体的制度实施能力与其素质密切相关。要增强网络信息生态链信息制度实施主体的制度实施能力，必须采取有效措施，有针对性地提高实施主体的素质。

---

① 刘品新.网络法学[M].北京：中国人民大学出版社，2009：14-16.

制度实施管理主体的制度实施能力与其政治理论水平、制度理解能力、组织沟通能力、所掌握的资源与工具等有关。网络信息生态链信息制度实施管理主体应加强政治理论、制度建设知识和具体网络信息制度的学习，掌握制度宣传与推广的方法和工具，从而增强网络信息制度宣传推广能力；通过对政策、法规、标准等制度实施知识的学习与研讨，努力争取制度实施所需的人力、财力、物力资源，从而增强网络信息制度实施机制的完善与落实能力；加强组织管理知识及制度监控理论与方法的学习，加强协调沟通技能的培养，从而增强网络信息制度监督与纠纷调解能力。

制度实施承担主体的制度实施能力与其认知水平、业务工作能力、发现问题与解决问题的能力有关。网络信息生态链信息制度实施管理主体应加强对承担主体制度知识培训和具体网络信息制度宣讲，网络信息生态链信息制度实施承担主体应加强相关专业知识和制度知识学习，不断提高认识水平，从而增强学习和理解网络信息制度的能力；通过业务技能培训提高本职工作能力和业务创新能力，从而增强将制度规定落实到具体工作和实际行动中的能力；加强观察、思考能力的培养，关于发现与解决问题，从而增强与不执行或违反制度的行为作斗争的能力。

6. 一般与具体并重，完善制度实施机制

制度实施机制既有共性，也有特性。完善网络信息生态链信息制度实施机制必须兼顾共性与特性，做到制度实施一般机制与制度实施特殊机制并重。制度实施一般机制是指同一类型制度的实施机制，制度实施特殊机制是指某一具体制度的实施机制。

网络信息制度实施一般机制的完善是一项涉及面广、长期性的工作。网络信息生态链信息制度实施管理主体调动多方面的积极性，针对网络信息政策、网络信息法规、网络信息标准、网络信息伦理，创建并不断完善其实施运作机制，使每一类信息制度的实施主体及其职责明确，有社会团体监督与大众监督相结合的多元化的实施监督主体；形成规范化的实施主体分工合作模式、结构化的实施基本流程、多样化的实施监督和保障措施、科学化的实施评价方法与模型、固定化的实施情况反馈渠道、明确的实施激励概率和激励力度选择范围、行之有效的实施激励方式与措施。

网络信息制度实施特殊机制的完善是一项针对性强、经常性的工作。每项具体的网络信息制度出台后，网络信息生态链制度实施管理主体应根据制度的特点，结合实际情况，及时制定实施细则或实施方案，对制度进行补充说明，规定制度的实施范围、实施原则、实施标准、实施步骤和实施措施，使制度具有更强的操作性；应积极鼓励社会组织、专家和群众对制度实施过程进行监督，选择或新建制度实施评价模型对实施效果进行评价，通过多种渠道搜集制度实施情况并反馈到相应决策部门；设计合理的制度实施激励概率和激励力度，采用并创新制度激励方式，从而保证每一项网络信息制度的有效实施。

参 考 文 献

陈华，涂强楠，戴夏炜. 2015. 高科技企业技术标准竞争机制与战略选择研究[J]. 科技进步与对策，(3)：23-27.

马小刚. 2016. 网络信息生态环境评价与优化分析[J]. 资源节约与环保,（2）：149.

员婵茹. 2015. 网络信息生态环境评价与优化[J]. 信息与电脑（理论版）,（22）：137-138.

IANSITI M, Richards G L. 2006. The Information Technology Ecosystem: Structure, Health, and Performance[J]. Antitrust Bulletin, 51（1）：77-110.

NARDI B A, O'Day V L. 1999. Information ecologies: using technology with heart[M]. Cambridge: The MIT Press.

第8章 网络信息生态链实证分析

理论研究成果的价值在于用来指导实践,解决实践中遇到的问题。本章将运用本课题研究得出的网络信息生态链结构理论、形成机制、演进机制、运行机制和网络信息生态链链内优化方略等成果,对现有的网络信息生态链进行实证分析课题组从4种主要的网络信息生态链,即网络信息服务生态链、网络文化娱乐信息生态链、电子政务信息生态链、电子商务信息生态链中,选取了两条具有代表性的网络信息生态链,即华中师范大学(以下简称华中师大)数字图书馆信息生态链、崇阳县G2C电子政务信息生态链对其结构模型、形成与演进过程、运行状况等进行了调查分析,并总结出各条网络信息生态链存在的问题,提出相应的优化对策。

8.1 华中师大数字图书馆信息生态链

8.1.1 华中师大数字图书馆信息生态链的节点构成与结构模型

1. 华中师大数字图书馆信息生态链的节点构成

华中师大数字图书馆信息生态链由核心节点及其上游节点和下游节点三类节点构成。

1)华中师大数字图书馆信息生态链的核心节点

数字图书馆信息生态链中的核心节点主要承担数字信息资源组织与传递的主要功能,是连接数字资源与信息用户的纽带。华中师大数字图书馆信息生态链的核心节点是图书馆中与数字资源建设和服务相关的部门,主要有华中师大图书馆资源建设部、参考咨询部及信息技术部。

华中师大图书馆资源建设部成立于2016年,由之前的期刊部、文献建设部及数字资源部合并而成。2000年,华中师大图书馆成立了数字资源部,主要负责数字资源建设与服务,包括数据库荐购、数据库使用检测及使用效果评估等工作。数据库资源的选用与评估需综合考虑期刊及其他文献的利用情况,为了更好地对图书馆资源建设进行统筹规划,2016年,华中师大图书馆将期刊部、文献建设部及数字资源部合并,成立了资源建设部。该部门现有员工13人,设置中文及港台图书采购、外文图书采购与数据审核、图书验收和典藏、中文数据审核维护与回溯建库、图书典藏分配、图书调拨剔旧、馆际资料交流等7个不同岗位。数字资源建设与服务工作主要由2人负责,承担数字资源开通试用、采购、宣传、检查及维护,特色数据库建设与维护,资源数字化加工等工作。如华中师大图书馆资源建设部还负责纸质文献资源回溯建库工作,如华大文库、桂子文库等自建数据库的建设。

华中师大图书馆参考咨询部成立于2002年,现有员工18人,设阅读推广、资源服务宣传、学科馆员3类岗位，主要负责教学与培训、馆藏资源与服务推广、查收查引查新、文献传递与馆际互借、教育信息参考及科研管理等工作，其中与数字资源建设与利用密切相关的是文献传递服务及学科馆员服务。文献传递是图书馆根据用户的需求，利用CALIS和CASHL平台向其他成员馆索取馆藏中没有的文献资源或向其他成员馆提供特色馆藏资源的一种信息服务方式，既能满足不同用户的信息需求，又可实现馆藏资源的高效利用。随着数字资源的日益丰富和纸质资源的逐渐数字化，文献传递过程中数字资源传递所占比重越来越大，文献传入与传出的情况反映了图书馆馆藏现状，体现了不同用户的需求特征，是数字资源购买的重要参考。学科馆员是图书馆为各个院系安排的具有相关专业背景的咨询馆员，负责向院系提供学科资源推介和学科信息服务，其中包括数字资源的使用宣传、数据库使用培训和指导、科技查新、代查代检、定题与跟踪等个性化服务。学科馆员搜集各院系用户对数字资源的需求、购买建议及使用效果评估意见，为数字资源购买提供重要依据。学科馆员为用户提供数字资源的使用宣传和培训，向用户推荐与其需求吻合的数字资源，极大促进了数字资源的有效利用。

华中师大图书馆信息技术部成立于1989年，目前共有员工6人，设置6个不同岗位，主要负责全馆网络接入端设备的平台搭建与维护工作，服务器及机房信息设备的日常管理、维护、升级工作，图书馆业务管理系统、其他信息系统、图书馆网站及文献资源数据库等的运行和维护工作。信息技术部是全馆网络及各应用系统安全、有效、稳定运行的保障，为数字图书馆生态链的运行提供技术支撑。

2）华中师大数字图书馆信息生态链的上游节点

华中师大数字图书馆信息生态链的上游节点是指向图书馆提供数字资源的上游机构、组织或个人。华中师大图书馆的数字资源以各类数据库为主，包括购买数据库和自建数据库两类。截至2016年底，与华中师大图书馆建立买卖合作关系的数据库服务商80多家，以国内数据库服务商为主，主要包括电子期刊数据库商、电子图书数据库商、专利数据库商及其他音频、视频数据库服务商等。国外的数据库服务商39家，如Elsevier多媒体出版集团、Springer Link出版集团、EBSCO出版公司等。与华中师大图书馆建立长期合作关系的数据库服务商主要有中国知网（CNKI）、万方数据公司、维普资讯有限公司、CALIS等，部分数据库服务商提供多个数据库服务。此外，还有数十个数据库服务商与图书馆是非正式的数据库试用合作关系。

3）华中师大数字图书馆信息生态链的下游节点

华中师大数字图书馆信息生态链的下游节点主要是本校师生，也包括少数校外用户。目前学校共有在职教职工3 812人，在读学生30 255人。教授、副教授、专职老师及研究生是图书馆数字资源的主要用户，共有14 075人，其中教授及副教授1 291人，专职老师1 892人，研究生10 892人。校外用户是指除了本校师生之外的，浏览和利用图书馆自建数据库及公益数据库资源的用户。

2. 华中师大数字图书馆信息生态链的结构模型

根据以上分析，可构建如图8-1所示的华中师大数字图书馆信息生态链结构模型。

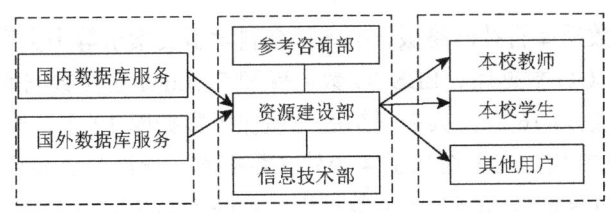

图 8-1 华中师大数字图书馆信息生态链结构模型

8.1.2 华中师大数字图书馆信息生态链的形成与演进

华中师大数字图书馆信息生态链的形成及演进主要包括以下几个阶段。

1. 华中师大数字图书馆信息生态链的萌芽（1989~2002年）

华中师大数字图书馆信息生态链的萌芽是指链在正式形成之前的储备与孕育阶段，主要特征有两个：第一，纸质资源实现网络化管理与服务。第二，图书馆开始提供少量单机版数字资源服务。纸质资源的网络化管理与服务是图书馆实施自动化、数字化管理的标志，为图书馆的数字资源服务提供基础。单机版数字资源服务意味着图书馆信息服务开始由纸质资源向数字资源转变。

1989年，华中师大图书馆自行开发的计算机流通管理系统投入运行，这标志着华中师大图书馆管理自动化的初步实现。

1998年，华中师大图书馆官方网站开通。用户可从网站上了解图书馆以及馆藏资源的基本信息，图书馆购买了CNKI光盘版数据库和单机版"人大复印资料"数据库。用户必须到馆向馆员表达自己的需求，馆员根据用户的需求帮助用户在"人大复印资料"数据库中查找相关信息。

2000年，华中师大图书馆购买"人大复印资料"光盘版，并提供24台检索机，可以提供本地检索服务，这标志着图书馆开始提供本地数字资源服务。

2002年2月，华中师大图书馆"校园文献网络化管理与服务系统"建成并投入使用。该系统覆盖了图书馆的主要业务，读者通过因特网即可迅速、准确、方便地检索到馆藏文献目录及读者借阅情况等信息。馆员通过该系统可完成采访、编目、典藏等工作。此外，图书馆"网上预约""网上续借""网上征订与荐购""网上咨询台"等服务功能开通。

2. 华中师大数字图书馆信息生态链的形成（2002~2004年）

华中师大数字图书馆信息生态链的形成以图书馆开始提供数字资源的网络传递与服务为标志。2002年图书馆开始购买网络版数据库，与部分数据库服务商建立合作关系，有少量校内师生使用图书馆数据库资源。2002~2004年间数据库逐年少量增加，图书馆数字资源建设还处于摸索阶段，数字图书馆信息生态链开始形成。

截至2002年底，华中师大图书馆共有数据库12个，其中中文数据库9个，外文数据库3个。CNKI中国学术期刊网络出版总库由之前的光盘版改成了网络包库版，同时增加了CNKI中国重要报纸全文数据库包库版，购买了部分万方数据库，维普数据库镜像版，全国报刊资料索引数据库哲社网络版，中国社会科学引文索引等中文数据库。同时，图书馆首次购买了 DIALOG 数据库、EBSCO 数据库和 Springer 全文数据库 3 个外文数据库。

2003 数据库总数为 16 个，其中网络版与镜像版数据库 12 个，光盘版数据库 4 个。与 2002 年相比，重要变化在于增加了 4 个外文数据库，依次是 American Physical Sciety 数据库，American Institute of Physics 数据库，American Mathematical Society 数据库和 Elsevier Science 全文期刊数据库。此外，2003 年图书馆开始建本校硕博论文全文数据库，该库内容每年更新，目前已收录该校 1999~2016 年硕博士毕业论文 30 643 篇。

2004 年数据库总数 15 个，增加的外文数据库有 AIP 数据库、WSN 数据库、CA 数据库。2004 年图书馆开始尝试与大量数据库服务商建立试合作关系，引进 32 个试用数据库，与数据库服务商合作开展数据库使用培训 10 多次。

3. 华中师大数字图书馆信息生态链规模扩大型进化（2005~2011 年）

2005~2011 年图书馆与越来越多的数据库服务商建立合作关系，购买的数据库类型和数量逐渐增多，由 2004 年的 15 个增至 2011 年的 85 个，平均每年增加近 10 个数据库。数字图书馆信息生态链的下游用户的类型和数量也显著增加，图书馆数字资源由只向本校师生开放转变为部分数字资源也向校外用户开放，信息用户数量由 2005 年的 2 万多人，增加至 2011 年的将近 3 万人，信息生态链向规模扩大型进化。

2005 年图书馆数据库服务商约有 40 个，与 2004 年相比增加的外文数据库服务商有 gale 集团、CALIS 等。2006 年图书馆数据库服务商增加至 50 个，2007 年约有 60 多个，中外文数据库服务商均有所增加，并开始与港台数据库服务商建立合作关系。

2005~2011 年，华中师大图书馆与更多的数据库服务商建立了长久、稳定的合作关系，且合作方式越来越多元化，合作内容越来越丰富。图书馆不仅与 CNKI、维普及万方等大型期刊数据库服务商建立了稳定关系，还与海内外电子图书数据库服务商、音视频数据库及其他数据库服务商逐渐建立了合作关系，且向少数数据库服务商同时购买多个不同类型数据库，如同时向中国知网购买了 CNKI 中国学术期刊网络出版总库、CNKI 中国期刊网优秀硕博论文全文数据库等 9 个数据库。期间，图书馆还完成了"华大文库"的回溯建库，完成"桂子文库""本校硕博论文库"构建，并持续更新数据库内容。

4. 华中师大数字图书馆信息生态链功能拓展型进化（2011~2016 年）

2011 年，华中师大数字图书馆信息生态链开始朝功能拓展的方向进化，其主要标志是移动图书馆、图书馆微博、微信公众号及 SSL-VPN 系统的开通应用。

2011 年 10 月，华中师大图书馆与北京世纪超星信息技术发展有限责任公司合作开通了华中师大超星移动图书馆，用户可在移动设备上自助完成个人借阅查询、馆藏查阅、图书馆最新资讯浏览、用户账户密码修改等功能。通过华中师大超星移动图书馆，用户不仅可以获取本校馆藏资源，还可检索到全国 700 多家图书馆的全文资源以及大量的中文电子图书和学术视频。移动图书馆的开通使用极大扩展了华中师大图书馆的数字信息服务功能。

2012 年 2 月，华中师大图书馆为处于校园外 IP 的本校用户提供 SSL-VPN 链接服务。

SSL-VPN 主要用来为用户提供图书馆各类数据库资源的访问服务。用户通过点击 SSL-VPN 服务链接，登陆图书馆官网，即可获取图书馆数据库资源。SSL-VPN 服务表明图书馆的数字资源服务方式在不断完善，数字资源服务辐射的地域更广泛。

2012 年 5 月，华中师大图书馆开通微博公众号，主要发布图书馆热门书刊推送信息、馆务通知信息、数字资源推送信息等。图书馆微博账号的开通不仅能实现馆藏资源的有效推送，而且加强了馆员与读者之间的互动，增强了图书馆与读者之间的黏性。通过图书馆微博账号虽然不能直接获取馆藏数字资源，但对数字资源的有效利用起到很好的宣传推广作用，对提高数字资源的利用率和数字图书馆信息生态链的信息流转效率起到促进作用。

2014 年 2 月，华中师大图书馆开通微信公众号，主要功能为发布图书馆信息、提供咨询服务。具体提供馆藏查寻、书刊推荐、公开课及报纸阅读等服务功能。如果用户将读者证与微信账号进行绑定，还可通过图书馆微信公众号查询自身当前借阅信息等，有利于用户对图书馆数字资源利用进行高效管理。

8.1.3 华中师大数字图书馆信息生态链的运行情况

1. 华中师大数字图书馆信息生态链信息流转

1）信息流转内容

华中师大图书馆提供的数字资源数量较多、类型较丰富，且更新较快，主要包括电子图书、期刊，特色资源，多媒体资源及其他类型的电子资源等。目前图书馆馆藏电子图书 425 万余册，已购买期刊数据库 97 个，自建特色数据库 3 个。数字信息资源内容涉及综合类、哲学、经济学、法学（政治/社会）、教育学（心理/体育）、文学（语言/新闻）、历史学、理学（数/理/化/地理/生物）、工学（材料/电信/计算机）、农学、医学、管理学、艺术学等学科门类。以下按学科类型对各类中外文数据库的数量进行统计，具体如下表 8-1 所示。

表 8-1 各类中外文数据库数量统计

数据库类型	中文数据库	外文数据库
综合型	32	12
哲学	4	0
经济学	4	1
法学	6	3
教育学（心理\体育）	7	7
文学（语言\新闻）	5	2
历史学	7	1
理学（数理化\地理\生物）	1	18
工学	1	9
农学	1	1
医学	1	1

续表

数据库类型	中文数据库	外文数据库
管理学	4	2
艺术学	4	0
专利	4	3

电子图书数据库中，中文电子图书数据库有6个，分别是超星中文电子图书、大学数字图书馆国际合作计划、文渊阁四库全书、中国大百科全书、中国数字图书馆电子图书及apabi电子图书库。电子图书内容涵盖经济、法律、语言与文学、艺术、历史、地理、自然科学、工业技术、天文和地学、环境与安全等22个大类，共涉及66个学科领域，不仅包括现代科学与技术研究前沿还包括很多珍贵古籍、民国时期出版的图书及从先秦到清代前期的历代主要典籍。外文电子图书数据库有3个，分别是Encyclopedia Britannica Online不列颠百科全书在线数据库、MyLibrary数据库及OCLCNetlibrary数据库。《不列颠百科全书》是第一部因特网上的百科全书，除包括印本内容外，还包括Britannica的最新文章及大量印本百科全书中没有的文章，库中可检索词条达到200 000个。MyiLibrary电子书来自英格拉姆数字集团，是世界领先的集成性电子书平台，主要服务于学术研究者和高校学生等。数据库内容涉及自然科学和人文科学各个领域，覆盖本校各专业，校园网用户可共享各馆订购的Netlibrary外文图书6 000多种。目前我校用户可访问该数据库中人文社科类的4 401种电子图书，图书种类以后还会不断增加。

电子期刊数据库中，外文电子期刊数据库中总共收集国外电子期刊21 885种，其中综合类期刊有7种、哲学414种、经济学2 678种、法学（含政治、社会）2701种、教育（心理、体育）4 651种、文学（新闻、语言）1 559种、历史学817种、理学（数字、物理、化学、生物学、地理学）3 167种、工学（材料、电信、计算机）2 028种、农学225种、医学2 217种、管理学356种、艺术学768种。中文电子期刊数据库主要以CNKI中国学术期刊网络出版总库、维普中文期刊服务平台及万方中国学术期刊数据库为代表。各数据库中收录的期刊涵盖哲学、经济学、法学（政治/社会）、教育学（心理/体育）、文学（语言/新闻）、历史学、理学（数/理/化/地理/生物）、工学（材料/电信/计算机）、农学、医学、管理学、艺术学等多个学科。其中CNKI中国学术期刊网络出版总库收录的期刊最全，数据库使用量最高。

三个自建数据库主要依托本校特色资源构建。其中华大文库主要收藏原华中大学、中原大学、中华大学所藏书刊，由对1952年及之前所藏文献、资料进行收集、整理，有选择、分阶段、逐批进行全文数字化而建成。"华大文库"包括华大学人、珍藏图书、珍稀报刊、毕业论文、解放区出版物、个人捐赠及普通图书7个子库。桂子文库是本校教师的科研成果文献数据库，它集数据采集、加工、存储、管理和服务为一体，用数字化方式收集、保存和展示全校老师公开发表的学术论文、会议论文、论著、编写的教材、咨询报告、研究报告等科研成果。本校博硕士学位论文全文数据库是图书馆与CALIS共建的学位论文全文数据库，是CALIS高校学位论文全文数据库子项目。

2）信息流转方式

按数字信息流转方式的不同,华中师大数字图书馆生态链信息流转方式可分成三类:图书馆购买数据库的信息流转、图书馆自建特色数据库信息流转及文献传递信息流转。

(1) 购买类数据库的信息流转。随着数据库服务商的不断增多,其竞争日益激烈,数据库的类型和内容也更加丰富。图书馆依据学科馆员征集的荐购信息并结合本校学科专业设置情况来选用试用数据库。为了拓展业务市场,数据库服务商主动来各高校图书馆宣传推广其数据库,且提供一段时间的免费试用。试用结束后,图书馆结合试用反馈信息及试用成本等,撰写试用评估报告,请有关专家审核评估报告并收集评审意见。依据数据库资源内容的不同,分为专业文献资源和一般性文献资源。专业文献资源评估报告由文献资源专家咨询委员会(文献资源专家咨询委员会由各学科专家、院系负责人、相关职能部门负责人、教师和学生代表组成)评审并给出购买意见,一般性文献资源则由图书馆管务会(管务会成员包括图书馆数字资源部主任、分管副馆长、馆长、图书馆学专家及各学科资深教师等)评审并给出购买意见。如果讨论决定不购买数据库则通知数据库服务商结束试用,决定购买数据库则填写订购回执单,并按相应程序购买数据库。

图书馆购买的数据库通常有镜像版和远程版两种。镜像版数据库需要信息技术部安装本地镜像。数据库购买完成后,图书馆资源建设部(原数字资源部)将数据库链接发布在图书馆信息平台。校内用户可登录图书馆网站查找、浏览和下载数据库信息资源。不处于校园 IP 段的校外师生可通过 VPN 链接,登录图书馆官网获取数字信息。

华中师大数字图书馆购买类数据库的信息流转模型如图 8-2 所示。

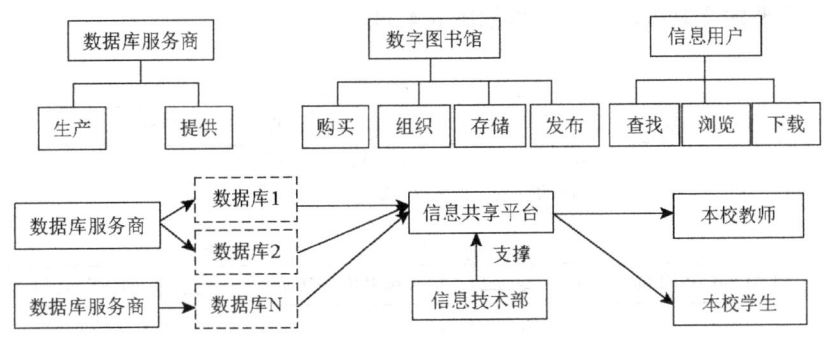

图 8-2 图书馆购买类数据库的信息流转模型

(2) 自建数据库的信息流转。数字图书馆在建立特色数据库之前,要进行相关调研,定位数据库的特色和目标,确定数据库建库的一系列规范标准,如资源组织方式、元数据、必备功能、集成接口、数据与系统安全规范等。然后有针对性地收集相关资源,对其中的纸质载体资源进行扫描、编号及格式转换等数字化处理,对数字资源进行整合。最后,由图书馆信息技术部完成数据库运行的技术环境及网络平台建设,进行数字资源的采集、加工和入库,并在信息共享平台发布数据库信息。图书馆信息用户可通过网络平台使用数据库资源。华中师大数字图书馆自建类数据库的信息流转模型如图 8-3 所示。

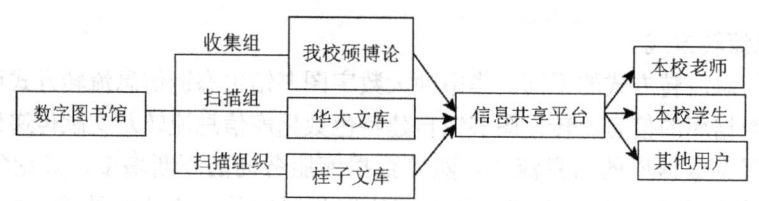

图 8-3 图书馆自建类数据库的信息流转模型图

针对校内和校外两类用户，图书馆与下游节点之间信息流转的方式主要有两种。校内师生可直接登录图书馆官网检索、查看及下载使用各类数据库。不在校园 IP 内的本校师生可通过登录图书馆官网，利用图书馆 VPN 链接查看和下载各类数据库资源。除本校师生外的其他用户可以通过图书馆官网检索、查看及下载图书馆自建数据库及多媒体资源。

（3）文献传递服务信息流转。文献传递服务是指图书馆依托 CALIS 和 CASHL 平台向其他成员馆索取其自身没有的信息资源或者为其他成员馆提供其特有的信息资源的一种信息服务方式。文献传递服务可充分实现信息资源共享，提高图书馆及学校文献信息服务保障水平。文献传递分为传入和传出两种形式。传入是指华中师大师生通过华中师大图书馆向其他图书馆索取需要的文献资源。用户在华中师大数字图书馆官网填写文献传递服务申请，申请中需详细注明用户所需文献资源的题名、出处以及用户的邮箱地址等信息。图书馆相关工作人员接收到申请后向 CALIS 或 CASHL 成员馆及国内外协作馆索取。索取成功后，其他图书馆便直接将文献资源以电子邮件传递、扫描传真、文献复印、邮寄等非返还式的方式传递给信息用户，如图 8-4（a）。传出是指其他图书馆向华中师大图书馆索取其用户需要的文献资源，其过程如图 8-4（b）。

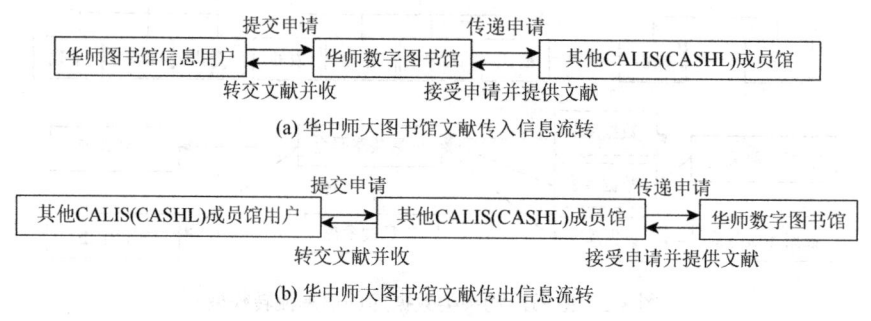

图 8-4 华中师大图书馆文献传入与传出信息流转过程图

2016 年华中师大图书馆文献传递总数达 1 774 篇，其中传入 1 621 篇，传出 153 篇。为读者提供 SCI、CSSCI 等收录检索 1 085 篇。

3）信息流转效率

数字图书馆信息流转效率主要体现在信息流转速度、信息流转质量及信息流转成本三个方面。

一是信息流转速度较快。校园无线网络的普及为数字信息资源的快速流转提供了有力的保障。2006年华中师大校园无线网络开始建设,目前已安装5台无线控制器、2 000台802.11 N双频双模300 M无线AP和480台802.11AC双频双模800 M无线AP,建成覆盖全校教学办公区、学生宿舍区、图书馆、食堂、广场等各区域无线网络。校内师生可在学校的任何地方通过PC端或移动客户端顺畅浏览图书馆网页,查找与利用数字资源。无线网络在校园内的全面覆盖,以其灵活布设、高带宽和无线接入的优势突破了有线网络节点限制,增加了校园网络信息点,实现多人同时上网,方便在校师生获取信息,提升了网络信息流转速度,为数字图书馆信息高效流转提供保障。

二是信息流转质量差异较大。据图书馆2016年度数字资源使用报告显示:中文数据库中,年使用次数较高的依次是CNKI数据库、超星读秀、超星百链、人民网、新东方多媒体学习库。其中CNKI数据库年使用次数最高,年下载量达5 578 345篇,使用次数排名第五的新东方多媒体数据库的年使用次数也达418 312次。而使用率相对较低的数据库有全国报刊索引(哲社版)、北大法宝、博看多媒体电子读报资源、库克音乐视频直播库等数据库,年总使用次数依次为12856次、14 526次、35 622次、52 752次等。可见不同类数据库的年使用频次差别较大。与高校师生学习、科研相关的书刊类数据库和其他学习型数据库的使用次数明显高于一些娱乐类数据库和针对某些学科的专门类数据库。数据库的使用频次越高表明该类数据库与本校师生用户的数字信息需求吻合度越高,也间接表明数据库的内容建设较好,数字信息流转质量越高。外文数据库中年使用次数较多的依次为国道外文特色专题数据库、Elsevier Science Direct数据库、EBSCO、SCI、ACS等。使用次数最高的文理综合类国道外文特色专题库下载量达719 583篇,下载量仅占CNKI数据库的12%左右。使用次数最低的外文数据库ESI只有1 460次。与中文数据库中使用次数最低的全国报刊索引库(哲社版)相比,只占其11%左右。可见,外文数据库的使用次数普遍低于中文数据库,娱乐类、专门类数据库使用次数远远低于综合型书刊数据库。整体而言,华中师大图书馆的数字信息流转质量较高,大部分数据库都能得到很好的利用。其中中文数据库利用率高于外文数据库。

三是信息流转成本高低不一。数据库的使用次数可反映大部分用户的数字信息需求特征,而数据库的使用成本则更能直接反映数据库资源的利用效益。从使用成本来看,中文数据库中使用成本较低的数据库依次为超星读秀、超星百链、CNKI数据库、人民网及联网XOPAC,各数据库每次下载使用成本分别为0.04元/次、0.08元/次、0.13元/次、0.14元/次、0.2元/次。使用成本较高的数据库依次为库克音乐视频直播库、北大法宝、博看多媒体电子读报资源等,最高使用费用达1.76元/次。外文数据库中使用成本较低的有国道外文特色专题数据库、Mathscienet数学评论、ASP综合学科参考类全文数据库+BSP商管财经类全文数据库等,使用成本依次为0.14元/篇、0.88元/次、1.17元/篇。使用成本最高的数据库ESI达64.88元/次。大部分外文数据库的使用成本均低于6元/次左右。数据库的使用次数与使用成本基本成正比,使用次数越多的,使用成本相对较低。中文数据库的使用成本普遍低于外文数据库,中文类数字信息流转效率高于外文数字信息。

2. 华中师大数字图书馆信息生态链的协作与竞争

华中师大数字图书馆信息生态链的协作包括链中不同类型核心节点间的协作,核心节点与下游节点的协作及核心节点与链外节点间的协作，竞争主要是指链中上游节点间的价格、资源竞争。

1）华中师大数字图书馆信息生态链的协作

（1）核心节点之间合作。链中资源建设部、参考咨询部及信息技术部间的协作主要表现在部门业务信息共享和部门协同服务两个方面。部门业务信息共享表现为各核心节点向其他两类节点共享其独有或能优先获得的业务信息，以促进数字图书馆信息生态链的良好运行、提高运行效率。资源建设部掌握着图书馆试用、购买和自建数据库的所有详细信息，信息技术部需掌握各类数据库信息，合理分配数据库存储空间、与网络中心共同合理设置各类数据库资源使用 IP、合理安排图书馆网站中数据库链接排版等。文献传递人员需充分了解馆藏数据库信息，才能更全面、准确地为用户提供文献传递服务，有针对性地开展学科服务及图书馆的服务推广工作。信息技术部从事各类服务器及应用系统管理、汇文系统管理、网站维护及文献资源数据管理等工作，这些为数字图书馆运行提供基础支撑。信息技术部应及时向资源建设部和参考咨询部反馈各类管理系统的使用方法、新增功能及网站与各类文献数据的建设与管理现状，以便于资源建设部更全面了解数据库运行现状，便于参考咨询部更高效的开展文献传递服务。参考咨询部与用户直接接触较多，更了解不同用户的数字信息需求特征，能较全面分析馆藏数字资源与用户需求的匹配程度。参考咨询部应将这类用户需求信息分享给资源建设部与信息技术部。了解用户需求信息能协助资源建设部有针对性购买新的数字信息资源、完善数字馆藏、提高数字信息服务效用。同时能够进一步促进信息技术部更新和提升信息技术服务水平，完善数字信息服务方式，提升用户服务体验。

部门协同服务表现为资源建设部、信息技术部及参考咨询部在充分信息共享的基础上共同完善数字图书馆的建设，不断丰富数字资源、不断完善数字信息服务方式，从而达到提升华中师大数字图书馆的服务水平和影响力，提升其在各类平台（如 CALIS 和 CASHL）中的影响力，更好地为非本校师生提供数字信息服务，同时也能为本校师生争取到更多可用资源。

（2）核心节点与下游节点合作。链内核心节点与下游节点间的合作具体体现在数字资源荐购及特色数字资源建设两个方面。对图书馆数字资源荐购起决定作用的主要是文献资源建设专家咨询委员会和学科馆员。图书馆每年召开一次文献资源建设工作会议，参会成员主要有各学科专家、院系负责人、相关职能部门负责人、教师和学生代表、图书馆资源建设部馆员、学科馆员及推荐专业文献资源的代表等，对学校文献资源的建设情况进行总结评价，对荐购资源进行商议决策，尤其是为大型数据库的购买提供意见，共同为文献资源建设提供建议。与会成员均是图书馆数字资源的用户，结合用户与专业角度中肯地对推荐的文献资源进行评价，为文献资源建设尤其是数字资源建设提供宝贵建议。学科馆员是联系图书馆与信息用户的纽带，需深入各院系内部提供资源推介服务、信息咨询服务，对各院系用户的数字信息需求有充分的了解，是图书馆数字资源建设的重要决策者。图书馆成立文献资源建设专家委员会、开展学科馆员服务均是图书馆与信息用户深入交流、相互合作、资源共建的表现，主要目的在于提高学校文献资源建设质量。特色数字资源是图书馆针对学校特有馆藏资源、院系内部特色资源等与各院系（研究院所）共同构建的数据库资源。目前有"华大文库"、"桂子文库"、"本校硕博论文数据库"3个特色数据库。"华大文库"是对原华中大学、中原大学、中华大学等所藏书刊的数字化，这些书刊大部分存储在图书馆，有些存储在各院系资料室。在数字化过程中需要充分收集存储在各院系资料室的相关书刊，将其与图书馆馆藏的相关书刊进行集中数字化。"桂子文库"更是本校各院系教师的科研成果的集萃，需要各院系老师充分将自身学术成果进行提交和共享。"本校硕博论文数据库"是华中师大历届硕博士论文的汇集，需要各位硕博生向图书馆提交纸质版和电子版学位论文全文，图书馆资源建设部老师对纸质文献进行逐一数字化，才能完成数据库的构建。

（3）链际合作。链中核心节点与链外节点的协作主要表现为联合采购和文献传递两种形式。联合采购是指华中师大图书馆与数字资源采购联盟中的其他图书馆一起联合购买某些数字资源，从而达到降低购买成本的一种采购方式。数字资源采购联盟是由高校图书馆联合发起成立的，合作开展引进数字资源的采购工作。由联盟中牵头馆发布采购方案及订购通知，其他成员馆若有采购需求可填写购买回执，经牵头馆、数据库商和代理商查看及审核购买回执后便可参与组团购买，并向数据库商支付购买费用。联合采购是图书馆购买数据库的常用方式之一，2004年华中师大图书馆与其他高校图书馆一起购买Elsevier数据库。

文献传递是不同高校数字图书馆信息生态链核心节点间相互连接的合作方式。各图书馆建立文献传递合作关系的平台有CALIS和CASHL。其中中文文献传递以CALIS为主，外文文献传递以CASHL为主。CALIS中国高等教育文献保障系统，是致力于为中国的高等教育服务的中国高等教育数字图书馆为核心的教育文献联合保障体系。2002年华中师大图书馆成为CALIS成员馆，至今与CALIS中其他112个高校图书馆建立合作关系。CALIS成员馆可通过CALIS高校联合目录进行检索，查找满足本馆用户需求的文献资源，并通过该平台向其他馆发送文献传递申请。

CASHL是中国高校人文社会科学文献中心的英文简称，是全国性的唯一的人文社会科学外文期刊保障体系。不同于CALIS文献传递，只能由CALIS成员馆馆员发送申请，在CASHL平台中注册的用户或馆员均可直接登录CASHL高校人文社科外文期刊目次数据库进行检索，并向外馆发送文献传递申请。

2）华中师大数字图书馆信息生态链的竞争

节点间的竞争主要是上游节点数据库服务商之间的价格竞争及数据库内容资源竞争。数据库的内容资源和数据库价格是图书馆购买数据库时考虑的两个重要因素。数据库服务商之间价格竞争和资源竞争的主要目的都是为了获得更多的客户资源，即为更多图书馆或信息机构提供服务。价格竞争表现为数据库服务商通过降低价格来获得比同类型数据库更多的市场优势。例如，中国知网与万方均提供中文期刊全文数据库，但市场价格不一样，它们之间存在价格竞争。数据库定价不仅与资源类型有关，还与学校平台、信息用户数量有关。在数据库内容基本相同的情况下，图书馆可选择有价格优势的数据库。数据库购买费用占高校图书馆运行经费的很大一部分，因此，数据库价格对图书馆是否购买数据库有较大影响。内容资源竞争表现为数据库服务商间为争夺更多的图书、期刊及其他纸质载体资源的数字化版权或争夺更多的其他数字资源而展开的竞争。内容是数据库的核心竞争力,图书馆在购买数据库时要考虑数据库内容的类型、完善程度、准确性及与本校用户信息需求吻合程度。

3. 华中师大数字图书馆信息生态链的动态平衡状况

数字图书馆信息生态链动态平衡是指一段时期内,保持链内构成要素协调、功能较为完善、结构与功能相对稳定的过程。以下从要素协调度、功能完善度及相对稳定度三个方面构建了华中师大数字图书馆信息生态链动态平衡度评价指标体系,并设计相应调查问卷进行调研,对调研结果进行统计分析,以从链的角度提出平衡度优化策略,从而提升链的信息流转与服务效率。

1) 评价模型构建

主要采用模糊综合评价法对华中师大数字图书馆信息生态链动态平衡状况进行分析。根据我们设计的"网络信息生态链动态平衡度评价指标体系",结合数字图书馆信息生态链的特点,采用改进的比率标度法确定各指标的权能重,得到如表8-2所示的数字图书馆信息生态链动态平衡度评价模型。

表8-2 数字图书馆信息生态链动态平衡度评价模型

一级指标		二级指标		
名称	权重	名称	权重	指标说明及评价准则
要素协调度	0.41	信息主体协调度	0.25	链中数字资源生产者、数字图书馆、数字信息用户数量、素质相互协调的程度(协调程度越高越好)
		环境因子协调度	0.33	链中流转的信息、信息技术、信息制度相互协调的程度(协调程度越高越好)
		主体与环境协调度	0.42	链中信息主体与环境因子相互适应、相互促进的程度(协调程度越高越好)
功能完善度	0.35	功能完备度	0.42	链所具备的功能的数量多少和协调程度(协调程度越高越好)
		功能强弱度	0.36	链所具备的功能的强弱(功能越强越好)
		功能发挥度	0.22	链的功能能否全面、正常发挥作用,有无功能闲置(功能发挥越全面、越充分越好)
相对稳定度	0.24	变动频度	0.16	一段时间内,链的结构、功能失调次数的多少(失调次数越少越好)
		变动幅度	0.25	链的结构、功能失调的程度(失调程度越低越好)
		恢复速度	0.25	链的结构、功能从失调到恢复协调的时间长短(失调到恢复时间越短越好)
		恢复程度	0.34	链的结构、功能失调后恢复到原有状态的程度(失调后恢复程度越高越好,能实现高层次协调最好)

2) 数据收集与处理

采用模糊综合评价方法对二级指标赋值并计算评价结果。将10个二级指标分为很好、较好、一般、较差、很差5个等级,设计了"华中师大数字图书馆信息生态链动态平衡度调查问卷"。调查对象为与华中师大数字图书馆生态链有关的人员,如华中师大的本科生、研究生、教师、行政管理人员、校图书馆和院所资料室人员、校图书馆数字资源供应商。共收到有效调查问卷 330 份，通过对有效问卷的统计，得到要素协调度评价、功能完善度评价、相对稳定度评价三个关系矩阵。

要素协调度评价关系矩阵：

$$\begin{bmatrix} 0.20 & 0.52 & 0.25 & 0.03 & 0.00 \\ 0.22 & 0.59 & 0.17 & 0.02 & 0.00 \\ 0.23 & 0.41 & 0.35 & 0.01 & 0.00 \end{bmatrix}$$

功能完善度评价关系矩阵：

$$\begin{bmatrix} 0.25 & 0.40 & 0.28 & 0.06 & 0.01 \\ 0.19 & 0.51 & 0.32 & 0.06 & 0.01 \\ 0.16 & 0.48 & 0.30 & 0.05 & 0.01 \end{bmatrix}$$

相对稳定度评价关系矩阵：

$$\begin{bmatrix} 0.21 & 0.43 & 0.33 & 0.03 & 0.00 \\ 0.17 & 0.51 & 0.27 & 0.04 & 0.01 \\ 0.23 & 0.44 & 0.27 & 0.05 & 0.01 \\ 0.27 & 0.52 & 0.20 & 0.01 & 0.00 \end{bmatrix}$$

采用最小最大运算法将相应的权重矩阵与关系矩阵合成，并进行归一化处理，得到各一级指标的综合评价矩阵。

要素协调度综合评价矩阵：[0.23 0.40 0.34 0.03 0.00]

功能完善度综合评价矩阵：[0.24 0.39 0.31 0.06 0.00]

相对稳定度综合评价矩阵：[0.30 0.37 0.27 0.06 0.00]

设评价等级为很好、较好、一般、较差、很差的得分分别为 10、8、6、4、2，得到评价等级的得分矩阵，即[10 8 6 4 2]。将各一级指标综合评价矩阵与转置的评价等级得分矩阵相乘，得到各一级指标的综合评价得分：要素协调度得分为 7.66；功能完善度得分为 7.62；相对稳定度得分为 7.82。

采用最小最大运算法将一级指标权重矩阵与一级指标综合评价关系矩阵合成，即

$$[0.41 \quad 0.35 \quad 0.24] \circ \begin{bmatrix} 0.23 & 0.40 & 0.34 & 0.03 & 0.00 \\ 0.24 & 0.39 & 0.31 & 0.06 & 0.00 \\ 0.30 & 0.37 & 0.27 & 0.06 & 0.00 \end{bmatrix} = [0.24 \quad 0.40 \quad 0.34 \quad 0.06 \quad 0.00]$$

对合成结果进行归一化处理后，得到该链动态平衡度综合评价矩阵，即

[0.23 0.38 0.33 0.06 0.00]

将该链动态平衡度综合评价矩阵与转置的评价等级得分矩阵相乘，得到华中师大数字图书馆信息生态链动态平衡度得分为 7.56。

3）评价结果简析

由上述结果可知，按满分为 10 分计算，华中师大数字图书馆信息生态链动态平衡度三个维度得分和总得分都在 7.5~8.0 分之间，说明华中师大数字图书馆信息生态链要素协调程度、功能完善程度和相对稳定程度都处于良好状态，但还有较大的改进和提升空间。

8.1.4 华中师大数字图书馆信息生态链存在的问题及对策

1. 华中师大数字图书馆信息生态链存在的问题

1）核心节点结构不够合理，节点人员信息技术水平较低

2016 年图书馆部门整合后将数字资源部纳入资源建设部，其中负责数字资源建设与服务的仅有 2 人。而数字资源文献传递工作仅由参考咨询部 1 人负责。数据库系统使用维护的部分工作由信息技术部相关人员负责。数字资源建设与服务是数字图书馆信息服务的核心，而其相关职能分散在多个部门，馆员间协作不便。撤销数字资源部后，缺乏数字资源建设的核心部门，不利于数字资源建设的统筹规划，不能全面、高效的开展数字资源建设工作。图书馆现有员工 100 多人，40 岁以上的员工中大部分不具备图书情报或计算机专业知识背景，信息技术水平相对较低。在信息化、数字化背景下，高校数字图书馆信息服务越来越智能化，各部门的业务工作也更加依靠现代信息设备和计算机技术，对馆员的信息技术能力要求越来越高，仅依靠传统的人工服务已经跟不上数字图书馆的发展步伐。馆员信息技术能力的缺乏严重影响其工作效率，从而较低了图书馆数字信息服务效率。

2）节点组合方式不尽合理

华中师大数字图书馆购买的国外数据库较少，利用率较低，与图书馆建立正式合作关系的数据库服务商多以国内为主，国外较少。图书馆没有与更多的国外数据库服务商建立合作关系，一方面是由于对于本校师生而言中文数据库的需求量更大，另一方面是由于图书馆数字资源购置经费有限。这两种原因使得图书馆购买的外文数据库资源相对较少，致使链中核心节点与上游节点的组合方式不够合理，数字资源建设不够全面和完善。但随着学术探讨和科研合作的逐渐国际化，更多的师生在学习和科学研究中需要获取大量的、高质量的外文电子书刊和文献信息。外文数字资源的匮乏使部分用户的需求不能得到很好地满足。另外，图书馆数字资源服务主要针对校内师生，服务对象较单一。非本校师生只能获取图书馆自建特色数据库资源，数字信息服务面较狭窄，数字信息资源不能得到充分共享和利用。数据库服务商为了获取更大利益，对数字资源服务对象的边界有明确规定，要求购买的数据库资源不能对非本校师生开放。

3）数字资源结构不尽合理，部分数字信息流转成本较高

通过调查我们发现，使用 CNKI、维普、万方等中文期刊数据库的用户占用户总数的比重最大，达近 50%。使用 ELSEVIER、Wiley、EBSCO、ACS、ACM 等外文期刊数据库的用户占近 15%，使用超星、网上报告厅、知识世界等视频资源用户更少，而像 Kuke 数字音乐等音频资源更是显少有人使用。可见，不同类型数据库资源的用户比例有很大的差异。学习与科研类图书与期刊数据库使用人数较多。这种现象一方面表明大部分用户使用图书馆数字资源主要是为科研项目及论文写作服务的，这在高校数字图书馆中也是一种较普遍的现象。另一方面，用户分布的过大差异化也表明图书馆的数字资源结构分布存在一定的问题。期刊类数据库数量较全，但是数据库内容存在较大的重复，导致数字资源重复建设。而大部分数据库利用率很低，浪费了网络存储空间，降低了数字图书馆的服务质量，在经费不足的情况下更是一种浪费。2016 年华中师大图书馆运行经费 1 500 万，相比

前几年有一定增长,但在用户需求越来越多元化、数字资源越来越丰富且收费越来越高的情况下,运行经费稍显不足。图书馆每年在购买数据库方面花费的费用成为其运行经费的主要开支,运行经费的不充足对数字资源的建设有较大影响,不仅不能购买多样化的数字资源,也没有充足的资金进行技术更新、硬件改善、信息系统建设等。

4) 图书馆与下游读者之间互动较少

图书馆与下游节点之间互动较少主要体现在两个方面:一是数字资源建设过程中没有深入考虑用户需求,二是在数字资源使用过程中没有对用户进行有效的宣传和引导,致使部分数字资源没有得到充分使用。图书馆专门成立了"文献资源建设专家咨询委员会",同时开展了学科馆员服务,这些为数字资源建设提供了很好的指导、咨询、评价及建议作用。但"文献资源建设专家咨询委员会"委员更多的是从全校的、全局的角度对数字资源建设发表意见,而没有注重用户更多个性化的数字信息需求。2016 年图书馆学科馆员服务走上正轨,让馆员走进院系内部进行嵌入式、针对性服务,深度挖掘用户需求。但由于图书馆开展学科馆员服务时间不长、缺乏经验,馆员与院系之间的交流深度与密度还不够,取得的效果不够明显,在深入院系师生个性化需求方面还有待加强。另外,图书馆购买的每类数据库特征、使用方法都不一样,图书馆对各类数据库使用的宣传和引导不够,很多用户都不知道图书馆购买了哪些数据库,更不知道如何高效使用这些数据库。虽然华中师大图书馆官网提供了"资源推荐"功能,用户可以通过该平台向图书馆推荐需要购买的书籍、刊物及其他电子资源,但是真正使用该功能的用户极少。大部分信息用户一旦发现自己需要的资源无法获得时会去寻找其他途径获取资源,而懒得去给图书馆提意见。部分用户对图书馆"资源荐购"功能也并不熟悉,很难想到去使用这个功能。产生这种现象的根本原因在于信息用户与图书馆之间并没有真正实现沟通互动,没有对用户使用图书馆的数字化功能进行有效引导。在数字资源流转过程中,信息用户仍然没有占据主动权,用户的信息需求没有得到充分的挖掘。

2. 华中师大数字图书馆信息生态链的优化对策

1) 调整核心节点部门结构,加强馆员信息技术培训

图书馆应以数字资源建设为主线成立数字资源部,负责数字资源建设、传递、提供利用及数据库维护等工作,并不断加强馆员信息技术能力培训。合理调整核心节点部门结构,加强馆员信息技术培训,具体可从以下三个方面完善。第一,成立数字资源部,建立以数字资源建设与服务为核心的馆员队伍。数字资源部的职能应囊括数据库荐购、购买、维护、评估等,将原咨询服务部负责数字资源文献传递及学科馆员服务的职能、原信息技术部负责数据库运行及维护的职能纳入数字资源部,由相应馆员负责。第二,增加信息技术馆员数量,加强引进计算机专业和信息技术相关专业人才。具有信息技术背景的人员可安置在信息技术部门,也可适当调整到资源建设部、流通阅览部、咨询服务部等部门。这样既可减轻信息技术部门的工作负担,也可更好的指导其他部门馆员对信息技术的有效利用。华中师大图书馆目前正在完善学科服务,各学科服务平台已经上线,但是相应的服务内容还不够完善。学科服务平台是专门针对学校的各学科建立的数字化平台,其中一项主要功能就是为各学院提供数据库服务导航。这就要求各学科对应的学科馆员具备一定信息技术水

平，能协助信息技术部、资源建设部及各院系完善学科服务平台的构建，并为院系用户使用学科服务平台提供指导和帮助。第二，加强现有馆员的信息技术能力培训。图书馆可成立由信息技术部牵头负责的技术学习小组，采取集中培训与学习的模式。每周或每月抽出固定时间，由本馆信息技术部馆员或邀请其他院校信息技术部馆员为全馆员工讲解、演示各信息系统使用、运行及维护方法。图书馆还可组织馆员去其他图书馆参观与学习他们的信息技术设备应用情况，与他们就业务工作中的信息技术应用展开深入交流。

2) 调整和完善核心节点与上下游节点的组合方式

调整核心节点与上游数据库服务商的组合方式可从以下两个方面实施。第一，加强外文数据库资源使用的宣传和培训。图书馆可邀请各外文数据库服务商对本校师生开展外文数据库使用方法、技巧等的宣讲和培训。一方面可促进外文数据库的使用，满足更多用户的需求，降低数据库使用成本。另一方面也可加强图书馆与数据库服务商间的紧密联系。第二，采取与联盟馆联合购买外文数据库的模式。图书馆可积极参与其他CALIS成员馆发起的相关外文数据库联合购买活动，也应积极发起本馆需求外文数据库的联合购买。这样既可以完善馆藏外文数字资源，又可以适当节省经费。

完善核心节点与下游节点的组合方式主要有以下两种途径。第一，图书馆应为用户提供更多开放获取资源链接，并对相关信息进行分类组织。如国家图书馆提供经典期刊数据库、历史学数据库等的免费使用。第二，加强图书馆机构知识库建设，与其他机构知识库进行资源共享。机构知识库是机构知识资产的体现，目的是通过对机构资源的有效整合为机构用户提供高效的信息与知识服务。高校师生既是知识资产的产出者，也是知识资产的使用者，是高校机构知识库知识资源的构建与提供者，也是主要用户群。图书馆应结合学校与各院系特色，与校内各单位共同联合构建机构知识库。目前华中师大图书馆的学科服务平台已上线，但功能不够完善，图书馆可借构建机构知识库的契机将学科服务内容融入机构知识库中，建立以用户需求为导向，集学科服务、科研服务于一体的机构知识库。将学科资源推介、学科建设现状分析报告、学科发展前沿分析等学科服务功能与成果收录情况标引、收录引用通知、科研成果统计、机构重要成果彰显、学科热点与前沿推送、科研项目管理等科研服务功能有机融合。

3) 完善数字资源的整合，加强数字资源利用宣传

优化图书馆数字资源建设、加强数字资源整合和利用宣传，可从以下两个方面着手。第一，建立适用于本校本馆的数字资源建设标准体系。主要内容包括：明确数字资源的分类标准；优化各类数字资源的分配比例；强化数字资源的内容整合等。部分数据库受垄断效应影响，必须购买，其他数据库与之有内容重复也难以完全避免。因此，图书馆应根据实际情况合理筛选、剔除部分数据库。第二，通过组织馆员集中培训和深入开展学科馆员服务来加强数据库的宣传。图书馆可针对全校师生组织开展数据库使用培训。各学科馆员应有针对性的向各院系进行数字资源推介，介绍相应数据库的使用方法与技巧。

4) 深入挖掘用户信息需求，加强图书馆与用户之间的联系

图书馆可采用"线上"与"线下"相结合的方式来增强与读者之间的互动。"线上"方式是指图书馆利用数字资源服务平台完善与用户的交流，进一步完善"资源建购"以及"读者提问"功能。目前用户只能看到自己的留言信息，看不到其他人的留言信息。这在

一定程度上对用户留言的积极性有影响。如果能够对这些模块的功能进行完善，用户可以看到近段时间所有人的留言信息，他们可能会对其中的某些问题产生共鸣，从而激发他们反馈信息的积极性。此外，图书馆可开展线上咨询服务，用户登录网站通过点击链接，可实现与馆员的在线交流。"线下"方式中图书馆应联合"图书馆学生工作委员会"多组织各院系以及学校学生工作团体，开展多种形式的线下文化艺术活动，加强用户与图书馆之间的相互联系。

8.2 崇阳县 G2C 电子政务信息生态链

8.2.1 崇阳县 G2C 电子政务信息生态链的节点构成及结构模型

1. 崇阳县 G2C 电子政务信息生态链的节点构成

崇阳县 G2C 电子政务信息生态链由 3 类节点构成，核心节点是崇阳县网络信息中心和政务服务中心，上游节点是崇阳县 12 个乡镇、34 个政府部门，下游节点是公众。在崇阳县 G2C 电子政务信息生态链中核心节点崇阳县网络信息中心和政务服务中心主要承担信息组织、传递的功能，上游节点各乡镇政府、政府部门主要承担政务信息生产的功能，下游节点公众承担政务信息利用功能。

1）崇阳县网络信息中心

崇阳县网络信息中心是县政府门户网站的运营单位，主要负责县政府门户网站的运营维护、辅助其他政府部门网站、乡镇政府网站的建设与运营，并对政府部门和乡镇政府网站进行考核监管。崇阳县政府门户网是县电子政务服务的主要窗口，提供新闻信息服务、政务公开服务、政民在线互动服务、网上办事链接等服务。崇阳县电子政务办公室是县政府门户网的主管单位，负责网站运营情况监管，崇阳县网络信息中心是负责具体执行的运营单位。崇阳县电子政务办公室负责全县电子政务建设的统筹规划，包括对县政府、政府部门、乡镇政府主办的各类政务网站及云上崇阳 APP 的监管。

2006 年，崇阳县电子政务办公室创建县政府门户网并负责运营及维护。2012 年 4 月，县政府门户网转入崇阳县网络信息中心负责运营。崇阳县网络信息中心与电视台、报社、发射台同属于崇阳县新闻宣传中心的二级单位。崇阳县网络信息中心现有员工 6 人，其中中心主任 1 人，主要负责县政府门户网站运营的统筹规划；总编 1 人，主要负责网站审稿及网络活动策划；采编记者 2 人，主要负责政府部门及乡镇网站维护及信息采编；初审编辑 1 个，主要负责政府部门及乡镇来稿初审；技术员 1 人，主要负责网站设计制作及后台维护。

2）政务服务中心

崇阳县政务服务中心是由县政府举办的集中办理政府权限范围内的行政许可事项和服务项目的综合性行政服务型政府派出机构。政务服务中心不仅为公众提供线下一站式办事服务，还为公众提供线上电子政务服务。由政务服务中心主管及运营的中心门户网站为公众提供一系列电子政务服务，包括各入驻单位办事指南，政民在线互动，网上行政审批申报及审核。其中网上办事指南信息包括，各单位在办事大厅的窗口位置图示、各单位各项行政审批业务办事流程及相关资料下载。政民在线互动包括在线咨询、在线评议、在线投诉服务。政务中心网上行政许可事项办理申报及审批系统已初步建成，但还未完全投入使用，利用该系统可实现完全意义上的电子政务服务，公众可在网上申报系统提交相关材料，申请相关证件及相关事项办理服务。网上办事是政务服务中心电子政务服务的核心功能，因此政务服务中心是崇阳县G2C电子政务信息生态链的核心节点之一。

政务服务中心成立于2003年，当时入驻中心的仅有住建局、文体局、人社局等12家办事单位，且业务量极少。2013年政务服务中心门户网站建成并投入使用，成为中心与外界互联的窗口。2014年政务服务中心与县公共资源交易监督管理局合并，成立崇阳县政务服务和公共资源交易管理办公室，实现政府采购、投资服务、信访接待、行政审批、政务公开及其他便民服务一体化。两个单位合并后，采用统一管理，分开办公的运营模式。政务服务中心门户网站仍以行政审批事项办理为主，不涉及公共资源交易内容。政务服务和公共资源交易管理办公室共18人，设5个正股级机构，分别是综合股、政务督查股、行政审批股、市场管理股及监督监察股。其中行政审批股2人，负责行政审批系统的更新、维护、应用及中心门户网站的建设、维护和管理。目前政府服务中心有47家进驻单位，共设置196个办事窗口，其中19个单位设立了行政审批股，共涉及65项审批事项、77项行政事业性收费事项。除了行政审批事项外，还有其他80余项与人民群众生产生活密切相关的服务事项均可在大厅办理。

3）崇阳县上级政府、县政府部门及乡镇政府

崇阳县上级政府、县政府部门及乡镇政府也是县电子政务服务系统的组成部分，是电子政务信息的主要生产者，也是崇阳县G2C电子政务信息生态链的上游节点。其中崇阳县上级政府主要包括国务院、湖北省政府、咸宁市政府。崇阳县政府网站新闻版块的部门内容转载于中华人民共和国中央人民政府网、湖北省人民政府网和咸宁市人民政府网。国务院、湖北省政府、咸宁市政府是这三个网站的运营主体。

34个单位县政府部门主要有教育局、公安局、工商局等，12个乡镇政府有天城镇、白霓镇、铜钟乡、石城镇、沙坪镇、青山镇、路口镇、港口乡、金塘镇、桂花泉镇、高视乡、肖岭乡。政府部门网站和乡镇政府网站主要有政务动态、公开政务信息、网上办事链接及公众互动四种基本的电子政务服务功能。为了进一步加强县乡镇及政府部门电子政务建设，县政府按《省人民政府办公厅关于加强全省政府网站信息内容建设的实施意见》要求，不断完善政府网站体系，优化网站结构布局，规划建设全县统一的政府网站技术平台，各部门、各乡（镇）统一依托政府网站技术平台开设子栏目、频道等，新闻信息内容，编辑集成、技术安全、运维保障等由县政府网站编辑部承担。各网站由各单位信息员直接负责运营，包括采集、编辑、发布单位政务信息等，各单位分管领导负责监管。

4）公众

公众是指利用县政府门户网站及政府部门、各乡镇政府门户网站浏览、获取政务信息或享受其他政务服务的个人和企业，是电子政务的主要服务对象。所有公众均可浏览县政府门户网站、政府部门网站和乡镇政府网站政务公开信息。此外，公众可通过崇阳县政府门户网站和政务中心门户网站的"在线咨询""在线投诉"等板块发布咨询及投诉信息，

在这个过程中公众同时承担政务信息生产的功能。因此，在崇阳县 G2C 电子政务信息生态链中公众既是政务信息生产者又是政务信息利用者。

2. 崇阳县 G2C 电子政务信息生态链的结构模型

崇阳县 G2C 电子政务信息生态链的结构模型如图 8-5 所示。其中实线表示已经建立网络信息流转关系，并已实现网络信息流转，虚线表示网络信息流转关系正在建立过程中，还未实现网络信息流转。

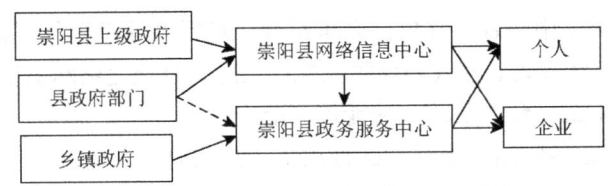

图 8-5　崇阳县 G2C 电子政务信息生态链结构模型

8.2.2　崇阳县 G2C 电子政务信息生态链的形成及演进

1. 崇阳县 G2C 电子政务信息生态链的形成

2006 年，崇阳县政府门户网站建成并投入使用，由县电子政务办公室负责运营。网站定位于向外界推广崇阳文化、扩大崇阳地区影响力，以新闻发布、崇阳文化历史简介、政务文件公开、招商引资信息发布及论坛等板块为主。其中新闻类信息以县政府、政府部门的相关信息为主，也有少量乡镇相关的新闻信息，没有涉及国家、省市等新闻信息。政务文件公开也以县、乡镇相关政府文件为主，没有涉及国家及省市发布的政府文件。公众可以通过县政府门户网站了解政务动态，也可以在网站论坛板块留言咨询相关政务信息，此时，由县政府直接面向公众的电子政务信息生态链形成。当时各乡镇及政府部门门户网站极少，而且信息内容较单一，更新较慢。电子政务办公室对各乡镇及政府部门网站没有完善的监管措施，在网站建设和网站内容发布上没有直接的联系。

2006～2010 年，县政府门户网站的结构与功能没有显著的变化。政务信息公开的类型和数量较少，信息更新较慢，关注和使用政府门户网站的公众较少。

2011 年，县政府门户网站添加了在线咨询投诉和调查征集功能。公众可在线向县政府咨询相关问题，参与在线调查活动。

2. 崇阳县 G2C 电子政务信息生态链规模扩大型演进

崇阳县 G2C 电子政务信息生态链规模扩大主要表现为链中同层级节点的类型和数量增加，链的宽度增加，规模扩大，具体体现在两个方面：链中核心节点替换及增加、链中上游信息生产节点增加。

2012 年 4 月，县政府门户网站由电子政务办公室转交崇阳县网络信息中心负责，链中核心节点发生转变，电子政务办公室仍承担网站运营行政主管职能。与电子政务办公室相比，崇阳县网络信息中心更能充分利用新闻宣传中心"电视台""报社"等新闻机构优势，广泛、全面、及时收集县、乡镇、政府部门的相关新闻信息。崇阳县网络信息中心负责县门户网站、乡镇政府网站及政府部门网站的新闻信息更新，加快了新闻信息的更新频率。

2013年县政务中心门户网站建立，网站内容涉及"中心新闻动态"、"中心政务公开""政民互动""各入驻单位办事向导"及"网上申报、审批、监察系统"等。与此同时，县政府门户网站将"网上办事"功能板块直接链接到政务服务中心网站。政务服务中心成为崇阳县电子政务服务生态链中的又一核心节点。概括而言，政务服务中心网站有三个显著功能，一是为公众提供中心各入驻单位办事指南（包括办理流程及注意事项），二是为公众提供在线咨询、在线投诉、在线评议等功能，三是为公众提供网上申报平台、为各入驻单位提供网上行政审批平台（目前该功能还不能完全实现）。

2015年在全国政务网站普查行动的推动下，县政府进一步加强了全县电子政务网站的统筹管理，要求12个乡镇和34个政府部门全面完善政务网站建设，所有网站采用统一布局，由崇阳县网络信息中心提供技术支持协助建立并完善各网站功能，所有网站采用统一布局，由崇阳县网络信息中心提供技术支持协助建立并完善各网站功能。所有网站至少有"新闻动态""政务公开"两类基本内容。届时，崇阳县全面建成遍及乡镇及各政府部门的电子政务网站服务平台，实现由县政府电子政务办公室统筹管理，崇阳县网络信息中心执行监管的各政务网站资源共享、协同服务、互联互通的县域电子政务服务系统，极大提升了政府办公的公开度、透明度，节约了公众办事时间，提高了政府办公效率，推动崇阳县电子政务服务走向新台阶。崇阳县G2C电子政务信息生态链上游节点增加，规模扩大。

3. 崇阳县G2C电子政务信息生态链服务功效增强型进化

崇阳县G2C电子政务信息生态链服务功效增强主要表现为链中流转的政务信息类目更加全面清晰，信息组织整合更加合理、更加满足用户浏览与检索习惯，公开政务信息数量逐渐增多，信息内容不断完善，信息更新速度更快，链中信息流转效率逐渐提高。

为进一步加强县政府门户网站政务信息服务功能，崇阳县政府制定了《崇阳县政府门户网站内容保障方案》，并以此方案为参考标准对县政府门户网站和政务服务中心网站进行了全面整改，以加强原有信息栏目的服务功能、增设新的信息服务栏目、加快信息更新频率为主要整改目标，全面提高电子政务服务效能。

2016年县政府门户网站进一步优化栏目设置，加强网站建设。其中，着重改版了公众与政府线上交流的相关功能，拉近政府与公众的距离，了解公众的深层信息需求，更好地为公众提供电子政务服务，同时也为公众对政府进行监督提供了平台。截至2016年底，全年崇阳县各级政府共发布信息8 962条，重点领域共发布信息5 325条，政务信息公开的类目和数量较去年有显著增加。具体该版的有"在线访谈""县长信箱""调查征集"及"政民互动"等栏目。"在线访谈"直观、全面地公开展现政府办公情况，"县长信箱"为公众与县领导提供直接交流平台，"调查征集"给予公众更多的政府决策发言权，"政民互动"为公众提供了更多的咨询交流平台。这些栏目的该版进一步体现了政务办公的公开透明化,加强了公众与政府领导间的直接交流,带动公众积极参与电子政务活动,提高了电子政务服务效能。为了加强政务信息的组织整合,更好地引导公众利用电子政务服务平台,增加了信息分类导航、指南等服务板块,具体增加的有"信息公开目录""信息公开指南""政府信息公开""重点领域信息"等栏目。除了改版和增设相关栏目外,县政府还不断加强对网站建设的检测,邀请政府网站专业监测机构开普公司对政府网站定期进行监测扫描,坚决杜绝"僵尸"栏目以及"文不对题"等现象,保障政府网站及时更新、提高政务信息内容质量。

8.2.3 崇阳县G2C电子政务信息生态链的运行情况

1. 崇阳县G2C电子政务信息生态链的信息流转

崇阳县G2C电子政务信息生态链中流转的信息主要包括四类:新闻信息、政务公开信息、网上办事信息及公众互动信息。以下对这四类信息的流转过程及流转效率进行分析。

1)新闻信息流转

崇阳县政府网新闻信息主要有国务院新闻、湖北省政府新闻、咸宁市政府新闻、崇阳县政府新闻及县政府部门和乡镇政府新闻几类。其中国务院新闻、省政府新闻及市政府新闻分别由中央人民政府网、湖北省人民政府网、咸宁市人民政府网的新闻板块转载而来。县政府、县政府部门及乡镇政府新闻由崇阳县网络信息中心记者采编、整理并发布在县政府网。崇阳县网络信息中心利用其平台、资源及技术优势收集、采编各类新闻信息,并负责更新政府部门及乡镇政府网站新闻信息,这种统一采集、分开发布的管理形式极大提高了新闻信息流转效率,减少了政府部门及乡镇政府的工作量,提高了崇阳县电子政务服务水平。县政府网、政府部门网、乡镇政府网新闻信息每日更新,信息流转速度和流转效率较高。新闻信息流转过程如图8-6所示。其中链接类新闻信息流转过程如①所示,崇阳县网络信息中心采编类信息流转过程如②所示。

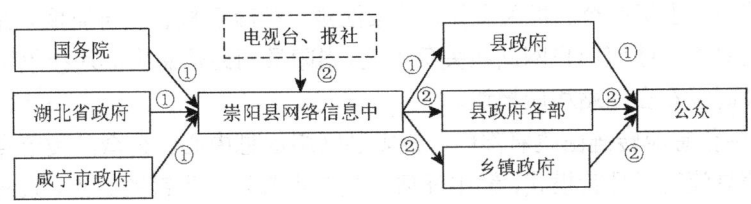

图8-6 崇阳县G2C电子政务信息生态链新闻信息流转

2)政务公开信息流转

县政府门户网站是崇阳县电子政务服务的主要窗口,汇集了县、乡镇及各政府部门的主要政务信息,崇阳县网络信息中心主要负责收集、审核、发布各单位信息员提交的政务信息,接受县电子政务办公室的行政领导,同时负责协助、监管、考核乡镇及政府部门网站建设及运行。崇阳县网络信息中心政务公开信息主要有24个子类,信息来源主要有崇阳县网络信息中心、县政府办公室、县政府部门及乡镇政府。具体如表8-3所示。

表 8-3 崇阳县政府网政务公开信息类目及来源

政务信息类目	政务信息来源	政务信息类目	政务信息来源
信息公开指南及目录依申请公开程序、信息公开监督机制	崇阳县网络信息中心	应急管理	县政府办公室、崇阳县网络信息中心
政府公告、政府简报、政府工作报告	崇阳县网络信息中心	重大项目	发改局
政府文件、规范性文件、政策解读	县政府办公室	救灾救助	民政局、崇阳县网络信息中心
行政权责清单、信息公开年报	县政府办公室及42个政府部门	环境保护	环保局
财政预决算	财政局	安全生产	安监局
部门决算	各政府部门、崇阳县网络信息中心	征地拆迁	国土局
规划及政策信息	崇阳县网络信息中心	保障性住房	住建局
招投标信息	公共资源交易网	食品药品安全	食药监局

按政务信息来源对各类信息流转过程进行分析。主要有县政府办公室、各政府部门、乡镇政府三类，具体信息流转过程如图 8-7 所示。

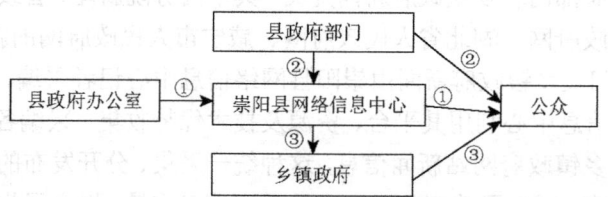

图 8-7 崇阳县 G2C 电子政务信息生态链政务公开信息流转

图 8-7①中信息流转链由县政府办公室、崇阳县网络信息中心及公众三类节点构成。县政府办公室收集整理县党委、县政府各类文件、规章制度及政府各科室提交的政务动态、新闻报道等信息（上级指令、机关文件、政策法规、行政责权、政府简报）并及时传送给崇阳县网络信息中心政府门户网站相关负责人。崇阳县网络信息中心对接收到的相关信息进行审核并及时发布在网站相应板块。

图 8-7②中信息流转链由政府部门、崇阳县网络信息中心、公众三类节点构成。这三类节点间的信息流转呈环状模式，链中任何一类节点都可成为链的起点。崇阳县网络信息中心负责政府部门网站的新闻动态更新，用户可通过浏览政府部门网站获取相关信息。同时，各政府部门信息员将该部门相关政务信息提交至政府门户网站后台系统，由崇阳县网络信息中心工作人员对信息进行审核，并发布在网站相应栏目。

图 8-7③中信息流转链由崇阳县网络信息中心、乡镇政府、公众三类节点构成。崇阳县网络信息中心不仅负责乡镇网站的新闻动态更新，还需对各乡镇政府网信息员提交的信息进行审核及分类，并按各信息内容类型将其发布在县政府网相应信息公开类目中。

从节点类型看，县政府门户网站信息每日更新，乡镇及政府部门信息更新较慢。从信息内容看，新闻类信息更新最快，基本每日更新，政策法规类信息更新较慢，政民在线互动栏目信息更新较慢。相对而言,县政府门户网站信息发布数量较多、类型较丰富。政府部门网站信息发布情况个体差异较大,其中教育局、国税局等信息公开数量较多,乡镇门户网站信息公开数量较少,类型较单一,部分乡镇门户网站形同虚设。2016年县政府门户网站共发布数据8852条,涉及新闻动态、政务公开、公众互动等多种类型,其中政府文件、政策法规等政务信息公开200条。崇阳县天城镇2016年通过镇政府门户网站公开信息69条,其中政策法规10条,部门文件6条,部门预算2条,规划计划1条,领导分工13条,部门预算2条,机构设置35条,内容涵盖党建廉政工作、领导活动、主要工作推进及取得成效、机构设置及人事变动等方面。财政预决算类信息除涉密单位外,全部在政府网站公开了本部门预算,公开率达100%。

3)网上办事信息流转

网上办事信息主要由各部门办事指南信息、各部门审批公示信息及办事大厅三个部分构成。办事指南信息包括工商局、公安局、民政局、司法局、人社局、环保局、交通局、水利局、卫计局、水产局10个政府部门的相关办理事项名称、办事流程、相关材料等简介。部门审批公示部分主要发布各部门的受理事项、申报人、申报日期及办件状态,这部分信息由各政府部门业务办公网链接而来。网上虚拟办事大厅构建在中心门户网站上,为广大社会群众提供方便快捷的网上办事窗口。该板块直接链接到县政务服务中心门户网站,公众只需点击鼠标即可进行在线申报,解决一表式填报和一站式材料上传,入驻政务中心的各单位通过网上行政审批系统在线办理相关业务。办事指南信息是由各单位提交至崇阳县网络信息中心,由崇阳县网络信息中心审核发布在县政府门户网站,其信息流转过程与其他政府信息公开过程相似,可参照图8-7中②中流转过程。在此主要分析审批公示信息与办事大厅信息流转过程。具体如图8-8所示。

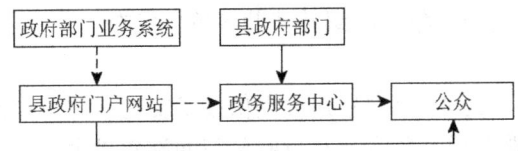

图8-8 崇阳县G2C电子政务信息生态链网上办事信息流转

政务服务中心门户网站是政务公开及政务办理的窗口。网上办事信息流转链由入驻中心的政府部门办事处、政府服务中心、公众三类节点构成。政府部门办事处每月定期向政务服务中心提交政务简报,主要包括各单位每月业务受理数量、类型及相关工作总结。中心各入驻单位通过网上行政审批系统审核办事人提交的相关材料,为其提供在线办理服务。

4)政民互动信息流转

县政府门户网站和政务服务中心门户网站均有公众互动板块,以下分别对这两个网站的公众互动信息流转过程进行分析。具体信息流转过程如图8-9所示。

县政府门户网站公众互动主要有咨询投诉和调查征集两类信息。公众通过点击网站"我要信访"栏目填写相关咨询信息,政府门户网站工作人员对公众提交的信息进行审核,尤其是对问题所归属的相关部门进行核实确认。相关部门和乡镇工作人员通过登录政府网

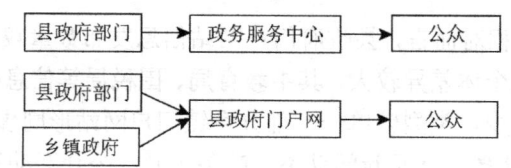

图 8-9　崇阳县 G2C 电子政务信息生态链政民互动信息流转

后台系统,回复相关问题。调查征集板块主要发放民意调查问卷。公众可在线填写相关问卷,政府网工作人员可在后台统计问卷相关信息。

政务服务中心的公众互动信息主要有在线咨询、在线评议和在线投诉。在线咨询是中心为各入驻单位和公众提供的网上咨询平台,公众通过在中心网站提交相关问题,中心网站负责人员将相关问题转入对应受理单位,入驻单位工作人员登录门户网站后台可接收到公共的咨询问题,并进行回复。公众可通过在线评议对各入驻单位的窗口工作人员服务态度和办事效率以在线投票的形式进行评价。此外,公众可通过在线投诉向政务服务中心反应各入驻单位的问题和不满意之处。2016 年县政府门户网站在线咨询总数 415 条,相关部门受理 112 条。各政府部门及乡镇政府通过政务服务中心网站受理在线咨询信息 111 条。

2. 崇阳县 G2C 电子政务信息生态链的链内合作

1) 新闻信息共享

崇阳县网络信息中心利用电视台、报社等机构的信息采集优势,全面广泛的在全县范围内采集相关新闻信息(包括县委、县政府、各政府部门及各乡镇地区的信息),并及时在县政府门户网站、34 个政府部门网站及 12 个乡镇政府网站更新。这些网站的新闻动态信息由县新闻宣传中心统一采集、组织并帮助各单位发布。

2) 技术支持

崇阳县网络信息中心为 46 个网站建设提供技术支持,并负责网站运行维护及监管。自 2015 年全国政务网普查后,各乡镇及政府部门网站建设由崇阳县网络信息中心统一提供技术支持。崇阳县网络信息中心为各网站搭建统一框架及栏目设置,各网站信息员自行添加相关内容。由于各政府部门的具体业务差异较大,政务信息公开的内容和方式有所不同,部分政府部门网站要求改变网站栏目设置,展现自己的部门特色,更好地进行政务信息服务。2015 年 8 月之后相继有教育局、国税局、审计局等十几家单位向崇阳县网络信息中心申请该版。崇阳县网络信息中心在遵循崇阳县电子政务网站建设相关规定基础上,针对各部门的具体需求,对其网站布局进行调整和修改。

3) 协作培训

为了进一步加强政府部门及乡镇政府的政务网站建设,提高各单位信息员的信息素养及网站维护与运行能力,崇阳县网络信息中心定期对各单位信息员进行培训。培训内容涉及信息采集、组写、编辑、分类、发布及网站运行与维护常见问题解决策略等。培训方式有集中会议形式、网络在线培训及一对一针对性培训多种形式。崇阳县各机构现有信息员共 48 人,信息员集中培训形成了以崇阳县网络信息中心为核心,向各中下游节点分散的网络拓扑结构，既有利于提高信息员的业务能力，提升电子政务服务水平，又有利于完善县域电子政务服务体系构建，同时为电子政务服务提供智力保障。

4）监管考核

链中节点间及链外节点对链中节点的监管考核也是节点间协作的一种形式，主要体现在三个方面，一是政务服务中心对各入驻单位的服务情况监管，二是崇阳县网络信息中心对各乡镇政府及各政府部门网站运行情况监管，三是电子政务办公室对县政府门户网站、政府部门网站及乡镇政府网站的监管。

政务服务中心对各入驻单位的监管体现在线上和线下两个方面。线上方面，政务服务中心对各入驻单位对在线咨询问题的回复情况进行监管，并对公众在线投诉进行受理。政务中心督促各入驻单位在规定时间内及时、高效回复公众咨询的问题，并对涉及相关部门窗口的投诉问题进行调查、协调、协助解决。线下方面，对各部门窗口工作人员进行监督管理和考评，并将考评结果及建议通报派驻部门和行政效能监察部门。此外，政务中心负责对全县所有行政审批事项进行适时清理，统计各窗口累计业务受理量并及时在政务中心门户网站公布。

崇阳县网络信息中心对各政务网站的监管考核主要体现在公众在线咨询投诉的受理情况及各网站电子政务服务绩效考核两个方面。一般而言，在线咨询问题需在20个工作日之内回复，超过20个工作日未回复的情况由新闻宣传中心负责提醒，提醒一次之后还未及时回复的情况将由崇阳县网络信息中心上报给县电子政务办公室。特殊投诉问题由崇阳县网络信息中心提交至电子政务办公室申请处理。

电子政务办公室对县政府门户网站、政府部门网站及乡镇政府网站实行定期检查与不定期检查、集中专项检查与日常督查调研相结合，通报各部门政务公开情况，增强各部门政务公开工作的主动性。各乡镇、各部门按季向电子政务办公室上报政府信息公开台账，并加盖单位公章，将平时政府信息公开和台账建立情况汇总作为年终考评的依据，纳入年终考核，分值占总分的4%。

5）网站链接

网站链接合作主要体现在县政府门户网站与政务服务中心之间，县政府门户网站与国家、省市、其他县及各政府部门网站、各乡镇政府网站之间。县政府门户网站的"网上办事"板块直接链接到政务服务中心。县政府门户网站以政务信息公开及政民互动为主。政务服务中心网站以中心政务公开及网上业务办理为主。两类核心节点分工协作，都是县电子政务服务体系的重要构成部分。县政府门户网站、各政府部门网站及乡镇政府网站都是县级电子政务服务的重要平台，各网站间的相互链接合作有利于提高全县电子政务服务效率。此外，县政府门户网站提供国家部委网站、全国各省政府网站、湖北省内各市州网站、咸宁市各县门户网站、崇阳县政府部门及乡镇政府网站以及中国崇阳网的相关链接，为公众提供全面的政务服务网站导航。

3. 崇阳县 G2C 电子政务信息生态链的价值增值

崇阳县 G2C 电子政务信息生态链价值增值主要表现为县政府及各级政府部门形象价值增值、经济价值增值及公众素质价值增值三个方面。

1）形象价值增值

一直以来，公众对政府部门更多的是一种等级森严、管理部门的印象。电子政务开始实施后，政府职能由管理型向服务型转变，政务信息公开度大大提高，政务办公更加透明、公平、公正。公众通过网络平台与政府进行交流，使政府更加了解公众的需求和困难，更好地为公众服务。政府信息的公开使公众迅速了解政府机构的组成、职能和办事章程、各项政策法规，增加办事透明度，并将政府自觉置于公众的监督之下。电子政务是推进信息化建设、实现政府职能转变与完善、提高政府行政能力和政务服务效率的有力工具，树立了政府"公开办公""服务群众"的良好形象，使政府形象价值增值。

2）经济价值增值

电子政务不仅使政府减少了行政开支，而且通过提高政府管理水平，规范政府管理流程、降低了管理费用，由此产生了间接经济价值。崇阳县通过开展电子政务服务，全县每年可节省运行经费约 200 万元。

3）素质价值增值

电子政务的不断普及使更多公众开始利用政府门户网站等电子政务平台获取信息。为了跟上政务信息化的步伐，公众必须不断加强自身信息能力，掌握最新信息技术，更好地获取、利用政务信息。县政府门户网站是县、乡镇及政府部门各类政务信息的集中发布平台，将分散信息进行收集、分类、集中共享，实现了政务信息的高效整合和统一管理，有利于用户检索、查询、获取、利用政务信息。电子政务服务过程中，公众信息素养提升，素质价值得到增值。

4. 崇阳县 G2C 电子政务信息生态链的动态平衡

崇阳县 G2C 电子政务信息生态链动态平衡是指一段时期内，保持链内构成要素协调、功能较为完善、结构与功能相对稳定的过程。以下从要素协调度、功能完善度及相对稳定度三个方面构建了崇阳县 G2C 电子政务信息生态链动态平衡度评价指标体系，并设计相应调查问卷进行调研，对调研结果进行统计分析，以从链的角度提出崇阳县 G2C 电子政务信息生态链信息生态链平衡度优化策略。

1）评价模型构建

根据我们设计的"网络信息生态链动态平衡度评价指标体系"，结合 G2C 电子政务信息生态链的特点，采用改进的比率标度法确定各指标的权能重，得到如表 8-4 所示的电子政务信息生态链动态平衡度评价模型。

表 8-4 G2C 电子政务信息生态链动态平衡度评价模型

一级指标		二级指标		
名称	权重	名称	权重	指标说明及评价准则
要素协调度	0.41	信息主体协调度	0.25	县政府门户网站、政务服务中心网站、政府部门网站、乡镇政府网站的运营机构及其用户（政务工作人员、企事业单位、公众）的数量和素质相互协调的程度（协调程度越高越好）
		环境因子协调度	0.33	上述网站所流转信息的丰富性、采用信息技术的实用性、建立的相关制度的合理性，以及信息、信息技术、相关制度的相互协调程度（丰富性、实用性、合理性及协调程度越高越好）

续表

一级指标		二级指标		
名称	权重	名称	权重	指标说明及评价准则
要素协调度		主体与环境协调度	0.42	上述网站运营机构及其用户与网站上所流转的信息、采用的信息技术、建立的相关制度相互适应、相互促进的程度（协调程度越高越好）
功能完善度	0.35	功能完备度	0.42	上述网站电子政务服务功能类型多少。如，是否具备政务信息公开、信息检索与下载、在线咨询、网上办事等功能。（功能越多越好）
		功能强弱度	0.36	上述网站中政务服务功能是否强大，如，是否操作简单、是否快速高效、是否能较准确满足用户需求、是否能让用户感知满意等（功能越强越好）
		功能发挥度	0.22	上述网站中政务服务功能是否能够全面、正常发挥作用，有无功能闲置（功能发挥越全面、越充分越好）
相对稳定度	0.24	变动频度	0.16	一段时间内，上述网站运营机构及其用户发生变化（结构变化）的频率，电子政务服务功能剔除、新增或改变（功能变化）的频率（结构与功能发生变化的频率越低越好）
		变动幅度	0.25	一段时间内，上述网站运营机构及其用户发生变化（结构变化）的大小，电子政务服务功能剔除、新增或改变（功能变化）的大小。（结构与功能变动幅度越小越好）
		恢复速度	0.25	链的结构、功能从发生变化到恢复原有稳定状态或达到更优稳定状态所花费的时间长短（失调到恢复时间越短越好）
		恢复程度	0.34	链的结构、功能从发生变化后恢复的程度，是否部分恢复、完全恢复，或恢复至更优的稳定状态（恢复程度越高越好，能实现高层次协调最好）

2）数据收集与处理

采用模糊综合评价方法对二级指标赋值并计算评价结果。将 10 个二级指标分为很好、较好、一般、较差、很差 5 个等级，设计了"崇阳县 G2C 电子政务信息生态链动态平衡度调查问卷"。调查对象为崇阳县 G2C 电子政务信息生态链上的县委、县政府、县政府各部门、各乡镇政府、崇阳县网络信息中心、政务服务中心的工作人员和公众。共收到有效调查问卷 325 份，通过对有效问卷的统计，得到崇阳县 G2C 电子政务信息生态链要素协调度评价、功能完善度评价、相对稳定度评价三个关系矩阵。

要素协调度评价关系矩阵：

$$\begin{bmatrix} 0.15 & 0.33 & 0.42 & 0.10 & 0.00 \\ 0.25 & 0.27 & 0.39 & 0.09 & 0.00 \\ 0.17 & 0.28 & 0.40 & 0.15 & 0.00 \end{bmatrix}$$

功能完善度评价关系矩阵：

$$\begin{bmatrix} 0.20 & 0.27 & 0.34 & 0.17 & 0.02 \\ 0.06 & 0.26 & 0.38 & 0.30 & 0.00 \\ 0.07 & 0.25 & 0.37 & 0.28 & 0.03 \end{bmatrix}$$

相对稳定度评价关系矩阵：

$$\begin{bmatrix} 0.17 & 0.19 & 0.57 & 0.07 & 0.00 \\ 0.17 & 0.20 & 0.41 & 0.22 & 0.00 \\ 0.19 & 0.19 & 0.53 & 0.09 & 0.00 \\ 0.26 & 0.21 & 0.34 & 0.19 & 0.00 \end{bmatrix}$$

采用最小最大运算法将相应的权重矩阵与关系矩阵合成，并进行归一化处理，得到崇阳县 G2C 电子政务信息生态链各一级指标的综合评价矩阵。

要素协调度综合评价矩阵：[0.23 0.26 0.37 0.14 0.00]
功能完善度综合评价矩阵：[0.17 0.23 0.31 0.26 0.03]
相对稳定度综合评价矩阵：[0.15 0.17 0.49 0.19 0.00]

设评价等级为很好、较好、一般、较差、很差的得分分别为 10、8、6、4、2，得到评价等级的得分矩阵，即[10 8 6 4 2]。将各一级指标综合评价矩阵与转置的评价等级得分矩阵相乘，得到崇阳县 G2C 电子政务信息生态链各一级指标的综合评价得分：要素协调度得分为 7.16；功能完善度得分为 6.50；相对稳定度得分为 6.56。

采用最小最大运算法将一级指标权重矩阵与一级指标综合评价关系矩阵合成，即：

$$[0.41 \quad 0.35 \quad 0.24] \circ \begin{bmatrix} 0.23 & 0.26 & 0.37 & 0.14 & 0.00 \\ 0.17 & 0.23 & 0.31 & 0.26 & 0.03 \\ 0.15 & 0.17 & 0.49 & 0.19 & 0.00 \end{bmatrix} = [0.23 \quad 0.26 \quad 0.37 \quad 0.26 \quad 0.03]$$

对合成结果进行归一化处理后，得到崇阳县 G2C 电子政务信息生态链动态平衡度综合评价矩阵，即

[0.20 0.23 0.32 0.23 0.02]

将该链动态平衡度综合评价矩阵与转置的评价等级得分矩阵相乘，得到崇阳县 G2C 电子政务信息生态链动态平衡度得分为 6.72。

3）评价结果简析

由上述结果可知，按满分为 10 分计算，崇阳县 G2C 电子政务信息生态链要素协调度得分略高于 7 分，功能完善度、相对稳定度得分近似于 6.5 分，动态平衡度总得分为 6.72，说明崇阳县 G2C 电子政务信息生态链要素协调程度较好，功能完善程度和相对稳定程度一般，有很大的改进和提升空间。

8.2.4 崇阳县 G2C 电子政务信息生态链存在的问题与对策

1. 崇阳县 G2C 电子政务信息生态链存在的问题

1）下游节点数量较少

通过调查访谈我们发现，由于工作需要，政府部门及乡镇政府工作人员使用政府网站相对较多，一般公众很少浏览政府门户网站，有些公众甚至不知道政府门户网站的存在。电子政务服务的最终目的是运用信息化手段提高政府办公效率，为公众提供更便捷、高效的服务，从而实现由"管理型"政府向"服务型"政府转型。使用政务网站的用户数量少意味着大部分用户都没有享受到电子政务服务带来的便捷。从县政府门户网站使用情况来看，"在线咨询""意见征集""在线调查"等政民互动栏目的用户参与度较低。公众通过

信息化手段与政府之间的互动不够，对电子政务的参与度不高，对电子政务感知度不够。导致这种现象的原因主要有两个：第一，政府对电子政务服务的宣传不够，公众参与电子政务服务的意识非常缺乏。第二，网上一站式办事功能没有实现，不能满足用户在线办事需求。目前来看崇阳县电子政务服务主要集中在政务信息公开方面，对大部分公众而言，最关注的是如何更快办理相关事项，而不是浏览政务公开信息。从公众角度来看，政府电子政务服务没有较好地满足他们的需求。

2）网上办事功能没有完全实现

崇阳县电子政务信息服务以县政府网站为主要平台和媒介，以政务信息公开、政民在线互动、网上一站式办事为主要服务项目。其中政务信息公开方面已建立了覆盖县政府、政府部门、乡镇政府等节点的良好的信息流转方式，形成了由各单位汇集信息，崇阳县网络信息中心集中审核、发布信息，电子政务办公室监管、督查的体系化管理模式，政务信息类型和数量日益丰富、信息更新速度较快，提高了电子政务服务效率。政民在线互动栏目虽然用户参与度不高，但近年来也取得了良好的效果，在线受理咨询服务的数量逐渐增多，呈良好发展趋势。网上一站式办事服务由政务服务中心网站集中受理，但目前还没取得实质性效果。崇阳县政务服务中心已建立完善的线下政务服务。采取各部门集中入住、部门内部审批职能整合、分设窗口、统一管理的形式，由政务中心搭建服务平台，将行政审批与其他便民服务一体化纳入。2015 年政务服务中心已建成网上申报、网上行政审批系统，但没有正式运行，线上行政审批业务还不能全面办理。网上行政审批涉及公众身份核实问题且不同业务办理所需材料不一样，办事流程较复杂，在各部门间横向集成数据系统建成之前，难以真正实现网上申报、网上审批。政务信息公开、共享是现阶段县乡电子政务建设的重要内容，但电子政务建设的深层次目的是政府更好地为公众提供便捷式、一站式网上办事服务。网上申报、审批等业务未能完全实现，没有更好地满足公众的电子政务服务需求，对电子政务服务效率有很大的影响。

3）乡镇政府门户网站建设有待加强

乡镇政府网站也是县域电子政务服务的重要平台，其网站政务服务建设情况直接关系到电子政务服务效率。从崇阳县 12 个乡镇政府网站来看，其新闻信息、在线咨询信息均是由崇阳县网络信息中心同步更新，乡镇政府网站自己更新的信息极少、更新频率很低，有的网站甚至几个月都没有自己更新信息。乡镇政府门户网站普遍存在政务信息公开内容局限、信息发布数量少、更新慢、信息主动公开不积极等现象。导致这种现象的原因主要有三个：第一，乡镇政府电子政务管理规范缺失，责权不明。乡镇政府在政府网站建设方面没有形成完善的管理体系，工作任务及责任不明确，很多乡镇信息员同时身兼数职，不能全心全意做好政务信息采集与发布工作。第二，乡镇政府缺乏网站建设、运行及维护人员。目前网站建设都是由崇阳县网络信息中心协助，但要提高政务服务效率，还需有专门的信息技术人员。第三，乡镇政府人员思想认识还不到位，公开工作主动性较差。

2. 崇阳县 G2C 电子政务信息生态链的优化对策

1）加强电子政务服务宣传，提高公众信息素质

与省会城市公众相比，县级及县级以下区域公众信息素质相对较低，加之乡镇及农村

地区老年人口较多、文化素养较低，对电子政务服务的意识和接收程度普遍较低。政府应通过多种途径加强电子政务服务宣传，同时有针对性的培养公众信息素养和信息能力，拓展电子政务服务的宽度和广度，使得更多公众享受电子政务服务，提升电子政务服务效益。具体可采取以下三种措施：第一，将传统宣传媒介与现代宣传媒介结合，充分运用电视台、报社、社区（乡镇）宣传板报、政府微博、政务公开、云上崇阳新媒体 App 等平台宣传电子政务服务，呼吁更多公众利用县政府门户网、政府部门门户网、乡镇政府门户网等政务服务平台。第二，以各社区（乡镇）为单位根据公众的文化层次和职业特征开展计算机能力和其他信息技术能力培训。对于文化层次较低的，没有使用过电脑的公众开展电脑操作、网站信息检索、下载等基础计算机能力培训。对于文化层次较高或工作中使用电脑较多的公众开展政务信息资源挖掘能力培训。第三，构建政务信息资源知识仓库，加强政务信息资源的深度开发和利用。公众获取或利用电子政务信息更多的是为解决自身问题，而没有去挖掘政务信息更多的隐藏价值。政府和公众应重视对政府信息资源的再开发，将相关信息关联起来，进行重新组织和整合，构建政府信息资源知识仓库。

2）加强节点协作，完善网上办事功能

网上一站式办事功能的实现可带动更多公众参与电子政务服务，对推动崇阳县电子政务建设、提升电子政务服务效率具有非常重要的意义。目前崇阳县政务中心已建立网上行政申报和审批系统，但该功能的实现需要依托上下级政府机构及相关政府部门的大数据平台，受该因素的影响，崇阳县政府网上办事功能还未具体实现。县政府应加强与市政府、省政府等上游节点，政府部门、乡镇政府、公众等下游节点及链外周边县市的紧密联系，充分利用现代信息网络和大数据技术合作建立大数据中心，建立纵向连接咸宁市、县政府、乡镇政府及其他政府部门，横向连接咸宁市其他各县及周边县的数据集成系统，实现网上行政审批业务办理和异地上网证件办理功能。公众只需点击鼠标即可进行在线申报，解决一表式填报和一站式材料上传，促进跨部门协作，提高政务办公效率。

3）加强乡镇政府网站建设

乡镇政府网站是全面实现全县电子政务服务体系的重要组成部分，提升乡镇政府网站的政务服务功能有助于提高政府办公与服务效率，推动崇阳县电子政务建设。具体可从以下两个方面来进一步加强乡镇政府网站建设。第一，完善电子政务管理规章制度、明确责权。参照《崇阳县政府信息公开目录》，结合乡镇政府实际情况，进一步明确政府信息公开内容及范围，完善政府信息公开各项制度，促进政府信息公开工作的规范化，加快乡镇网站政务信息公开频率。同时，进一步明确信息公开的责任单位和具体责任人员，将责任落实到个人。第二，定岗培养稳定的乡镇网站信息员，提升信息员信息素养，加强信息员信息技术能力和信息搜集、处理、组织能力。

参 考 文 献

程彩虹，陈燕方，毕达宇. 2013. 数字图书馆信息生态链结构要素及结构模型[J]. 情报科学，（8）：15-18.
李宗富，张向先. 2016. 政务微信信息生态链的构成要素、形成机理、结构与类型[J]. 情报理论与实践，2016（8）：32-39.
刘健，张海涛，张连峰. 2015. 基于生态学视角的图书馆知识协同进化过程研究[J]. 情报理论与实践，（2）：71-74.
卢居辉，孙瑞英. 2016. 图书馆微信平台信息生态链模型构建研究[J]. 农业图书情报学刊，（10）：15-20.

汪向东，姜奇平. 2007. 电子政务行政生态学[M]. 北京：清华大学出版社.

王涛，张苏，曲荣华等. 2015. 政务网络信息生态链中的可信云服务维度构建[J]. 情报杂志，(4)：133-138.

吴婷婷. 2014. 电子政务信息生态链结构及其优化研究[D]. 武汉：华中师范大学.

BISHOP A，Bekkers V，Homburg V. 2005. Information Ecology Of E-government：E-government As Institutional And Technological Innovation in Public Administration[M]. Netherlands：IOS Press.

GRAFTON C. 2006. Book Review：The information ecology of e-government[J]. Social Science Computer Review，24（1）：132-134.

VAN HOUSE N，Buttenfield B，et al. 2003. Digital library use：social practice in design and evaluation[M]. Cambridge：The MIT Press.

附 录 一

电子商务信息生态链形成机理调查问卷（消费者版）

您好！我们是国家社科基金重点项目"网络信息生态链发展机制及优化管理研究"课题组成员，本问卷拟从网络消费者角度对电子商务信息生态链形成机理进行调研。

电子商务信息生态链一般由网上商品供应商（以下简称"商家"）、电子商务平台（以下简称"平台"）运营商、网上购物消费者（以下简称"消费者"）三类节点构成，并以平台运营商为核心节点。一定数量的商家和消费者加入平台，能实现商品信息流转和商品交易，并相对稳定，则表示电子商务信息生态链形成。消费者选择某平台开展电子商务活动，需要考虑多方面因素。

请根据您的网上购物经历，回答以下问题，希望您能够真实地表达自己的意见。我们对您的参与表示真挚的感谢！

第一部分：个人基本情况

1. 您的性别：（   ）

A. 男   B. 女

2. 您的年龄：（   ）

A. 18 岁以下   B. 18～30 岁   C. 31～45 岁   D. 46～60 岁   E. 60 岁以上

3. 您的受教育程度：（   ）

A. 高中及以下学历   B 大专   C 本科   D 研究生

4. 您的职业：（   ）

A. 学生   B. 教学科研人员   C. 专业技术人员   D. 政府公务人员   E. 企事业单位职员   E. 退休人员   F. 其他

5. 您近半年内网上购物的次数：（   ）

A. 5 次以内   B. 5-10 次   C. 10-20 次   D. 20 次以上

第二部分：选择平台所考虑的因素

您在选择电子商务平台开展网络购物时，对下列因素的重要程度是如何考虑的？请在右侧对应的方框内打"√"。

编号	问题描述	非常重要	比较重要	一般重要	比较不重要	非常不重要
1	通过平台能够购买到消费者所需要的商品或服务					
2	平台可以提高消费者的购物技能和信息技术利用水平					
3	平台可以给消费者带来精神享受					
4	商家及平台发布的信息能满足消费者的需求					

续表

编号	问题描述	非常重要	比较重要	一般重要	比较不重要	非常不重要
5	商家和平台提供的信息内容准确、详细、更新及时					
6	商家和平台提供的信息形式多样，包括文字信息、图片信息、视频信息、音频信息等					
7	平台提供多种网络技术，可供不同技术水平的消费者选用					
8	消费者能够通过已有的硬件设备（电脑、笔记本、手机、Ipad 等）顺畅地浏览平台页面，使用平台的各项功能					
9	消费者能够通过已有的软件设备（浏览器、视频及音频播放软件、支付控件等）顺畅地浏览平台页面，使用平台的各项功能					
10	平台针对消费者和商家的相关制度（包括会员管理制度、服务制度、售后保障制度等）能被消费者认可					
11	消费者对商家和平台提出的相关要求能被商家或平台认可					
12	商家针对消费者和平台的相关规定能被消费者认可					
13	平台信息组织合理，检索途径多样					
14	平台提供多种即时和延时交流工具，例如 QQ、E-mail					
15	平台能够提供先进多样的订购和支付方式					
16	平台能够实时查询物流状态					
17	平台及商家有很好的措施防止消费者的个人信息泄露，保障支付安全					
18	平台在消费者群体中有极好的信誉及口碑，具有极高的知名度					
19	平台内的商家在消费者中有很好的信誉及口碑，具有极高的知名度					
20	有相当多的消费者从平台购买商品或获取相关信息					
21	有相当多商家在平台上开展电子商务					
22	平台是国家（或地方）政府规定使用或倡导使用的					
23	平台得到国家（或地方）财政支持					
24	平台由政府机构协办					

第三部分：对所选平台的感知和意愿

您当初选择某一平台进行网上购物，是否出于对该平台的以下感知和意愿，请按对下列观点的认同程度在右侧对应的方框内打"√"。

编号	问题描述	完全同意	比较同意	一般同意	比较不同意	完全不同意
1	我认为本人可以通过该平台获得多方面的利益					
2	我认为本人可以通过该平台获得极大的利益					
3	我认为通过该平台购物所投入的所有成本（包括金钱、精力、情感、信任等）都是值得的					
4	我认为使用该平台不存在语言文字障碍					
5	我认为使用该平台不存在技术障碍					
6	我认为该平台为我提供的各类功能使用起来十分便捷					

续表

编号	问题描述	完全同意	比较同意	一般同意	比较不同意	完全不同意
7	我愿意通过该平台购买商品					
8	我愿意加强对该平台各项功能的应用					
9	以后购物我还会选择该平台					
10	我会积极主动向他人推荐该平台					

附 录 二

电子商务信息生态链形成机理调查问卷（商家版）

您好！我们是国家社科基金重点项目"网络信息生态链发展机制及优化管理研究"课题组成员，本问卷拟从网络消费者角度对电子商务信息生态链形成机理进行调研。

电子商务信息生态链一般由网上商品供应商（以下简称"商家"）、电子商务平台（以下简称"平台"）运营商、网上购物消费者（以下简称"消费者"）三类节点构成，并以平台运营商为核心节点。一定数量的商家和消费者加入平台，能实现商品信息流转和商品交易，并相对稳定，则表示电子商务信息生态链形成。商家选择某平台开展电子商务活动，需要考虑多方面的因素。

请根据贵公司开展电子商务的经历，回答以下问题，希望您能够真实地表达自己的意见。我们对您的参与表示真挚的感谢！

第一部分：公司基本情况

1. 贵公司成立时间：（　　）

A. 2 年以内　B. 3～5 年　C. 6～10 年　D. 10 年以上

2. 贵公司所有制性质：（　　）

A. 国有企业　B. 民营企业　C. 三资企业　D. 个体经营　E. 其他

3. 贵公司生产经营性质：（　　）

A. 生产型　B. 销售型　C. 服务型

4. 贵公司主营产品（服务）类型：（　　）

A. 农产品　B. 矿产品　C. 工业制品　D. 水、电、燃气　E. 建筑装饰材料
F. 交通运输与仓储　G. 住宿、餐饮　H. 文化体育用品　I. 医疗卫生服务
J. 生活用品与服务　K. 旅游、休闲、健身、娱乐服务　L. 其他

5. 贵公司员工规模：（　　）

A. 50 人以内　B. 50～100 人　C. 100～200 人　D. 200～500 人　E. 500 人以上

6. 贵公司业务辐射区域：（　　）

A. 本市及周边地区　B. 省内地区　C. 国内地区　D. 全球地区

7. 贵公司开展电子商务的时间：（　　）

A. 准备开展电子商务　B. 2 年以内　C. 3～5 年　D. 5 年以上

第二部分：选择平台所考虑的因素

贵公司开展电子商务活动之初，在选择平台时对下列因素的重要程度是如何考虑的？请在右侧对应的方框内打"√"。

编号	问题描述	非常重要	比较重要	一般重要	比较不重要	非常不重要
1	平台能销售本企业商品或服务					
2	平台能帮助企业树立品牌形象、扩大企业影响					
3	平台能改善企业经营管理情况、提升企业竞争力					
4	平台提供的信息能满足商家的需求					
5	平台提供的信息内容准确、详细、更新及时					
6	平台提供的信息形式多样,包括文字信息、图片信息、视频信息、音频信息等					
7	平台提供多种网络技术,可供不同技术水平的商家选用					
8	商家能够通过已有的硬件设备(电脑、笔记本、手机、ipad等)顺畅地浏览平台页面,使用平台的各项功能					
9	商家能够通过已有的软件设备(浏览器、视频及音频播放软件、支付控件等)顺畅地浏览平台页面,使用平台的各项功能					
10	平台针对消费者和商家的相关制度(包括会员管理制度、服务制度、售后保障制度等)能被商家认可					
11	商家针对消费者和平台的相关规定能被消费者和平台认可					
12	消费者对商家和平台的相关要求能被商家认可					
13	平台信息组织合理,检索途径多样					
14	平台提供多种即时和延时交流工具,例如QQ、E-Mail					
15	平台提供先进多样的营销方式,并能够实时查询物流状态					
16	平台提供先进多样的订购和支付方式					
17	平台有很好的措施防止商家的信息泄露,保障支付安全					
18	平台在商家群体中有极好的信誉及口碑,具有极高的知名度					
19	平台内的商家在消费者中有很好的信誉及口碑,具有极高的知名度					
20	有相当多的消费者从平台购买商品或获取相关信息					
21	有相当多商家在平台上开展电子商务					
22	平台是国家(或地方)政府规定使用或倡导使用的					
23	平台得到国家(或地方)财政支持					
24	平台由政府机构协办					

第三部分:对所选平台的感知和意愿

贵公司当初选择某一平台开展电子商务时,是否出于对该平台的以下感知和意愿,请按对下列观点的认同程度在右侧对应的方框内打"√"。

编号	问题描述	完全同意	比较同意	一般同意	比较不同意	完全不同意
1	我认为本公司可以通过该平台获得多方面的利益					
2	我认为本公司可以通过该平台获得极大的利益					

续表

编号	问题描述	完全同意	比较同意	一般同意	比较不同意	完全不同意
3	我认为本公司通过该平台开展电子商务所投入的所有成本（包括人力、物力、财力）都是值得的					
4	我认为通过该平台开展电子商务不存在语言文字障碍					
5	我认为通过该平台开展电子商务不存在技术障碍					
6	我认为该平台为商家提供的各类功能使用起来十分便捷					
7	本公司愿意通过该平台开展电子商务					
8	本公司愿意长期利用该平台					
9	本公司愿意加强对该平台各项功能的应用					
10	本公司愿意积极主动向其他商家推荐该平台					

附 录 三

网络信息生态链演进影响因素专家调查表

尊敬的_____：

我们是国家社科基金重点项目"网络信息生态链发展机制与优化管理研究"课题组成员，希望通过以下调查问题了解您对网络信息生态链演进影响因素的观点与看法。您的选项完全取决于您对网络信息生态链演进及其相关知识的了解与看法，本次专家调查结果仅用于学术研究，感谢您的参与和支持！

网络信息生态链演进是指网络信息主体之间通过信息流转相互作用，不断适应外部信息环境变化，优化自身结构与功能，从而实现高层次链式平衡的发展过程。网络信息生态链的演进涉及演进动力、演进方向、演进模式三个维度。演进动力是指促使链由低层次平衡向高层次平衡进化的力量，如外部环境的变化、链内主体利益诉求的变化。演进方向是指网络信息生态链在演进过程中的主要变化以及达到高层次平衡时所要实现的主要目标，如链的规模扩大、功能完善、技术更新、整链转型等。演进模式对网络信息生态链演进路径、演进方式和演进速度等的概括和提炼，主要有渐进式、间歇式、波浪式、突变式四种演进模式。

下表中左侧是我们根据理论分析与实践总结归纳出的网络信息生态链演进的影响因素。请您在右侧对应的空格内就该影响因素对每一演进维度的影响大小进行打分，4分为影响很大，3分为影响较大，2分为影响一般，1分为影响较小，0分为无影响。

影响因素	链演进的维度	演进动力	演进方向	演进模式
链内因素	链的性质与任务（网络信息生态链的社会职能、所流转的信息类型和数量）			
链内因素	链的结构（网络信息生态链的节点素质，节点连接与组合方式，节点的平等、竞合、利益关系）			
链内因素	节点的态度与能力（核心节点对链演进的认同程度，创新能力、对其他节点的带动能力；节点间进行技术、信息资源等方面的协同合作能力）			
链间因素	链的宏观构成（区域内网络信息生态链的类型及数量）			
链间因素	链间竞争关系（区域内网络信息生态链间的竞争程度）			
链间因素	链间合作关系（区域内网络信息生态链间的合作程度）			
网络环境因素	网络信息主体的需求变化（扩大信息交流范围、提升信息交流速度与质量等）			
网络环境因素	网络信息本体结构的变化（网络信息构成、数量及增长速度、质量、形式）			
网络环境因素	网络信息技术更新（信息设施、硬件设备、系统软件、应用软件等方面的更新）			
网络环境因素	网络信息制度更新（网络信息政策、网络信息法律、网络信息标准等方面的更新）			

附 录 四

网络信息生态链运行影响因素专家调查表

尊敬的_____：

我们是国家社科基金重点项目"网络信息生态链发展机制与优化管理研究"课题组成员，希望通过以下调查问题了解您对网络信息生态链运行影响因素的观点与看法。您的选项完全取决于您对网络信息生态链运行及其相关知识的了解与看法，本次专家调查结果仅用于学术研究，感谢您的参与和支持！

网络信息生态链运行包括信息流转、竞争合作、价值增值、共生互利、动态平衡 5 个维度。

下表中左侧是我们根据理论分析与实践总结归纳出的网络信息生态链运行的影响因素。请您在右侧对应的空格内就该影响因素对每一运行维度的影响大小进行打分，4 分为影响很大，3 分为影响较大，2 分为影响一般，1 分为影响较小，0 分为无影响。

影响因素	链运行的维度	信息流转（链内信息流转的动力与效率）	竞争合作（链内节点间竞合的类型、形式与程度）	价值增值（链内价值增值的类型、方式与大小）	共生互利（链内节点获利类型结构、互利公平性）	动态平衡（链内构成要素协调度、功能完善度、相对稳定度）
链内因素	链的性质与任务（网络信息生态链的社会职能、所流转的信息类型和数量）					
	链的结构（网络信息生态链的节点素质，节点连接与组合方式，节点的平等、竞合、利益关系）					
	链内组织管理（网络信息生态链内管理机构与管理制度）					
链间因素	链的宏观构成（区域内网络信息生态链的类型及数量）					
	链间竞合关系（区域内网络信息生态链间合作、竞争的状况）					
	链间组织管理（区域内网络信息生态链间管理机构与管理制度）					
网络环境因素	网络信息主体（网络用户类型、数量及网络信息交流需求）					

续表

影响因素 \ 链运行的维度		信息流转（链内信息流转的动力与效率）	竞争合作（链内节点间竞合的类型、形式与程度）	价值增值（链内价值增值的类型、方式与大小）	共生互利（链内节点获利类型结构、互利公平性）	动态平衡（链内构成要素协调度、功能完善度、相对稳定度）
网络环境因素	网络信息本体（网络信息构成、数量及增长速度、质量、形式）					
	网络信息技术（网络技术和基础设施的先进性，发展更新情况）					
	网络信息人才（网络信息人才的结构、数量和素质）					
	网络信息宏观管理（网络管理机构与政策、法规、伦理）					

附 录 五

华中师范大学数字图书馆信息生态链动态平衡度调查问卷

您好！我们是国家社科基金重点项目"网络信息生态链发展机制及优化管理研究"课题组成员。本问卷拟对华中师范大学数字图书馆信息生态链的动态平衡情况进行调查分析。

华中师范大学数字图书馆信息生态链是指以华中师范大学图书馆数字资源建设和服务部门为中心，由上游的数字资源提供商及下游的数字信息用户构成的数字信息流转链式依存关系。数字图书馆生态链动态平衡是指一段时期内，保持链内构成要素协调、功能较为完善、结构与功能相对稳定的过程。

希望您抽出宝贵时间配合我们的调研工作。谢谢您的参与！

在回答问题之前，请填写您个人的相关信息：

您是华中师范大学的：□本科生　□研究生　□图书馆员　□教职工　□校友　□数字资源提供商

您的工作单位（校内填写部门、院系）；专业：

请您根据华中师范大学数字图书馆信息生态链的实际情况和自己的感受，对下表中每一个二级指标在"评价等级"对应的空格中打"√"。

评价指标	指标说明及评价准则	评价等级					
		很好	较好	一般	较差	很差
信息主体协调度	链中数据库服务商、图书馆数字资源服务核心部门、图书馆用户三类主体的数量和素质相互协调的程度。（协调程度越高越好）					
环境因子协调度	链中所流转的数字信息资源、信息技术、信息制度的相互协调程度。（协调程度越高越好）					
主体与环境协调度	链中数据库服务商、图书馆数字资源服务核心部门、图书馆用户等信息主体与数字信息资源、信息技术、信息制度相互适应、相互促进的程度（协调程度越高越好）					
功能完备度	链中数字信息服务功能类型多少，如，是否具有浏览和下载数字信息、个性化推荐、校外VPN服务、移动图书馆服务等功能。（功能越多越好）					
功能强弱度	链中数字信息服务功能是否强大，如，是否操作简单和快速高效、是否能准确满足用户需求、能否能让用户感知满意等。（功能越强越好）					
功能发挥度	链中数字信息服务功能是否能够全面、正常发挥作用，有无功能闲置。（功能发挥越全面、越充分越好）					
变动频度	一段时间内，链中数据库服务商、图书馆数字资源服务部门和用户、数字资源、信息技术、信息制度变化（结构变动）的频率，数字信息服务功能剔除、新增、改变（功能变动）的频率。（变动频率越低越好）					

续表

评价指标	指标说明及评价准则	评价等级				
		很好	较好	一般	较差	很差
变动幅度	一段时间内,链中数据库服务商、图书馆数字资源服务部门和用户、数字资源、信息技术、信息制度变化(结构变动)的大小,数字信息服务功能剔除、新增、改变(功能变动)的大小。(**变动幅度越小越好**)					
恢复速度	链的结构、功能从发生变化到重新恢复到新的稳定状态所花费的时间长短。(**变化后恢复的时间越短越好**)					
恢复程度	链的结构、功能发生变化后恢复的程度,是部分恢复、完全恢复或恢复至更优的稳定状态。(**恢复程度越高越好,能实现高层次协调最好**)					

附 录 六

崇阳县 G2C 电子政务信息生态链动态平衡度调查问卷

您好！我们是国家社会科学基金重点项目"网络信息生态链发展机制及优化管理研究"课题组成员，本问卷拟对崇阳县 G2C 电子政务信息生态链的动态平衡情况进行调查分析。

崇阳县 G2C 电子政务信息生态链是指以县政府门户网站的主要运营单位崇阳县网络信息中心及县政务服务中心网站运营部门为核心节点，县政府部门和乡镇政府为上游节点及下游的企业和公众构成的政务服务的链式依存关系。电子政务信息生态链动态平衡是指一段时期内，保持链内构成要素协调、功能较为完善、结构与功能相对稳定的过程。

希望您抽出宝贵时间配合我们的调研工作。谢谢您的参与！
在回答问题之前，请填写您个人的相关信息：
您的工作单位：□县委、县政府　□县政府部门　□乡镇政府　□崇阳网站
□政务服务中心　□公众

请您根据崇阳县电子政务服务生态链的实际情况和自己的感受，对下表中每一个二级指标在"评价等级"对应的空格中打"√"。

评价指标	指标说明及评价准则	评价等级				
		很好	较好	一般	较差	很差
信息主体协调度	县政府门户网站、政务服务中心网站、政府部门网站、乡镇政府网站的运营机构及其用户（政务工作人员、企事业单位、公众）的数量和素质相互协调的程度。（协调程度越高越好）					
环境因子协调度	上述网站所流转信息、采用的信息技术、建立的相关制度的相互协调程度。（协调程度越高越好）					
主体与环境协调度	上述网站运营机构及其用户与网站上所流转的信息、采用的信息技术、建立的相关制度相互适应、相互促进的程度。（协调程度越高越好）					
功能完备度	上述网站电子政务服务功能类型多少。如，是否具备政务信息公开、信息检索与下载、在线咨询、网上办事等功能。（功能越多越好）					
功能强弱度	上述网站中政务服务功能是否强大，如，是否操作简单和快速高效、是否能准确满足用户需求、能否让用户感知满意等。（功能越强越好）					
功能发挥度	上述网站中政务服务功能是否能够全面、正常发挥作用，有无功能闲置。（功能发挥越全面、越充分越好）					
变动频度	一段时间内，上述网站运营机构及其用户、信息、信息技术和信息制度发生变化（结构变动）的频率，电子政务服务功能剔除、新增或改变（功能变动）的频率。（变动频率越低越好）					

续表

评价指标	指标说明及评价准则	评价等级				
		很好	较好	一般	较差	很差
变动幅度	一段时间内，上述网站运营机构及其用户、信息、信息技术、信息制度发生变化（结构变动）的大小，电子政务服务功能剔除、新增或改变（功能变动）的大小。（**变动幅度越小越好**）					
恢复速度	链的结构、功能从发生变化到恢复原有稳定状态或达到更优稳定状态所花费的时间长短。（**变化后恢复的时间越短越好**）					
恢复程度	链的结构、功能发生变化后恢复的程度，是部分恢复、完全恢复或恢复至更优的稳定状态。（**恢复程度越高越好，能实现高层次协调最好**）					